붉은 아시아

1945-1991 동아시아 냉전의 재인식

초판 1쇄 인쇄 2019년 8월 5일
초판 1쇄 발행 2019년 8월 10일

지은이　이병한
펴낸이　이영선
책임편집　이민재

편집　강영선 김선정 김문정 김종훈 이민재 김연수 이현정
디자인　김회량 정경아
독자본부　김일신 김진규 정혜영 박정래 손미경 김동욱

펴낸곳 서해문집 | 출판등록 1989년 3월 16일(제406-2005-000047호)
주소 경기도 파주시 광인사길 217(파주출판도시)
전화 (031)955-7470 | 팩스 (031)955-7469
홈페이지 www.booksea.co.kr | 이메일 shmj21@hanmail.net

ISBN　978-89-7483-990-1　93910

이 도서의 국립중앙도서관 출판예정도서목록(CIP)은 서지정보유통지원시스템 홈페이지(http://
seoji.nl.go.kr)와 국가자료공동목록시스템(http://www.nl.go.kr/kolisnet)에서 이용하실 수
있습니다.(CIP제어번호: CIP2019028693)

이 저서는 2017년도 정부(교육부)의 재원으로 한국연구재단의 지원을 받아 수행된 연구 사업임(NRF-
2017S1A6A3A02079082)

붉은 아시아

1945-1991
동아시아 냉전의
재인식

이병한

서해문집

묵은 글을 털어낸다. 후련하다.

5년이나 쟁였다. 박사학위 논문을 탈고하기가 무섭게 길을 떠났기 때문
이다. 돌아와서도 1년이 더 지나서야 책으로 낸다. 모자람이 없지 않을 것
이다. 그럼에도 크게 손질하지는 않았다. 업데이트와 업그레이드를 최대
한 자제했다. 2011년부터 3년간 작업했던 당시의 흔적을 고스란히 노출시
키는 편이 도리어 낫다고 판단했다. 기존의 독자들에게는 더욱 친절한 잔
재미를 선사해줄 수 있을 것이다. 데뷔작인 《반전의 시대》는 시론時論이었
다. 시시각각 변화하는 정세에 대응해 내 나름으로 때에 맞춤한 논평을 가
한 글들이다. 역사에 기반해 시사를 직시한다는 복안複眼의 태도를 견지
했었다. 대표작이라 할 수 있는 《유라시아 견문》 3부작은 새로운 세계사
를 써보고 싶다는 욕심이 은근했다. 시론에 이어 사론史論에, 대서사Grand
Narrative에 도전해본 것이다. 그 시론과 사론이 어떠한 학구적 토대 위에서
구축되었던가를 이 책을 통해서 확인해볼 수 있을 것이다. 일종의 프리퀄
prequel에 해당한다.

2011년부터 2013년까지는 엘에이LA에서 지냈다. 2014년은 하노이Ha-noi에서 보냈다. 엘에이는 아시아와 아메리카가 만나는 허브도시다. 미국 도시들 가운데서도 한국인, 중국인, 일본인, 베트남인들이 유독 많은 장소다. 태평양을 내해로 삼아 서아메리카와 동아시아가 융합하는 창조적 공간이라 하겠다. 하노이는 동북아와 동남아가 만나는 도시다. 남중국해를 사이로 아세안ASEAN과 동북아시아의 역사가 포개지는 거울상이 흥미로운 곳이다. 나아가 아랍과 유럽과도 긴밀하게 교류했던 유산 또한 켜켜이 쌓여 있다는 점에서 동아시아로 한정할 수 없는 중화세계의 가장자리라고도 하겠다. 만 3년 동안 캘리포니아와 인도차이나를 두루 견문하면서 동아시아에 대한 한층 입체적인 관점을 확보할 수 있었던 셈이다. 지금은 지구본을 빙글빙글 돌려가며 세상 돌아가는 사정을 추적하고 축적하는 습관이 생겼다. 동북아시아를 구대륙과 신대륙, 유라시아와 아메리카의 접점으로 접근하는 현재의 관점 또한 이 책을 한창 집필하던 엘에이와 하노이의 장소성이 결정적인 영향을 미쳤다고 할 수 있을 것이다.

익숙한 독자들뿐만이 아니라 새로운 독자들에게도 요긴한 지점이 없지 않으리라 여긴다. 2019년 현재의 세계 정세, 미중 무역분쟁으로 대표되는 천하대란의 심층을 파악하는 데도 유력한 발상을 얻어갈 수 있을 법하다. 일대일로, 상하이협력기구, 아시아문명대화대회, 인류문명공동체 등등 21세기의 신상태新常態와 신질서를 추동해가는 중국의 메가 프로젝트가 어느 날 별안간 시작된 것이 아니라 냉전기 이래 줄기차게 추진해왔던 일련의 시도와 시행착오들에 근거해 있음을 확인해갈 수 있을 것이다. 아울러 근래 포스트-차이나의 선두주자로 각광받는 베트남의 오늘과 내일 또한 지난 천 년의 문명사와 백 년의 현대사 속에서 중층적으로 파악하는 관점을 확보할 수도 있을 것이다. 무엇보다 "새로운 역사는 이제부터"를 표방하고 있는 김정은의 '새로운 길'을 전망하는 데도 유력한 방편이 되어줄 것이다. 전용열차를 타고 남으로는 하노이까지 내달리고 북으로는 블라디보스토크까지 주파하는 김정은의 미래 구상을 탐지하기 위해서라도 할아버지 김일성 대의 활달했던 북조선의 대외 행보를 복기하는 작업은 종요롭기 때문이다.

목하 서방The WEST, 歐美세계는 해체되고 있다. 대서양이 멀어지고 있다. 20세기를 이끌었던 북미北美와 서구西歐의 합작이 느슨해진다. 유럽이 미국으로부터 독립하고 있다. 태평양도 출렁이고 있다. 유라시아의 동단을 아메리카의 서단으로 바짝 끌어당겼던 아태亞太라는 지역개념이 무디어진다. 반면에 부쩍 활발해진 담론이 '실크로드'다. 서유럽과 동아시아를 연결했던 오래된 길, 유라시아歐亞의 미래적 귀환이 처처에서 운운된다. 서구와 극동 사이에 자리한 광역의 시공간이 바로 '붉은 아시아'라고 하겠다. 인도네시아부터 우즈베키스탄까지, 캄보디아부터 스리랑카까지, 인도양부터 몽골 초원까지 아시아는 한철 온통 붉었다. 21세기의 뉴실크로드에 앞서 냉전기 '붉은 아시아'가 먼저 미국과 소련, 당대 G2의 패권 전략에 저항하며 유라시아의 동서남북을 새로이 이어보고자 하는 다양한 시도들을 펼쳐온 것이다.

지난 정권의 허장성세로 끝나고 말았던 '유라시아 이니셔티브'를 재가동시키기 위해서라도, 또 현 정권의 '신북방정책'과 '신남방정책'이 내실을 기하고 실질적인 성과를 거두기 위해서라도, 유라시아의 남방과 북방을 아울러 냉전기에 전개된 사회주의국가들과 비동맹국가들의 '다른 세계 만들기' 반세기를 깊이 들여다보는 작업은 유익한 시간이 되리라 믿는다. 부디 이 책이 동아시아라는 특정 지역과 냉전기라는 한정된 시대에 대한 역사서만이 아니라, 남한과 북조선이 더불어 함께 만들어가야 할 21세기의 동북아와 동유라시아, 지구촌의 청사진에 대한 기획서로도 읽혀지길 바란다.

2019년 8월 모스크바에서

이병한

닫는 글 '다른 백 년'을 위한 동아시아 냉전의 재인식

일러두기

1 이 책은 저자의 연세대학교 사학과 박사학위논문 〈중화세계의 재편과 동아시아의 냉전 1945-1991〉(2015)을 단행본으로 펴낸 것이다.

2 이 책에 등장하는 외국 인명은 국립국어원의 외래어 표기 용례를 따랐다. 마땅한 예가 없는 경우 대중매체와 출판물의 범례를 따랐다.

3 이 책에서는 중화민국의 준(準)국가성을 인정하는 의미로, 타이완(지명)이 아닌 대만(국명)이라는 표현을 사용했다.

4 별도의 안내가 없는 볼드체 표기는 모두 인용자 강조이다.

장막 너머,
'붉은 아시아'를
　　돌아보는
까닭

동아시아 없는
동아시아사

　　탈냉전 이후 동아시아론은 한국 사회 주요 담론의 하나로 개진되었다. '동아시아적 시각'을 명시적으로 피력한 최원식과 백영서의 글[1]을 그 시발점으로 간주한다면, 1993년을 그 원년으로 삼아도 크게 무리는 없을 것이다. 족히 30년 가까운 축적을 거둔 셈이다. 담론의 파급력은 학술 생산에도 적잖은 영향을 미쳤다. 동아시아론이 동아시아학으로 심화되고 있는 것이다. 그중에서도 동아시아사, 특히 동아시아 근현대사의 서술이 본격적으로 등장하고 있음에 각별한 주목을 요한다. 모름지기 통사通史의 출현이야말로 학문적 축적의 지표이기 때문이다. 이 책 또한 동아시아사 연구를 통해서 동아시아론의 진전과 심화에 기여하고 싶다는 작은 포부에서 출발한다.

　　새천년 벽두, 동아시아사의 시발은 《미래를 여는 역사》[2](이하 '미래사')가 열었다. 한중일 공동의 역사서술을 도모했던 이 시도는 그 최초의 성취만큼이나 적잖은 향후의 과제 또한 남겼다. 일본의 우편향 역사 교과서에 대한 대응적 성격이 농후했던 탓에 '일본의 침략과 아시아의 저항'이라는 구도가 지나치게 강조되는 편향이 없지 않았던 것이다. 그래서 동아시아 내부의 충격-반응 모델을 답습했다는 혐의를 피하기 어렵다. 아울러 한중일 삼국의 병렬사에 그쳤다는 지적[3] 또한 정곡을 짚은 비판이다. 동아시아를 하나의 분석 및 서술 단위로 삼는 과업에는 미치지 못한 것이다.

《미래사》가 이룬 것과 모자란 점을 발판 삼아 국내에서 새로이 시도된 통사로는 《함께 읽는 동아시아 근현대사》[4](이하 '함께 읽는')와 《한중일이 함께 쓴 동아시아 근현대사》[5](이하 '함께 쓴')를 꼽을 수 있다. 먼저 《함께 읽는》은 지역 차원에서의 '연관'과 국가와 민중 차원에서의 '비교'를 시도했다. '침략과 저항'이라는 단순구도를 '연관과 비교'라는 입체구도로 전환한 점이 미덕이다. 일국사의 단순 조합을 넘어서서 동아시아적 지평을 도모한 것은 진일보가 아닐 수 없다. 하지만 20세기 초반부 서술이 《미래사》의 부족한 점을 반복하고 있다는 지적이 거듭 제출되는 형편이다. 과도한 일본 중심주의와 중국의 부재가 두드러진다는 것이다.[6] 아울러 냉전기 서술 또한 미국 중심이 역력하다는 점을 보탤 수 있겠다. 특히 냉전기 '자유주의진영'과 '사회주의진영'의 '비교'는 있으되, '연관'은 뚜렷하게 포착되지 않는다. 양 진영 간 상호 영향은 물론, 진영 내부 특히 사회주의진영 내부의 관계 천착이 몹시 미흡하다. 그래서 얼핏 '제국의 교체사'라는 관점이 변주되고 있는 듯도 하다. 중화제국-일본제국-미제국으로 이어진 제국의 교체로 동아시아 지역질서의 구조변동을 살폈던 관점과 크게 다르지 않은 것이다.[7] 반면 동일한 시간대의 변천 과정을 천하-국제-냉전으로 파악하는 논자도 있다.[8]

그러나 20세기 전반기를 '일본제국'이나 '국제'로 파악하는 시각 모두 일정한 한계를 품는다. '일본제국' 중심의 관점이 신해혁명 이후 부족하나마 국가의 틀을 엄연하게 견지했던 중화민국의 존재에 대한 지나친 과소평가라면, 동아시아에서 일본제국과 중화민국만이 온전한 행위자로 작동했던 동시기를 '국제'질서라고 간주하는 것 또한 과대평가가 아닐 수 없다.

20세기 후반을 '미제국'으로 갈음하는 것 또한 중화인민공화국의 존재를 간과하는 독법이며, 당대를 동아시아의 '냉전'으로 인식하는 관점 또한 여전히 그 실상을 온전히 파악하지 못했다는 점에서 연구의 축적이 필요한 상황이라고 하겠다. 유럽과는 상이한 궤적을 그리며 일각에서 '신냉전'을 운운하는 동아시아의 작금에 이르러서는 '냉전'이라는 개념의 정합성 자체를 재차 논구해볼 필요성마저 갈수록 커지고 있기 때문이다.

오히려 오늘의 현실에서 돌아보자면 20세기 전·후반을 막론하고 '중화' 中華를 국호의 전면에 내건 국가가 대륙에 연이어 등장했다는 점이야말로 누천년 동아시아사의 지평에서도 매우 특기할 현상이 아니었나 싶다. 중원에서의 명청明淸 교체 이후 17세기 이래 동아시아 구성원들이 저마다 알음알음으로 공유했던 '(소)중화'가 일국의 국호로 승격되는 이 전대미문의 사태에도 불구하고, 일본제국과 미제국을 더욱 강조하는 편향이 눈에 밟히는 것이다. 즉 일본제국과 대결하는 중화민국, 미제국과 길항하는 중화인민공화국을 공정하게 대우하면서 20세기의 동아시아를 (재)조망하는 새로운 관점의 수립이 요청된다 하겠다. 특히 중화민국을 무대로 전개된 아시아 피식민 민족들의 집합적인 반제·반식민 운동(항일전쟁)과 중화인민공화국과 더불어 수행된 반제·탈식민 운동(항미전쟁)에 주목해야 할 것이다. 20세기를 관통하는 이 집합적 경험을 통해 중국과 주변의 관계 또한 질적인 변화를 경험하기 때문이다.

그런 차원에서 중화제국-일본제국-미제국, 혹은 천하-국제-냉전이라는 독법은 모두 20세기 중심주의, 혹은 근대 편향의 혐의에서 자유롭지 못하다. '중화세계질서'라고 할 법한 동아시아의 구질서가 붕괴되고 전혀 새로운 근대 질서, 이른바 유럽형 국제질서='국가간체제'Inter-state system로 재편된 것처럼 서술하는 단절의 감각이 돌출되어 있기 때문이다. 그러나 여전히 제국에 방불한 중국은 물론이요, 분단체제로 작동하는 한국과 북조선, 준準국가적 정체성을 확보한 대만에 보태 오키나와와 홍콩·마카오까지 겹쳐 보자면 동아시아는 현재까지도 이념형적 의미의 국가간체제를 경험해본 적이 없다고 하는 편이 사실에 더 가까울지도 모른다. '국민국가의 옷을 걸친 제국'이라는 루시안 파이Lucian Pye의 수사에 빗대어 표현하자면 '국가간체제의 옷을 빌린' 어떠한 질서라고 할 법하다. 즉 중화질서에서 근대질서로의 이행이라는 일반적이고 의례적인 관점과 서술은 실상 실사구시實事求是와도 제법 어긋난다고 하겠다.

《미래사》의 자기 교정으로 출간된 《함께 쓴》은 어떠할까. 그중 1권은 "동아시아 근현대사의 구조적 변동에 초점을 맞추어 서술"했다고 한다. "한중일 3국의 국가 체제와 상호 관계의 구조적 변동을 동아시아의 국제관계 속에서 바라보는 것, 동아시아뿐 아니라 동아시아를 둘러싼 국제관계, 특히 서구와의 관계 속에서 파악하는 것에 유의"한 것이다[9]. 목차에서 주목되는 제목 몇 가지를 골라본다. 2장은 〈청일전쟁과 동아시아 전통질서의 해체〉이다. 6장은 〈세계 냉전 체제의 형성과 동아시아에 미친 영향〉이다. 7장은 〈동아시아 냉전 체제의 변용〉이며, 8장은 〈냉전 체제 붕괴 후의 동아시아〉이다.

2장은 부국강병 노선을 추진하며 서구의 압력에 맞섰던 일본의 메이지 정부가 동아시아에 진출·침략함으로써 동아시아의 전통적 국제질서가 붕괴되고 결국 청일전쟁에 이르는 과정과 그 이후를 다루었다. 그러나 청일전쟁을 기점으로 동아시아의 전통적 지역질서가 붕괴되었다는 데서부터 의문이 생긴다. 이 무렵을 전후로 국가 간 관계 맺음의 공식적인 형태가 조공에서 조약으로 전환되어간 것은 분명하다. 하지만 '오족공화'五族共和를 표방하는 '중화민국'의 등장은 물론이요, '광무'光武를 연호로 삼은 대한제국의 출범에 대륙의 대청제국을 대신해 반도에서나마 중화문명의 계승과 부흥을 도모하는 측면이 있었다는 점[10]까지 고려하면 사태는 그리 간단치가 않다. 나아가 '중화'민국의 우산 아래 국민당이나 공산당과의 협동으로 아시아 제 민족의 독립운동이 대륙에서 줄기차게 전개되었다는 사정을 염두에 둔다면, 전통적 지역질서의 유산은 해체되는 한편으로 재편되고 재구성되고 있었다는 것도 소홀히 다룰 수 없는 면모이다. 아니, 이제는 한층 더 주목하여 재조명할 가치가 충분한 대목이라고 하겠다.

실제로 '조공에서 조약으로의 이행'을 주도하며 동아시아에 만국공법 질서의 도입과 이식에 앞장섰던 일본제국이 실질적으로 관철시킨 질서란 오키나와, 대만, 조선을 막론하고 제국-식민 관계의 복제였다고 할 수 있다. 따라서 동아시아에서의 조약 체제, 즉 국가간체제가 성립되고 확립되어가는 과정이야말로 1945년 이후, 이른바 '냉전기'라고 보아야 온당한 것이다.

그리고 여기에는 일본-아시아 간 제국-식민 관계의 재구성, 즉 탈식민화라는 역사적 과제뿐만 아니라, 중국-아시아 간 천조국-조공국 관계의 재편, 즉 '중화세계의 근대화'라는 동아시아 고유의 과제 또한 자리했다. 전자가 대일본제국의 성쇠와 연동되는 백 년에 못 미치는 역사적 과제의 청산이었다면, 후자는 '지속의 제국'에 방불한 중화제국과 주변 간 누천년 역사에서도 예외적인 경험이라는 차원에서 더욱 특별한 과제였다고 할 수 있겠다. 그러한 만큼 중화세계의 내부 구성원들이 상호 관계를 재구축해가는 과정에 주목하는 것은 '동아시아 냉전'의 독자적인 지역성과 역사성을 이해하는 관건이라고도 하겠다.

이러한 부정교합은 6장에서 8장까지 이어지는 '세계 냉전체제'와 '동아시아 냉전체제'와의 관계 속에서도 지속된다. 세계 냉전체제, 더 정확하게 말하자면 유럽의 냉전체제가 동아시아에 끼친 영향만큼이나, 혹은 그 이상으로 국공내전과 한국전쟁, 베트남전쟁으로 말미암은 동아시아 내전·열전이야말로 세계 냉전체제의 행로에 결정적인 영향을 주었음을 강조하지 않을 수 없다. 오히려 20세기 전반기를 계승하는 동아시아 내부의 역사적 흐름이야말로 세계 냉전체제 형성과 변용의 관건이었다고도 할 수 있다. 그럼에도 여전히 동아시아의 지역적 동학動學, Dynamics보다는 중소분쟁 등 사회주의진영에 주목하는 '냉전적 시각'이 지속되고 있음이 크게 아쉽다. 동아시아의 냉전을 이해하는 데 정작 '동아시아적 시각'이 결여되어 있는 것이다. 즉 동아시아 내재적 질서의 구조 변동, 더 직접적으로 표현하자면 중화세계질서의 지속과 변화라는 관점에서 20세기의 전반기와 후반기를 거시적으로 조망하는 새로운 관점의 수립이 요청된다 하겠다.

그러나 이러한 역사 인식의 결락은 비단 한국학계만의 사정은 아닌 것으로 보인다. 훨씬 방대한 10권의 규모로 동아시아 근현대사를 총괄한 이와나미岩波 강좌는 7권과 8권 두 권을 냉전기에 할애했다.[11] 7권의 제목은 《아시아 제 전쟁의 시대アジア諸戦争の時代》이고 8권은 《베트남전쟁의 시대ベトナム戦争の時代》이다. 그럼에도 여전히 동아시아의 '자유진영'에 비해 동아시아 사회주의권에 대한 서술은 크게 모자란 형편이다. 영어권에서도 사정은 다르지 않다. 그동안의 (신)냉전사 연구를 집대성한《케임브리지 냉전사The Cambridge History of the Cold War》에서도 동아시아의 비중은 소략하며, 그 가운데서도 동아시아 사회주의진영의 몫은 극히 미약하다.[12] 얼개는 미국-소련-중국의 삼각관계에 맞추어져 있다. 국내외를 막론하고 동

아시아 근현대의 통사 작업 가운데 공통적으로 가장 부족한 지점이 냉전기 '죽의 장막'bamboo curtain* 너머의 (동)아시아 사회주의권이라고 할 수 있는 것이다.

또 하나의 동아시아

동아시아론이 발진하는 계기가 탈냉전, 즉 베를린장벽의 붕괴(1989), 한소수교(1990), 한몽수교(1990), 소련해체(1991), 남북 UN 동시가입(1991), 한중수교(1992), 한베수교(1992) 등 일련의 사회주의국가와의 재회에 있었음을 복기하면, 동아시아 냉전사의 결락은 커다란 역설이다. '죽의 장막' 너머의 냉전 경험에 대한 연구가 여전히 소홀하다는 점은 왜 여지껏 동아시아의 대화합이 불/가능한지에 대한 일정한 단서도 되어줄 법도 하다. 그들의 역사성에 내재하지 못함으로써 역지사지의 태도가 크게 부족했던 셈이다. 탈냉전의 당위적 구호에 앞서 반세기에 가깝도록 적대적 관계를 형성했던 그들의 냉전이란 과연 어떠한 것이었는지를 더욱 깊이 천착하고 이해하고 공감할 필요가 있겠다.

동아시아 냉전사 연구의 지평을 먼저 연 쪽은 '문화연구'였던 것으로 보인다. 미국과 유럽의 연구 성과에 비할 바는 못 되지만, 그럼에도 문화냉전 혹은 냉전문화 연구가 활발한 편이다.[13] 하지만 냉전문화 연구에서도 편중과 편향은 지속된다. 대저 미국-일본-한국-대만-동남아(의 자유진영)에 치

---

　*　냉전기 중화인민공화국을 중심으로 한 공산주의진영과 비공산권 국가들 간 이념적·지리적 경계를 가리킨다. 유럽에서 소련을 중심으로 형성된 '철의 장막'에 중국의 상징 가운데 하나인 대나무를 빗댄 표현이다.

우친 냉전 경험에 연구가 집중되어 있다.

그리하여 일각에서 제기하는 '동아시아 대분단체제'라는 발상도 아직은 완결된 개념으로 정립되었다고 보기는 힘들다.[14] 여전히 20세기 후반기의 동아시아를 구조적이고 분석적으로 서술하는 데는 미치지 못하고 있기 때문이다. 이 발상은 대체로 남북한, 대륙·대만(홍콩/마카오), 일본·오키나와의 분단·분열 상태에 대한 비유적 개념에 머물러 있다. 미일동맹과 중국혁명이 동아시아의 대분단을 이루는 기축이고, 그 기저에 일본과 아시아의 분열이라는 20세기 초반의 역사성이 잠복해 있다는 점에 능히 수긍하면서도, 미일동맹과 중국혁명이 표상하는 역사성의 차이를 내재적으로 분석하지 못하고 국제정치적 경합 관계의 수사학에 그침으로써 '대분단체제'의 본질을 적시해내지 못했음을 지적할 수밖에 없다. 그래서는 구미의 일본학계에서 주장하는 '샌프란시스코 체제'[15]와의 변별성도 쉬이 확보하기 힘들다는 판단이다. '샌프란시스코 체제'라는 발상과 명명 또한 한국전쟁으로 촉발된 미일동맹과 신중국 간의 대결 구도를 동아시아 갈등의 축으로 삼고, 전후의 모순에 전전의 유산이 작동하고 있음을 영토분쟁과 역사갈등을 비롯한 다양한 차원에서 규명하기 때문이다.

동아시아 대분단체제론이 수사학의 수준에 머무는 근본적 까닭 또한 대분단체제의 한 축이었던 '죽의 장막' 너머에서 작동한 또 하나의 (동)아시아에 대한 역사상의 결여에서 비롯한다고 여겨진다. 즉 동아시아 대분단체제가 한층 적실한 분석개념으로 정착하기 위해서라도 더더욱 아시아 사회주의진영 및 비동맹국가들의 냉전 경험에 주목해야 할 필요가 있겠다. 그래야만 이념과 체제의 대결로만 수렴할 수 없는 동아시아 냉전질서의 남다름을 설명할 수 있을 것이며, 대륙세력과 해양세력 간 지정학적 갈등으로만 갈음할 수 없는 대분단의 실체 또한 한층 또렷하게 포착할 수 있을 것이다.

나아가 냉전을 경유한 20세기 동아시아 지역질서의 구조변동을 총체적으로 파악하는 안목도 터득할 수 있을 것이다.

결론을 앞서 말하자면, 필자는 동아시아 대분단체제의 균열선의 핵심은 좌우左右보다는 고금古今이며, 그 가운데서도 탈중화脫中華와 재중화再中華의 길항이었다고 본다. 명청 교체 이래 동아시아 내부에서는 (소)중화의 보편화 과정이 전개되고 있었다. 만주족이 대청제국을 표방하자 월남은 대남제국을 내세우며 '중국'을 자부했고, 조선 또한 중화문화의 계승자라는 자부심을 강화하며 '소중화'에서 '조선 중화'로 이행했다. 즉 중원이 '중화'를 독점하던 위계적 상황이 해체되고, 문화적 대등함의 표출과 자기 정체성의 재구축이 전개된 것이다. 중원에 대한 자주성과 주체성의 발로가 날로 여실해졌다고 할 것인데, 중요한 것은 이러한 동향을 중화세계로부터의 이탈이 아니라 '중화세계의 민주화' '중화세계의 평등화'로 독해하는 편이 한층 적실하다는 점이다. 즉 모두가 중화이고 저마다 중화라는 차원에서 기존의 문명적 위계를 대체하는 내재적인 근대화가 전개되고 있었던 것이다. 그에 따라서 대국-소국 간 현실적 힘의 차이는 여전하였으되, 상국-하국이라는 문화적 위계의 관념은 흐릿해져갔다.

대청제국이 쇠락하고 대일본제국이 약진하는 19세기 말부터 동아시아에서는 탈중화의 원심력이 한층 강해졌다. 세계체제에 본격적으로 편입되면서 대청제국도 대일본제국도 경쟁적으로 제국주의화로 치달았던 것이다. 두 제국은 번부藩部, 조공, 호시互市, 조약 등 중화세계 특유의 중층적이고 복합적인 정치구성체 간 위계를 억압적으로 강화함으로써 제국-식민의 수직적 관계로 재편하고자 했다. 이로써 세계체제에 적응해가고자 한 것이니, 이 탈중화의 과정을 중화세계의 첫 번째 근대화, 제국주의적 근대화라고 명명할 수 있겠다. 그리고 이 역사적 이행 과정 속에서 왕년의 조공국 류큐와 조선은 대일본제국의 식민지가 되어갔고, 대청제국 또한 그에 맞서서 신장과 시짱西藏(티베트)을 비롯한 번부의 내부 식민지화와 조공국의 식민지화를 도모했다고 하겠다.

그런 반면에, 중화세계의 제국주의적 근대화에 저항하는 집합적 운동 또한 전개되었다. 특히 대청제국 붕괴 이후 들어선 중화민국은 식민지로 전락한 여러 아시아 민족들이 독립운동을 전개하는 무대가 되어주었다. '항일전쟁'으로 수행되는 집합적인 반제국주의 운동, 즉 중화세계의 반제국주의적 근대화가 본격화된 것이다. 도쿄를 정점으로 삼은 '동아', 모스크바를 중심으로 삼은 '동구'와 일선을 긋는 제3의 역사운동으로 이 책에서 강조하는 '동방'의 발진이었다. 그리고 이 '동방'의 지향은 중화세계에서 전개되어 온 구성원 간의 문화적 대등함을 정치적 영역으로까지 한층 강화함으로써 반제국주의·반체제 운동을 집합적으로 수행했다고 할 수 있겠다.

이 중화세계의 내발적인 근대화, 반제국주의적 근대화 과정이 '죽의 장막' 너머에서는 '냉전기'를 통해 여전히 진행되었음을 인식하는 것이 관건이다. 이 시기 동아시아 사회주의진영은 사회주의를 보편적 이념으로 삼되, 각자가 독자적으로 주체화·토착화하는 소화 과정을 통해 저마다 마오사상·김일성사상·호찌민사상을 앞세우게 되는 풍경을 연출한다. 그뿐만이 아니라, 그 집합적이고도 개별적인 이행 과정을 통하여 미소가 주도하는 냉전체제(서구화와 동구화)를 돌파해가는 과정은 더욱 중요하다. 즉 동아시아 대분단체제란 유럽의 냉전체제를 이식하고 복제하여 제3세계 전체를 관리하려는 (내·외부의) 힘과, 그에 맞서 동아시아 질서의 내재적 진화, 혹은 내재적인 근대화(동방화)를 지속하고 강화함으로써 냉전체제를 탈구축脫構築하려는 힘의 경합으로 파악할 수 있는 것이다. 비유하자면 이식파와 자강파(자력갱생)의 길항, 즉 제국-식민체제와 냉전체제를 이식했던 세계체제의 압력과 중화세계 내부에서 전개된 지역질서 변동과 진화의 길항으로 포착할 수 있겠다. 이 책의 각 장을 통하여 '동방'이라는 이름으로 표출되었던 다양한 역사상을 검토해봄으로써 기왕의 동아시아 대분단체제론을 보완하고 심화할 수 있기를 기대해본다.

동아시아 냉전의 재인식을 위하여

　　동아시아 냉전사 연구가 전인미답은 아니다. 특히 '신냉전사'라고 일컫는 연구 경향은 매우 큰 활력으로 괄목할 성과를 거두고 있다. 흥미로운 지점은 신냉전사의 성취에 '중국학계'의 역할이 지대하다는 것이다. 따라서 1장에서는 '신냉전사'를 선구적으로 개척하고 있는 '중국학계'의 동향을 비판적으로 소개한다. 기존의 미소 중심 냉전 이해를 해체하는 뜻깊은 성과에도 불구하고, 중소·중미의 대국 관계에 치중하는 편향된 면모 또한 확인할 수 있을 것이다. 이로써 정작 냉전기 중국의 활로를 개척하고 탈냉전의 돌파구를 열어주었던 '중국과 아시아' 혹은 '중국과 제3세계'에 대한 관심이 상대적으로 결여되어 있음을 지적하고, 이 책에서 노정코자 하는 메시지를 한층 명료하게 제시하려고 한다.

　　2장부터는 필자 나름의 본격적인 응전이다. 2장에서는 한국전쟁과 베트남전쟁에 종군기자로 참여했던 한 보고문학 작가의 작품을 분석한다. 이를 통해 당대 신중국(인)의 조선·월남 인식을 살피고 따져본다. 여기에 북조선 및 베트남의 문헌도 견줌으로써 중국과 주변 간의 비대칭적 상호인식이 여전히 지속되고 있음을 확인할 수 있을 것이다. 그럼에도 이러한 경향이 단순한 복고나 회귀가 아니었음이 관건일 터인데, 바로 중국과 조선·월남 및 아시아가 집합적으로 경험했던 반제·반식민주의 운동의 축적이 있었기 때문이다. 즉 항일전쟁 기간 대장정을 통하여 옌안으로 수렴되고, 또 거기서 발아해 항미전쟁을 함께 수행했던 중국과 주변국 간 관계 재건 양상을 '동방'이라는 표상을 통해 조망할 것이다. 전시기의 동양이나 동아와도 다르며, 동시기의 동구와도 차별되는 지향 속에서 동방이 자리매김하는 것이다. 이를 통해 이 책은 소련과 동유럽이 노정했던 동구형 사회주의와는 일선을 긋는 동아시아 사회주의국가들 간 독특한 상호 관계의 역동성 또한 '사회주의 국제주의'와는 상이한 지평에서의 '중화 사회주의'라는 개념으로 이해할 것을 제안한다. '중화 사회주의'는 중화세계에서 작동하는 '탈중국화를 위한 중국화'의 길항이 지속되고 변주됨으로써 외부를 향한 집합적인 반체제운동(항일전쟁과 항미전쟁)의 수행은 물론, 내부 구성원 간 고유한 비대칭적 위계가 초래한 상호 갈등과 반목으로 인해 아시아 사회주의 국제주의가 붕괴하는 과정(1975년 이후 중국-베트남-캄보디아 간 상호 전쟁)까지도 설명할 수 있다는 점에서 요긴한 발상이다. 즉 동구/서구에 '동방'을 보탬으로써 동아시아 냉전사를 이해하는 새로운 방편인 '삼분론'을 입안하는 것이다.

3장과 4장은 중국 및 (동)아시아 사회주의국가들이 주도하여 모색했던 지역운동과 세계운동의 구체적인 실상을 검토한다. 달리 말해 동구/서구와 길항했던 '동방'이라는 역사운동의 흔적들을 복기하고 갈무리하는 작업이다. 들여다볼 사례는 두 가지로, 하나는 아시안게임과 올림픽을 대체하고자 했던 신흥국경기대회Games of New Emerging Forces, GANEFO(이하 가네포)운동이며, 다른 하나는 아시아·아프리카작가회의Conference of Afro-Asian Writers(이하 'AA작가회의'로 약칭)운동이다. 이 과정에서 중국과 아시아

국가들에서 각기 발행된 다양한 1차 자료의 발굴과 수집을 통하여 '죽의 장막' 너머에서 건설하고자 했던 새로운 지역과 세계의 여망을 복원하고, 미국과 소련과의 이중 대결 속에서 냉전을 돌파하려는 중국이 어떻게 아시아를 전유해갔는지도 확인해보려 한다. 그럼으로써 그간 막연히 동일시되어온 AA운동*과 비동맹운동,** 제3세계운동 등의 변별점도 밝힐 수 있을 것이다. 이러한 지역 및 세계적 수준의 대안적 문학·스포츠 운동은 유럽의 '국가간체제'가 동아시아 및 제3세계에 단순하게 이식되는 것이 아니라 주체적·주도적으로 '국가간체제'를 확립하고 학습하는 국제적 장을 마련하는 것이기도 했다. 더불어 인민과 대중 차원의 세계인식에 일정한 영향을 미침으로써, 왕년의 지식인들이 주도했던 상층의 외교(인문외교)와는 상이한 지평에서 민간외교와 인민외교의 새로운 장을 열었다고 하겠다.

5장에서는 한국전쟁과 베트남전쟁 참전은 물론이요, 가네포와 AA운동 등 냉전기 신중국의 행보를 진두지휘했던 마오쩌둥의 세계관에 천착한다. 그가 남긴 외교문헌과 주변국 지도자들과의 대화록을 중심으로 중국과 아시아의 관계 및 상호 인식을 분석함으로써, 중간지대론부터 삼개세계론에 이르기까지 독자적인 언어와 담론을 지속적으로 제출했던 사상적 기저를

---

* Afro-Asia Movement. 1955년 4월 아시아·아프리카 29개국 대표단이 인도네시아에서 반둥에 집결함으로써(반둥회의) 촉발된 반식민·반제국주의 운동. 명칭에서 알 수 있듯 서구 열강과 제국주의에 핍박받아온 아시아·아프리카 국가들이 긴밀한 연대를 꾀하는 한편, 미국과 소련이 양분하던 세계무대에 제3세계의 존재감을 뚜렷이 드러냈다는 의미를 갖는다. AA작가회의 또한 AA운동과 반둥회의를 모체로 등장했다.

** Non-Aligned Movement. 냉전기 이른바 '강대국 블록'에 대한 대항 운동으로, 1961년 당시 유고슬라비아 베오그라드에서 시작됐다. 반둥회의의 주역이었던 인도의 네루를 비롯해 이집트의 나세르, 유고슬라비아의 티토 등이 주도했다. 운동의 목적과 구성원의 면면을 볼 때 AA운동의 영향을 받았다고 볼 수 있지만, AA운동의 한 축인 중국이 참여하지 않았고, 무엇보다 '아시아·아프리카'라는 지역적 정체성이 옅어졌다는 차이가 있다.

추적해보고자 한다. 이를 통해 중화세계질서의 독특한 특징이었던 '차서'差序적 발상, 즉 중층적 세계관이 마오쩌둥의 대외 인식에 여전히 영향을 미치고 있었음을 확인할 수 있을 것이다. 나아가 이 장에서는 마오가 '평화공존 5원칙'을 마련함으로써 중국과 주변국의 관계를 재건하고 소련과의 관계를 수정하며 미국과의 관계 개선의 물꼬를 트는 일련의 과정을 재점검한다. 이를 통해 중화세계질서의 근대적 변용이 정책적으로 입안된 것이 '평화공존 5원칙'이었음을 확인할 수 있을 것이다.

6장에서는 '평화공존 5원칙'의 실질적인 정책 관철 양태를 인도차이나를 무대로 전개된 세 차례의 베트남전쟁을 통해 논구할 것이다. 베트남 대 프랑스·미국, 민족주의 대 식민주의·제국주의라는 통상적 이해와는 달리 이 장에서는 세 차례의 인도차이나전쟁 이면에 복류하고 있던 동구(화)와 동방(화)의 길항에 초점을 둔다. '동방화'가 중화세계질서의 근대화, 즉 항일전쟁과 항미전쟁을 집합적으로 수행하며 기왕의 상·하국 관계가 대·소국 관계로 재편되어 평화공존 5원칙으로 수렴되고, 그를 통해 중국과 주변의 관계를 재설정해가는 과정을 일컫는다면, '동구화'란 소련과 동유럽에서 관철되었던 '제한 주권' 상황을 아시아와 인도차이나에서도 복제하고 답습하려는 시도를 가리킨다. 즉 베트남전쟁은 동북아적 맥락에서 보면 중국혁명의 파장과도 연동된 반제국주의운동이면서, 동남아적 문맥에서 따지자면 왕년의 대남제국적 지향이 인도차이나의 외양을 빌려 재개되는 제국의 프로젝트이기도 했던 것이다. 고쳐 말해 (북)베트남은 동방과 동구의 갈림길에 날카롭게 자리하고 있었다.

이처럼 인도차이나전쟁의 이면에 잠복해 있던 동방화와 동구화의 길항에 주목함으로써, 중국과 베트남을 중심으로 한 아시아 사회주의 국제주의(=중화 사회주의)의 발흥–와해 과정에서도 동아시아 내부의 대·소국 간 비대칭적인 관계가 지속적으로 지대한 영향을 미치고 있었음을 확인할 수 있을 것이다. 나아가 동아시아의 '탈냉전' 또한 왜 좌우 체제 대결의 소멸(='역사의 종언')이 아니라 중화세계의 구성원이었던 개별 국가 간 관계 맺기의 정상화, 즉 '동방화'로 귀결되었는지에 대한 저간의 사정을 한층 명료하게 이해할 수 있을 것이다.

닫는 글에서는 앞에서 조감한 역사상을 바탕으로 냉전기 중국과 아시아의 관계를 동아시아 지역질서의 변천이라는 장기적인 조망 아래 자리매김한다. 즉 이 시기를 30여 년의 예외적 경험으로 접근하는 것이 아니라, 명청교체 이래 누적되어온 동아시아의 내재적 질서 변화라는 거시 차원에서 맥락화를 시도한다.

다시 말해 전통적 중화세계질서가 근대적 국제질서로 전변했다기보다는, 17세기 이래 관철되어왔던 개별 국가들의 주체화와 자주화의 연속선상에서 과거의 수직적 상하 관계를 청산하고 대·소국 관계로 진화해가는―중화세계가 그 나름의 독자적이고 고유한 논리에 입각해 '차서'의 일환으로서 '국가간체제'를 수용하면서 '근대화'되어가는―이행기로 냉전기의 중국과 아시아를 자리매김하는 것이다. 이를 통해 이 책이 냉전기 '중화사회주의권'을 재인식하고, '중화세계의 근대화'라는 시각에서 동아시아 지역질서를 일이관지―以貫之할 수 있는 관점의 수립에 단초가 되기를 바란다.

1
9
4
5

I

냉전의 역사학

–

신냉전사와 신중국을 중심으로

1
9
9
1

COLD WAR

역사학으로서의
냉전연구

소련이 해체(1991)된 지 30년 가까운 세월이 흘렀다. 냉전은 이 제, 아니 이미 역사(연구)의 대상이 되었다. 실제로 1990년대 초반부터 냉전사 연구는 활발했다. 소련과 동구권의 기밀 자료들이 대거 해제되면서 냉전기와는 사뭇 다른 성격의 학술 연구가 본격화된 것이다. 다국적 1차 자료의 활용, 국제적 학술 교류망의 구축, 인문학적 방향 전환, 제3세계 냉전에 대한 관심 증대 등을 주요 특징으로 볼 수 있는 이러한 조류를 통칭하여 신냉전사New Cold War History라고 부른다. 지구사Global History나 제국사 Empire History처럼 탈냉전 이후 국제학술계가 주목하는 새로운 역사 분야의 하나라 하겠다. 신냉전사는 이미 독자적인 학술 제도로 자리를 잡았다. 연구를 전담하는 학술기관이 있을 뿐 아니라, 학술지 또한 정기적으로 간행되고 있다. 대표적인 연구기관으로는 우드로윌슨센터의 '냉전국제사 프로젝트'The Cold War International History Project(1991)', 하버드대학의 '냉전

연구에 관한 프로그램'Program on Cold War Studies(1999)[2], 런던정경대학LSE 의 '냉전 연구 프로그램'Cold War Studies Program(2001)[3]을 꼽을 수 있다. 그리고 각각 기관지로《냉전국제사 프로젝트》《냉전 연구 저널The Journal of Cold War Studies》《냉전사Cold War History》를 발행하고 있다.

주목할 것은 신냉전사의 성립과 성취에 중국학계[*]의 기여가 상당하다는 점이다. 한국[4]이나 일본[5]에서는 독자적 분과로 자리 잡고 있지 못한 데 비해, 중국은 구미 학계와 보조를 맞추어 거의 동시적으로 발전하고 있음이 인상적이다. 이는 신냉전사의 성격과도 깊이 관련되어, 이 장에서 다루고자 하는 주된 내용이기도 하다. 중국의 연구 거점은 상하이에 자리 잡은 화둥사범대학 역사학과의 냉전국제사연구센터冷戰國際史硏究中心[6]이다. LSE와 같은 해인 2001년에 출범하여, 위의 세 기관과 함께 세계 4대 연구기관으로 간주될 만큼 국제적인 위상을 확보하고 있다. 2004년에는 반년간 학술지《냉전국제사연구》[7]를 창간하는 한편, 2006년부터는 연구소 내 석·박사의 대학원 과정을 신설해 신진 학자들의 재생산에도 힘을 쏟고 있다.

신냉전사가 제도적으로 확립되었음은《역사연구歷史硏究》50주년(2005) 기념 논문집[8]에서 냉전사가 별도의 주제로 묶여 나온 데서도 확인된다. 나아가 특정 분야의 연구 누적이 통사 집필로 집약된다는 점을 고려한다면,

---

[*] '중국학계'라는 명명은 그 범주와 성격이 모호할 수밖에 없다. 따라서 이 책에서는 중국에서 신냉전사 연구에 종사하는 일군의 학자들과, 미국과 일본 등 해외에서 활동하는 중국계 연구자들을 아울러 지칭하려고 한다. 가령 LSE '냉전연구프로그램'의 소장으로 신냉전사 연구를 주도하고 있는 오드 아르네 베스타는 국공내전의 지역적, 국가적, 국제적 지평을 동시에 고찰한 《Decisive Encounters: The Chinese Civil War, 1946-1950》(2003)을 출간하는 등 전공으로만 따지자면 '범중국학계'라고 분류할 수도 있겠다. 하지만 이 책에서는 '중국(학) 전공자'를 '중국학계'와 등치시키지 않으려고 한다. 중국인 연구자와 중국계 연구자만을 '중국학계'로 한정하여 접근하려는 것이다. 전공보다는 출신에 방점을 두는 것으로, 이러한 접근법이 '중국적 시각'의 신냉전사 연구의 특징을 이해하는 데 한층 유효하다고 판단되기 때문이다.

중국의 신냉전사 연구는 어느 국가보다도 앞선다고도 하겠다. 멜빈 레플러 Melvyn P. Leffler와 오드 아르네 베스타Odd Arne Westad가 공동 편집한《캠 브리지 냉전사The Cambridge History of the Cold War》(캠브리지대학교출판부) 가 2010년 세 권으로 출간된 반면에, 뉴준牛軍, 션즈화沈志華, 양쿠이쑹楊 奎松이 공동 편집한《국제 냉전사 전제강의國際冷戰史專題講義》(베이징대학 출판사) 3부작은 4년 전인 2006년에 출판된 것이다. 나아가 후자의 구성은 전적으로 중국학계의 성과만으로 이루어져 있음도 높이 살 만하다. 두 통 사의 내용과 수준을 견주는 것은 별도의 과제겠지만[9], 이만한 성취라면 "중 국학자들의 참여가 없었다면 신냉전사 연구는 그 폭과 깊이에서 오늘의 규 모에 달하기 어려웠을 것이다"[10]는 발언을 과장으로만 치부할 일은 아니라 고 하겠다.

이처럼 중국발 신냉전사가 활황을 구가하는 동안 한국의 중국학계는 그 동향에 상대적으로 무심했던 것으로 보인다.[11] 중문학이 개별 작가와 작품 에 치중해 냉전이라는 국제적 맥락을 소홀히 하는 경향이 있다면, 정치학 과 외교학 등 사회과학 분야의 무관심은 여전히 구미의 이론 중심 연구가 학계의 주류라는 점과 무관치 않을 것이다. 역사학 또한 중화인민공화국을 연구하는 전공자층이 두텁게 형성되지 않았음이 한몫했을 법하다. (동)아 시아 냉전연구에 천착하고 있는 성공회대학교 동아시아연구소에서 간행 한 두 권의 책[12]에도 중국의 신냉전사 연구가 언급되거나 인용되지 않은 것 은 아쉬운 대목이다. 이 책들은 냉전기의 아시아주의(의 재편)와 비동맹운 동을 다루고 있는 총론[13]에도 불구하고, 개별 연구는 여전히 절반의 아시아 에 머물러 있다. 이는 '냉전 아시아'를 다루고 있음에도 자유주의진영에 포 섭된 아시아, 즉 일본·한국·대만·홍콩·필리핀·싱가포르 등에 연구가 집중 되고 있는 편향과 무관치 않아 보인다. '죽의 장막' 너머 중국·북조선·(북)

베트남·버마·캄보디아·인도네시아 등이 건설해갔던 또 하나의 아시아에 대해서는 연구의 공백 상태가 지속되고 있는 셈이다. 이 현상을 가벼이 여길 수 없는 것은 탈냉전기의 냉전연구조차도 냉전이 초래한 지리적이고 지적인 구획에서 탈피하지 못하고 있기 때문이다. 탈냉전이라기보다는 냉전적 인식 구도가 지속되고 있는 '후기냉전'이라고 하면 지나칠까. 중국의 신냉전사 연구를 주목해야 할 이유가 여기에 있다. 냉전과 아시아를 종합적이고 총체적으로 접근하는 데 불가결한 참조항을 제시해주기 때문이다. 인식과 사유, 학문과 연구에서의 진정한 탈냉전을 도모할 수 있는 유력한 방편이 되어주는 것이다.[14]

그러나 필자가 중국의 신냉전사를 주목하는 까닭은 비단 참조 체계의 다원화라는 목적에 한정되지 않는다. 중국학계의 기여와 성취로 '냉전' 자체에 대한 새로운 인식 지평이 열리고 있음을 주목하려는 것이다. 나아가 그 새로운 냉전상像이 중국의 부상이라는 동시대적 현상과 깊이 연동되고 있음을 강조하고자 한다. 즉 중국발 신냉전사의 수용과 더불어 그 성과물을 '주변의 시각'에서 어떻게 비판적으로 독해할 것인가라는 이중의 과제가 주어진 것이다. 그리하여 이 장에서는 냉전기 (구미 중심의) 냉전연구를 간략하게 살펴본 후, 1990년대 이후 본격화된 신냉전사의 전반적 동향을 정리하고, 그 신냉전사와 중국학계의 밀접한 관련성을 따져볼 것이다. 이를 통해 서구 중심의 냉전상을 해체하고 있는 중국발 신냉전사의 성과에 응분의 평가를 내리고, 그 새로운 냉전상이 중국중심주의로 경사되고 있는 모종의 경향을 비판한 뒤, 다시금 (동)아시아를 방법으로 삼아 '이중적 주변의 눈'[15]에서 탈중심화할 필요성을 역설할 것이다. 신냉전사의 국제적 학술망에 적극 개입해 '중국과 아시아'라는 새로운 시각을 제공하는 데 한국의 중국(사)학계가 기여할 여지가 큰 것이다. 이를 통해 한국 중국(사)학계의 교류와 소통의 지평을 아시아·세계로 넓히는 동시에, 중국·아시아 연구에서 (분단과 열전을 경험한 역사성에서 산출된) 한국적 시각을 한층 가다듬는 이중의 효과를 기대한다.

냉전과 (구)냉전연구

냉전연구는 냉전의 시작과 동시에 출발했다. 그래서 냉전의 속성을 속 깊이 반영한다. 아니 냉전연구 자체가 냉전을 구성하는 지적이고 문화적인 요소라고 할 수 있다. 냉전의 개념과 기원에 대한 연구가 '문화냉전'의 핵심이었기 때문이다. 즉 냉전의 해석권을 둘러싼 지적 경쟁이 냉전연구를 낳은 것이다. 구미, 특히 미국이 냉전연구를 주도한 것도 이와 무관치 않다.

(구미의) 냉전연구는 크게 세 학파로 분류된다.[16] 전통파·정통파, 수정주의파, 탈수정주의파가 그것이다. 1940년대 후반부터 1950년대 초반, 미국의 냉전연구를 주도한 학파를 정통학파Orthodox School 혹은 전통학파 Traditional School라고 한다. 이들은 냉전의 기원과 그 성격을 어떻게 인식할 것인가에 주력했다. 요지는 소련 비판(비난)이다. 소련은 사악한 전제국가이며, 사회주의 또한 팽창주의적 이념을 내재한다. 전제적 통치 체제는 견제와 균형의 원리를 상실하여 대외 팽창을 통제할 내부 역량이 없는 탓이다. 따라서 소련의 외교정책과 세계전략은 '자유세계'의 가치와 체제 전복일 수밖에 없다. 이를테면 독일과 이탈리아, 일본 파시즘의 연장선에서 사회주의 소련을 이해하고 있는 셈이다.

역사적인 접근이 부가되기도 한다. 소련이 차르 러시아의 전통을 계승해 동유럽을 포섭하고 세계 패권도 추구한다는 것이다. 미국의 봉쇄정책은 이러한 전통파·정통파의 학문적 기반에 의거해 도입된 것이다. 그러다 1950년대 중후반 매카시즘이 퇴조하고 냉전도 '안정화'됨에 따라 전통파·정통파의 시각도 탈정치화된다. 그러면서 한스 모겐소Hans Morgenthau의 현실주의가 영향력을 강화했다.[7] 냉전연구가 국제관계학의 일환으로 편입된 것이다.

전환점은 1960년대 중반이다. 베트남전쟁 격화로 미국의 대외 정책에 대한 비판이 고조되면서 학계에서도 사회운동과 문제의식을 공유하는 분파가 등장한 것이다. 수정주의파Revisionist School(이하 수정파)로 불리는 이들은 냉전의 기원과 지속의 책임을 미국에서 찾는다. 미국이야말로 2차세계대전 이후 세계적으로 권력을 확산시킨 팽창주의 세력이라는 것이다. 수정파에 따르면 미국은 그 과정에서 자국의 이해와 의사를 세계 각지에 강압적으로 관철시키기도 했다. 베트남전쟁은 그 생생한 사례다. 즉 미국은 자본가와 이익집단의 이해관계에 복무하는 현대적 제국이다. 그래서 소련의 일부 도발적 행동조차 미국에 대한 대응·방어의 소산이라고 이해한다.

수정파가 냉전과 미국에 대한 새로운 관점을 제시했음은 인정할 만하다. 하지만 그 출발부터 한계 또한 분명했다. 냉전에 관한 해석권에 도전하는 운동적 성격이 강했던 반면에, 학문적 방법론에서는 답보를 거듭했던 것이다. 즉 이들은 전통파·정통파의 주류였던 국제관계학의 현실주의 이론을 답습하고 있었다. 그래서 냉전을 사상과 체제, 제도의 대결로 이해하기보다는 여전히 국가안보와 이해관계의 충돌로 접근했다. 더불어 미국 중심주의가 한층 심화되었다는 역설도 간과할 수 없다. 수정파가 활용하는 자료가 미국 문헌에 집중되어 있었던 것이다. 미국의 개혁이야말로 관건적이라는 신념은, 곧 미국의 정책 전환이 냉전체제에도 변화를 가져올 것이라는 가정에 기반한다. '자유세계' 수호를 강조하는 전통파·정통파 못지않게 도저한 미국 중심주의의 혐의를 떨칠 수 없는 것이다.[18]

1970년대 데탕트détente 국면의 조성과 함께 탈수정주의파Post-Revisionist School가 등장한다. 이들과 전통파·정통파, 수정파와의 가장 큰 차이는 기밀 해제되기 시작한 문서들의 활용에 있다. 탈수정주의파는 냉전의 기원을 어느 일방에 두는 기존 학파들과 달리 미소 양 대국의 책임을 모두 인정한다. 냉전은 미소 간 오해와 오독으로 빚어진 상호작용의 결과라는 것이다. 그러한 균형과 별개로 소련의 책임을 재차 인정한 것은 미국의 봉쇄정책을 옹호하는 결과를 낳기도 했다. 이러한 시각은 동구권 붕괴와 소련의 해체로 한층 강화되었다. 냉전 승리로 결국 미국의 정책이 옳았다는 사후 합리화가 가능해진 것이다. 여기에 구 동구권 문서 공개로 소련과 동유럽 간 위계 구도가 입증되면서 소련의 제국성을 설파했던 전통파·정통파의 입지는 더욱 강화되었다.

현재의 시점에서 보자면 세 학파는 그 차이점보다 공통점이 두드러진다. 무엇보다 연구의 범위와 수단에서 미국과 서방국가의 자료에 의존하고 있다는 게 결정적 약점이다. 그 실상을 보자면 미국 외교사 내지는 미소 관계에 중점을 둔 미국 대외관계사의 연장에 불과한 것이다. 문제의식에서부터 자료의 수집과 활용, 서술 전개 및 결론에 이르기까지 미국이 그 중심에 있다. 더불어 이론적 기반이 된 현실주의의 득세 속에서 정작 이념과 제도 등은 중시되지 않았다. 안보와 국익 등 권력정치가 강조된 만큼 연구 또한 주요 정치적·외교적·안보적 사건에 집중되고 만 것이다. 냉전연구가 '연구'라기보다는 '정론'政論의 성격에 가까웠던 것도 이와 무관치 않다. 사회문화적 요인이나 일상생활에 대한 관심은 극히 미약했던 것이다.

따라서 그 자체로 냉전의 산물이자 냉전을 학문적으로 떠받치는 역할을 감당했던 냉전연구는 그 학문이 자리하고 있는 냉전의 역사성과 유한성을 인지하는 데 한계가 뚜렷했다. 오히려 각 학파 간 '정쟁'에 가까운 논쟁이 격화되면서 역사의 복합적 진행 과정을 한두 가지 원인이나 모델로 설명하려는 폐해 또한 심해지고 말았다. 결과적으로 외교사와 국제관계, 냉전연구 모두에서 이론적 빈곤이 심화된 것이다.[19] 특히 예상치 못한 형태로 냉전이 종언을 고하면서, 이에 어떠한 전망이나 예견을 내놓지 못했던 국제관계이론 자체의 '과학성'에 대한 신뢰도 크게 떨어졌다.[20] 전통적인 국제관계사 및 외교사가 점차 주변화되는 결과를 초래한 것이다.[21] 냉전연구가 신냉전사로 전환하는 계기이다.

이처럼 미국 중심적 시각, 자료의 부족과 일방성, 권력정치에 대한 편향된 관심, 제도와 이념(의 중요성)에 대한 인식의 미비, 문화와 일상에 대한 감수성의 결여 등을 (구)냉전연구의 한계로 정리할 수 있겠다.

탈냉전과 신냉전사

냉전의 종언은 냉전연구의 위기인 동시에 기회였다. 탈냉전이 열어준 시공간 덕분에 정세에 얽매이지 않는 역사적 시각에서 냉전의 전 과정을 조망할 수 있게 된 것이다. 무엇보다 냉전의 상대편 자료에 접근할 수 있게 된 점이 결정적이다. 자료의 일면성이 관점의 편향성과 무관할 수 없기 때문이다. 중국의 개혁개방에 따라 1980년대부터 공산당 문건과 지도자 문집, 중요 인물의 회고록 등이 발간되기 시작한 데다,[22] 소련 및 동구권의 문서고까지 열리면서 냉전 연구에 돌파구가 마련된 것이다. 미국 외교사의 연장에 불과했던 한계를 털어내고 진정한 '국제화'의 길로 들어섰다고도 하겠다. 자료 확보를 통한 인식의 재고야말로 신냉전사의 남다름인 것이다.

더불어 국제적 지평에서 학술연구의 협동과 협업이 가능해졌다는 점도 강조될 필요가 있다. 탈냉전과 세계화의 추세에 부합하여 국가 간 공동 연구가 활성화된 것이다. 특히 신냉전사는 그 연구 대상과 범위의 특성상 공동 연구가 절실한 분야이다. 다양한 국가의 연구자들이 상호 교류와 토론으로 자신의 관점과 주장을 검증할 수 있게 됨으로써 신냉전사는 명실상부한 '세계사' 혹은 '지구사'의 면모를 갖추게 된다. 즉 신냉전사는 일방향이 아니라 쌍방향의 연구이며, 일국사를 넘어선 지역사이자 국제사이다. 나아가 20세기 세계사 전체의 구도에서 냉전을 파악해야 한다는 인식의 심화를 낳는다. 일련의 통사적 접근이 출현한 것[23]도 이러한 맥락에서 이해할 수 있을 것이다.

인문학적 전회도 간과할 수 없다. 냉전연구를 국제관계이론에 의존하던 데서 탈피해, 역사학을 비롯한 인문학적 접근의 중요성이 강조된 것이다. 여기에는 미국 외교사학계의 권위자이자 탈수정파의 핵심 인물이기도 했던 존 루이스 개디스John Lewis Gaddis의 공헌이 지대하다. 사회과학은 사건 중복의 가능성 및 역사 진행의 예측 가능성을 중시하기 마련인데, 이는 능동적인 행위 주체로서 인간의 본모습을 간과한다는 것이다. 따라서 개디스는 이론모델의 한계성을 돌파하기 위하여 우연성과 의외성, 예측불가능성을 포함할 것을 요청한다. 역사학 및 인문학 연구의 기본 방법론인 서사, 비유, 반어, 직관, 상상 등에도 열린 태도를 가져야 한다고 촉구한 것이다.[24] 그가 '신냉전사'의 주창자로 간주되는 까닭이다.[25]

이러한 문제의식에 의거해 개디스는 권력과 안보 중심의 접근법 대신

개인과 이념, 제도의 영역으로 연구의 중점을 전환했다. 가령 소련의 제도적 결함과 더불어 스탈린의 개성이라는 우연적 요소가 한층 강조되는 식이다. 나아가 냉전의 실제 과정은 양대 초강대국 간 세력균형이 아니라 권력구조의 다양화에 있다는 견해도 제기한다. 소련과 동구권 자료 공개로 분명해진 것은 국제공산주의운동이 불가분의 단일체가 아니라, 그 출발에서부터 균열과 착종으로 점철되었다는 사실이다. 따라서 양극 대립이라는 세계상은 그 자체로 냉전적 관념일 뿐 실제와는 크게 다르다. 미소 대국만이 아니라 그 하위 동맹국을 포함해 중소中小 국가에까지 시야를 확장해 연구할 필요가 있는 것이다. 이처럼 여러 국가 자료의 활용, 냉전을 20세기 세계사의 총체적 지평에서 접근하기, 초강대국만이 아니라 여타 국가들에도 응분의 관심을 기울이기, 나아가 일상인들의 경험 강조 등을 통한 신냉전사의 성립에 개디스의 기여는 혁혁하다고 하겠다.[*]

　하지만 정작 신냉전사의 물꼬를 튼 개디스가 재차 전통파·정통파로 회귀하고 있음은 뜨거운 논쟁의 대상이다.[26] 가령 미국과 소련에 공히 냉전의 책임을 묻고 양자가 모두 '제국'이었음을 인정하면서도, 소련은 동유럽에 대한 강압에 기반한 반면, 미국은 서유럽과의 협상과 협조 위에서 건설된 '초대받은 제국'Empire by Invitation[27]이었다는 차별성을 강조하는 것이다. 여기서 다시 자유·민주/전체·전제의 이분법이 등장한다. 나아가 소련의 정당성 결여가 결국 동구권의 해체와 냉전의 종식으로 이어졌다는 '익

━━━━　* 이 같은 변화는 직접적 관찰과 체험에서 비롯된 것이기도 하다. 소련의 해체와 동구권의 붕괴가 전면적인 경제 파탄이나 군사작전으로 비롯되지 않았기 때문이다. 즉 소련과 동유럽 국가 인민이 반세기에 걸친 경험을 통해 사회주의 제도와 조직, 기구의 변화를 심층적 차원에서 요구한 것이다. 기존의 국제관계이론이 중시했던 하드파워의 문제가 아니었다. 사상, 문화, 이념 등의 소프트파워가 관건이었다. '문화냉전' 또는 '냉전문화' 연구가 활발해진 것 또한 신냉전사 연구의 영향이라고 하겠다.

숙한' 결론에 도달하게 된다. 새로운 역사 영역을 개척했으되, 결과적으로 는 1990년대 미국을 풍미했던 후쿠야마Francis Fukuyama의 '역사 종언론' 에 가까워지는 것이다. 방법론의 쇄신에도 불구하고 세계관은 지속되고 있 는 셈이다.

이러한 역설은 개디스의 시선이 미국 중심주의를 극복했다 해도 여전 히 서구, 즉 유럽 중심주의의 자장에 자리하고 있는 것과 무관치 않다. 소 련-동유럽과 서유럽-미국이 축이 되는 냉전 구도는 여전했던 것이다. 당 장 (동)아시아와 미국의 관계를 떠올려보아도 '초대받은 제국'이라는 개념 의 적용 가능성은 희박해진다. 미국과의 대면은 대저 점령군이나 군사고 문단, 군사기지 등으로 이뤄졌기 때문이다. 동유럽과는 달리 동아시아에서 는 새천년이 되고도 (명목상의) 사회주의정권이 지속되고 있다는 현실도 설 명할 길이 없다. 역설적으로 '냉전'이라는 개념 자체의 서구 중심성이 역력 하게 드러나는 것이다.[28] 바로 이 지점에서 중국학계의 기여가 빛을 발하게 된다. 탈미국화는 이루었으되 탈서구화에는 미치지 못한 신냉전사의 탈중 심화에 중국발 신냉전사가 크게 일조하게 되는 것이다.

중국학계의 신냉전사: 배경

미국에 (구)'냉전연구'가 있었다면, 중국에는 '국제문제연구'가 있었다. 1970년대까지 냉전기의 세계 동향을 분석하는 작업을 국제문제 연구로 일컬었던 것이다. 여기에는 현재 세계지식출판사의 모태가 된 국 제문제 전문지《세계지식世界知識》이 핵심적인 역할을 했다.《세계지식》

은 1934년 진중화金仲華, 후중즈胡愈之 등이 창간한 잡지로, 중화인민공화국에도 계승되어 국제문제를 지속적으로 다루어왔다.[29] 구성을 보면 〈세계대사일력世界大事日曆〉, 〈세계대사일지世界大事日誌〉, 〈반월술평半月述評〉, 〈반월담半月談〉 등의 꼭지를 마련하여 보고와 논평을 겸했다. 엄격히 따지자면 학술연구라기보다는 시론 혹은 평론에 가까운데, 덕분에 현대중국의 세계인식과 관심사의 추이를 살펴보는 데 유용하다. 그 자체로 신냉전사연구의 1차 사료인 셈이다.

국제문제연구라는 용어가 암시하듯 중국에서는 냉전이라는 어휘를 사용하지 않았다. '냉전'이라는 발상 자체가 '반동적 제국주의 전략'이자 '봉쇄' 정책의 일환이라고 간주되었기 때문이다. 간혹 사용하는 경우에도, 제국주의자들이 반공적 열전이나 이데올로기 대결, 나아가 3차 세계대전 준비를 위장하기 위한 표현이라고 이해하는 식이었다. 가령 《세계지식》에서 냉전이라는 용어가 처음 등장한 것은 1955년 15기(8월)의 〈"냉전"을 종식하는 길을 밝혀 열다開辟了"冷戰"結束的道路〉로 확인된다. 따옴표가 병기되어 있듯이 서방의 용어를 빌려다 온 것임을 분명히 하고 있다. 1956년 12기(6월)에 발표된 〈우의와 "냉전"友誼與 "冷戰"〉도 '냉전'에 대한 비판과 냉소의 어감마저 풍긴다. 즉 1950~1970년대 중국에서 '냉전'은 시민권을 획득한 개념이 전혀 아니었던 것이다. 차라리 극복의 대상이었다고 하는 편이 더 어울릴 법하다.

냉전이 사전적 정의에 처음 포함된 것은 1977년 중국과학언어연구소가 펴낸 《현대한어사전現代漢語詞典》이라고 한다. 여기서는 냉전을 '국제적으로 전개된 무기를 사용하지 않는 전쟁. 특히 제2차세계대전 후 미국을 선두로 하는 제국주의 집단이 사회주의국가에 대하여 행한 도발이나 파괴,

국제적 긴장 상태를 야기하려는 활동[30]이라고 기록하고 있다.[*] 냉전을 제목으로 삼은 전문서적이 출판된 것도 《냉전의 기원과 전후 유럽冷戰的起源與戰後歐洲》[31]과 《미국과 소련: 합작에서 냉전까지美蘇從合作到冷戰》[32]가 해를 달리해 나온 1980년대 후반의 일이다. 하지만 두 권 모두 유럽을 다루고 있을 뿐, 중국을 포함한 냉전사 연구에는 미치지 못했던 것이다.

분기점은 역시 1991년이다. 탈냉전이 촉발한 구소련 문서의 대량 공개가 중국에서도 (신)냉전사 연구의 기폭제가 된 것이다. 중국발 신냉전사를 이끈 주역은 크게 중국공산당사 전공자와 세계사 전공자로 구별해볼 수 있다. 전자로는 뉴준과 양쿠이쑹이, 후자로는 션즈화와 리단후이가 대표적이다. 이들 모두 러시아어에 능통하다는 점이 큰 기여를 했다. 소련을 정점으로 하는 사회주의진영의 지식장[33]에 편입되어 있었던 경험 자체가 신냉전사 도약의 기초 조건을 제공해준 셈이다.

그 가운데서도 중국의 신냉전사를 선도하고 있는 인물로 션즈화를 꼽지 않을 수 없다. 그는 현재 화둥사범대학교 냉전국제사연구센터의 소장이기도 하다. 개인 이력도 흥미롭다. 1980년대 초 중국사회과학원 세계사연구소 연구생이었던 그는 정치적 이유로 수감된 후 학술 영역에서 떠나 있었다. 이후 상업계에서 10여 년의 세월을 보내며 돈을 번 다음 다시 역사 연구자로 복귀한 경우이다. 1991년 베이징으로 돌아와 민간연구조직을 만든 것도 색다르다. '중국사학회 동방역사연구중심'을 만들고, 1998년에 그 명칭을 '동방역사학회'로 변경한다. 구소련 문서 또한 '동방역사연구출판기

---

[*] 한편 같은 사전의 2002년 증보판에는 '국제적으로 전개된 전쟁 형식 이외의 적대 활동'이라고만 되어 있다. 미국 제국주의가 냉전을 일으켰다는 취지의 문구가 삭제된 것으로, 냉전 인식의 변화를 상징한다고 하겠다. 그 변화의 기점은 정확하게 확인되지 않는데, 중국에서 '냉전' 이라는 개념의 변천 과정 자체를 개념사의 차원에서 접근해봄직하다.

금'이라는 명의 아래 사재로 모임을 꾸려 모스크바까지 방문해 영인본을 수집해온 것이다. 이 자료를 선별 편집하여 34권 규모로 발간한 것이《소련 역사 당안선편蘇聯歷史檔案選編》(사회과학문헌출판사, 2002)이다. 이 전집은 1917~1991년 구소련 문서 가운데 약 8000여 건을 수록한 방대한 규모로 소련과 동유럽 연구의 핵심 자료가 되고 있다. 션즈화는 그에 앞서《한국전쟁에 관한 러시아정부 문서關於朝鮮戰爭的俄國檔案文件》(군사과학원역사연구부내부편인, 1996)를 발행하는 등, 자비로 80여 권의 저작을 출간하고 학술회의까지 개최하면서 중국발 신냉전사의 초석을 다진 인물로 평가할 수 있겠다.[34]

중국 자료의 공개도 신냉전사 연구에 기여했다. 1980년대부터 최고 지도부 인사들의 주요 문헌들이 간행되기 시작했고, 외국 대사관을 비롯하여 국제 업무를 담당했던 당사자들의 회고록과 저작도 출간되기 시작한 것이다. 외교부의 공식 문서가 점진적으로 기밀 해제된 것은 2004년부터다. 2004년 1월 외교부 당안관이 처음으로 1949~1955년 사이의 문서를 개방한 데 이어, 2006년 5월에 2차로 1956~1960년의 당안檔案, archives을 공개했다. 2008년 12월에도 1961~1965년 사이의 외교문서를 공개했다. 비록 전면 공개는 아닐지라도 각종 지령과 보고, 전보와 각서, 비망록 등이 포함되어 있다.[35]

외교부 당안관은 문서의 공개와 함께 자료집도 발행하고 있다. 총론적 해제에 해당하는《기밀해제외교문헌: 중화인민공화국건교당안解密外交文獻: 中華人民共和國建交檔案》(중국화보출판사, 2006)을 비롯하여《중화인민공화국외교당안선中華人民共和國外交檔案選編》도 순차적으로 출간되고 있는 것이다.[36] 더불어 2002년부터 베이징대학교 현대사료연구센터가 번역서, 편저, 논문집, 자료집을 아울러 발간하고 있는 '냉전시대의 중국과 세계'冷

戰年代的中國與世界 총서도 주목할 만하다.[37]

중국 밖으로 눈을 돌리면, 기술적 측면에서 자료의 디지털화가 기여한 바도 적잖아 보인다. 다국가 자료를 활용하는 것이 신냉전사의 요체인데, 1991년에 창설된 우드로윌슨센터에서 전방위적인 자료를 영어로 번역해 온라인으로 공개하고 있는 것이다. 이로써 구태여 특정 국가의 자료 보관소를 방문하지 않아도 간편하게 열람과 다운로드가 가능해졌다. 1990년대 이후 정보화 추세가 신냉전사의 활기에 한몫한 셈이다. 이곳의 자료 중 (동)아시아 냉전과 관련해 가장 빈번하게 인용되는 문헌 가운데 하나가 마오쩌둥과 아시아 국가 지도자들이 베트남전쟁에 대하여 나눈 77편의 대화록이다.[38] 우드로윌슨센터의 번역 작업이 아시아 언어의 진입 장벽을 낮추었기 때문으로 짐작된다.

국제적인 학술 교류도 빼놓을 수 없다. 미국에서 훈련받고 활동하는 중국계 학자들의 연구 성과가 중국에 소개되고, 이에 국내 학자들이 크게 호응하면서 신냉전사 연구가 활성화된 것이다.[39] 가장 일찍 주목받은 이는 스탠퍼드대학교 국제전략센터 연구원 쉐리타이薛理泰다. 그는 저명한 국제전략 전문가 존 루이스John Wilson Lewis와 함께 중국의 핵무기 개발, 중소 관계와 한국전쟁 및 중국 해군의 형성에 관한 저작들을 발표했다.[40] 1980년대 중반 이후 중국에서 간행된 각종 문헌을 다루고 있다는 게 차별점이다.

방법론적 차원에서 기여한 것은 개디스의 첫 번째 중국인 제자인 장슈광張曙光이다.[41] 그는 1940년대 말과 1950년대 초, 미중 쌍방이 공세적이지 않은 억제 정책을 설계했음에도 무력충돌로 치달은 결정적 원인을 문화 요소를 끌어들여 해명했다. 상호 간 의도를 오독하도록 이끈 심층의 문화적 배경에 주목한 것이다. 그는 이후 두 권의 저서에서도 국제관계와 문화의 상관성에 천착하고 있다.[42]

개디스의 또 한 명의 중국인 제자로 자이치앙翟強이 있다.[43] 대표작이라고 할 수 있는 《중국과 베트남전쟁 1950~1975China and the Vietnam Wars 1950~1975》에서는 '원월항법'援越抗法과 '항미원월'抗美援越의 전체상을 통해 중국과 베트남의 인식 차이를 분석하고 중월 관계가 악화되는 과정을 다루었다. 특히 윈난성 당안관에 보존된 베트남전쟁 관련 문헌을 광범하게 활용했음에 주목할 만하다. 중국과 베트남을 오갔던 정치인, 군인, 외교관 등의 회고록과 인터뷰를 중심으로 인간적 요소에 중점을 두고 접근했던 것이다.

필자의 판단으로 가장 중요한 연구자는 코넬대학의 천젠陳兼이다. 중국과 미국을 횡단하며 맹활약하고 있는 대표적인 신냉전사 연구자이다.[44] 그는 냉전에서 중국의 위상, 아시아 냉전과 세계 냉전의 관계, 한국전쟁과 베트남전쟁 참전에서 드러난 중국 중심적 사유의 역할 등을 종합적으로 고찰한다. 냉전기의 중국을 이해하기 위해서는 마오쩌둥의 계속혁명론과 더불어 중국 중심의 도덕적·문화적 세계관의 지속을 고려해야 한다는 것이다. 따라서 냉전의 성립과 전개, 종식에 이르기까지 미소 간 경쟁 못지않게 중국의 독자적 위상을 간과할 수 없다. 냉전이 세계적 수준의 열전으로 화하지 않은 이유 또한 1950~1960년대 아시아 냉전의 전개와 중국의 참여에 있기 때문이다. 이러한 문제의식이 집약되어 있는 저서가 《마오의 중국과 냉전Mao's China and the Cold War》(2001)이다. 이 책은 특히 사회주의 이념 못지않게 전통적인 중화주의적 발상과 태도를 강조하고 있다는 점에서 큰 차별성을 지닌다. 이 밖에 국제적으로 주목받으며 신냉전사 연구에 공헌한 중국계 학자로는 리샤오빙李小兵[45], 류샤오위안劉曉原[46], 칭쓰메이卿斯美[47], 하오위판郝雨凡[48], 장샤오밍張小明[49] 등을 꼽을 수 있다.

이들의 연구는 대체로 중국과 관련된 것이 많다. 그들이 국제학술계에 큰 영향을 미칠 수 있었던 것 또한 중국어 자료 활용과 밀접한 관계를 갖는다. 그간 미국의 (구)냉전연구는 상대적으로 소련과 동유럽에 편중되어 있었기 때문이다. 그에 못지않게 중요한 지점은 이들 연구자들의 삶에 각인되어 있는 독특한 경험이 아닐까 싶다. 즉 생애의 일정

냉전연구의 패러다임을 바꿨다고 평가받는 존 루이스 개디스(왼쪽)와 신냉전사 연구에서 가장 돋보이는 행보를 보이고 있는 천젠.

기간을 중국에서 보내며 냉전을 직접 체험했던 자산이 있는 것이다. 서구 학자들이 좀체 가질 수 없는 실감과 감수성을 확보하고 있다 하겠다. 특히 신냉전사가 문화와 이념, 일상 등 생활감각을 중시한다는 점에서 이들은 남다른 경쟁력을 가진다. 즉 냉전기 중국에서의 경험과 탈냉전기 미국에서의 학문 습득으로 비교 우위를 확보한 셈이다. 이를 통해 서구 학계의 동향과 그 맥락을 잘 파악하면서도 '중국의 시각'에서 연구 과제를 수행할 수 있게 된 것이다.

이들 중국계 학자들은 다시 중국 내 상황을 개선하는 데도 기여했다. 1986년 제1회 중미학자 연합회의가 개최된 이래 중미 간 학술 연계망이 점진적으로 강화되어 온 것이다. 여기에도 천젠의 기여도는 상당하다. 국제학술회의를 주도적으로 조직할 뿐 아니라, 중국에서 발표되는 수준 높은 논문과 저작의 영어 번역이나 중국학자들의 미국 초청에도 깊이 개입하고 있다.[50] 미국과 중국의 신냉전사 연구 네트워크를 매개하는 고리 역할을 맡고 있는 것이다. 이러한 학술 연결망을 통하여 시각과 관점의 다양화를 꾀

하고, 사회사나 구술사와 같은 연구 방법론도 도입되었다. 특히 구술사는 자료의 공백을 메워줄 수 있는 유력한 방편일뿐더러, 일상 차원에서의 실감을 더해주는 방법론이기도 하다. 베이징대학교와 화둥사범대에서 '냉전 구술사' 프로젝트가 진행되고 있으며, 기관지《냉전국제사연구》를 통해서 녹취록을 공개하고 있다.

한편 중국 내에서 대학교가 신냉전사 연구의 거점이 되고 있음도 주목해볼 만하다. 이런 경향이 2000년대 이후의 활력과 일정한 관계가 있지 않을까 추론되기 때문이다. 즉 션즈화, 양쿠이쑹, 뉴준 등 선구적 학자들이 대저 중국사회과학원을 떠나 대학에 자리를 잡으면서 냉전연구의 중심 또한 베이징대학과 화둥사범대학 등으로 옮겨간 것이다. 학문과 국가(권력)의 관계와 그 거리를 염두에 둘 때, 사회과학원에서 대학으로의 거점 전환을 가벼이 여길 수는 없을 듯하다.

이처럼 개혁개방이 고무한 사상해방과 탈냉전의 세례를 받은 학자군의 등장, 소련과 동유럽 및 중국에서의 점진적 자료 공개와 디지털 자료의 활용, 미국에서 활동하는 중국계 학자들과의 긴밀한 학술 네트워크, 대학으로의 연구 거점 이동 등이 결합되어 중국발 신냉전사, 즉 '중국의 시각'에 본 신냉전사 연구가 본격화되었다고 정리할 수 있겠다. 1998년 이후 연속적으로 개최되었던 일련의 학술회의는 그 활력의 증거라고도 할 것인데, 시간 순으로 정리하면 다음과 같다.[51]

- 1998년: 냉전의 기원과 국제관계冷戰起源與國際關係
- 1999년: 냉전기 중국과 세계冷戰中的中國與世界
- 2000년: 중국과 냉전中國與冷戰
- 2002년: 냉전과 중국의 주변 관계冷戰與中國的周邊關係
- 2004년: 냉전기 중국과 동유럽冷戰中的中國與東區

- 2006년: 냉전의 전환: 1960~1980년대 중국과 변화하는 세계冷戰轉型: 1960~1980年代的中國與變化中的世界
- 2009년: 냉전과 중소 관계冷戰與中蘇關係
- 2010년: 다층적 시각으로 보는 아시아냉전多維視覺下的亞洲冷戰과 중국, 제3세계와 냉전中國, 第三世界與冷戰

회의 제목만 일별해도 관심사의 추이를 엿볼 수 있다. 이제 그 결과로 산출된 중국발 신냉전사의 특징과 성격에 대해서 검토해보고자 한다.

중국학계의 신냉전사: 성격

연구 거점의 확보와 전문 학술지의 창간, 정기적인 학술회의 개최와 후속 세대의 양성 등 중국에서 신냉전사 연구는 이미 제도화와 체계화의 단계에 진입했다. '냉전열'冷戰熱[52]로도 표현되는 이 활력의 근원은 무엇일까. 《냉전과 중국冷戰與中國》(세계지식출판사, 2002)에서 그 단서를 찾을 수 있다. 서문을 통해 중국과 냉전의 관계, 냉전 연구의 의의를 설명하고 있는 것이다. 다소 길지만 직접 인용해본다.

2차 세계대전 후에 기원을 둔 냉전은 반세기 가깝게 지속되며 국제관계에 깊은 영향을 미쳤을 뿐 아니라, 중국을 포함한 많은 국가들의 발전 경로에도 큰 영향을 끼쳤다. 중국은 동서 유럽처럼 냉전의 핵심지대는 아니었지만, 제3세계의 많은 국가들과 같이 **냉전의 주변지대라고도 할 수 없었다. 냉전은 본디 중국이 추구한 것은 아니었지만, 미소 양 대국의 냉전이 중국과 그 주변지역을 둘러싸고 아**

시아로 확장되었던 것이다. 냉전의 가장 뜨거운 부분인 한국전쟁과 베트남전쟁은 중국과 직접적인 관계가 있었다. 1960년대까지도 중국인은 '냉전'이라는 말을 좀처럼 사용하지 않았지만, 돌아보면 **냉전이 중국을 포섭하고 있었음을 부정할 수 없다. 미소 간 냉전은 중국의 내정과 외교의 변화에 끊임없이 영향을 주었고, 중국의 내정과 외교의 변화가 냉전의 전개에 반작용을 미치기도 하였다.** 어떤 의미에서 **신중국은 냉전이라는 환경 속에서 태어나고 성장해서 개혁개방과 중국 특색의 사회주의의 길을 걷기에 이른 것이다.** 확실히 냉전을 통과한 중국의 체험은 총괄하여 연구할 만한 가치와 교훈이 많다.[53]

정리하자면 이렇다. 냉전은 중국과 무관하게 시작되었으되, 깊이 연루되지 않을 수도 없었다. 가장 격렬한 대립이었던 한국전쟁과 베트남전쟁에 직접 관련되었기 때문이다. 그래서 냉전의 주변이라고도 할 수 없다. 신중국은 이러한 냉전적 환경을 감당한 후에야 비로소 개혁개방과 중국식 사회주의로 진입할 수 있었다. 즉 냉전의 책임을 미소 양국에 묻고, 냉전의 격렬한 현장으로 아시아를 주목하여 중국의 행보를 고찰하고 있는 것이다. 이러한 문제의식은 중국발 신냉전사의 주된 연구 분야와도 직결된다. 중미 관계와 중소 관계, (동)아시아 열전이 그것이다. 결국 두 개의 항쟁(반미·반제국주의, 반소·반수정주의)과 두 번의 전쟁(한국전쟁과 베트남전쟁)으로 중국의 냉전 경험을 간추릴 수도 있겠다. 필자는 이 주제들에 집중하여 중국발 냉전 인식의 변화를 비판적으로 조망하고자 한다.[54]

중국은 장기간 냉전의 책임을 미국에 돌렸다. 하지만 신냉전사 연구의 누적과 함께 미소 쌍방의 책임을 인정하는 방향으로 전환되었다.[55] 소련의 외교정책 또한 세력 확장의 의도가 분명했다는 것이다. 다만 부족한 것은 실력과 역량이었다. 반면 미국은 소련의 제한된 행동을 과장하고 오판했다. 소련이 의도는 있되 능력은 부족했다면, 미국은 그 소련의 능력을 과대 평가하고 말았다. 봉쇄정책을 입안해 소련과 대항함으로써 냉전을 야기한 것이다.[56]

　반면 중미 갈등의 책임은 주로 미국에서 구한다. 중미 관계 연구의 대다수가 미국의 냉전 정책과 전략 연구에 집중되고 있다. 그래서 신중국 승인 여부[57]와 대만해협 위기[58], 티베트 문제(의 미·영 개입)[59]에 관한 논저들이 많다. 나아가 아시아와 제3세계에 대한 미국 정책 연구도 활발하다. 아이젠하워정부의 인도네시아 정책[60], 미국의 동남아 화교 정책[61], 미국-타이 관계의 발전 변화[62] 등도 다루고 있다. 다이차오우戴超武는 케네디-존슨 정부의 제3세계 외교정책이 중국봉쇄 목표에 부합하는 것이라고 주장한다. 중국의 제3세계 지지와 경합하며 경제·군사 원조를 통해 민족해방운동을 억압했다는 것이다.[63] 이란·이스라엘·터키 등 중동의 개별 국가와 미국과의 관계, 미국의 중동 정책을 아우른 저서도 출간되었다.[64] 이 밖에도 미국의 대외정책 연구는 유럽, 아시아, 남미를 아우르며 전방위로 전개되고 있다. 대저 미국 비판론과 책임론의 연장선상에 있다고 하겠다.

　그에 반해 중소 관계는 중국의 능동성이 두드러진다. 1956년 발생한 폴란드·헝가리 위기가 대표적이다. 가장 영향력이 큰 논문은 션즈화의 〈1956년 10월 위기: 중국의 역할과 영향一九五六年十月危機: 中國的角色與影響〉이다. 소련-동유럽-중국의 삼각 구도에서 폴란드·헝가리 위기를 상세히 고찰하는 논문으로, 이를 통해 션즈화는 소련의 부다페스트 철군과 헝가리 재점령 등의 군사적 행동에 중국이 주도적인 역할을 했음을 밝혀낸다. 마오쩌둥과 중국 지도부는 폴란드가 저항한 것은 소련의 대국주의요, 헝가리가 도전한 것은 사회주의 자체라고 판단했다. 그리하여 전자에 대해서는 대찬성이지만, 후자는 용납할 수 없었다. 따라서 중국의 목표, 즉 모스크바의 대국주의 비판과 사회주의진영의 단결 수호를 위해 폴란드는 지지하되, 헝가리 시위에 대해서는 진압을 주저하는 소련 지도부의 오판을 성토하며 적극적인 군사 개입을 촉구했던 것이다. 그 결과 소련과 동유럽에 대한 영향력을 확대하게 되었고, 이것이 중소분쟁의 먼 계기가 되었다. 모스크바의 지도권에 중국이 도전하기 시작한 원점으로 간주되는 것이다.[65] 이러한 위상 전도는 이듬해 1957년 모스크바 회의에서도 이어졌다. 회의 소집 및 공동선언 등 전 분야를 중국공산당이 주도한 것이다. 마오쩌둥도 스탈린 이후 사회주의진영을 영도할 책임감으로 충만했다. 모스크바는 '주인'이되 '주인공'은 아니었던 것이다.[66]

1960년대 공개적으로 분출한 중소동맹의 파열음은 사회주의진영의 운명을 크게 좌우했다. '냉전 안의 냉전'이 형성되면서 냉전의 판도 전체에 심대한 영향을 미친 것이다. 이에 주목한 중국학자들은 미국의 중소 관계 분열에 대한 인식[67]뿐 아니라, 20세기 전체 맥락에서 중소동맹의 흥망성쇠를 연구하고 있다. 여기서도 션즈화의 《중소관계사中蘇關系史綱》가 그 성과를 집대성한 대작으로 평가된다.[68] 이 책은 특히 대만해협 위기를 둘러싸고 '하나의 중국' 원칙을 견지하는 중국과 '평화공존'을 역설하는 소련 사이에서 불거진 갈등을 강조하고 있다. 냉전을 추동하는 내적 역동성에는 동서 체제 대결만이 아니라 비서구의 탈식민운동도 포개져 있던 것이다, 즉 사회주의진영 안에 국제주의와 민족주의의 모순이 내재해 있었고, 이념의 동일성으로 국가의 차이성을 무마하려는 시도는 번번이 좌절되고 말았다. 동맹 내부의 위계와 각국이 평등한 권리를 향유한다는 준칙 사이의 모순이다. 즉 당제黨際와 국제國際의 어긋남이 중소동맹을 파탄으로 이끈 것이다.[69] 이처럼 중소분쟁은 중국의 신냉전사 중에서도 득의의 영역이다.[70]

중소 분화는 중국과 아시아의 문제와도 연동된다. 미소가 주도했던 유럽

냉전과는 상이한 구도의 아시아 냉전이 부각되는 것이다. (동)아시아 냉전의 기원에 대해서도 션즈화의 통찰은 주목해볼 만하다. 그는 신중국 탄생(1949)이 중소동맹 및 한국전쟁(1950)과 직결되고 미일동맹(1951)을 낳으면서 아시아형 냉전 구도가 완성되었다고 파악한다. 중소동맹 체결, 한국전쟁 발발, 샌프란시스코 단독강화조약이 동아시아 냉전의 '삼부곡'三部曲이라는 것이다.[71] 이 삼부곡의 서장에 신중국 건국이 있듯, (동)아시아 냉전은 중국의 행보가 요체이다. 그리하여 냉전의 구도와 성격, 전개 방식 또한 다를 수밖에 없다. 중국혁명이 상징하듯 아시아의 냉전은 사회혁명과 탈식민화, 발전주의 등의 다양한 지향이 교착하여 한층 복합적인 형태를 보인 것이다.

따라서 냉전의 구도와 추세를 재인식하는 견해들이 속속 등장했다. 냉전의 거대 서사를 양극화에서 다극화로 전환할 필요성을 촉구하는가 하면,[72] 냉전의 중층적 구도를 '국제성과 본토성의 이중 논리'로 설명하기도 한다. 국공내전의 지속과 확장으로 동아시아 냉전에 접근하고 있는 것이다.[73] 기실 이러한 견해가 전혀 새롭다고만은 할 수 없다. 냉전은 '중심부에서의 전쟁 회피와 주변부에서의 전쟁이 겹쳐 있는 다발의 복합물'로 정의해야 한다는 주장이 탈냉전 직후부터 등장했기 때문이다.[74] 차이라면 의견 제출로 그쳤던 지난날에 비해, 지금은 객관적 자료에 입각해 그 견해의 유효함을 실증적으로 입증하고 있다는 점이다. 국공내전은 물론이요, 한국전쟁[75]과 베트남전쟁[76], 중소분쟁에서 중국의 역할은 관건이었기 때문이다. 여기에 중국발 신냉전사의 공헌이 있으며, 이들의 연구 성과가 영어로 번역되면서 미국을 비롯한 서구의 신냉전사에도 큰 영향을 미치고 있는 것이다.

이로 말미암아 '지구 냉전'Global Cold War이라는 시야의 확장과 심화를 낳기도 했다. 냉전Cold War은 유럽/대서양의 냉평화Cold Peace와 아시아/

태평양의 열전Hot War, 제3세계의 혁명과 민족해방운동까지 아울러야 한다는 것이다.[77] 나아가 아시아에서는 '냉전'이라고 하는 개념이 적절치 않다는 견해도 개진되었다.[78] 미국의 시각에서는 '자유세계와 전체주의 세계의 대립'이요, 소련의 관점으로는 '자본주의와 사회주의의 대립'인데, 아시아의 냉전은 어느 도식으로도 충분히 담아낼 수 없기 때문이다. 따라서 '냉전의 가장 중요한 측면은 군사전략적인 것도 아니고, 유럽 중심적인 것도 아니며, 오히려 제3세계의 정치적 사회적 발전과 결부되어 있다'[79]는 진술까지 나오게 된다. 제3세계가 도리어 미소냉전을 전유하며 자신들의 목표 추구에 활용하는 측면을 부각시키는 것이다. 다소간 과장된 측면이 있으되, 진실의 일면 또한 담고 있다고 하겠다. 중국발 신냉전사가 서구 학계까지 자극함으로써 탈서구적 시각으로 비서구적 행위자에 주목해 '지구 냉전'을 다시 쓰게 된 것이다.

이만하면 일찍이 냉전에 관한 미국의 지식패권을 비판했던 천젠의 문제의식[80]은 상당 부분 수용된 바다. 1990년대 미국의 연구방법론이 중국의 신냉전사 태동에 영향을 주었던 것과 달리, 지금은 중국의 신냉전사 성과물이 거꾸로 미국을 향해 활발하게 번역되는 실정이기 때문이다. 션즈화, 양쿠이쑹, 뉴준, 장바이자章百家, 리단후이 등 중국의 연구자들을 제외하고는 작금의 신냉전사 동향을 논의할 수 없는 상황에까지 이른 것이다. 그런 점에서 '신수정주의파'New Revisionist School라는 비유가 어울릴지도 모르겠다.

중국학계의 신냉전사:
비평

이처럼 초강대국 중심의 냉전 서사를 탈중심화하는 데 중국학계의 연구가 기폭제 역할을 했음을 부정할 수 없다. 그만큼 중국의 복합적인 역할에 대한 관심이 한층 고조되었음도 능히 이해할만 하다. 중국의 규모, 전략적 위치, 혁명의 지구력 등을 고려하건대 중국의 행보는 제3세계는 물론이요 미소 두 대국에까지 큰 영향력을 행사했기 때문이다. 따라서 중국은 동서 대립의 외부에서 자신의 목적을 추구하기 위하여 끊임없이 자기의 동반자를 변경했던 '제3의 독립역량'으로 간주되고 있다.[81] 그리하여 (구)냉전연구의 이론적 토대를 제공했던 전통적인 국제관계이론 자체를 재구성하는 데까지 이른 것이다. 국제관계이론이 유럽의 경험에서 산출된 전형적인 서구적 지식 체계임을 감안한다면, 중국(사)학과 국제관계이론의 접목 시도는 의미심장한 변화가 아닐 수 없다.[82]

나아가 중국의 행보는 사회주의 국제주의나 탈식민주의만으로도 재단할 수 없는 독자적 세계관에 기반해 있었음도 주목받고 있다. 그 역사와 문화에 깊이 뿌리박은 중화주의의 유산을 강조하는 것이다. 소련을 대신해 중국 노선에 따라 세계혁명을 추구한다는 그들의 열망은 중화주의의 현대적 전환과 다름없다는 것이다.[83] '천하'天下라는 전통적 관념을 고려하지 않고서는 중국의 대외정책에 온전히 접근할 수 없다는 견해도 제기되고 있다.[84] 더불어 냉전기 중국의 행보가 중국 특유의 근대성 이해에 근거해 있다는 주장도 경청할 만하다. 자본주의와 사회주의를 아우르는 사유와 실천 방식은 쑨중산에서 덩샤오핑에 이르기까지 일관된 지향이라는 것이다. 중소동맹·중미적대에서 중소분쟁·중미화해로 가는 20여 년의 곡절 또한 그

장기적 추세의 연속성에서 파악해야 한다는 견해이다.[85]

두 관점을 종합한다면, 청말 이래 중국의 중심적 지위 회복과 중국의 독자적 근대성의 실현이 중국 정치 엘리트들의 일관된 공동 목표였으며, 냉전기 또한 근본적으로 이러한 목표의 지속적 추구라는 시각에서 이해해야 한다는 결론에 이르게 된다. 중국중심주의와 독자적 근대성 추구는 냉전기에도 핵심 요소였으며, 그 목표가 관철되는 핵심 장소로 중화세계적 질서가 작동했던 (동)아시아가 부각되는 것이다. 20세기 초 중국의 쇠락과 21세기 중국의 굴기 사이에서 냉전기의 중국을 일이관지할 수 있는 긴 안목이 요청되는 셈이다. 반식민 경험이라는 역사적 공통성과 마오쩌둥사상Maoism이라는 대안적 근대성이 결합해 중국이 주도하는 (동)아시아 질서가 그 절반의 지분을 회복했던 시기였기 때문이다. 반체제 사회운동으로 점철되었던 아시아의 1960년대를 중국과의 관계 속에서 (재)고찰할 필요성이 제기되는 까닭이기도 하다.[86] 19세기 이전과는 다르지만, 그렇다고 전혀 무관하다고도 할 수 없을 '중국모델론'이 이미 가동되고 있었던 것이다.[87]

중국 중심론의 부상과 함께 우리를 한결 곤혹스럽게 만드는 것은 중국 중심의 시대구분마저 제기되고 있는 현실이다. 뉴다웅牛大勇과 션즈화는 그들이 공동 편집한 《냉전과 중국의 주변관계冷戰與中國的周邊關係》(세계지식출판사, 2004) 서문에서 세계 냉전과 아시아 냉전을 시기적으로 뚜렷하게 구분하고 있다. "아시아의 냉전은 중소동맹으로 냉전을 아시아로 끌고 온 것으로 시작하여 1971년 중미화해로 마감結束되었다"고 규정하는 것이다.[88] 세계 냉전은 1947~1991년이지만, 아시아 냉전은 중국의 사회주의 일변도(1950)로 시작하여, 1971년의 중미화해로 마무리되었다는 시대 인식이다. 물론 그 다음 문장에서 "이러한 개괄이 전적으로 과학적인지는 한층 더 많은 논증을 필요로 한다"는 신중한 단서를 달아두기는 했다.

하더라도 중국 중심의 냉전사 이해라는 인상을 지우기는 힘들다. 특히 아시아 냉전이 1971년의 중미화해로 결락되었다는 관점은 적잖은 논쟁거리를 야기한다. 당장 한국의 유신체제와 북조선의 유일체제 성립이 상징하는 한반도 분단체제의 강화[89]와 베트남-캄보디아 전쟁, 중국-베트남 전쟁으로 이어진 인도차이나반도 열전의 연쇄[90]만 보더라도 동아시아 차원의 실감과 매우 동떨어진 것이다. 즉 한반도나 인도차이나반도의 냉전 경험을 외면하며 동아시아 내부의 중층적 갈등을 도외시하는 시대 인식이다. 특히 그 시대구분의 공유 대상이 실은 미국에 맞추어져 있음을 간과할 수 없겠다. 아시아의 냉전은 곧 중미대결이고 탈냉전은 곧 중미화해라는 도식이다. 내전과 열전의 현장이었던 아시아의 여타 국가는 재차 주변화되고 있는 것이다.

이는 중국발 신냉전사가 태동했던 배경과도 무관치 않아 보인다. 미국과의 점진적 관계 개선으로 미국의 중국계 연구자와 대륙의 중국 연구자들이 긴밀한 학술 네트워크를 형성하며 신냉전사의 확립과 발전에 합심해왔기 때문이다. 즉 국제적 학술교류와 협력이 강조되는 한편으로, 그 '국제성'에 어떠한 일방성과 편향성이 자리하고 있던 것이다. 쉽게 말해 중미 합작 구도가 돌출해 있는 것이다. 미국의 방법론과 중국적 시각의 결합이라고 정리할 수도 있겠다.

가령 《냉전국제사연구》 편집위원진의 면모부터 그러하다. 세계 4대 연구 거점에 신냉전사를 이끄는 주역들이 모두 포함되어 있는 진용만큼은 능히 자랑할 만하다. 그래서 잡지 또한 매우 내실 있게 꾸려지고 있음이 사실이다. 수준 높은 연구논문만이 아니라 구술사 자료와 최신 공개된 국내외의 당안을 지면에 싣고 있는 것도 신선한 시도임에 틀림없다. 하지만 그 치우침이 눈에 밟힌다. 총 29명의 편집진 가운데 중국학자가 17명,[91] 미국에서 활동하는 중국계 학자가 3명[92]이다. 외국인 연구자는 9명[93]이다. 그 가운데 아시아인 연구자는 대만의 천융파陳永發와 일본의 모리 가즈코毛里和子에 그친다. 게다가 두 사람의 전공은 모두 현대중국사와 중소관계론이다. 대만이나 일본 전문가가 아닌 것이다. 아시아의 관점, 주변의 시선이 부족할 수밖에 없는 인적 구성이다. 실제로 이 잡지는 지령이 11호에 이를 때까지 일본이나 한국, 베트남 연구자들의 글은 한 편도 싣지 않았다. (동)아시아를 생략한 채 곧바로 국제로 직행하고 있는 것이다. 사정이 그러하다면 중국발 신냉전사가 그리는 아시아 냉전이 중미 구도로 협소해지고 있는 것 또한 우연의 소치만은 아니라 하겠다.

역사의 (재)인식은 현재를 반영한다. 냉전연구가 그러했듯, 신냉전사 또한 그 시대의 산물이기 마련이다. 현실의 역학 관계와 그 동향이 과거를 인식하는 시선의 일부를 형성하는 것이다. 중국발 신냉전사의 어떤 경향이 이른바 G2로 운운되는 세계질서의 전망과 짐짓 무관하지도 않을 성싶다. 단정은 금물이되, 혐의를 지우기도 힘들다. 그들의 성취에 현실적 맥락을 고려해 비판적으로 접근할 수 있는 복안이 요청되는 대목이다.

탈서구와 탈중국의 눈으로

지금까지 중국학계의 신냉전사 연구를 검토해보았다. 중국 안팎의 자료 공개, 미국학계와의 네트워크, 중국에서의 경험과 미국식 학술 훈련을 겸비한 인적 역량, 전문적 학술 거점 마련 등 복합적 조건이 합류함으로써 중국발 신냉전사가 활황을 구가하게 되었다. 이를 통해 국제학술계에 큰 영향력을 행사하며 서구 중심의 냉전 인식을 해체하는 데 크게 이바지했다. 그래서 냉전의 주변부로 간주되었던 제3세계에 대한 연구와 인식 쇄신 없이는 글로벌 냉전을 온전하게 이해하기 어렵다는 공감대도 널리 형성되었다. 덕분에 제3세계는 더 이상 냉전(연구)의 변두리가 아니다. 오히려 냉전 질서를 교란하고 동요시키는 관건적 장소다. 그 복합적 역사의 실상에 밀착한다면 '냉전'이라는 개념 자체를 재고하지 않을 수 없다. 특히 내전과 열전이 교착했던 아시아 냉전사는 더더욱 그러하다. 아시아 나름의 지향성, 즉 민족주의·혁명·독립 등의 탈식민적 역동성이 역력했기 때문이다.[94]

하지만 그 일보 전진이 달성되기 무섭게, 냉전기 중국의 역할과 위상이 현저하게 강조되는 경향도 발견할 수 있었다.[95] 천하 관념과 중화주의라는 전통적 요소가 강조되는가 하면, 좌우 이념으로 단정할 수 없는 독자적 근대성 모델이 부각되기도 한다. 전적으로 부정하기는 어려운 해석이라고 하겠다. 하지만 아시아 냉전을 1950~1971년으로 한정하는 시대구분론에서 단적으로 드러나듯 중국이 소련을 대체하는 또 다른 중심이 되고 있음이 약여하다. 그리하여 (동)아시아 냉전의 전체상 또한 중미 양극 구도로 수렴되는 편향이 심해지고 있는 것이다.

따라서 이제는 '지식패권'의 문제를 중국학계에 되돌려줄 필요가 있겠다. '신수정주의파'라고도 함직한 중국학계의 냉전상을 재차 탈중심화하고 탈구축하는 재수정의 과제가 주어진 것이다. 탈서구화와 더불어 탈중국화라는 이중의 탈중심화가 요청된다. 아시아는 다시 방법이다. '이중적 주변의 눈'으로 냉전사를 다시 쓰는 데 아시아는 유력한 방편이 되어준다. 실로 아시아亞洲는 중국이 경험한 냉전기의 핵심적 구호이자 기호였다. 중국 역사상 1950~1970년대만큼 아시아가 담론의 중심에 자리한 적은 없었다.

미국과 군사적으로 대결하고 소련과 사상적으로 대립하면서 아시아(와 아프리카)를 적극적으로 끌어안았던 것이다. 냉전기 중국과 깊이 결부되어 약동했던 아시아를 '동방'東方으로 표상하기도 했다. 그리하여 아시아를 주변화하며 서술되고 있는 작금의 신냉전사는 그 시대 현실과 도리어 동떨어진 것으로 보인다. 활발하게 전개되었던 각종 AA운동과 비동맹운동, 중간지대론 및 제3세계론은 물론이요, (북)조선과 베트남을 비롯한 아시아 보고 문학과 일기, 사진과 판화, 포스터, 노래와 영화 등 자료는 산적하다. 서고에 묻혀 있는 이 과거의 흔적들을 발굴하고 정리하여, 그 스스로 시대를 증언할 수 있도록 혀를 달아줄 일이다.

이처럼 (동)아시아의 목소리에 귀를 기울인다면 응당 (동)아시아 특유의 중층적 분열·분단 체제를 주목하지 않을 수 없다. 남·북한, 중국·대만·홍콩·마카오, 남·북베트남, 일본·오키나와, 내·외몽골의 분화와 분열이 동아시아 냉전의 복합성을 한층 가중시켰기 때문이다. 그뿐만 아니라 동아시아 냉전체제의 이면에는 중국-아시아 간에 노정되는 비대칭적 구도의 역사적 유산이 복류하며 지속적인 영향을 미치고 있었다. 이 특유의 '장소성'과 '현장성'이 (동)아시아형 냉전 질서의 독특함을 만들어낸 것이다. 따라서 동아시아 냉전은 유럽 냉전과 다를뿐더러, '제3세계 냉전'으로 일반화해서도 해소되지 않는 남다른 독자성이 뚜렷했다 하겠다. 중국학계의 신냉전사는 이러한 겹겹의 분열·분단 구조에 천착하지 못하는 맹점을 노출하고 있는 것이다. 그 인식과 실감의 사각지대로부터 새로운 연구의 지평과 개입 가능성이 열린다 하겠다.

국제적 수준의 대화와 토론, 협력은 신냉전사가 발진하는 계기이자 특징이었다. 태평양으로 치우친 그 국제적 학술망에 아시아 연구자들도 진입하여 주변으로부터 냉전기 중국을 점검하는 과업에 동참해야 할 것이다. 이를 통해 중미만이 아니라, 중국과 아시아도 공유할 수 있는 공동의 역사 인식의 토대를 마련해가야 한다. 신냉전사의 심화와 확장을 꾀하는 협동의 일환일 뿐만 아니라, '거대한 이웃'과 공존하기 위한 준비 작업이기도 할 것이다. 한국의 중국(사)학계가 참여하고 개입할 여지와 책무가 크다 하겠다.

2

'동방'의 기호학

–

탈중국화를 위한 중국화

THE NEW EAST

신중국과 신조선

2013년은 한국전쟁 정전협정 60주년이었다. 한반도 분단체제 한 갑甲이기도 했다. 분단체제의 이면으로 북중은 한미만큼이나 밀착했다. 정전협정(1953) 후 중국과 북조선은 동시에 사회주의적 개조를 단행했다. 그래서 신중국과 신조선의 (신민주주의와 인민민주주의에서) 조숙한 사회주의 이행은 한반도 분단체제와도 깊이 결부된다. 중국인민지원군과 인민군은 미군 및 한국군과 대치하면서 '사회주의혁명'을 '제국주의의 방해'로부터 '공동 수호'했던 것이다. 지원군이 철수한 것도 북조선에서 농업 집단화를 비롯한 사회주의 개조가 완료된 1958년이었다. 서동만은 이 신조선과 신중국의 공진화를 "6·25전쟁이 중국혁명의 계속이자 미중대결과 중국혁명의 결말을 내는 결전이라는 측면이 있었다면, 전후 사회주의 개조과정에서 조-중 간의 긴밀한 관계도 그 연장선상에 있었다"[1]고 평가했다.

이종석은 좀 더 긴 역사적 맥락에서 접근한다.[2] '혈연적 동맹관계'의 기원을 공동 항일투쟁에서 찾는다. 인적 연결망과 문화심리적으로 중국공산당과 맺고 있던 동지적 유대감이 한국전쟁을 통해 '혈맹'으로 정립된 것이다. 반면 최명해는 사뭇 다르다.[3] 혈맹이나 공통 투쟁의 역사적 시각에서 접근하는 것에 비판적이다. 겉으로 보이는 수사와는 달리 그러한 역사적 경험이 오히려 양자 갈등의 근원으로 작용한 측면에 주목하는 것이다. 특히 '조중 우호협정 및 호상원조에 관한 조약'(이하 조중조약)의 성격에 방점을 두었다. 중국의 관점에서 조중조약은 북조선의 행로 변화로 야기될 수 있는 불확실성을 '관리'하기 위한 대응 조치다. 즉 상대방의 불확실한 미래에 관여engagement하기 위한 것이다. 조중동맹의 내적인 속성을 밝혔다고 하겠다. 그리하여 강대국 중심의 기존 동맹 이론을 비판하고 중국-베트남, 중국-북조선 관계의 독립적 동학을 강조한다. 지역적 맥락을 주시하는 그의 탁견에 필자도 크게 공감하는 바다.

그러나 최명해 또한 그 문제의식을 온전히 감당해내고 있다고 보이지는 않는다. 특히 '당제와 국제의 모순'이라는 접근법은 지역적 동학과 딱히 아귀가 맞지 않는 것 같다. 당제와 국제는 사회주의 대·소국 간의 일반적 모순이기도 하기 때문이다. 도리어 필자가 주목하는 것은 (동)아시아 사회주의권에서의 대·소국 관계는 소련과 동유럽 위성국가들과는 판이했다는 점이다. 중국과 북조선(및 북베트남)이 노정한 '관리'와 '관여'라는 것 또한 소련군이 곳곳에 주둔하고 때때로 무력 개입도 벌어지던 소련과 동유럽 사이의 그것과는 질적으로 달랐던 것이다. 즉 지역적 동학을 산출하는 역사성과 그로 말미암은 심층 심리의 지속성에 관심을 기울일 필요가 있다. 독립국가는 아니더라도 자주적일 수 있었던 중화질서의 유산이 소련-동유럽의 '사회주의 국제주의'와도 미국-아시아 동맹국가의 '자유주의 국제주의'와도 다른 역동성을 낳은 것은 아닐까. (동)아시아 사회주의권에서 소련을 향해 '적색 제국주의'라는 비수를 겨눌 수 있었던 역사의 기저에 주목하는 것이다.

따지고 보면 1950년대는 조선(1910)과 청(1911)이 멸한 지 40여 년밖에 흐르지 않은 시점이다. 반세기 만에 누천년의 관성을 뿌리치고 근대적 국제관계로 재편되었을 것이라 여기는 인식이야말로 '반反역사적'이고 '비非역사적'이며 '탈脫역사적'일지 모른다. 즉 최명해가 강조하는 지역적 동학을 독자적인 역사적 유산과 결부시켜야 한층 생산적인 통찰을 얻을 수 있다. 지난 100년을 과대평가하지도 말고, 지난 1000년을 과소평가하지도 않는 균형 감각이 절실하다. 즉 동아시아적 맥락에 주목하여 '중화세계질서의 지속과 변용'이라는 관점에서 북중 관계를 조망할 필요가 (갈수록) 크다 하겠다.

실로 중국의 한국전쟁 참전은 북조선에 대한 제 영향력을 크게 확대시켰다. 전쟁 이전만 해도 중국의 입김이란 미미한 것이었다. 사회주의 건국은 오히려 북조선이 빨랐다. 게다가 소련의 우산 아래 있었다. 즉 한국전쟁이 없었다면 북조선은 몽골인민공화국과 유사하게 소련의 위성국가에 편입되어 중국을 견제하는 역할을 했을지도 모른다. 따라서 중국의 한국전쟁 참전은 청일전쟁과 러일전쟁 이후 잃어버린 한반도(의 북쪽)에 대한 영향력을 되찾고 동아시아 질서를 반전시키는 계기로 이해하는 것이 온당하다. 즉 일본과 소련을 제치고 다시 중국의 위상을 회복한 것이다. 북조선이 소련과 맺은 조약은 '사회주의 국제주의' 원칙에 입각한 반면, 중국과의 조약에는 '형제'라는 감성적이고 친화적인 수식어가 부가된 점 또한 상징적이다.[4] 비단 20세기에 그치지 않는, 한층 깊고 거대한 뿌리의 소산이라 하겠다.

그간의 연구에서 또 하나 아쉬운 점은 관심사가 대체로 국가 간 관계, 특히 당국 고위 인사들을 중심으로 한 상층 관계에 편향되어 있다는 것이다.

신중국-신조선 관계가 기존의 질서와 가장 뚜렷하게 구분되는 차이란 '왕국 간'이 아니라 '공화국 간'의 관계라는 점이다. 즉 인민 차원, 풀뿌리 차원의 상호인식과 자기 정체성의 재구축이 흥미롭지 않을 수 없다. 비유컨대 국제와도 당제와도 결이 다른 '민제'民際[5]적 시각에서 조망할 필요가 있는 것이다. 즉 기층 인민들의 심상지리imagery mapping에 주목해보고 싶다.

이 방면으로는 애덤 캐스카트Adam Cathcart와 찰스 크라우스Charles Kraus의 연구를 주목할 만하다.[6] 이들은 인민지원군이 널리 불렸던 군가의 가사와 음조, 각종 매체에 실렸던 시사만화의 이미지 등 문화적 차원에서 북중 관계를 조망한다. 그리하여 1945년 이후 소련의 영향력이 압도적이었을 것이라는 인상과는 달리, 인적·문화적·사회적 연결망을 통해 북조선의 동(북)아시아적 맥락을 부각시키고 있다. 특히 1949년 중국혁명 완수와 1950년 한국전쟁으로 북조선의 역사적·문화적·정치적 위치가 재차 동아시아로 크게 회향했음을 밝힌다.[7] 가령 건국 이후 주요 업적으로 내세웠던 교육체계가 붕괴하자 북조선의 엘리트 학생들은 베이징 및 동북 지방의 대학으로 재배치된다. 김정일도 그중 한 명이다. 교육기관 또한 대거 동북 일대로 이전했다. 이는 중국이 일개 지방 발전에 그치지 않고, (동)아시아 사회주의권의 중심으로 위상을 재확립해가는 과정이기도 했다. 전후 문화 재건의 씨앗을 중국이 품고 있었을 뿐 아니라, 그 이식 과정 또한 지원군 잔류로 엄호해준 것이다. 따라서 신조선은 소련에서 중국으로의 중심 이동을 통해 '재탄생'[8]했다고 할 수 있을지 모른다. 그리하여 북조선의 '국제주의'란 그 속성상 '지역주의'에 가깝지 않느냐는 문제제기[9]에 일정한 공감을 표하게 되는 것이다. 소련과 동유럽, 즉 동구형 국제주의보다는 중국과 아시아, 즉 동방형 지역주의에 방점을 찍는 편이 만주에서 씨앗을 품은 조선노동당의 출발에서부터 탈냉전 이후에도 여전히 건재한 북조선의 현재까지

압록강을 건너는 중국인민지원군의 행렬.(1950년 10월)

를 살피는 데도 한층 유효한 접근법이라 하겠다. 외래종이 아니라 지역산産
이었기 때문에 1989년~1991년 동구의 와해에도 불구하고 북조선(과 베트
남, 라오스)은 중국과 더불어 지속하고 있는지 모른다.

  돌아보면 중국인민지원군이 압록강을 건너는 유명한 사진은 퍽 의미심
장하다. 1910년 한일병합과 1911년 신해혁명으로 중화세계질서의 최종
적 붕괴를 상징하던 장소—한반도—에 신중국이 재차 진입하는 순간을
극적으로 포착한 것이기 때문이다. 필자는 그 후 동서냉전을 내파內破하며
세계사를 추동했던 (동)아시아 사회주의진영을 '중화 사회주의권'으로 명
명할 수 있지 않을까 궁리한다. 또 그 상징적 기호로서 '동방'東方에 주목한
다. 북조선은 동양東洋·동아東亞의 식민지 조선에서, 동구東歐에 방불한 사
회주의 위성국을 거쳐, 동방의 신조선으로 귀착했다고 할 수 있지 않을까.

이 장 또한 동방으로 표상되는 중화 사회주의권의 이면을 밝히고자 하는 시도이다. 특히 한국전쟁에 참여해 신조선에 대한 다양한 기록을 남긴 한 종군작가의 텍스트에 집중할 것이다. 신조선에 대한 민간 차원의 초기 인식을 추적할 수 있을 뿐 아니라, 그 타자 인식으로 말미암은 신중국의 자기 정체성 또한 간취할 수 있기 때문이다. 아울러 베트남전쟁에서의 월남-중국 간 인식을 살피고, 북조선의 중국 인식도 마주 세움으로써 '형제애'라고 일컫는 중화 사회주의권의 비대칭적 상호 인식 또한 선명하게 부각시키고자 한다.

항미抗美와 원조援朝

한국전쟁이 곧 항미원조전쟁은 아니다. 한국전쟁이 1950년 6월 25일 북조선의 침략으로 시작된 내전이었다면, 항미원조전쟁은 1950년 10월 19일 미국의 북진에 맞서 인민지원군이 참전한 국제전이다. 그래서 '원조'보다 '항미'가 앞에 놓인다. 그간 중국학계의 한국전쟁 연구는 항미원조전쟁에 집중되었다. 한국전쟁 연구와 유사하게 그 발발 기원과 과정에 치중했던 것이다. 최근 변화가 엿보인다. 항미원조운동으로의 전환이다. 전쟁 당시 중국 내부에서 전개된 대대적인 사회운동에 주목하는 것이다.

국내에서는 임우경이 돋보인다.[10] 그는 삼시三視교육(적대시·천시·무시)을 중심으로 한 중국의 반미대중운동에 주목했다. 이를 통해 친미·공미·숭미 심리를 일소하고, 부정적이고 적대적인 반미 이미지 양산에 기여한 것이다. 반미운동과 짝을 이룬 것은 중소우호운동이다. 중화민국 시절 형성된 친미·반소 관념이 중화인민공화국의 친소·반미로 전환되는 지점에 착목한 것이다. 그리고 반미의 기저에 반일이 포개져 있었던 아시아 냉전의 중층성도 강조한다. 다만 중국-미국-소련-일본의 대국 간 관계 속에서 신중국의 민중 심리(개조)를 조망하고 있음이 아쉽다. 정작 전쟁의 현장이었던 북조선은 간데없다. 여전히 '항미'에 방점이 찍혀 있는 것이다. 물론 삼시교육의 실상이 그랬을 법하다. 그럼에도 필자는 신중국 정체성의 재구축에는 '항미'만큼이나 '원조'에 더욱 주목해야 한다고 여긴다.

이 같은 아쉬움을 일부 해소해주는 연구도 제출되었다. 손해룡은 항미원조운동 기간 한반도에 대한 중국인들의 관심은 전례 없이 높았고, 한반도의 역사·지리·문화에 관련된 제반의 지식들이 국가적 차원에서 대규모로 생산되었음에 주목한다.[11] 한반도에 대한 국민적인 인식이 창출된 것이다. 손해룡은 그중에서도 특히 시사선전운동에서 중요한 역할을 했던 희곡 작품을 분석했다. 그에 따르면 남한정부 혹은 이승만은 미국과 같은 이데올로기를 가진 것으로 보고 '까오리빵즈'高麗棒子[12]로 적대시한 데 반해, 사회주의를 지향한 북한은 중국과의 계급적인 친화성이 강조되면서 가족이자 친구로 인식되었다. 이념에 따라 남북에 대한 상이한 인식이 형성된 것이다. 일본제국의 주구 혹은 하수인으로서 조선에 대한 부정적 인식이 남으로 이월하여 이원적 시각으로 분화되었음이 요지라 하겠다. 시사선전을 통해 북중 간 민제 차원의 적대감과 소원함을 해소하고 사회주의 인민연대 발현을 도모했다고 말을 보탤 수도 있겠다. 그럼에도 이 연구 또한 그 타자 인식을 마주하며 형성되는 중국의 자기 정체성에는 관심이 미치지 못하고 있다. 무릇 자타 인식은 짝을 이루어 진행되는 동시적 과정이 아니던가.

중국의 항미원조운동 연구는 어떨까. 최근 중국에서는 참전 군인 일기와 구술 인터뷰 등 사적 기록의 발간이 부쩍 늘고 있다.[13] 전장의 경험이 세세히 기록되어 있고, 당시 북조선 풍경과 동정의 편린도 추적할 수 있다. 또 개개인의 인식 및 내밀한 감상도 엿볼 수 있어 유용한 자료들이다. 그간 국가가 주도적으로 구축해왔던 항미원조전쟁 대서사를 전복할 만한 흥미로운 단서를 발견할 수도 있을 법하다.[14] 그러나 1950년대 당시 중국에 머물렀을 일반 대중들과 널리 공유했던 글이 아니라는 점에서 일정한 결격 사유를 갖는다. 즉 동시대의 집합적인 심리, 인식, 정체성을 탐구하기에는 모자람이 있는 것이다. 오히려 국가가 기획했던 집합적 정체성의 이면을 살펴 전복적 효과를 거두는 데 한층 유효한 자료라고 하겠다.

따라서 필자는 최근에 등장하고 있는 사적 기록보다는 당시 폭넓게 읽혔던 종군작가들의 보고문학에 더 큰 중점을 둔다. 실제로 한국전쟁은《인민일보人民日報》와《신화사新華社》를 비롯해 신중국의 신생 미디어의 도약에 크게 기여했다. 과연 전쟁은 미디어 발전의 기폭제이다. 그 효자 노릇을 톡톡히 한 것이 바로 항미원조문학이다. 신문과 잡지에 실린 항미원조문학을 통해 중국인들은 한반도에 대한 이미지를 얻고, 그 거울상으로 신중국(인)의 자기 정체성도 구현해갔던 것이다.

그럼에도 항미원조문학은 지금껏 충분한 주목을 받지 못했다. 당시 항미원조문학이 끼친 지대한 영향과 연구의 공백에는 큰 괴리가 있었다. 그 간극을 메우는 일선에 챵빈常彬[15]이 있다. 그는 항미원조문학을 항일전쟁과 국공내전을 잇는 문학 전통의 계승으로 본다. 1949년 이전의 항전문학과 그 이후 당대문학의 초기 번영을 이끄는 가교 역할로 보는 것이다. 나아가 '이데올로기와 심미적 차원에서 당대 문학의 혈맥에 주입'되어, '막 일어선 중국 인민을 격려하고 신생 공화국의 문화 동원을 고무하는 행진곡'이었다고 평가한다. 챵빈이 시도한 자료 정리에 따르면 항미원조(전쟁과 운동)를 소재로 삼은 문학작품은 자그마치 3000편이 넘는다.[16] 당시 중국인들은 조선 노래 몇 가락을 부를 수 있었고, 금강산·백두산·대동강·판문점·평양 등 '삼천리강산'이 귀에 익었다는 진술 또한 허풍만은 아닐 듯싶다.

총론에 이어 각론도 펼쳐졌다. 선두는 역시 신중국과 신조선의 접경, 옌볜대학이다. 석사 논문 두 편이 제출된 것이다.[17] 같은 해 선보인 두 논문은 접근과 분석 틀 또한 유사하다. 형상形象, 혹은 표상연구의 방법론을 빌려 조선의 이미지와 언어를 분석한다. 그러나 전형적인 비교문학에 그치고 마는 점이 아쉽다. 특히 "타자 상호 인식, 상호 이해, 평등한 대화 및 비판적 교류를 보여준다"는 두 논문의 결론에는 좀체 동의하기 힘들다. 같은 문헌을 읽은 필자의 독후감으로는 '중화 사회주의'라고 할 법한 비대칭적 인식이 한층 도드라졌기 때문이다.

왜일까? 두 논문은 공히 동아시아 질서의 재편 및 (동아시아 내부) 상호 인식의 연속과 변화라는 역사적 관점이 부족하다. 비교문학이라는 독자적 영역을 넉넉히 인정하더라도, 다른 문화 간의 교류와 대화에서 출발한 일반적 접근법과는 궤를 달리해야 할 것이다. 길게는 동아시아 문명을 공유하고, 짧게는 항일투쟁과 사회주의혁명을 공유하는 국가 사이의 문학작품이기 때문이다. 차라리 다른 문화라기보다는 문화를 공유하는 대·소국 관계로 접근하는 것이 실상에 부합한다. 즉 역사적 시야를 방법으로 비교문학의 '지역화'된 적용이 필요하다. 서구가 제3세계를 대하듯 '낯선 타자'와 접촉하는 것과는 상이하기 때문이다. 이를 통해 '동문동종' 간 대소 관계, 혹은 중화질서를 공유했던 국가 간 분화와 재결합 및 그 길항을 포착할 수 있지 않을까.

중국 입장에서 조선(과 월남)은 불과 반세기 전까지 동아시아에서 가장 전형적이고 모범적인 조공국이었다. 그리하여 항미원조전쟁과 항미원월전쟁은 청일전쟁과 청불전쟁의 패배를 만회하는 (심리적) 효과를 거두었을 법도 하다. 즉 신조선과 신월남이라는 거울을 통하여 신중국은 새 정체성을 재구축해간 것이다. 아울러 조선·월남은 신중국 건국 이후 가장 전면적으로 '외국'外國을 경험한 사례이기도 하다. 이 또한 소련-동유럽의 관계와는 질적으로 다를 수밖에 없다. 더 이상 예부禮部에 속한 조공국이 아니고, 일본과 프랑스 치하에 있는 식민지도 아니다. 인민공화국 대 인민공화국, 즉 국가 대 국가로 재편된 이후 처음 대면한 것이다. 비로소 조선과 월남을 중화세계의 이역異域이 아니라, 근대세계의 이국異國으로 접한 것이다.[18] 따라서 당대 조선·월남에 대한 인식이야말로 중화질서 해체 이후 재건된 중국의 지역 감각을 가늠해보는 척도가 아닐 수 없다. 항미원조 연구, 나아가 냉전기 중국과 아시아를 조감하는 인식의 좌표축으로 재차 중화질서의 지속과 변용이라는 동아시아적 맥락을 강조해두고 싶다.

물론 전형성이 농후한 사회주의권의 보고문학이 조선과 월남의 실상을 얼마나 정확하게 드러내주는가, 의문을 제기할 수 있다. 일견 정당한 문제의식이다. 하지만 역설적으로 바로 그러한 이유로 인해 보고문학은 '보여주고 싶은' 모습과 그 지향을 더욱 순수화하고 이념화해서 재현한다고 말할 수도 있을 것이다. 오히려 신생국가가 지향하는 자타 인식과 정체성 구축의 측면에서는 논고의 가치가 더욱 큰 셈이다.

웨이웨이:
옌안에서 동방까지

중국은 세 차례에 걸쳐 위문단을 포함한 작가들을 한반도에 파견했다. 전방의 항미원조전쟁을 지원함과 동시에 후방의 항미원조운동을 독려한 것이다. 옌안문예강화* 이래 마오쩌둥이 입안한 문무文武 양대 전선의 이상을 실천한 것이기도 하다. 바진巴金, 라오서老舍, 후펑胡風 등의 저명작가를 비롯해 웨이웨이, 류바이위劉白羽, 양숴楊朔 등 소장 작가도 포함되었다. 그간 관심이 집중된 이는 단연 바진이었다. 실제로 그의 단편 〈단원團員〉은 영화 〈영웅아녀英雄兒女〉(1964)로 각색되어 큰 인기를 끌기도 했다. 통신기사 〈우리는 펑더화이 사령관을 보았다我們會見了彭德懷司令員〉 또한 중학교 교재에 수록되어 널리 읽혔다. 4편의 단편소설을 편집한 영문서적도 발간되어 해외에 소개되기도 했다.[19] 그래서 바진의 항미원조문학 연구는 국내는 물론 일본에서도 이루어졌다.[20]

그러나 말년 《수상록》에서 밝혔듯, 본인 스스로 당시의 작품을 부정했음은 치명적이다. 기실 그의 조선 파견은 '사상개조'의 일환으로 전개된 구석이 크다. 아나키즘을 고수한 바진이 신중국 성립 직전까지 상하이의 국민당 지구에 머물렀음은 널리 알려진 사실이다. 그래서 대장정과 항일전쟁, 국공내전의 경험도 부재하다. 즉 중국공산당의 적통에는 미달인 것이다. 오히려 당시의 작품은 그의 '전향'을 증명(해야)하는 작업에 가까웠다. "아나키스트로서의 전생을 청산하고, 신중국의 사회주의 지식인으로서 후생을 시작하는 변곡점"에 한국전쟁이 있었던 셈이다.[21] 루쉰을 잇는 대문호라는 명성 탓에 연구가 먼저 이루어졌다고 하는 편이 실제에 부합할 것이다.

명실상부한 항미원조문학의 대표는 웨이웨이魏巍가 아닐까 싶다. 가장

─────

* 1942년 5월 옌안에서 열린 문예좌담회에서 개진된 마오쩌둥의 문예관을 정리한 것이다. 마오는 이 자리에서 문예를 혁명의 두 전선(문무) 중 하나로 규정하고, 모든 문화와 문학예술은 계급과 정치에 예속되며, 혁명의 주체인 노동자·농민 등 인민대중을 위해 봉사하고 보급되어야 함을 강조했다. 이러한 입장은 당대 지식인·예술가들에게 큰 영향을 끼쳤고, 이후 중국식 사회주의 리얼리즘이라는 사조의 형성으로까지 이어진다.

상징적인 작품인 〈가장 사랑스러운 이는 누구인가誰是最可爱的人〉(이하 〈애인〉으로 약칭)를 쓰고, 가장 많은 작품(16편)을 남겼으며, 또 가장 오래 북조선에 머무른 데다(세 차례, 총 1년6개월), 항미원조전쟁의 총결산에 해당하는 3부작 장편소설《동방東方》을 창작했기 때문이다. 중국혁명의 자궁인 옌안에서 '신청년'으로 출발해 '동방'으로 작가 생활의 대미를 장식한 그의 이력도 대표성을 누리기에 넉넉하다. 실제로 그는 신중국 보고문학의 일획을 그은 작가로 인정받고 있다. "처음으로 지원군의 영웅적 모범과 조중 우의의 전범의 확립에 성공한 작품"[22]으로 간주되고, "그 다섯 자(最可爱的人-인용자)는 1950년대가 창조한 신명사, 신조어 가운데 가장 아름다운 하나"[23]로 손꼽히며, "전국적인 항미원조의 깃발이자 호각으로 신중국 보고문학의 일인자로 등극"[24]했다고 평가된다. 또 시적 정서와 철학적 문장이 결합된 보고문학의 진품[25]으로 '웨이웨이 문체'를 창조[26]했다는 상찬도 있다.

여기에 웨이웨이가 베트남 전장에도 110일간 파견되었음은 더욱 소중하다. 항미원조뿐 아니라 항미원월문학 또한 남긴 것이다.《인민전쟁의 꽃은 가장 붉어라人民戰爭花最紅》역시 항미원월문학의 백미로 꼽힌다. 옌안에서 출발해 조선, 월남을 아울러 동방에 가닿는 궤적이 눈을 찔러오는 것이다. 그래서 웨이웨이를 축대로, 여타 출판물은 보조로 삼아 신중국의 신조선·신월남 인식을 살피고자 하는 것이다.

약력부터 짚는다.[27] 1920년 허난성 정저우 출신이다. 팔로군 모집에 응한 것은 17세, 1937년 12월이었다. 고향을 떠날 때 챙긴 짐 속에는 두보 시집, 루쉰 잡문, 정치경제학 책 등이 있었다고 한다. 일찍이 상하이 좌익문화의 영향을 받아서 팔로군 면접에도 능숙하게 답변했다. 당시 면접관을 '동북인'으로 기억하고 있음도 인상적이다. 팔로군 전사로 거듭한 그는 대장정의 전설을 간직한 이들과 행군하며 그 경험을 기록한다. 노트 제목은 '韦

红青'(웨이훙칭)이었는데, 본인의 성을 딴 '魏'와 '红色青年'의 축약이었다. 옌안에 입성한 것은 1938년 4월 3일, 보름 후에 중국공산당에 입당한다. 이때를 '진정한 생명의 개시, 인생의 출발선'이라고 회고한다.

옌안에 이르기까지의 기록 습관은 그가 보고문학 작가로 발돋움하는 계기가 되었다. 그의 노트를 읽은 상사의 권유로 통신문을 쓰기 시작한 것이다. 항일전쟁을 그린 〈북쪽 나라 산수 사이의 전투戰鬪在北國山水間〉 또한 그의 전장 일기를 수정해 완성한 것이다. 이 작품이 당 차원의 주목을 끌면서 보고문학 작가로서의 삶을 본격적으로 살게 된다. 그 연장선에서 북조선에도 파견된 것이니, 바진의 그것과는 차이가 크다 하겠다.

그의 첫 방문 목적은 미군의 정치사상 정황을 파악하는 것이었다. 한국전쟁을 계기로 급성장한《신화사》의 처장과《신화사》고문이자 영국 공산당 런던지구 서기와 동행했다. 포로수용소에 수감되어 있는 미군들을 취재하는 일이 주된 임무였는데, 본무를 마친 웨이웨이는 현장에 남기로 결정한다. 다른 작가들이 위문단과 철수한 후에도 혼자 3개월간 각 부대를 탐방하고 직접 전장을 훑은 것이다. 바로 이때의 견문과 경험을 바탕으로 집필된 것이 〈애인〉이다. 이 작품이 인민지원군의 대명사이자, 항미원조문학의 상징이 되기까지는 두 번의 파격이 있었다. 당시 그는 갓 서른을 넘긴 청년이었음에도 항일·해방전쟁에서의 공로가 인정되어《해방군문예解放軍文藝》의 부주간을 맡고 있었다. 그래서 〈애인〉 또한《해방군문예》에 발표할 예정이었다. 한데 글을 먼저 접한 주간 송즈宋之가《인민일보》에 투고하기로 결정한 데 이어,《인민일보》 또한 문학 지면이 아니라 제1면의 사설란에 싣기로 한 것이다. 1951년 4월 11일이었다.

작품은 독자들의 공명을 얻으며 강렬한 반향을 일으켰다.《인민일보》편집부가 〈애인〉을 주제로 좌담회까지 마련했을 정도다.[28] 베이징 중산공원에

청년 웨이웨이와 〈가장 사랑스러운 이는 누구인가誰是最可爱的人〉의 시대별 판본들.

서는 4만5000명의 군중대회가 소집되어, 웨이웨이의 조선견문기를 듣기도 했다. 작품의 신드롬에는 마오쩌둥도 한몫 거들었다. 읽자마자 대량 인쇄해 지원군 부대를 포함한 전군에 보급할 것을 지시한 것이다. 전쟁 기간 중국에서 엄청난 양의 위문편지와 위문품이 북조선으로 전달됐는데, 그 주된 계기가 〈애인〉에서 묘사된 인민지원군의 영웅적 모습 덕분이었다고 한다.

웨이웨이가 평생 북조선을 방문한 것은 다섯 차례다. 그중 세 번을 항미원조전쟁 기간(1950-1958)에[29] 방문했다. 세 번째 방문은 인민지원군이 철수하던 1958년 10월이었다. 당시의 경험과 견문의 소산으로 또 한 편의 글을 집필했으니, 〈아쉽고도 아쉬운 석별의 정依依惜別的深情〉(이하 〈석별〉로 약칭)이다. 〈애인〉과 쌍벽을 이루며 널리 거론되는 작품이다. 두 작품은 수십 년이 지나도록 중학교 어문교재에 실려 '전후세대'에게도 읽히고 있다. 〈애인〉은 1957년 소련에서 번역판이 출간되었음은 물론 베트남에도 소개되어 큰 감응을 얻었다고 한다. 이만하면, 그의 작품을 찬찬히 따져 읽어볼 만하겠다.

웨이웨이와 신조선

"한 덩굴에 달린 오이"

　　지원군 파병이 결정되자 웨이웨이는 즉각 이 전쟁의 의의를 밝히는 선전시를 발표한다. 〈잊지 않으리不要忘〉〈오늘今天〉 등 여러 편이다. 일부만 소개하면, "동지여, 잊지 마라/ 조선인과 당신들이 전장에서 고투했던 지난날을/ 당신은 들리는가/ 저 포탄 소리가-"³⁰ 식이다. 류바이위 또한 "지금 조선 형제 가슴에 박힌 총알은/ 어제 중국인민 가슴의 총알/ 지금 조선 갓난아기에 터진 폭탄은/ 어제 중국 젖먹이를 죽인 폭탄"³¹이라며 비분강개를 표출한다. 항일전쟁과 국공내전을 함께 수행했던 조선인을 상기시키고, 그 기억의 복원을 촉구하고 있는 셈이다. 웨이웨이는 《인민문학》에 산문 〈조선인朝鮮人〉(이후 〈조선동지〉로 개작)도 발표했다. 여기에는 '김씨'老金가 등장하는데, 옌안의 옛 조선인 전우에게 '압록강에서 재회하자'³²는 전갈을 보내는 내용이다. 참전은 10월 중순이고, 시와 산문이 11월에 발표되었으니 항미원조의 선봉대 역할을 한 셈이다.

　　12월, 마침내 웨이웨이는 '김씨'가 있는 압록강을 건넌다. '눈바람이 몰아치던 날'이었다고 회고한다. 그의 일기에는 압록강, 원산, 청진, 평양, 38선, 서울 등 방문 곳곳이 기록되어 있다. 또 그가 만났던 인민군과 인민들의 행위와 습관 등 조선 사회의 풍속도 소상하다. '흰옷' '고무신' '상투' '놋그릇' '절구' '온돌' 등이 대표적이다. 한데 이들에서 문화적 동근성을 확인하고 있음이 어색하다. 중국 문화의 특성이 조선 문화 형성에 미친 깊은 영향을 느꼈다며, 본류-지계 문화의 위계를 확인하는 것이다. 하나 흰옷, 상투, 온돌은 대저 낯설고 이국적인 것이 아니었을까 싶다. 변발과 상투는 얼마나 다른 것인가. 그런 차이를 짚는 긴장감이 포착되지 않는다.

조선의 아름답고 목가적인 풍경 묘사도 편치만은 않다. 도연명을 읊조리며 중국 전통문화가 농염하다고 묘사한다.[33] 농촌이라면 그럴 수도 있을 법하다. 그러나 이 대목은 '해방'(1951년 적화)된 서울을 그린 것이다. 챵빈은 궈모뤄郭沫若의 조선 인식이 조선 본연이 아니라 중국 시에 등장하는 목동의 낭만적 이미지를 투사한 것이라고 비판한 바 있다.[34] 웨이웨이 역시 전장을 직접 누비고 있음에도 불구하고, 중국 근대문학의 상상에 부합하는 조선상을 반복하고 있던 것은 아닐까. 따라서 항미원조문학이 신중국 이후 처음으로 '이국 상상의 공간을 제공했다'[35]는 평가에 흔쾌히 동의하기 어렵다. 이국의 중국화, 혹은 중국화 된 조선이 더 뚜렷한 까닭이다.

조선의 중국화는 풍속과 풍경에 그치지 않는다. 역사도 그러하다. 웨이웨이가 그리는 항미원조전쟁은 인민지원군이 전위에 섰다. 그들의 영용함은 항일전쟁과 해방전쟁을 능가한다. 즉 대장정 이래 중국혁명의 연속이고 확산이다. 그래서 한국전쟁의 내전적 속성에 대한 이해는 몹시 미흡하다. 1945년 이후 한반도의 분단 과정과 분단정부 수립, 그리고 통일전쟁이라는 인식이 결락되어 있다. 북조선의 선제공격을 외면한다는 차원이 아니다. 남북을 막론하고 조선의 주동성이 삭제되어 있는 것이다. 미군 침략의 강조가 도리어 (남·북)조선의 수동적 역할을 낳고, 그에 반하여 신중국의 능동적 역할이 크게 부각되는 모양새다. 즉 한국전쟁은 한반도를 무대로 한 중미전쟁이다.[36]

간혹 등장하는 조선인민군을 살펴보자.[37] 그들은 모두 유창한 중국어를 구사한다. 중대장 안규원安奎元이 대표적이다. 그는 미국의 인천상륙작전으로 인민군이 북으로 철수하자 서울을 떠난다. 개성·사리원·평양을 거쳐 청천강에 이르는데, 여기서 지원군의 우쩐武震을 만난다. 안규원은 우쩐에게 마오 주석, 주더 총사령관 등의 안부를 묻는다. 그는 조선의용군 출신으로 우쩐의 옛 동지였던 것이다. 그래서 '혁명성지'인 옌안을 고향으로 생각하며 조선의용군 시기를 일생 중 가장 영광된 시절로 회고한다. 1948년 국공내전에 참여하여 손바닥에 입은 커다란 상처는 조선혁명의 중국 기원을 상기시키는 지워지지 않는 문신이다. "중국과 조선은 한 덩굴에 달린 오이 같이 뿌리가 상하면 같이 말라 죽는 운명"이라고 말한다. 조선인 안규원의 시각에서도 한국전쟁은 중국혁명의 지속이고 연장인 것이다.

젠더화된 유사 가족애

북중 관계를 묘사하는 가장 익숙한 어휘는 '형제애'이다. 그러나 웨이웨이 작품의 실상은 그 공식적인 수사를 무색케 한다. 형제애를 나눌 북조선의 남성 주체가 거의 존재하지 않기 때문이다. 특히 청년 남성이 없다. 즉 조선에 대한 이미지가 현저하게 여성화되어 있는 것이다. 선량하고 성실한 어머니, 용감하면서도 온화한 젊은 부녀, 장난스러운 어린이 등, 조선의 여성화는 나이를 불문한다. 그래서 중국 지원군은 아들이자 남편, 아빠, 삼촌, 아저씨의 역할을 대리 수행한다. 조선의 어머니에게는 아들, 남편 잃은 부녀와 어린이에게는 삼촌이자 아저씨로 등장하는 것이다.

가령 〈저지대의 '전투'窪地上的'戰役'〉를 살펴보자. 이 작품은 드물게 인민지원군 병사 왕잉홍王應洪과 북조선 처녀 김성희金聖姬의 연애 이야기를 담았다. 왕잉홍은 중국에 두고 온 가족이 있다. 그래서 이들의 풋풋한 감정은 이루어질 수 없는 사랑으로 애틋하다. 그저 묵묵하게 김성희와 그녀의 예순 어머니를 위하여 집안일을 돕는 왕잉홍이 듬직할 따름이다. 고향에서의 남편과 아들 노릇을 조선에서 반복하고 있는 것이다. 그래서 이 셋은 언뜻, 가족처럼 보인다. 그리고 그 가족적 풍경은 신중국과 신조선의 성별화된 관계를 상징적으로 재현한다. 기실 應(마땅히, 응답하다)·洪(크다,

우렁차다)과 聖姬(성스러운 여인)라는 한자 이름까지도 대조적으로 읽히는 구석이 크다.

실제로 항미원조문학 작품에는 '阿媽妮'(어머니), '阿姊孃妮'(아주머니), '阿德兒'(아들)이라는 한자 기표들이 자주 출현한다. 유사 가족이자 보호자-피보호자로서 성별화된 신중국-북조선 이미지가 역력한 것이다. 그러하다면 '형제애'는 국가 간 수사에 그칠 뿐, 민간의 실감 차원에서는 젠더화된 유사 가족애가 실상에 더 가깝다고 하겠다.

동양과 동구의 소거

북조선 남성 주체의 상실이 전시 상황을 일부 반영한다 하더라도, 근대사의 결락은 소홀히 할 수 없는 또 다른 차원의 문제이다. 〈한강 남쪽의 하루하루漢江南岸的日日夜夜〉[38]를 보자. 그는 "이곳에서 사람들은 본래 안정되고 화목한 생활을 누렸으나, 미 제국주의와 그 하수인 이승만 때문에 생활환경이 파괴되고, 이 땅을 전화 속으로 빠뜨렸음"을 크게 탄식한다. "고색고향古色古香의 동대문"을 바라보면서도 "미 제국주의가 이 고성을 파괴하고 한성을 죽음의 도시로 변하게 했다"고 비탄한다. 한데 의미심장한 것은 그의 재현 속에서 식민지 조선, 특히 식민지 근대성의 총아였던 '경성'京城이 깨끗하게 망실되어 있다는 점이다. 식민지 조선의 경성도 아니고, 대한민국의 수도 '서울'도 아닌 다시 '한성'漢城인 것이다. 유용태는 한성이라는 옛 명칭을 고수하는 중국의 지명 표기를 "중화적 세계질서의 중심으로서 종주국이 조공국을 '번속'藩屬이라 불렀던 것보다도 훨씬 더 강화된 중화주의의 발로"[39]라고 꼬집은 바 있다. 그뿐 아니라 소련의 (준)위성국가로서의 북조선 건국도 매우 흐릿하다. 즉 20세기 전반기, 한반도가 대륙의 영향에서 벗어나 있던 시기의 일본과 소련의 흔적이 지워져 있는 것이다. 약 반세기의 역사가 누락된 채 곧바로 과거와 직결되고 있는 셈이다.

이처럼 항미원조문학을 읽노라면 한국전쟁의 효과는 일본과 소련을 지우고, 중국과 재회한 북조선의 복원이 아닌가 싶다. 특히 1958년까지 머물렀던 지원군과 함께한 '조중 재건'으로 동양·동아의 유산을 청산하고, 그 부정적 잔여물(의 기억)은 한국으로 이월시킨 것이다. 그렇게 재건된 신조선은 구조선의 회복에 방불한다. 그리하여 지원군 철수를 그린 〈석별〉에는 다시금 전원풍 묘사가 아름답다. 진달래가 만개한 금수강산을 되찾은 것이다. "조선인민의 봄날이 도래"⁴⁰한 것인데, 이는 압록강을 건너던 당시의 "눈바람이 몰아치던" 겨울과 극적인 대비를 이룬다. 자연만 의미화된 것이 아니다. '낫'은 매우 상징적인 역할을 한다. 북조선은 미국이 퍼부은 폭탄들로 초토화되었다. 중국 지원군은 그 포탄 파편을 수집해 신조선을 일구는 생산수단을 선사해준다. 그 낫으로 나무 식탁을 만들어 어머니에게 드리고 고향에 돌아가는 모습으로 〈석별〉은 끝을 맺는 것이다.

이와 같은 신조선의 재현은 신중국의 정체성 만들기와도 직결된다. 즉 국민당과 일본·미국을 한 묶음으로 구질서와 구세계라 비판하고, 소련과도 결이 다른 신세계와 신질서의 도덕적 권위를 확보하는 것이다. 그리고 그 신질서와 신세계의 판도와 위계는 과거와 매우 흡사하다. 신중국은 역설적으로 구중국의 위상 복원이라는 반전反轉을 달성하는 것이다. 한때 소중화를 자처했던 신조선이야말로 다시 일어선 신중국의 정체성을 상상적으로 만족시켜 주는 최적의 대상이다. 즉 1949년 다시 일어선 신중국은 이웃을 다시 일어서게 도울 수 있을 만큼 크게 일어났다. 그 신중국(인)의 모범이 바로 인민지원군이다. 그래서 그들의 별칭 또한 '가장 사랑스러운 이'가 될 수 있지 않았을까.

그렇다면 '동지이자 형제'라는 수사어도 재음미해볼 필요가 있다. 전자가 사회주의 국제주의의 표상이라면, 후자에는 중화질서의 유산이 내장되어 있지 않을까. 근대세계의 논리와 중화세계의 원리가 상호 침투하는 상징적 언어로서 '동지이자 형제'를 파악할 수 있지 아니할까. 군신유의君臣有義의 수직성은 아닐지라도, 붕우유신朋友有信의 수평성에는 달하지 못하는 미묘한 경계점에 형과 아우의 위계성이 자리한다. 따라서 제1세계의 자유주의 국제주의, 제2세계의 사회주의 국제주의와는 또 다른 동아시아적 맥락에서 '중화 사회주의'라는 말을 고안해볼 수 있을 법하다. 왕년의 조공국으로의 회귀도 아니요, 동유럽형 위성국가의 복제도 아니며, 아시아형 동맹국의 변주도 아닌, 또 다른 국가 간 관계 맺음의 양식으로서 중화세계의 고유한 맥락에서의 '진화'가 나름으로 이루어지고 있었다고 할 수 있지 않을까. 중화세계의 내재적 근대화, 즉 '동방화'라고 말이다.

신조선의 신중국 인식: 재再중화 혹은 주체적 중국화

그러면 신조선은 저 신중국의 재림을 어떻게 보았던가. '중화 사회주의'라는 독법이 일정한 설득력을 가지려면 맞은편의 인식도 견주어서 그 비대칭적 상호 인식을 따져보아야 할 것이다. 북조선 지식인의 중국기행문을 살핀 정문상은 냉전기 북한의 중국인식을 '피로써 맺어진 형제의 나라' '노동 인민이 주인이 된 나라' '농업 집단화에 성공한 사회주의 나라'의 세 유형으로 분석했다.[41] 중국은 혁명을 함께한 동지일 뿐만 아니라, 사회주의 건설의 역할모델이기도 했던 것이다. 실제로 '동양의 병자'라는 늙은 중국의 이미지는 말끔히 쇄신되었다. '향상' '혁신' '생산' '건설'이라는 기호로 점철된 새 중국의 상징은 다시 베이징北京이다. 중화질서를 해체한 도쿄東京와 난징南京을 대신해, 또 새로운 북극성으로 등장했던 모스크바를 대체하여, '北京'이 왕년의 위상을 회복한 것이다. 20세기 초 동아시아의 자웅을 다투었던 일본제국과 중화민국을 제치고 새 중국의 심장으로 거듭난 "북경의 호흡은 크고도 무거웠다."[42] 이는 신중국과 신조선이 유교문명권 붕괴이후 다시금 세계관을 공유하게 되었음을 극적으로 상징한다. 그 새로운 세계관, 즉 사회주의로 말미암아 새로운 긍정으로 서로를 포옹하는 것이다. 두보와 이백의 시를 읊고, 소동파와 백락천을 떠올리며 서호西湖에서 가슴이 설렁대는 세계로부터, (마르크스·엥겔스·레닌과) 마오쩌둥·류사오치·저우언라이와 김일성의 초상을 함께 드는 세계로 이행하기까지 얼추 반세기가 소요된 것이다. 그리하여 "북경은 역사, 문화의 유산 위에 튼튼히 발을 디디고 날마다 새 중국을 낳"고, "인류의 새날을 위하여 평화와 민주와 사회주의를 위하여 요동을 모르는 한 개의 메뿌리가 된 것이다."[43]

여행기에 보태 중국 평론도 살펴볼 필요가 있다. "새 중국은 아세아와 세계 평화의 성새"라고 단언한 김진헌의 발언과 항미원조운동에 대한 북조선의 기록을 톺아보자.

1955년 4월에 인도네시아의 반둥에서 아세아 및 아프리카 회의가 열리였다. 이 회의에는 서로 다른 사회 제도를 가진 아세아와 아프리카의 29개 나라 대표들이 참가하였음에도 불구하고 식민주의를 반대하고 평화를 수호할 데 대하여 일치한 합의에 도달하였다. **이 합의 달성에 있어서 위대한 중화인민공화국 대표단은 거대한 역할을 놀았다. 이 모든 사실은 위대한 중화인민공화국의 참가 없이는 어떤 중요한 국제적 문제, 특히 아세아 문제는 성과적으로 해결할 수 없다는 것을 똑똑히 보이여 주고 있다.**[44]

이 협정(조중 경제 및 문화합작에 관한 협정-인용자 주)을 통하여 **중국 인민들은** 전후 복구 건설에 들어 선 조선 인민의 곤난을 고려하여 1953년 말까지 원조하여 준

일체 비용과 물자의 댓가를 면제하여 주었을 뿐만 아니라 우리 인민의 경제 건설을 원조하여 인민폐로 8만억 원에 해당하는 막대한 원조를 주고 있다. (…) 또한 **중국 인민들**은 우리에게 수많은 기술자들을 보내주고 있다. (…) 특히 공동의 원쑤인 미제를 물리치는 정의의 전쟁에서 위훈을 떨친 중국 인민 지원군 장병들은 **우리의 복구 건설에 커다란 로력적 원조를 주고 있다.** 평양 지구에서만 하여도 중국 인민 지원군 장병들은 대동강 철교 및 인도교 공사를 비롯하여 내각 종합 청사, 평양13인민학교, 유자녀 학원, 직공 학교, 인민경제대학, 평양방직공장 기숙사의 신축 공사 등 총면적 5만7200평방미터에 달하는 방대한 다층 건물 공사를 진행하였다. **그들은 '우리의 념원은 하나이다! 평양을 북경처럼 아름답게 건설하자!'라는 구호를 높이 들고 힘차게 일하고 있다.**[45]

오늘 조선 인민들은 중국 인민들을 자기들의 진정한 친우이며 원조자로서 깊이 사랑하고 존경하며 그들과의 친선 단결을 더 한층 공고히 하는 것을 자기들의 신성한 애국적 임무의 하나로 간주하고 있다.[46]

두 책에서 우리는 (동)아시아 사회주의진영의 선후가 전도되었음을 확인할 수 있다. 몽골·조선·중국 순으로 사회주의 국가들이 성립했건만, 한국전쟁을 전후로 중국의 위상이 우뚝한 것이다. 특히 신중국과 신조선 간 비대칭적 교환 관계가 눈에 밟힌다. 대국의 덕德과 소국의 예禮를 교환했던 왕년의 중화질서에 일정하게 근접했다는 인상을 풍기는 것이다. 대국의 '무상원조'라는 증여에 소국은 '사랑과 존경'으로 답례하는 듯하다. 나아가 그 유사 중화질서의 농도는 한층 진해졌다고도 할 수 있다. 국가 간만이 아니라 인민 사이로 깊숙하게 침투했기 때문이다. 공자·맹자·주자 등 고전

텍스트를 공유하던 엘리트층의 세계관이 아니라, 상호간의 미담과 일화를 공유하는 새 단계로 진입한 것이다. 가령 중국지원군 '라성교'羅盛敎*는 북중 양국의 사회주의 인민 주체 형성의 공통 기호로 활약한다. 북조선 시인 김북원도 라성교를 이렇게 노래했다.

〈라성교〉

수많은 역두와 도시들과 거리들에서 대륙의 동서 남방에서 사람들 속에 싸여 우리는 왔다. 햇비 내리는 호남성 산넘어 신화현 여기 그의 고향에…. 거리의 입구에서 우리는 늘어선 사람 파도 속에 선다. 우리는 얼마나 많은 꽃다발과 에워싸는 사람들을 맞어 왔더냐. "최형…" 이렇게 사람들은 우리들 속에 최형을 찾았던 것이냐. (…) 청년들은 북경에서처럼 중경에서처럼 광주에서처럼 모든 곳에서처럼 소년을 들어 올리며 내리며 보고 또 본다. 사람들은 조선 소년 최형을 보며 그의 모습과 함께 또 하나의 모습을 보는 것이다. 사람들은 그의 이름을 부르며 그의 이름과 함께 또 하나의 이름을 부르는 것이다. 라성교를! 그렇다! 라성교는 이렇게 그의 아름다운 희생으로 대륙의 젊은이들을 고동한다. 그렇다! 라성교는 이렇게 그의 높은 사상으로 국제주의의 기치를 휘날리게 한다.

실제로 북조선에서 발간된 항미원조 작품에는 끈끈한 형제애가 번다하

---

* 라성교는 1952년 1월 2일 새벽, 영하 20도의 날씨를 무릅쓰고 물에 빠진 조선 소년을 구하다 사망한 중국인민지원군 병사다. 당시 21세. 중국인민지원군은 그를 '위대한 국제주의와 혁명적 영웅주의 정신'의 모범이라며 '1급 애민 모범'의 칭호를 부여했다. 1953년 6월 25일, 조선민주주의인민공화국 최고인민회의 상임위원회 또한 그에게 1급 국기 훈장과 1급 전사영예 훈장을 추서했다. 2011년 조선민주주의인민공화국 최고인민회의 상임위원회는 〈조중우호 협조 및 호상원조에 관한 조약〉 체결 50돌을 맞아 조중친선의 유대를 튼튼히 하는 데 기여한 라성교 열사의 위훈을 길이 전하기 위한다는 취지로 삭창중학교의 교명을 라성교중학교로 개명하기도 했다.

게 표출되어 있다.[47] '불멸의 우의' '뜨거운 환영' '뜨거운 정' '가장 좋은 벗' 등의 수식어들이 경쟁적으로 등장한다. 그러나 그 감상적 표현들이 헛된 관념으로만 들리지도 않는다. 과거 유교 문명의 공속감과는 질적으로 다른 새로운 연대감의 표현임을 그 '육체성'에서 확인할 수 있기 때문이다. 이들은 서로가 아들이고 딸이자 남편이며, 오빠들과 피를 같이 흘린 유사가족이다. 한국전쟁에서 얻은 부상은 신체에 각인되어 있으며, 북중 연대는 조선의 아주머니가 주셨던 사과즙의 달콤함으로 기억된다. 그래서 그때를 떠올리면 손은 떨리고, 눈물이 흐르고, 목은 쉬고, 귓가에선 음성이 들려온다. 온몸으로 신체화된 기억, 육화된 친선의 경험에 공명하는 것이다. 필담을 통해 관념적인 공동세계를 공유했던 구세계로부터, 몸을 부대끼며 쌓아온 스킨십에 기반한 신세계로의 도약. 북중 간 '형제애'는 (적어도 북조선에서는) 튼실한 물질성을 획득한 셈이다.

따라서 '죽의 장막' 너머에서 전개된 냉전 경험은 그 반대편과 퍽이나 다르다. 본시 동아시아의 '근대화'란 '서구화'와 다를 바 없었고, 이는 '탈아입구'脫亞入歐라는 표현에 압축되어 있었다. 그리고 그 탈아의 실상이란 '탈중'脫中이었다고 할 것이다. 그래서 근대 전환기 동아시아 국가들의 민족주의는 이중적인 성격을 가졌다. 서구(및 일본)의 제국주의에 대한 도전(Nationalism against WEST)인 한편으로, 구질서의 정점에 있던 중국으로부터의 이탈(Nationalism from CHINA)이기도 했던 것이다. 그래서 민족주의 사학자들이 서술한 국사國史는 중국과의 지난한 항쟁으로 점철되었다 해도 과언이 아니다. 아我와 투쟁했던 비아非我는 대저 중국(과 북방민족)이었던 것이다. 그 탈중화의 기제를 한국(및 일본, 남베트남 등)이 지속하고 있던 반면에, 북조선(과 북베트남 등)은 재차 중국과 깊이 연루되는(Nationalism with/in CHINA) 재중화의 궤도에 들어섰던 것이다.

재차 강조컨대 북조선의 사회주의 개조는 인민지원군이 주둔하는 가운데 수행되었다. 집단화는 중국에서 선행적으로 개시되었고 소련의 반대에도 불구하고 추진된 것이다. 즉 중국군 주둔과 집단화에 대한 지지는 북조선에 대한 사회주의 개조의 국제적 보장이었다.[48] 이종석은 1950년대 주체사상의 형성 초기부터 '마르크스·레닌주의의 창조적 적용'이나 '자력갱생' 등의 구호가 중국혁명 주체들의 전통적인 고민이었음을 지적한 바 있다. "주체사상의 체계화 과정 속에서 등장한 개념들 중 상당수도 직간접으로 모택동사상의 영향을 받았"고, "이러한 사상적·제도적 영향력의 확대는 소련적 요소가 부분적으로 탈색되어 가던 것과 대조를 이루었다"는 것이다.[49] 이영미 또한 오체르크Ocherk가 '실화문학'으로 장르명이 변모되는 과정을 추적하며, 이를 "뒤늦은 번역이 아니라 '주체' 정립이라는 북한 정치 체제의 변동기적 특성을 반영하는 것이자, 소련의 사회주의 모델 지향에서 중국식 사회주의 모델 지향으로의 전환이라는 정치적 함의도 내포"[50]한다고 정리했다. "주체사상의 모택동사상 따라 배우기 등, 갈등관계 속에서도 끊임없이 중국정치의 병폐를 닮아가는"[51] 이 기제를 어떻게 설명할 수 있을까.

일본의 베트남 및 동남아시아사 전공자인 모모키 시로桃木至朗의 견해가 요긴하다. 그는 중화질서의 특징을 '탈중국화를 위한 중국화'脫中國化のための中國化[52]라고 묘파한다. 탈중국과 중국화의 길항의 교착으로 동아시아 세계를 설명하는 것이다. 베트남을 비롯한 동남아시아 각국과 민족의 주체성은 진공 속에서 내재적으로 발현된 것도 아니고, 서구 제국주의와의 대결 속에서만 양성된 것도 아니다. 진즉에 중국(과 인도)을 중심으로 하는 큰 장과 그 힘의 영향을 받으면서 형성된 것이다. 가령 베트남의 중국화란 "중국적 원리의 지방화인 동시에 비중국적 자기표현이 병행"되는 이중적

과정이다. "중국과 비슷한데, 중국은 또 아닌" 혹은 "중국보다 더 중국다운" 사이를 왕복하며 중국 콤플렉스와 대항적 자존 의식 사이를 동요하는 구조다. 역대 중국 왕조의 침공을 격퇴한 것을 정통성의 근간으로 삼으면서도, 자신을 한민漢民으로 칭하며 중국화를 추진해갔던 근세 베트남의 언설에도 이러한 길항은 잘 녹아 있다. 소중화, 혹은 조선중화를 자부했던 조선은 물론이요 중화세계의 여러 소국들에도 적용해봄직한 유력한 설명 방식이다.[53]

바로 이 '탈중국화를 위한 중국화', 고쳐 말해 '주체적 중국화'의 길항으로 작동했던 중화질서의 유산이 '죽의 장막' 너머에는 여전히, 혹은 새로이 관철되고 있던 것이 아니었을까. 중국의 사회주의 모델을 참조하면서도 주체성을 표 나게 강조하는 '자주적 중국화'야말로 전형적인 '중화 사회주의권'의 현상이라 함직하다. 그 모방과 갈등의 역학에서 근대적으로 재편된 중화세계의 문화적, 심리적 영향을 포착할 수 있는 것이다. 물론 신중국과 신조선 간 비대칭적 교환 관계를 조공의례의 복제라고만은 할 수 없다. 오히려 대국을 상대로 하는 소국의 능동성의 발현이라고도 할 수 있다. 중국화를 수단이자 명분으로 삼아, 중국을 이용하고 적당한 거리를 유지했던 오래된 전략의 갱신에 가까운 것이다. 그렇다면 중국-북조선·베트남, 베트남-캄보디아·라오스 등으로 중층적인 파문이 이어졌던 냉전기 동아시아 사회주의권의 역사상像 또한 중화질서와 국제질서 간 독특한 길항으로 설명할 수 있지 않을까. 즉 (동)아시아의 항상적인 비대칭성이 중화 사회주의권의 자타 인식과 정체성을 규정하고, 상호관계 및 질서를 틀 지우고 있던 것이다. 변한 것은 세계관이자 지배이념이요, 변치 않은 것은 비대칭적 구조와 위계적 상호 인식이다.

웨이웨이와 신월남: 또 하나의 조선

베트남으로 우회한다. 한국전쟁 이전에 베트남전쟁이 있었다. 당시 상대는 프랑스였다. 중국의 입장에서 보자면, 19세기 말의 반복이었다. 청불전쟁과 청일전쟁이 연속적인 현상이었듯, 베트남전쟁과 한국전쟁도 동시적으로 일어난 것이다. 기실 한국전쟁에 앞서 중국은 베트남에 군사고문단을 먼저 파견했다. 그 군사고문단을 이끌었던 이가 천껑陳賡인데, 그의 동선이 또한 흥미롭다. 남방에서 베트남군을 지원한 데 이어 북방으로 건너와 한국전쟁에도 개입했던 것이다.[54] 즉 중국-조선-월남은 하나의 전장이었다. 따라서 1960년대의 베트남전쟁 또한 한반도에서 인도차이나로 무대를 옮긴 미중전쟁의 연속이라고 할 수 있겠다.

1965년 6월 19일, 베이징에서 양국은 중월 문화합작 협정을 맺는다. 이 자리에서 베트남 대사는 중국 작가와 예술가들의 베트남 방문과 베트남(전쟁)에 대한 작품 창작을 희망한다고 피력했다. 저우언라이는 곧장 방월 대표단을 꾸리고 단장으로 바진을, 부단장은 웨이웨이를 임명한다. 웨이웨이는 특유의 기록정신을 발휘해 베트남 현장을 생생하게 담은 보고문학을 생산한다. 그는 처처에서 한국전쟁과 베트남전쟁의 연속성을 명확하게 인식했다. 방공호 등 전장을 탐방할 때마다 "오늘의 월남은 어제의 조선"임을 상기하는 것이다. "월남전쟁은 조선전쟁의 연장"으로, "월남은 제국주의를 타파하고 사회주의를 보위하는 또 하나의 전초기지"[55]다. 북위 17도 언저리에 자리한 작은 섬에 미군의 폭격이 집중되는 현장을 보면서, 웨이웨이는 한반도 38선 부근의 '상감령'(전투)을 떠올린다.

웨이웨이의 눈에 월남에서 프랑스의 흔적은 이미 희미하다. 미국과 적

대하며 중국과 (재)접속하는 월남의 원풍경이 전면에 등장한다. '조선의 중국화'에 이어, '베트남의 조선화'로 정리해볼 수 있을까. 조선에서는 중국의 흔적을 찾았다면, 베트남에서는 조선과의 흡사함이 부각되는 식이다. 그리하여 가장 친밀했던 두 이웃을 재차 '중화 대가족'의 품으로 끌어안은 형국이 완성되는 것이다. 훗날 웨이웨이는 "2차세계대전 이후 동방에서 일어난 양대 전쟁에 모두 참여했음을 영광"[56]으로 회고한 바 있다. 중국이 '동방'을 보위하는 현장에 모두 자리했다는 자부심의 표출이다.

웨이웨이는 혁명박물관, 월중 우의농장, 월남문화부 등을 방문하고 월중우호협회가 주최한 '중국인민 항미원월 선전 전람'의 개막식에도 참석했다. 그는 방문하는 곳마다 유명인사로 대접받았는데, 이미 작품이 번역되어 베트남에서도 큰 호응을 얻었기 때문이다. 항일전쟁 시기 중국에서 활동한 베트남 여성 번역가는 〈애인〉을 비롯하여 베트남 신문에 실리는 웨이웨이의 작품을 꼬박꼬박 편지로 보내주기도 했다고 한다.

그의 보고문학에는 호찌민도 등장한다. 호찌민이 몸소 중국작가 대표단을 맞이했던 것이다. 호찌민은 그 자리에서, "여타 국가들의 사람들은 응당 외빈으로 초대해야 하지만, 중국과 조선의 동지들은 구태여 그럴 필요가 없다"[57]며 너털웃음을 짓는다. 중국-조선-월남은 '동지이자 형제'인 탓에 격식을 따로 차릴 필요가 없다는 것이다. 그만큼 익숙하고 친숙하다. 바로 그 동지이자 형제의 울타리가 곧 '동방'東方에 해당되지 않을까. 소련과 동유럽, 즉 '동구'東歐는 동지이되 형제는 아닌 '외빈'인 것이다.

여기서 1965년이라는 시점에 주목하지 않을 수 없다.[*] 베트남전쟁만큼

━━━━ [*] 이해는 반둥회의 10주년이기도 했다. 반둥에서 열린 기념행사의 참석 명단엔 저우언라이, 김일성, 호찌민이 있었다. 인도의 부재와 함께 1차 회의에 불참했던 북조선과 베트남이 눈에 띈다. 이 또한 동아시아 사회주의권이 주도한 '동방'의 전면화와 결부시킬 수 있을 것이다.

스스럼없이 편안한 차림으로 논의하는 호찌민(왼쪽)과 천겅.

이나 중소분쟁이 격화되던 무렵이다. 그래서 항미원조 작품에 견주어 도드라지는 것은 소련에 대한 선명한 대립각이다. 남녀노소를 막론한 '인민전쟁'의 현장을 묘사하며 "현대수정주의자들은 일찍이 민병民兵이란 그저 한 줄의 고기 덩어리라고 말하지 않았던가"[58]라고 힐난한다. 그리하여 태국의 공군기지에서 출격하는 미국 폭격기에 맞선 베트남 남녀민병의 인민전쟁은 이중적 저항을 내포한다. 미국 제국주의와는 '전쟁'戰爭을, 소련 수정주의와는 '논쟁'論爭을 하는 방편이자 무기인 것이다. 서구西歐와는 무武로써 적대하고, 동구東歐와는 문文으로써 대결하는 동방東方의 구도가 뚜렷하게 포착되는 것이다.

항미원조에 견준 또 하나의 차이는 여성이 아니라 노인이 더 부각되고 있다는 점이다. 마오쩌둥과 류사오치에게 안부를 전해줄 것을 부탁하는 이 노인들은 누구인가. 추락한 미군 전투기의 잔해로 만든 은색 반지를 웨이웨이의 손가락에 끼워주는 노인은 또 누구인가. 중국산 담배를 건네며 불을 붙여주는 또 다른 노인은 누구일까. 이들은 공히 1930년대 이래 혁명전쟁을 추억한다. 그렇다. 1930년 인도차이나공산당 창립에 참여했던 왕년의 '신청년'들이다. 그 혈기왕성했던 청년들이 35년이 지나 백발성성한 노인이 되어 있는 것이다. 그 인도차이나공산당의 출범 장소가 바로 중국의 광저우였음이 각별하다. 즉 중국의 동북이 북조선 혁명의 기원이듯, 중국의 남방은 베트남 혁명의 뿌리다.*

이 노인들은 중국인민해방군의 기념일인 8·1절도 공유한다. "8·1절은 당신들의 기념일이자, 우리들의 기념일"[59]인 까닭이다. 북베트남 부대의 주요 지휘관들 중에는 황포군관학교 출신도 적잖고, 항일전쟁과 국공내전도 함께 치룬지라 '수사'가 아닌 '사실'에 가까운 발언이다. 기실 천경이 군사고문단으로 파견된 것도 그와 함께 혁명전쟁을 수행했던 호찌민의 경험 탓이었다. 호찌민이 직접 중국 지도부에 천경의 도움을 요청했던 것이다.[60] 그 역사적 경험 못지않게 텍스트의 공유도 여실하다. 베트남 꽝빈성의 주석인 쩐남陳五, Tran nam은 마오쩌둥과 류사오치 등의 저작이 베트남 각급 간부의 사상 교육에 큰 영향을 미치고 있음을 자랑한다.[61]

━━━━━ * 그 '신월남인'의 전형을 대표하는 인물의 이름이 재미나다. 중국혁명과 궤를 같이 하며 성장한 그는 한자로 '黃家富', 베트남어 발음으로는 Hoang Gia Phu이고, 중국어로는 Huang Jia Fu(황지아푸)이다. 필자는 곧장 연상 작용이 일어 '皇家'(황지아)와 '加富'(지아푸)로 고쳐 읽었다. '부강한 중화'라는 속뜻을 담은 언어유희, 은밀한 복화술은 아니었을까.

3개월간 베트남을 견문한 웨이웨이는 《인민일보》《해방군문예》《홍기紅旗》《인민문학》 등에 일련의 작품을 발표했다. 한데 항미원조 작품이 16편이었던 데 반해, 항미원월 작품은 7편에 그친다. 전장 경험이 짧았던 탓일까. 꼭 그렇지만은 않았던 듯싶다. 그는 연재를 이어갈 뜻을 품고 있었다. 특히 호찌민 고향 방문기는 아껴둔 작품이었다고 한다. 하지만 끝내 쓰지 못했다. 마지막 작품이 된 〈꽝빈의 밤廣平的夜〉을 탈고한 시점이 1966년 4월이었음이 서늘하다. 중국은 이미 문화대혁명의 소용돌이 속으로 진입하고 있었다. 웨이웨이 또한 그 참화를 빗겨가지 못했다. 마오쩌둥이 비판한 '인성론'人性論을 고취한 작가로 고발된 것이다. 결국 하방되어 사상 개조에 임하다 병으로 쓰러지고 말았다. 8년간 단 한 편의 글도 쓰지 못한 작가 인생의 '암흑기'였다. 그 시기를 털어내고 1982년 초대 마오둔茅盾문학상 수상의 영광을 선사한 회심의 작품이 바로 《동방》이다.

'동방'東方의 기호학

《동방》을 처음 착상한 것은 1952년, 두 번째로 조선에 파견되어 1년간 머물던 때라고 한다. 웨이웨이는 폭넓은 전장 경험에 역사 공부와 지원군 일기 등을 섭렵하면서 내실을 다졌다. 그리고 1959년부터 집필에 들어갔지만 문혁의 우여곡절 끝에 1974년에 재개, 이듬해 10월에 초고를 완성한다. 딩링丁玲은 《동방》의 추천사에서 "지원군과 조선군민의 관계, 전방과 후방의 관계, 국내와 국외의 관계 전모를 입체적으로 그려낸 대서사시"[62]라고 높게 평가했다. 조선 전장과 중국 농촌생활을 세밀하게 묘사하고, 항미원조전쟁과 항미원조운동의 양대 승리를 밀도 있게 파악했다는 것이다. 그럼에도 풀리지 않는 의문이 하나 있다. 왜 하필이면 제목이 '동방'이었나 하는 점이다. 작품에서도 확실한 물증이 없고, 집필 경과를 소상하게 풀어낸 회고록에도 마땅한 언급이 없다. 그리하여 '동방'이라는 제목을 추론하고 그 함의를 추리하는 과정으로 결론을 대신하고자 한다.

중국에서는 아시아亞洲란 용어 외에도 동방이라는 지역 개념이 친숙하다. '동방'을 통해 역사, 국제관계, 문화교류, 인간 활동 및 현대화 등에 관련된 지식을 재해석하고 자신의 지역적 문화적 정체성을 발견한다는 것이다.[63] '동방'이 개념적으로 정착되어 가는 과정을 추적한 장링張鈴은 중국인이 주체적이고 자각적으로 '동방'을 사용하기 시작한 것은 20세기에 들어와 중학-서학 논쟁, 구학-신학 논쟁을 거치면서이며, 그러면서 '서방'에 대한 저항의식을 내장하게 되었다고 파악한다.[64] 그러나 서양과의 대타對他, Pour-autrui의식 속에서 아시아를 소외시켰던 '동양'과는 달리 동방의 대타의식은 비단 중국만이 아니라 아시아로까지 인식을 확장시키는 효과를 거두기도 했다. 가령 베트남 화교 출신 영화감독 서극의 〈동방불패〉와 〈황비홍〉을 분석한 양태은의 접근이 흥미롭다. '포용과 관용의 미덕을 지닌' 중국이 주변과의 관계에서도 대등과 비폭력을 근간으로 삼는 '화해의 아시아' 상이 동방으로 포착된다는 것이다. 중국의 치욕을 씻되 자신의 침략의 역사까지도 자성自省하는 왕도王道의 실천자로서 중국이 도드라진다.[65] 동시대 중국의 철학자 자오팅양趙汀陽 역시 "타자의 내재화를 통해 새로운 문화를 창조하는 개방성과 전향前向성"을 중국문화의 미덕으로 꼽고 있다.[66] 물론 긍정적으로만 접수할 일은 아니다. 중국의 '동방학'에는 오리엔탈리즘이나 동양학에 내포된 서구중심주의를 극복하려는 '저항성'과 아울러 중국의 세기를 꿈꾸는 '중화성'의 두 얼굴이 감추어져 있다"[67]는 지적에도 공정하게 귀를 기울여야 할 것이다.

1930년대의 두 잡지 《신아세아新亞細亞》와 《신동방新東方》을 비교한 김하림의 분석[68]도 경청할 만하다. 전자가 국민당 계열의 삼민주의적 아시아를 이념으로 설정한 반면에, 《신동방》은 피압박민족들의 연대를 통한 '동방혁명'과 '세계혁명'의 맥락에서 '신동방의 창조'를 모색했다고 한다. 조금 더 시간을 거슬러 오를 수도 있다. 서구와 동구의 신세계를 흠모했던 《신청년新靑年》에 맞서 동서문화논쟁을 펼쳤던 《동방잡지東方雜誌》는 공화정을 주장하는 5·4운동 주류와는 다른 대안 담론을 생산했다. 진화론적 발상이 물씬한 국민국가 논리를 거부하고 세계주의적 관점으로 약소국과 연대하는 지역 단위의 사고를 강조한 것[69]인데, 이처럼 1910~1920년대의 《동방잡지》와 1930년대의 《신동방》은 그 이념적 차이에도 불구하고 기어코 '동방'을 고수했음을 기억해두자.

비단 중국만이 아니다. 일찍이 '국가는 주主고 동양은 객客'이라며 일본발 동양주의의 허상을 신랄하게 비판했던 신채호 또한 중국에서 아나키즘으로 귀의한 이후 동방에 헌신했다. 한반도의 지정학을 적확하게 포착한 〈조선독립과 동양평화〉를 거쳐 피압박동방민족의 연대 운동에 말년을 진력했던 것이다.[70] 베이징에서 무정부주의 동방연맹이 발기한 것은 1927년이었다. 심훈은 또 어떠한가. 그는 소설 《동방의 애인》(1930)을 통해 동양, 혹은 동아의 대척점에 동방을 마주 세웠다. 열도발 '동양 사회주의'를 되감아 대륙발 '동방 사회주의'를 옹호한 것이다. 일본공산당의 정리된 이론·지식으로서의 사회주의가 아니라, 중국이 의미하는 '건강한 행동주의'에 방점을 둔 것이다.[71] 공간의 가치적 위계화가 역력한데, 사반세기만의 역전임이 요체이다. 중국이 사회주의라는 신사상을 장착하여 '동방의 애인'으로 귀환한 것이다.

그 갈애의 정수는 옌안이다. 옌안으로 향하는 여정은 곡진하기 그지없다. 김태준은 "조선동지들을 사랑하는 국제적 우애"에 감격하고, "타도 일본제국주의"라는 벽보에 기뻐서 어쩔 줄 모르며, 용감하고 규율 있고 친절하며 명랑한 성격에 학습열까지 불타는 팔로군에게 감탄한다. 절로 '동지!'라는 탄성이 새어나는 것이다.[72] 김사량 또한 일제가 지배하고 있는 베이징, 장제스와 임정이 있는 충칭과 달리 옌안으로 향하는 길은 "이상하게도 불안스런 긴장한 느낌이 없이 마음은 거울같이 침착하"고, "세상이 이렇게도 쾌적하고 행복스러울 여행이 없을 듯"하다.[73] 그 때문에 옌안에 당도한 날은 "일생일대에서 가장 감격스런 날"이다. 무릉도원을 연상시키는 황홀한 묘사 끝에 마주한 것도 한글로 된 "환영"이라는 두 낱말이다.

한편 국공내전기의 중국을 취재한 기자 김병도의 진단에도 눈을 쏘아오는 대목이 있다. 공산당이 중국을 석권한 이유에 대한 분석이다.[74] 소련의 원조보다 "한, 일, 소, 중, 몽고인 등으로 조직된 참모단의 힘"을 강조하는 것이다. 그리고 이를 "과거 일제가 몽상하였던 대동아공영권과 같은 대동아적색권을 형성하려는 의도 아래 조직된 것"이라고 부연하고 있다. 그 실례로서 중공의 포병부대 또한 오족五族으로 편성된 혼성부대였다는 것이다. 그리하여 중국공산당 또한 '대동아 적색당'에 비유한다.

'대동아 적색당'이 주도하는 '대동아적색권'의 자궁인 옌안의 실제는 어떠했는가.[75] 그곳에는 아시아 약소민족해방운동의 최고 역량이 집중되어 있었고, 조선인·일본인·몽골인 외에 남방 민족들도 함께 생활하고 있었다. 그래서 "장래 할 평화로운 국제사회의 축소도"였다고 회고된다. 민족이나 국가의 차별 없이 한집 식구와 같이 단란한 생활을 했으며, 보기에도 즐거운 국제사회를 이루었다는 것이다. 하나 "즐거운 국제사회의 축소도"에도 위계는 있었다. 1942년 2월 개최된 '동방 각 민족 반파시스트 대표 대회'는 중공이 주도하는 (동)아시아 통일전선의 계기였기 때문이다.[76] 이 대회에는 일본, 조선, 대만, 필리핀, 베트남, 타이, 말레이시아, 인도네시아, 버마, 인도, 중국 내 소수민족 등의 대표자가 참석했다. 그리고 바로 그 1942년 2월이 정풍운동으로 마오 노선이 확립되었던 시점이었음이 의미심장하다. 중국이 소련과 코민테른의 그늘에서 벗어나 독자성을 확보하던 바로 그때에 '동방'의 깃발도 함께 휘날렸던 것이다. 이 무렵 옌안에서 싹튼 '동방'이야말로 냉전기 아시아·아프리카 및 제3세계로 확산되는 '중화 사회주의'를 예비한 전조였다고 할 수 있지 않을까.[77]

반면 대동아전쟁이 선포된 것은 1941년 12월이었다. 즉 그로부터 두 달 후에 출범한 '동방'은 대동아에 대한 집합적 저항이었다. 더불어 국민당이 주도하는 '동방'과의 경쟁이기도 했다. 중화민국의 임시 수도였던 충칭에서도 동방문화협회, 중한협회, 중월협회 등 국민당과 아시아 민족의 연대 기구가 가동되었던 것이다. 즉 중일전쟁과 국공내전을 겹쳐 보자면, '대동아'大東亞와 '두 개의 동방'東方이 각축하는 20세기판《삼국지》였던 셈이다. 따라서 옌안의 동방은 서구와 맞서고, 동구와 척을 지며, 대동아에 저항하고, 국민당과도 경합했다고 정리할 수 있겠다. 나아가 바로 이 구도가 1945년 이후 동아시아 냉전의 기본 축으로 계승되었음을 특별히 강조해두고 싶다. 중미전쟁, 국공외전,[78] 중소분쟁, 중일갈등이 농축되어 있던 것이다. 따라서 옌안과 그곳에서 발현된 동방이야말로 유럽과는 판이하게 전개된 (동)아시아 냉전의 모태라고 할 것이다.

따라서 동방의 의미를 거듭 곱씹어보지 않을 수 없다. 서구와 동구, 그리고 동아는 다른 듯하면서도 합일점이 있었다. 저마다 근대를, 그래서 탈중화를 지향했다. 그리하여 서구·동구·동아와 모두 대결했던 동방은 그 속 깊이 중화를 복원하는 재중화의 과정이라 할 법하다. 중국공산당의 창건과 항일전쟁, 국공내전, 한국전쟁과 베트남전쟁 그리고 중소분쟁을 거치며 신중국이 굴기하는 과정을 그 이웃 소국들과 연동하여 '중화세계의 근대화'라고 독해할 수 있는 것이다. 규모의 비대칭으로 말미암은 위계는 지속되지만, 중화질서 안에서 허용되었던 소국의 자주성과 독립성은 '주체사상'의 등장만큼이나 한층 증진되었다. 연안파의 제거를 통한 북조선 체제의 확립 과정 또한 '탈중국화를 위한 중국화', 혹은 '탈중국화에 의한 중국화'의 궤적에서 그리 동떨어진 것이 아니었다고 말할 수 있다. 소련의 동유럽 위성국가나 미국의 아시아 동맹국이 노정한 '종속성'과는 판이했던 역동성의 기저이다. 따라서 동방이란 바로 그 '근대화된 중화질서' 안에서 재결합한 '중화 사회주의권'의 기호라고 할 수 있지 않을까. 그리하여 개혁개방 직전에 탈고한 작품에 《동방》이라는 표제가 부여된 것은 아니었을까. 옌안에 동방의 깃발이 세워지던 1942년, 웨이웨이는 방년 22세였다.

3

스포츠와 냉전

–

가네포를 아십니까?

GANEFO

스포츠는 정치다

1963년 10월 20일. 광둥 황포항에서 1만 톤 규모의 선박이 출항했다. 오성기를 휘날리며 남양으로 발진하던 이 배의 이름은 '광화륜'光華輪. 중국 국가대표 운동선수 260명과 76명의 언론사 특별 취재반, 그리고 상하이 서커스단을 비롯한 문화예술인 100명이 타고 있었다. 더불어 북조선과 (북)베트남의 운동선수도 100여 명이 있었다. 두 나라가 경비 부족으로 곤란을 겪었기에 동반 승선한 것이다. 특별히 이들에게 좋은 자리를 배정했다는 미담도 전해진다.

목적지까지는 꼬박 보름이 걸렸다. 그래서 진풍경이 연출되곤 했다. 선수들이 갑판에 설치된 각종 운동기구를 활용해 컨디션 조절에 만전을 기한 것이다. 동행한 기자들도 그에 못지않았다. 당시 중국에는 스포츠 전문 매체도 없었고, 전문기자 또한 부족했다. 임시방편으로《신화사》와《인민일보》기자 가운데 화교 업무 담당자를 우선으로 선발했다. 이들 또한 20개에 달하는 정식 종목의 규칙을 습득하느라 밤을 새웠다. 문화예술단 역시

제1회 자카르타 가네포 개막식을 선포하는 수카르노.(1963)

자카르타 가네포의 메인 스타디움 붕카르노 경기장.

갑판에서 재주를 넘고, 목청을 다듬고, 춤사위를 연습했다.

광화륜이 향한 곳은 적도 부근, '천 개의 섬나라' 인도네시아였다. 자카르타 선착장에는 체육부장관 말라디Maladi가 몸소 나와 중국(과 북조선, 북베트남) 대표단을 맞았다. 대회 개막일은 1963년 11월 10일, 인도네시아 독립운동사의 기념비적 전투를 기리는 '영웅절'Hari Pahlawan이었다. 정오부터 10만 석 규모의 붕카르노Bung Karno 경기장은 인파로 가득했다. 이미 일주일 전부터 야간 조명을 밝혀 주변 일대는 불야성을 이루었다. 4시 정각, 수카르노 대통령이 헬리콥터를 타고 경기장에 도착했다. 이어 46개국 선수단이 입장했고, 인도네시아 대표선수의 선언식이 있었다. 수카르노가 대회의 개막을 선포하자, 총성이 울리고 성화가 점화되었다. 수천 마리의 비둘기가 하늘을 가르고, 형형색색의 풍선들이 경기장 위로 떠올랐다. 관중석에서 환호와 박수가 터져 나왔다.[1]

이 대회가 올림픽은 아니다. 국제올림픽위원회IOC 공식 홈페이지에도 한 줄 기록되어 있지 않다. 4년 단위로 치러지는 올림픽이 1963년에 열릴 까닭이 없다. 18회 올림픽은 이듬해 도쿄에서 열릴 예정이었다. 아시안게임도 아니다. 인도네시아는 1962년, 이미 제4회 아시안게임을 개최한 바 있었다. 그렇다면 46개국 선수단과 7개국 예술단 포함 총 51개국이 참가해[2] 2200명의 선수가 실력을 겨루었던 이 대회는 무엇이었을까.

가네포GANEFO, Games of New Emerging Forces다. '올림픽 이념과 반둥정신을 결합했다'[3]는 신흥역량운동회新興力量運動會, 또는 신흥국경기대회新興國競技大會가 그것이다. 대안적 올림픽을 표방하는 새로운 국제 스포츠 대회였다. 하지만 그간 가네포는 정당한 관심과 평가를 받지 못했다. 아니 잊혀져 있었다. 일단 그 짧은 수명 탓이다. 1963년 자카르타 대회와 1966년 프놈펜의 아시안가네포를 끝으로 막을 내린 것이다. 그래서 대개 올림픽운동과 아시안게임사의 '일탈'로 소략하게 언급되는 정도에 그친다.[4] 영문과 독문 자료를 구사해 집필된 최근 논문도 이러한 경향에서 자유롭지 못하다. 〈안티 올림픽 세계가네포대회〉라는 제목이 명시하는바, 올림픽운동의 이념과 정신을 근본적으로 부정했다는 관점을 반복하고 있다.[5] 이러한 시각의 일방성은 정작 핵심 당사자였던 주최국 인도네시아와 주요 지지국 중국의 문헌을 누락하고 있는 자료의 편향과 무관치 않다. 더불어 대개 국제 스포츠 운동사의 궤적으로 접근하고 있을 뿐[6], 반둥회의나 비동맹운동 등과 결부지어 냉전기 대안적 지역·세계 건설의 지평에서 조망하지는 않았다. '스포츠는 정치와 무관하다'는 올림픽의 허울을 비판하며 '스포츠는 정치와 밀접하다'를 공개리에 천명하고 등장한 대회가 가네포였음을 상기한다면 매우 아쉬운 지점이다. 동서냉전과 중소분쟁을 비롯한 정치적·역사적 맥락에 천착하지 않을 수 없는 것이다.

특히 반둥회의(1955) 이후 AA(아시아·아프리카)운동의 향방과 아시아 및 제3세계의 동향에 주목할 필요가 있다. 가네포는 그 헌장에서부터 '신흥역량'New Emerging Forces이라는 반둥회의에 기원을 두고 있으며, 가네포의 목적 또한 어떠한 형태의 식민주의·제국주의에서 자유로운 새로운 세계 건설에 있다[7]고 명시적으로 밝히고 있기 때문이다. 나아가 올림픽 정신을 부정하는 게 아니라 그 정신을 IOC가 독점하는 데 반대하며, 가네포야말로 올림픽 정신을 (전유하여) 온전히 실천할 것이라는 포부도 밝혔다.[8]

따라서 이 장에서는 중국·인도네시아·캄보디아 등 가네포운동의 핵심 당사국들이 발행한 각종 문서와 회고담 등을 활용해 그 운동의 전모와 실상을 한층 상세히 드러내고자 한다. 특히 올림픽과 아시안게임과는 구분되는 독자적인 가치와 지향에 주목해 1950~1960년대 아시아(운동)의 맥락 속에서 접근할 것이다. 1963년 자카르타(가네포)와 1964년 도쿄(올림픽)

의 차이, 그리고 1966년 프놈펜(아시안가네포)과 방콕(아시안게임)의 차이를 통해서 아시아 내부에서 다기한 지역 구상이 분화해 길항하고 있었음을 확인할 수 있을 것이다. 특히 반둥회의의 세 주역이었던 인도와 인도네시아, 중국의 갈등과 경합이 두드러진다. 인도가 AA운동에서 이탈하여 유고슬라비아의 티토, 이집트의 나세르와 손잡고 비동맹운동으로 굽어간 것처럼(1961), 동서 대립과 중소분쟁의 복합적 냉전 구도 하에서 아시아 질서(구상)는 요동쳤던 것이다. 즉 아시아는 냉전의 균열선에 따라 동서 대립 구도를 복제한 것이 아니라, 중소분쟁의 파장과 중인갈등의 착종 속에서 한층 복합적인 분화를 노정했다. 그 복수의 갈래 길의 교착점에 가네포가 자리하고 있던 것이다. 이를 통해 그간 막연히 동일시되었던 AA운동과 비동맹운동, 제3세계운동의 차이를 분별하는 단초를 발견할 수도 있을 것이다.

극동대회에서 아시안게임으로

YMCA와 극동대회

가네포 이전에 아시안게임이 있었고, 아시안게임 이전에 극동선수권경기대회[9]Far Eastern Championship Games, FECG(이하 극동대회)가 있었다. 아시아를 단위로 한 최초의 국제경기가 극동대회였다.[10] 기실 스포츠를 통해 국가 단위로 경쟁한다는 발상 자체가 19세기 유럽에서 비롯된 것이다. 사회진화론의 사회적 산물인 셈이다. 그래서 극동대회의 발족에도 서구의 영향, 특히 YMCA의 역할이 뚜렷하다. 선교 사업의 일환으로 근대 스포츠가 도입되었고, 국제적 단위의 경기대회도 아시아에 전파된 것이다. 그리하여 1913년 출범한 제1회 극동대회는 필리핀-중국-일본 세 '나라'의 경기가 아니었다. 삼국의 YMCA가 경합한 것이다. 단장 또한 각국의 YMCA 총재였다. 그렇다고 해도 그 틀 안에서 민족주의가 고양되었음을 간과할 수는 없겠다. 수천의 관중 앞에서 처음으로 국위를 선양하는 체험을 선사했기 때문이다. '국가'(와 국가간체제)를 경험하게 된 것이다. 그에 따라 참가 조직의 성격 또한 재편되었다. 가령 1921년 중국은 기존의 YMCA를 대체하는 별개의 스포츠 조직을 설립했다. '중화전국체육협진회'中華全國體育協進會(이하 협진회)가 탄생한 것이다. 이 조직의 집행위원 9명은 모두 중국인이었고, IOC에서도 이들이 중국을 대표하게 되었다. 이로써 극동대회에서 선교사가 각국 대표로 개회사를 낭독하던 풍경도 사라졌다. 5·4운동 이래 고양된 민족주의 물결과도 무연치 않을 것이다.

YMCA에서 국가별 조직으로 전환되면서 극동대회의 국가대항전 성격은 한결 도드라졌다. 특히 중국과 일본의 갈등은 만주국 건국 이후 악화일로였다. 일본이 만주국을 국제사회에 선보이는 전시장으로 극동대회를 활용코자 했기 때문이다. 응당 중국은 거부했고, 1934년 마닐라 대회는 중일전쟁의 전초전에 방불할 만큼 치열했다. 중국은 축구에서 4-3, 농구는 48-47로 일본에 신승했다. 그러나 경기장 밖에서는 일본이 승리했다. 중국 대표의 퇴장 끝에 일본과 필리핀이 만주국의 극동대회 회원국 가입을 승인한 것이다. 한데 그 다음 대회가 상하이에서 개최될 예정이었다. 중국은 결코 만주국을 초청하지 않을 것이라고 선언한다. 이에 일본은 극동대회 자체를 해산하고, 만주국을 포함한 새로운 아시아 스포츠 조직을 만들기로 결정한다. 그러나 실행에 옮기지는 못했다. 1937년 중일 간 전면전에 돌입하면서 여력이 없었기 때문이다.[11] 극동대회는 21년간 총 10회의 대회를 개최하는 것으로 그 명을 다했다.[12]

우연찮게도 마지막 극동대회가 열린 1934년에 서아시안게임Western

Asiatic Games이 발족한다. 첫 대회는 같은 해 2월 뉴델리에서 개최되었다. 아프가니스탄·실론(현 스리랑카)·인도·팔레스타인 4개국이 참가했고, 1938년 2회 대회는 팔레스타인이 개최할 예정이었다. 하지만 이 또한 2차세계대전 발발로 취소되고 말았다. 동과 서를 막론하고 1934년 이후 17년간 아시아를 단위로 한 국제경기대회는 사라진 것이다. 따라서 1951년 출범한 아시안게임은 극동대회와 서아시안게임의 부활인 동시에 결합의 산물이라고 하겠다.

네루와 아시안게임

아시안게임의 계기는 1947년 뉴델리에서 성사된 아시안관계회의Asian Relations Conference(이하 ARC)였다. 자와할랄 네루가 주도한 아시아 구상의 소산이었다. 그는 인도의 '국가 만들기'와 더불어 그 인도가 중심이 되는 '지역(아시아) 만들기'에도 공을 들였다.[13] 패전국 일본을 대신해 아시아 담론의 주도권을 인도가 쥔 것이다. 인도는 본디 아시아의 동서남북을 잇는 가교였으나, 유럽의 제국주의로 아시아와 단절되고 말았다는 게 네루의 인식이었다. 그 과거의 역할을 복원코자 한 것이다. ARC가 등장한 까닭이다.

ARC의 성공적 개최를 보면서 손디G. D. Sondhi는 아시아의 모든 신생독립국이 참여하는 '전 아시안 게임'을 구상하게 된다.[14] 그는 인도 체육부장관을 역임하며 아시안게임 창설을 주도했던 인물이다. 네루도 적극 지지했다. 1948년 런던 올림픽 기간, 대회에 참여한 아시아 국가들에 의사를 타진해 긍정적 회신을 얻었다. 이로써 1949년 2월 13일, 뉴델리 파티알라 궁Patiala House에서 아시안게임연맹Asian Games Federation(이하 AGF)이 출범한다. 아프가니스탄·버마·인도·파키스탄·필리핀 대표가 그 자리에서 조인했고, 중국·실론·인도네시아·네팔도 사후에 비준했다. 네루는 아시안게임이 동방 국가들 간 '새로운 재회'renewal contact의 기회를 제공하는 이정표가 되리라 여겼다.¹⁵ 제1회 아시안게임은 1950년에 열릴 계획이었으나 기반시설 준비 부족으로 1951년에 개최되었다. 아프가니스탄, 버마, 실론, 인도네시아, 이란, 일본, 말라야, 필리핀, 싱가포르, 태국, 인도 등 11개국이 참가했다. 그래서 대회 휘장에도 11개의 원형이 삽입되었다. 대회의 구호는 '언제나 전진'Ever Onward으로 결정되었다.

하지만 첫 대회부터 정치적 풍랑이 거셌다. 일단 AGF에 조인했던 파키스탄의 불참부터 눈에 띈다. 인도와의 갈등으로 참가를 거부한 것이다. 여기에 이란이 참가한 반면 이라크는 불참했고, 이스라엘·팔레스타인, 남·북 베트남, 남·북한도 중립주의를 고수한 네루의 숙고 끝에 참가를 할 수 없었다. 누가 아시아이고, 혹은 아닌가의 문제가 불거진 것이다. 혹은 어떤 아시아인가의 화두가 등장했다고도 하겠다.

그 핵심에 중국이 있었다. '두 개의 중국'이야말로 '두 개의 아시아'가 분기하는 갈등의 축이었다.¹⁶ 가령 아시안게임 구상이 싹트던 1948년, 국민당 정부하의 중국은 아시안게임 발족에 전폭적인 지지를 표했다. 이듬해 발족한 AGF의 정식 회원국으로서, 1950년으로 예정된 첫 번째 대회 참가도 준비하고 있었다. 그러다가 국공내전에서 공산당이 승리한 것이다. 문제는 국민당의 중화민국 또한 대만에서 지속했다는 점이다. 아시안게임의 출발 시점에 '두 개의 중국'의 분열이 겹쳐 있던 셈이다. 그 '두 개의 중국'은 아시안게임의 행보에도 큰 영향을 미쳤다. 누가 중국을 대표하느냐의 승인 문제야말로 탈식민 아시아의 방향과 성격을 가늠하는 주요 논쟁 가운데 하나였기 때문이다.

국민당은 중화민국의 정부기구 중 상당수를 대만으로 이전했다. 협진회

자와할랄 네루에게 아시안게임은 '국가 만들기'와 '지역 만들기'의 일환이었다. IOC의 부인에도 불구하고 냉전기 내내 스포츠는 정치의 다른 이름이었다.

또한 대만에서 지속되었고, IOC와 AGF에도 남아 있었다. 반면 중화인민 공화국은 새로운 스포츠 기구를 설립한다. '중화전국체육총회'中華全國體育 總會가 그것이다. 이로써 두 개의 스포츠 조직이 국제사회에서 인정 투쟁을 벌이게 된다. 결국 올림픽과 아시안게임은 모두 '두 개의 중국'이, 나아가 '두 개의 아시아'가 경합하는 대결장이 되고 말았다.

제1회 뉴델리 대회는 중화인민공화국이 승리했다. AGF 구성원이 아니 었음에도 중화인민공화국을 공식 초청한 것이다. 네루의 결단이었다. 그 의 새로운 지역(아시아) 건설에 중국은 늘 협력의 대상이었다. 아시아 문명 의 중심은 인도와 중국이라는 인식은 그의 저작《인도의 발견》에서부터 역력했다.[17] 이는 중인대동中印大同을 도모했던 타고르의 문화적 실천을 정치적 기획으로 전환한 것이기도 하다.[18] 그러나 정작 중화인민공화국은 선수단을 파견할 여력이 없었다. 한국전쟁에 전면 개입하고 있었기 때문이다. 대신 9명의 대표단을 파견해 선수촌에 오성기가 내걸리는 것으로 족해야 했다.

'두 개의 중국'의 위상은 곧바로 역전된다. 제2회 아시안 게임은 1954년 5월 마닐라에서 개최되었다. 필리핀은 네루의 아시아 구상에 동조하지 않았다. 일본, 한국, 대만, 필리핀을 이어 중국을 봉쇄하는 태평양 구상에 호의적이었다. 1955년 발효될 동남아시아조약기구South-East Asia Treaty Organization, SEATO(이하 시토)에도 참여할 예정이었다. 그래서 중화민국을 초대한다. AGF 규정에 따른다는 명분도 있었다. 그해 중화민국 대표 지궁성郝更生[19]은 AGF의 부의장이 되기도 했다.

1958년 제3회 아시안게임은 도쿄에서 열렸다. 이제 '두 개의 중국'은 AGF를 넘어 IOC의 사안이 되었다. 아시안게임 기간에 맞추어 IOC 총회가 도쿄에서 열렸고, '두 개의 중국'이 최대 의제로 부각된 것이다. IOC는 '두 개의 중국'이 모두 가입하기를 원했다. 정치에 개입하지 않는다는 명분에 기댄 것이다. 하지만 헛된 기대였다. '두 개의 중국' 어느 쪽도 동의하지 않았고 타협을 거부했다. 결국 중화인민공화국은 중화민국이 참여하는 어떠한 국제조직에도 가입하지 않는다는 원칙하에, 1958년 8월 19일 IOC를 공식 탈퇴한다. 아시안게임을 통한 지역(아시아) 만들기라는 네루의 구상도 물거품이 되는 순간이었다.

이로써 IOC도 AGF도 중화민국 승인으로 '두 개의 중국' 문제는 일단락되는 듯했다. 하지만 끝이 아니었다. 다음 대회의 개최지가 자카르타였던 것이다. 인도네시아에는 신질서를 주창하는 수카르노가 버티고 있었다. 그는 네루와도 사뭇 다른 아시아를 구상했고, 네루보다 한층 열성적이었다. 갈등은 종점이 아니라, 정점으로 향하고 있었다.

아시안게임에서 가네포로

자카르타 아시안게임의 파행

1962년 9월에 열린 자카르타 아시안게임은 파행의 연속이었다. 중화민국과 이스라엘 선수들에 대한 비자 발급 거부 사태가 기폭제였다. 인도네시아는 '하나의 중국' 정책에 의거하여 중(화인민공화)국을 승인하고 있었다. 또 세계 최대의 이슬람 국가로서 팔레스타인을 비롯한 아랍 국가들과 돈독한 관계였다. 자국의 외교 노선에 입각해 참가국을 선별했던 것이다. 문제는 이스라엘과 중화민국 모두 AGF의 정식 회원이었다는 점이다. 신생독립국의 주권 행사와 기존 국제기구 간에 마찰이 빚어진 것이다.

IOC는 즉각 자카르타의 결정을 '정치적 행위'로 간주했다. 자카르타 대회를 인정하지 않을 것이라고도 경고했다. '정치적 목적하의 스포츠 대회'를 용납할 수 없다는 것이다. 인도네시아도 물러서지 않았다. IOC는 AGF와는 별개의 단체라고 항변했다. 아시안게임은 IOC가 개입할 사안이 아니라는 것이다. 결국 IOC는 1963년 2월, 인도네시아의 회원국 자격을 (잠정) 정지하기로 결정한다. 69년 올림픽 역사상 처음 일어난 일이었다.

인도네시아는 IOC를 성토했다. 비판의 근거는 크게 두 가지였다. 먼저 전례에 비추어 매우 예외적인 결정이라는 점이다. 그전에도 참가국 거부 사건이 없지 않았다. 인도네시아가 거론한 사례는 네 가지다.

1. 1920년 올림픽: 개최국 벨기에는 1차세계대전 적대국이었던 독일의 참여를 거부했다.

2. 1961년 세계사이클대회: 개최국 프랑스는 동독 선수의 비자 발급을 거부했다.

3. 1961년 런던 국제축구연맹FIFA 총회: 영국은 동독 대표의 비자 발급

을 거부했다.

4. 1960년 동계 올림픽: 개최국 미국은 동독 선수 비자를 발급하지 않았다.

그럼에도 벨기에·프랑스·영국·미국의 자격이 정지된 경우는 없었다. 이를 근거로 인도네시아는 IOC가 다분히 고의적이고, 또 '정치적으로' 자국을 (역)차별한다고 간주한 것이다.

절차 또한 비판의 표적이었다. 사리에 어긋난다는 것이다. 당장 사건 경과를 보고하는 회의에서부터 당사자인 인도네시아가 제외되었다. 자격정지 결정 또한 IOC 이사국 중 4개국만 동의한 것이었다. IOC 위원장 에이버리 브런디지Avery Brundage(미국), 부위원장 데이비드 세실David Cecil(영국), 그리고 손디(인도)와 콘스탄틴 안드리아노프Konstantin Andrianov(소련)만이 동의한 것이다. 또 다른 부위원장이었던 아르망 마사르Armand Massard(프랑스)를 비롯하여 아즈마 료타로東龍太郎(일본), 페레이라 산토스Ferreira Santos(브라질), 카를 리터 폰 할트Karl Ritter von Halt(서독)는 참석조차 하지 않았다. 절반의 동의만으로 신속한 결단이 내려진 것이다.[20]

여기서 자격 박탈을 주도한 네 나라의 면면을 주목할 필요가 있다. 특히 소련과 인도의 가세가 눈에 띈다. 기실 아시안게임이 열렸던 붕카르노 경기장은 소련의 자금 지원으로 만들어진 것이다.[21] 심지어 소련의 미코얀 부수상은 수카르노 옆자리에서 자카르타 대회의 개막식을 참관하고 축하 연설도 했었다.[22] 인도 또한 반둥에서 열린 AA회의의 핵심 동반자였다. 한데 이들이 인도네시아에 등을 돌린 것이다. 중(화인민공화)국을 편드는 인도네시아를 엄벌한 모양새다. 즉 자카르타 대회의 파행은 비단 인도네시아와 IOC의 대립으로 그치는 사안이 아니었던 것이다. 특히 1963년이라는 시점을 고려할 때, 그 내막은 한층 복잡해진다. 이미 중소논쟁*이 공개적으로 표출되고, 중인 국경 분쟁도 불거졌던 차였다. 미소 '평화공존'과 중소논쟁, 중인 갈등이 고스란히 드러나는 구도인 것이다. 그렇다면 자카르타 대회 사태의 저류에도 실상 '두 개의 중국' 문제가 잠복해 있었다고 할 법하다. 실제로 보고회의 현장에는 AGF 부의장 지긍성이 동석해 있었다. 중화민국의 입장이 적극 반영되었던 것이다.

그뿐만이 아니다. 애당초 인도네시아의 선택부터 '두 개의 중국' 간 경쟁의 흔적이 역력하다. 가령 300만 회원을 보유한 인도네시아 중앙직공회 전국 이사회가 '장제스 집단과 이스라엘 참가를 방지하는' 내용의 전보를 (정부에) 발신했다고 한다. '그들이 참여하면 세계인민의 반제·반식민 투쟁에서 인도네시아의 위신이 추락할 뿐 아니라, AALA(아시아·아프리카·라틴아메리카) 국가와 인민의 우의와 단결 강화에도 장애가 된다'는 것이다. '중국과 이집트는 줄곧 인도네시아의 반네덜란드 투쟁을 지지해 왔음'을 상기시키기도 했다. 인도네시아 농민회 제6차 전국대표대회에서도 비슷한 결의가 통과되었다. 인도네시아 정부의 장제스 집단 및 이스라엘 대표 참여 거부를 촉구하며, 중화인민공화국 지지를 견지해달라고 요청한 것이다. 인도네시아 부녀운동협회, 인도네시아인민청년단도 성명을 발표했다. '장제스 집단이 미 제국주의의 사주하에 인도네시아 반혁명 반란집단과 협력하여 인도네시아 공화국을 전복하려는 흉악한 짓을 했다'고도 주장했다.[23]

이들 단체와 성명을 인도네시아 자료로 확인하긴 힘들다. 다만 중국계 인도네시아인들을 염두에 둬야 한다는 판단이다. 1955년 반둥회의를 통해서 중국은 화교의 이중국적 문제를 처리한 바 있었다. 중화인민공화국 국

---

* 1960년을 전후해 공산주의 이념과 국제공산주의운동의 원칙을 두고 벌어진 중국-소련 간 논쟁. 대립의 주요 축은 소련이 제시한 미국과의 평화공존 방안과, 이를 수정주의로 비판한 중국의 입장이었다.

적을 버리고 현지화하는 방향으로 독려했던 것이다. 특히 가장 많은 화교들이 거주했던 인도네시아의 이중국적 문제 해결은 중국이 반둥회의에 참석하는 전제 조건이기도 했다.[24] 단정할 수는 없으되, 그런 방침에 따라 현지화한 중국계 인도네시아인들이 각종 단체를 활용했을 소지는 다분한 것이다. 반면 국민당은 자국의 IOC 위원회를 적극 활용했다. 일본, 필리핀, 홍콩, 인도, 베트남, 한국, 이란 등에 지지를 요청했던 것이다. 중화민국이 참여하지 못하면, 대회를 연기하거나 장소를 변경하는 방안도 물색했다.[25] 자카르타 대회를 앞두고 일종의 '국공외전'[26]이 치열하게 전개되었던 것이다. 차이라면 대륙은 '인민 외교'를, 대만은 '국가 외교'를 구사한 점이라고 할 수 있을까.

수카르노는 IOC 탈퇴로 맞불을 놓았다. 20억 아시아인에 반하여 이스라엘과 중화민국을 옹호하는 IOC를 거부하겠다는 뜻이다. IOC가 자신들의 권한을 '제국주의의 도구'로 이용하여 제3세계를 억압한다고 비판했다. 내친 김에 IOC 구성 자체가 불평등함을 역설했다. 70명의 IOC 위원 가운데 제3세계를 대변하는 아시아·아프리카 출신은 고작 11명에 불과했다. 유럽의 소국들도 두세 명씩 있는데, 1억300만의 인도네시아는 한 명도 없음을 꼬집은 것이다. 그래서 이 사태를 기회 삼아 IOC의 재건을 촉구했다.

우리는 쿠베르탱의 정신에 전적으로 동의한다. 아무도 이에 반대하지 않는다. (…) 하지만 우리가 목도한 것은 무엇인가? 쿠베르탱의 이상은 실현되지 못했다. 그는 스포츠가 (…) 상호 존중과 우애, 평화를 고무하는 국제 질서의 창설 수단이라고 했다. 하지만 그 실상은 어떠했던가? 결코 이념에 부합하지 못했다. 그래서 우리 인도네시아인들은 이를 매우 슬프게 생각한다. 우리도 올림픽에 참여해왔기 때문이다. (…) 스포츠와 정치가 무관하다면 왜 중(화인민공화)국은 배제하고 있는가? 북조선에 대해선 왜 적대적인가? 정치와 스포츠는 무관하지 않다. IOC 부터가 철저하게 그러하다.[27]

체육부장관 말라디도 가세했다.

올림픽은 공공연한 제국주의의 도구였다. 스포츠는 정치와 분리될 수 없음을 솔직하게 말하는 편이 낫다. 그래서 인도네시아는 스포츠와 정치의 결합을 제안한다. 신흥국가들이 제국주의와 식민주의 세력들이 지배하는 국제 스포츠 운동의 이념과 구조를 타파하는 혁명의 시점이 도래했다.[28]
올림픽에서 인도네시아를 제외하는 것은 인도네시아에 아무런 해를 끼치지 못할 것이다. 오히려 제국주의와 식민주의자가 참여하지 않는 새로운 대회를 조직할 자유를 가지게 되었다. 그 새로운 대회가 가네포, 즉 아시아·아프리카·라틴아메리카 사회주의국가들의 '신흥역량경기대회'이다.[29]

인도네시아의 회원자격을 정지시키는 IOC 결의는 1963년 2월 7일에 있었다. 말라디의 반박 성명은 2월 9일에 나왔다. 그리고 수카르노가 IOC 탈퇴와 가네포 창립을 선언한 날은 2월 13일이었다. 일사천리였던 것이다. 불과 1주일 사이에 일어난 일이다. 그래서 더욱 가네포의 탄생을 우발적인 사건으로 여기기 힘들다. 사전 준비가 있던 것이다. IOC의 결정으로 가네포가 탄생했다는 그간의 통설[30]은 표면만 본 것이다. 세계질서를 재건하겠다는 수카르노의 의중이 진작부터 담겨 있던 것이다.[31]
수카르노는 마오쩌둥, 네루에 버금가는 제3세계의 걸출한 지도자였다. 제국주의와 식민주의를 타파하고 신질서를 만들겠다는 포부도 강렬했다. 최초의 AA회의가 반둥에서 열린 것도 이와 무관치 않다. 그는 1962년 아시안게임도 '인도네시아의 혁명과 신질서 건설의 일환'으로 접근했다. 반둥 기술대학 출신의 인도네시아 건축가가 고안한 10만 석의 붕카르노 경기장은 당시 아시아 최대 규모였다. 신생 인도네시아의 상징이었던 것이다. 교통망 등 주변 기반시설도 전면 재구축되었다. 국제적 수준의 호텔이 들어서고, 거대한 쇼핑센터도 만들어졌다. 자카르타는 일순 '큰 마을'에서 메트로폴리스로 변모한 것이다. 아시안게임을 전후한 건축과 건설 붐은 그 자체로 구질서 타파와 '신질서' 재건을 공간적으로 구현한 스펙터클의 정치였다.³² 가네포 또한 그 연장선에서 고찰해야 한다.

가네포의 탄생

인도네시아에서 발간한 가네포 문헌들을 주의 깊게 살펴보면, 가네포가 인도네시아와 IOC의 충돌로 말미암은 것이 아님이 확연하게 드러난다. 계기는 되었으되, 원인은 아니었던 것이다. 그보다는 수카르노의 이상과 직접적으로 결부되어 있다. 그는 1960년 UN총회 연설에서 20세기에 대한 나름의 견해를 제출한 바 있다. '세계를 새로이 건설하자'To Build the World Anew는 제목의 연설은, 20세기를 세 개의 혁명으로 갈무리했다.³³ AALA의 민족주의, 사회주의국가의 부상, 과학기술 혁명이 그것이다. 세 가지 혁명이 동시에 수반되는 복합 혁명의 세기가 20세기라는 것이다. 그리고 처음 두 가지 혁명은 하나의 목표를 공유한다고 여겼다. 세계질서의 재편이다. 인간의 인간에 대한 착취, 국가의 국가에 대한 착취, 인류 간 충돌과 반목이 더 이상 존재하지 않고, 인류애와 조화로 충만한 휴머니즘의 신세계 건설 말이다.

구세계는 우애의 세계가 아니다. 그 반대로 착취의 세계이다. 이 구세계는—내가 프랑스어로 여러 번 말한 것처럼—de l'homme par l'homme(인간에 대한 인간의) 착취로 점철되어 있다. 여전히 종속된 민족들이 있고, 여전히 식민주의와 제국주의에 짓밟힌 민족들이 있다.[34]

그래서 AALA의 민족주의와 사회주의국가의 부상이 '신흥역량'new emerging forces으로 합류하게 된다. 이들이 민족해방과 사회정의, 평화공존의 신질서를 건설하게 되는 것이다. 과학기술 혁명은 '신흥역량'의 연대를 촉진할뿐더러, 그 신질서를 가시적으로 드러내는 수단이기도 하다.[35] 이처럼 수카르노가 이끌던 1960년대의 인도네시아는 혁명의 기상으로 충만했다. 훗날 한 지식인은 이렇게 회고하기도 했다.

당시 우리는 연속적인 혁명 속에서 살았다. 그 혁명의 돌파구 끝에서 마침내 발전도 달성할 수 있으리라고 희망했다. 이 돌파구는 점차 국내에서 국외로 옮아갔다. 인도네시아는 신세계를 건설하는 혁명의 중심 가운데 하나로 서고자 했다.[36]

따라서 가네포의 탄생 기원을 찾는다면 1963년 2월이 아니라, 1962년 9월에 주목할 필요가 있다. 그해 9월 3일, AGF 의장이자 IOC 위원인 인도의 손디가 자카르타를 방문했다. 명분은 아시안게임 준비 상황을 점검하는 것이었지만, 실은 비자 발급 거부 사태를 해결하기 위해서였다. 그는 공항에서 열린 기자회견에서 인도네시아를 공개적으로 비판했다. 하지만 그의 언사가 (중국계를 포함한) 인도네시아인들의 분노를 샀고, 그가 머물던 호텔밖에서는 대규모 군중 시위마저 일어났다.[37] 손디는 졸지에 기피인물per-

sona non grata이 되어, 방문 당일 쫓기듯이 귀국할 수밖에 없었다. 바로 그
날 저녁 수카르노는 말라디와의 논의 끝에 다음과 같이 발언했다고 한다.

> 만약 이것(손디의 비판–인용자)이 AGF 다수의 시각과 견해라면, AGF에는 반둥
> 회의에 참석한 나라가 13개나 있음에도 불구하고 반둥 정신을 온전히 반영하고
> 있지 않는 것이다. 그렇다면 우리는 반드시 반둥 정신을 대변할 수 있는 새로운
> 아시안게임을 만들어야 한다. 당장 1963년에 신흥역량 국가들이 모이는 새로운
> 경기대회를 마련하자.[38]

중국 자료에도 비슷한 내용이 나온다. 같은 날(1962년 9월 3일), 인도네시
아의 '1945년 혁명지사 협상회'가 성명을 발표했다는 것이다. '반둥회의의
결의를 철저하게 실현하기 위하여, 아시안게임을 아시아–아프리카 게임으
로 전환하는 것이 당연이자 필연'이라는 내용이다. 인도네시아《인민일보》
[39]도 사설을 발표했다. '반둥회의 결의에 근거하여, 아시안 게임의 협소한
범위를 돌파해야 한다. 중국, 베트남민주공화국, 조선민주주의인민공화국,
몽골인민공화국 등이 모두 참여하지 않고 있다. 반드시 광범위한 아시아·
아프리카 대운동회를 거행해야 한다'는 주장이었다.[40]

이처럼 정부와 민간이 공히 현행 아시안게임을 문제 삼고 있던 차에, 중
국체육대표단이 12월 인도네시아를 방문했다. 접견 자리에서 수카르노는
제국주의 세력이 계속해서 자카르타 대회를 규탄하면, 인도네시아는 새로
운 조직을 만들고 새로운 대회를 거행할 뜻이 있음을 밝혔다. 이에 중국 대
표단장 황중黃中과 체육부장관 말라디도 공동 성명을 발표했다. 중국은 인
도네시아의 구상을 전폭적으로 지지하며, 쌍방은 그 구상이 단기간 내 실
현될 것을 희망한다는 내용이었다. 수카르노는 그 해 도쿄에서도(11월 10

일) '4회 아시안 게임이 여전히 말썽이라면, 우리는 새로운 경기 대회를 개최할 것'을 공표한 바 있다.[41] 사정이 이러하다면 가네포는 1962년 9월부터 모색되었음이 분명하며, 그 준비 단계서부터 중국의 지지에 힘입은 것이라고 할 수 있을 것이다.

1963년 4월 27일부터 29일까지, 가네포 준비회의가 자카르타에서 열렸다.[42] 여기서 반둥회의와 올림픽 정신에 기반한 가네포 대회의 창설을 합의한다.[43] IOC와 AGF에 맞서 구상된 만큼 조직 원리와 운영 방식도 상이했다. 먼저 참가 자격이 국가로 한정되지 않았다. 국가와 단체communities를 아울렀던 것이다. 예컨대 AALA와 사회주의국가뿐 아니라, 구질서를 타파할 의지가 있는 특정 집단도 신흥역량의 범주에 포함된다.* 그래서 인도네시아 입장에서는 '구세력'의 첨병이라 할 식민모국 네덜란드도 참여할 수 있었다. 네덜란드의 국가대표가 아니라, 반체제 진영이 참가한 것이다.[44]

산하 조직으로는 총회, 집행위, 자문단, 사무국을 두었다. 의장은 인도네시아가 맡고, 부의장 4석은 대륙별로 평등하게 분배되었다. 이 또한 IOC와 구별되는 지점이다. 의사결정 방식도 달랐다. 다수결에 의한 투표가 아니라 '무샤와라'Musyawarah(전원합의) 원칙에 근거했다. 아랍어에서 온 인도네시아 말이라고 한다. 아울러 '고똥-로용'Gotong-Royong(상호부조와 협동) 정신도 강조되었다. 휘장도 고안했다. 회전하는 지구를 형상화해, 역사의 전진을 드러냈다. 깃발은 주권의 상징으로, 준비회의에 참석한 국가 수에 맞추어 12개가 되었다. 구호는 '후퇴 없는 전진'Onward! No Retreat!이었

---

* 구체적인 참가 자격은 다음과 같다. ① 반둥 원칙에 충실한 국가 ② 1964년 4월 준비회의에 참석한 국가 ③ 가네포 정신을 지지하는 국가 ④ 사회주의국가 ⑤ 아시아, 아프리카, 라틴아메리카 그리고 유럽의 신흥세력 국가나 공동체. 따라서 어떤 조항에 근거해도 미국의 참여는 사실상 배제되었다 하겠다.

다. 진리와 정의를 향한 불퇴전의 결기를 의미
했다. 아마도 이는 인도의 아시안게임을 겨냥
한 것으로 보인다. '언제나 전진'Ever Onward을
패러디한 낌새가 짙다. 물론 방점은 '후퇴 없음'
에 찍혔을 것이다. 인도는 퇴각하고 있다는 속
뜻을 담은 셈이다.

가네포의 공식 휘장이 새겨
진 자카르타 대회의 메달.
주권국을 상징하는 12개의
깃발과 '후퇴 없는 전진!'이
라는 캐치프레이즈가 각인
돼 있다.

　　인도네시아는 대회의 성공적 개최를 위해
총력을 기울였다. 군인과 경찰은 월급의 1%를
대회 기금으로 삼았고, 2주간 임시방학을 맞은
학생들은 자원봉사에 나섰다. 종합경기장의 전
력 부족을 방지하기 위해 대규모 절전 운동도
전개되었다.

　　대회를 마친 1963년 11월 25일, 가네포위원회도 출범했다.[45] 36개국 대
표들이 모여 위원회를 구성하고, 만장일치로 가네포 헌장을 의결했다. 대
륙별 조직을 아시아·아프리카·유럽·아메리카·오스트레일리아에 하나씩
만들고, 국가별 산하 조직도 두기로 했다. 두 번째 대회를 1967년 카이로에
서 개최하고, 베이징을 그 대안지로 꼽은 것도 첫 총회의 결정 사안이었다.

　　그로부터 1년 후, 가네포위원회 창립 1주년을 축하하는 기념행사가 전
세계에서 동시에 열렸다.[46] 국가별 경기 대회를 개최하고 영화나 방송 프로
그램을 제작하는 한편, 대중 집회와 사진 전시회 등 문화예술 행사도 마련
되었다. 특히 중국에서는 인도네시아 대사관과 유학생 조직의 협조하에 2
주에 걸쳐 축제가 진행되었다. 베이징의 9개 극장과 TV에서 가네포 다큐
멘터리를 상영했고, 1만5000명이 참석한 대중 집회도 열렸다.[47] 북조선에
서도 사진 전시회를 비롯한 기념행사가 열렸고, 모란봉 극장에서 집회도

가네포 1주년을 기념하는 카툰.(1964) '신흥 역량'의 전진은 IOC와 올림픽으로서는 전례 없는 위협으로 다가왔다.

가졌다. 가네포에 참가했던 선수들이 친히 나서서 큰 성공을 거두었다고 한다.[48] 이 밖에도 기념 간행집에는 세계 주요 언론의 기사들을 발췌해 실음으로써 가네포 1주년을 자축하고 있다.

실제로 가네포의 발진은 IOC에 실질적인 위협이었다. 특히 '아프리카 게임'에 참여하는 37개국의 행보가 중요했다. 이들 신생국 중 적잖은 수가 처음으로 참가한 국제대회가 가네포였던 것이다. 난생처음 국기가 오르고, 국가가 울려 퍼지는 경험을 자카르타에서 맛본 셈이다. 독립을 실감하며 눈물을 흘리는 선수들이 유독 많았다는 현장 기록도 남아 있다. 게다가 제2회 가네포 대회가 아프리카 이집트에서 개최될 예정으로, 아랍 국가들도 가네포에 우호적이었다. 이들이 모두 가네포를 택한다면 올림픽 운동은 치명타를 입지 않을 수 없었다. 결국 IOC는 아프리카 국가들의 마음을 사고

자, 이들이 요구하던 남아공의 IOC 추방까지 수용해야 했다.[49]

'반둥'의 분열

가네포 운동에서 눈여겨볼 지점은 '두 개의 중국'으로 촉발된 아시아의 분열이다. 특히 반둥회의에서 뜻을 모은 인도와 인도네시아의 분기가 눈에 띈다. 비자 발급 거부 사태에 가장 먼저 반대하고 나선 이가 인도의 손디였던 것이다. 그는 AGF의 정식 회원국인 중화민국과 이스라엘이 참여하지 못하는 대회를 아시안게임이라 할 수 없다고 했다. 대회의 위상이 손상되는 데다, IOC가 1966년 아시안게임의 비준을 거부할 수도 있음을 우려했다. 반면 가네포 동참 세력들은 그의 행보를 미국의 '두 개의 중국' 음모에 가담하는 것이라 여겼다. 가령 스리랑카와 파키스탄의 대표는 손디를 아시아를 배반한 '제국주의의 대리인'이자 '대만의 주구'라 비난했다.[50] AA기자회의, AA작가회의, AA인민연대회의 등도 가네포 지지 성명을 발표했다.[51] 가네포를 전후로 AA운동 자체가 크게 분열하고 있었던 것이다. 가네포야말로 AA운동의 변곡점을 상징한다고 여길 수도 있겠다.

인도의 부재를 대신한 것은 (북)베트남과 북조선이었다. 이들은 반둥회의 참여국은 아니었지만, 가네포에서는 핵심 구성원이었다. 두 나라의 선수들이 '광화륜'에 몸을 싣고 자카르타로 향했음을 상기할 일이다. 말 그대로 중국과 '한 배를 타고' 인도네시아로 향했던 것이다. 특히 베트남 대표 응오루언Ngo Luan은 준비회의부터 참여했다. 12개 발기국의 대표자들 가운데 하나였던 것이다. 북조선 대표단을 이끈 김기수 단장도 폐막 행사에서 다음과 같이 말했다.

오늘 이곳에서 우리가 만나기까지 참으로 많은 곡절과 난관이 있었다. 하지만 제국주의와 식민주의, 모든 형태의 구세력들은 결국 신흥역량들이 주도하는 이 대회를 막는 데 실패하고 말았다. (…) 북조선 정부는 가네포 정신을 적극 지지하며, 그래서 운동경기와 문화축제를 위한 선수단과 예술단을 파견했다. (…) 북조선 대표단은 이 대회가 제국주의와 식민주의, 모든 형태의 구세력에서 자유로운 독립적 스포츠 운동으로 발전하기를 요망한다.[52]

아울러 주목할 대목은 소련과 중국의 차이다. 양국은 준비회의서부터 선명한 입장 차이를 노정했다. 가령 '올림픽은 제국주의의 도구'라는 수카르노의 견해에 중국은 전폭적인 지지를 표했다. 하지만 소련은 수긍하지 않았다. 소련은 1951년에 IOC에 가입해 이듬해부터 올림픽에 참가해오던 차였다. 특히 1956년과 1960년 대회에서는 압도적 실력을 선보이며 위세를 떨쳤다. 소련 대표는 가네포의 반올림픽 노선에 반대 의사를 밝히고, '다른 국제 스포츠 대회의 참여를 제한해서는 안 된다'고 주장했다.[53] 가네포 헌장에 '올림픽 이념'과 '반둥회의 정신'이 병기된 것도 이러한 논쟁의 소산이었다. 소련의 입김이 얼마간 작용했던 것이다. 그럼에도 반둥회의 정신만은 소련이 공유할 여지가 없었다. 오히려 그 반대였다. 반둥 정신이란 미소가 주도하는 냉전질서의 비판인 까닭이다. 실제로 소련은 1963년 준비회의(4월)와 집행위 회의(8월)에 참석했음에도, 10월이 되어서야 가네포 참여를 공식화하는 등 소극적인 태도를 견지했다.[54] 즉 가네포는 인도와 인도네시아의 분열을 의미할 뿐 아니라, 중소분쟁 또한 내장하고 있던 것이다. 중국과 가네포를 살펴보아야 할 까닭이다.

중국과 가네포

IOC와 중국의 충돌

중국과 IOC의 인연은 1915년으로 거슬러 오른다. IOC가 처음으로 중국을 초청한 해였다. 중화전국체육협진회가 창립한 1921년에는 IOC의 중국 대표도 배출되었다. 외교부장관 왕정팅王正廷이 그 주인공이었다. 협진회가 IOC 산하기관으로 정식 인가를 받은 것은 1931년이다. 1939년에는 쿵샹시孔祥熙가, 1947년에는 동슈이董守義가 각기 IOC 대표로 임명되었다. 사단은 역시 1949년이다. 신중국이 성립한 것이다. 협진회의 주요 인사는 대거 대만으로 이주했다. 다만 IOC 중국 대표를 맡고 있던 동슈이는 잔류를 선택했다.[55] 한데 이것이 도리어 화근이었다. 대표성의 분열이 한층 심화된 꼴이기 때문이다.

1952년 핀란드 헬싱키 올림픽에, 중국이 초청받은 것은 개막 하루 전(7월 18일)이었다. 직전까지 논쟁이 이어졌던 것이다. 그래서 선수단을 파견할 여력은 없었다. 대신해 개막 일주일이 지난 7월 25일, 40명의 사절단이 헬싱키를 방문했다. 올림픽에서도 선수촌에 오성기가 내걸리는 것으로 족해야 했던 것이다. 그러나 그것도 잠시였다. 1956년 오스트레일리아 멜버른 올림픽은 냉전의 격화를 상징하는 대회였다. 수에즈전쟁으로 이집트(와 이라크)가 영국을 비난하며 참여를 거부했고, 스페인과 네덜란드, 스위스는 그해 헝가리 사태를 문제 삼아 (소련을 비판하며) 참가를 거부했다. 그에 반해 중화민국은 '포모사'Formosa라는 이름으로 대회에 참석했다. IOC와 중국의 충돌이 본격화된 것이다.

1958년 8월 19일, 동슈이는 IOC 위원장 브런디지에 공개서한을 보냈다. '미국 제국주의의 충실한 하수인'으로 'IOC 의장이 될 자격이 없다'며 그를 비난한 것이다. '더 이상 당신과 협조하지 않을뿐더러, 당신이 의장으로 있는 한 IOC와도 일체의 관계를 갖지 않을 것'이라고도 밝혔다.[56] 실제로 그해 중국은 '두 개의 중국'을 인정하는 모든 국제 스포츠 기구에서 탈퇴한다. 축구, 육상, 역도, 수영, 농구, 사격, 사이클, 레슬링, 탁구 등 모든 조직에서 중(화인민공화)국은 자취를 감춘 것이다.[57] 돌아보면 그 1958년은 진먼다오金門島 전투의 격화로 양안의 위기가 최고조에 오른 시점이기도 했다. 부총리 허룽賀龍은 중국의 결단을 이렇게 설명했다.

우리는 우리의 원칙과 입장을 고수해야 한다. 우리는 국가의 이해에 반하는 어떠한 행위도 할 수 없다. 중국은 위대한 공산주의 국가이다. 나는 그들이 국제 스포츠 사회에 우리를 다시 초대할 날이 오리라 믿는다. 중국은 세계 인구의 4분의 1을 차지하는 나라다. 누구도 그 사실을 무시할 수 없다.[58]

서구 주도의 국제 스포츠 조직에서 자진 철수하면서, 중국은 '사회주의 일변도'를 걸을 수밖에 없었다. 아시안게임에서도 소외되어 있었기에, 소련과 동유럽과의 경기 외에는 달리 통로가 없던 것이다. 하나 또 다른 복병이 있었다. 중소분쟁이 불거진 것이다. 소련은 IOC에 가입한 1951년 이래로 줄곧 중국 문제를 제기해왔다. 소련 대표 콘스탄틴 안드리아노프는 대만을 대신해 중국이 IOC에 가입해야 한다는 견해를 고수했다. 하지만 1960년대에 들어서며 침묵이 이어졌다. 중국은 동서 양 진영에서 모두 고립되고 봉쇄되었던 것이다. 자카르타의 소란이 전해진 것은 마침 그 무렵이었다. 예기치 않은 출로가 남양南洋에서 열린 것이다.

중국의 가네포 문헌은 인도네시아에 비해 그 어감이 한층 강경하다. 정치색 또한 훨씬 농후한 편이다. 자카르타 대회의 파행을 '미 제국주의의 정치음모'라 단정 짓는 식이다. '장제스 일당을 참여시켜 '두 개의 중국' 국면을 강화하고, 중국과 인도네시아의 우의를 해치려는' 획책이라 한다. 이스라엘의 참여도 '아랍 국가들이 인도네시아에 불만을 품게 해서, AA인민들의 단결을 파괴하려는 시도'라고 여긴다. 나아가 본디 국제 스포츠 대회부터가 '사실상 제국주의의 위력을 선양하고, AALA와 저개발 국가 인민을 압박하고 괄시하는 도구'라고 폄하한다. '독립운동을 진압하고 각국 인민 간의 단결을 파괴하는 제국주의의 정치 음모'에 불과하다는 것이다. IOC도 '제국주의의 어용도구'이다. IOC가 발족한 19세기 말은 반동적 제국주의의 패도가 정점을 구가하던 시절이었다.[59] 시종 비분강개 투다.

그래서 가네포의 출범에는 무척 호의적이다. 새로운 대회의 탄생은 평지돌출이 아니라는 것이다. 세계인민, 특히 AALA 인민의 오랜 반제·반식민 투쟁의 산물이기 때문이다. 특히 1955년 반둥 '혁명'(필자 강조) 정신의 소산이라고 할 수 있다.[60] 중국은 반둥회의에 한몫한 바 있었다. 가네포에도 응당 동참할 것이다. 동서 양 진영의 봉쇄에 맞서 남진南進을 선택한 것이다. 재차 동서 구도가 아니라 남북 구도가 부상한 것이다.

가네포라는 출로

가네포 구상에 중국은 즉각적이고도 전면적인 지지를 표했다. 저우언라이 총리는 직접 수카르노를 격찬하는 전보를 보냈다. 내부적으로는 전문가에 의뢰해 실현 가능성도 분석했다. 그래서 '신생 대회가 발전도상국의 매력을 끌 것이며, 중국이 이들 국가들에 영향력을 행사할 수 있는 최적의 무대를 제공할 것'이라는 결론이 섰다.[61] 곧 행동에 나섰다. 1962년 12월 저우의 인도네시아 방문은 그래서 이루어진 것이다. 이때 중국은 AA 국가들이 신생 대회에 참여하도록 설득하는 데 영향력을 행사할 것을 약속

했다. 또 가네포 준비를 돕기 위한 별도의 기구 설립에도 동의했다.[62]

이듬해 3월 30일, 수카르노가 베이징을 방문했다. 중국-인도네시아 우호조약 및 문화합작협정 조인 2주년을 기념하기 위해서였다. 연찬회에서 천이陳毅 부총리는 다시금 수카르노를 칭송한다. 가네포가 국제 스포츠 운동의 국면을 변화시킬 것이라는 언급이었다.[63] 4월, 이번에는 류사오치 주석이 인도네시아를 방문했다. '중국 정부는 수카르노 대통령의 가네포 제안을 강력하게 지지하며, 대회의 성사를 위하여 최선을 다해 도울 것'[64]이라고 밝혔다. 이에 따라 대회를 준비하는 중국위원회가 발족했고, 9월에는 14개 종목의 대표 선발전을 통해 역대 최대 규모의 선수단이 꾸려진 것이다. 그 선발대회 현장을 인도네시아 체육부장관 말라디도 지켜보았다. 일부 인도네시아 선수들은 베이징에서 중국 선수들과 합숙훈련도 했다. 명실상부한 중-인니 합작이었던 셈이다. 그 만반의 준비 끝에 '광화륜'이 출항했던 것이다.[65]

중국의 지원은 이것으로 그치지 않았다. 재정 지원도 아끼지 않았다. 150만 달러, 180만 달러 등 추정 액수의 편차는 있지만, 대회에 소요된 금액의 3분의 1을 지원했다고 한다. 아울러 교통비도 충당했다. 가네포에 참여하는 모든 국가의 여비를 중국이 제공한 것이다. 아프리카의 대다수 신생 국가와 북베트남, 캄보디아 등이 경제 사정으로 참가가 곤란했기 때문이다.[66] 이만하면 수카르노 대통령이 유독 중국 선수단의 입장 때만 각별히 손을 흔들며 환영을 표한 것도 이해가 갈 만하다. 개막식 현장에서 유일하게 악수를 청한 사람도 중국의 부총리 천이였다. 두 사람은 귀빈석에 나란히 앉아서 선수단 행렬을 관람했다. 다른 어느 국가와 비교되지 않는 융숭한 대접을 받은 것이다.

하나 중국은 인도네시아의 마음만 산 게 아니다. 대회 전체를 통틀어 중

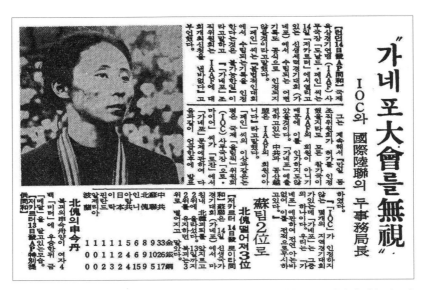

"가네포 대회를 무시". 가네포에 대한 IOC의 입장을 전하는 기사임에도 북조선 육상 선수 신금단의 활약상이 눈에 띈다. 그는 400m·800m에서 각각 세계신기록을 세우며 '천리마 역주'로 이름을 떨쳤다.(경향신문, 1963. 11. 15)

국이 단연 부각되었던 것이다. 중국은 그간 올림픽에서 선보이지 못한 기량을 한껏 선보였다. 물론 여기에는 소련, 일본, 프랑스, 이탈리아 등의 선수들이 제대로 된 국가대표가 아니었다는 면도 작용했다. 이듬해 열릴 도쿄 올림픽 참가 자격의 박탈을 우려해 국가대표를 내보내지 않은 것이다.[67] 반면 중국은 최고 수준의 선수들이 출전했다. 북조선도 그러했다. 이 대회에서 수립된 네 개의 세계신기록도 중국과 북조선이 각각 두 개씩 세운 것이다.[68] 이러한 선수진의 편차가 예측불허의 재미를 선사한 면도 있다. 가령 체조 강국 소련이 중국에 뒤지고, 유도에서는 종주국 일본이 고전을 면치 못했다.

종합성적은 중국-소련-인도네시아-이집트-북조선-아르헨티나-일본

순이었다. 중국과 소련이 1·2위를 다툰 듯싶지만, 그 격차는 매우 컸다. 중국이 금메달 68개 은메달 58개 동메달 45개를 획득한 반면, 소련은 금메달 27개 은메달 21개 동메달 9에 그친 것이다.[69] 중국이 얻은 금메달 수는 전체의 절반을 넘는 것이었다. 그래서 연주단이 악보를 보지 않고도 중국 국가를 연주할 수 있을 정도였다고 한다. 아쉬운 것은 오히려 인도네시아였을 법하다. 금메달 19개, 은메달 24개, 동메달 30개로 소련에 못지않았던 것이다. 이 결과를 놓고 보자면, 몹시 흥미로운 그림이 그려진다. 사회주의진영에서는 중국이 소련을 앞서고, 아시아에서는 중국-인도네시아-북조선으로 순위가 매겨진 것이다. 식민모국 일본이 북조선보다 아래이고, 인도는 아예 보이지 않는다. 탈식민 아시아의 새로운 지형도가 아닐 수 없다.* 말 그대로 '신흥역량'이 전면에 부상한 것이다.[70]

사회주의진영 내의 위상 문제도 간단치 않다. 1963년은 이미 중소분쟁이 심화되었을 때이다. 그래서 체조에서 4관왕을 차지한 17세 왕웨이젠王維儉의 일화는 꽤나 흥미롭다. 매번 소련 선수와 금메달을 다투었는데, 관중들이 일방적으로 중국을 응원했다고 한다. 반면 소련 선수에는 야유를 했다. 비단 체조 경기만이 아니었던 듯싶다. 인도네시아어로 중국을 약칭하는 "R.R.T"를 외치는 응원이 도처에서 넘쳐났다는 것이다.[71] 중국의 선전용 자료가 아니라 미국 기자가 보도한 내용이니 과장으로만 볼 일은 아니다. 소련으로서는 당혹스러운 경험이었을 것이다. 가네포 대회에는 쿠바를 비롯한 사회주의국가들이 모두 참여하고 있었기 때문이다. 그래서 대회기간 중 알바니아 대표단이 인도네시아공산당 사무실을 방문해 알바니아

---

* 반면 1964년 일본에서 개최된 도쿄 올림픽은 미국-소련-일본-독일-이탈리아-헝가리-폴란드… 순이었다. 사회주의권에서는 소련-헝가리-폴란드 순이고, 아시아에서는 10위권 내에 일본이 유일했다. 한국은 27위였다.

노동당과 공동 성명을 발표하는 일도 있었다.[72] 한 해 전 쿠바 미사일 위기 (1962년 10월)에 대한 미온적 대처를 지적한 것이다. 이 또한 간접적으로 소련을 비판하고 중국을 편드는 것이었음에 분명하다. 주지하듯, 알바니아는 동유럽에서 예외적인 친중 국가였기 때문이다. 이처럼 경기장의 안과 밖 모두에서 중국은 줄곧 소련보다 우위에 설 수 있었다.[73] 중소 위상이 뒤바뀐 것이다. 이처럼 가네포는 중국의 출로였을 뿐 아니라 기회의 창이었다. 자국의 역량을 선보이고, 새로운 이미지 창출에도 크게 기여했다. 인도네시아와의 유대관계를 돈독하게 다졌고, '인민 외교'people to people diplomacy의 장으로 적극 활용했으며, 분쟁 중이던 소련보다 앞서는 데 성공했다. 즉 사회주의진영과 제3세계에서 영향력을 확대하는 무대가 되어준 것이다. 냉전 질서의 역학구도를 재조정하는 징후였다고도 하겠다. 소련-동유럽, 미국-서유럽과 맞먹는 중국-'신흥역량'의 삼분구도가 뚜렷해진 것이다. 중국의 입장에서는 새로운 '지리상의 발견'이라고도 할법하다. 머잖아 제출될 '삼개세계론'의 전조라고도 하겠다.

아시안가네포를 주도하다

그러나 가네포는 단명했다. 1965년 9·30 쿠데타로 수카르노가 실각한 것이다. 그리고 1966년 수하르토가 집권했다. '3월 11일'이었다. 국가 노선은 '혁명에서 발전'으로 전환되었다. 가네포를 비롯한 국제기구들은 해산됐다. 가네포로서는 대회의 창시자이자 최고의 후원자를 상실한 것이다. 그럼에도 아시안가네포는 예정대로 열렸다. 인도네시아 없이 온전히 중국이 주도한 행사였다. 그간 초대받은 손님에 그쳤다가, 주역으로 역할이 바뀐 것이다.

1965년 9월, 가네포 총회가 베이징에서 열렸다.[74] 여기서 가네포 아시안위원회가 발족했다. 의장국은 중국이 되었다. 그리고 아시안가네포의 개최도 승인했다. 1966년 캄보디아 프놈펜에서 첫 대회를 열기로 한 것이다. 이는 가네포 산하의 대륙별 조직 가운데 가장 발 빠른 행보였다. 그만큼 중국이 적극적인 의욕을 보인 것이다. 그리하여 아시안가네포는 시종 중국이 앞장섰다. 재정 지원은 물론이요, 5만 석 규모의 스타디움 건설과 관련 시설 정비도 직접 감당했다.[75] 심판진 양성을 위하여 5개월에 걸쳐 캄보디아인 300명을 교육시키기도 했다. 대회는 1966년 11월 25일부터 12월 6일까지 열렸다. 아시아 17개국에서 2000명이 넘는 선수들이 참여했다.[76] 중국은 18개 종목에서 금메달 113개 은메달 59개 동메달 36개를 얻고, 두 개의 세계 신기록을 세웠다. 중국이 압도적인 성적으로 1위, 북조선이 2위, 캄보디아가 3위를 차지했다.[77]

아시안가네포가 막을 내리고, 곧 아시안게임이 열렸다.[78] 불과 사흘 터울이었다. 장소도 프놈펜에서 멀지 않은 방콕이었다. 규모는 18개국 1945명으로 아시안가네포와 막상막하였다. 방콕 아시안게임에서는 일본이 압도적인 1위를 지켰다. 한국이 2위를, 태국이 3위를 차지했다. 중화민국은 8위에 올랐다. 아시안가네포와 아시안게임, 이 두 대회의 분기와 경쟁이야말로 냉전기 아시아의 형상을 적나라하게 보여준다. 남·북한, 남·북베트남, 남·북중국이 각기 다른 대회에 참여해, 서로 다른 아시아를 만들어갔던 것이다. 게다가 당시 이 세 분단·분열국가는 베트남의 전장에서 직간접으로 무력 대결도 펼치고 있던 차였다.

하지만 아시안게임과 아시안가네포의 대결 못지않게, 가네포와 아시안가네포의 차이도 눈여겨볼 필요가 있다. 불과 3년 사이에 자카르타 대회에서는 볼 수 없었던 모습들이 대거 등장하기 때문이다. 중국이 아시안가네포를 마오쩌둥사상의 선전 무대로 삼기 시작한 것이다. 바야흐로 문화대

1965년 반둥회의 10주년 기념우표(위)와 1966년
아시안가네포 기념우표(아래).

혁명의 한복판으로 진입하고 있던 것이다. 그래서 중국에서 발행한 기념
우표는 무척 상징적이다. 중국과 아시아 선수들의 단결과 우의를 표현하
는 수단이 《마오쩌둥 선집》이 된 것이다. 한 중국 여자선수가 아시아 동료
에게 악수를 나누며 전하는 책 또한 《마오 주석 어록》이다.[79] 이는 한 해 전

인 1965년 발행된 반둥회의 10주년 기념우표와 비교할 때 극명하게 대비되는 지점이다. 다양한 피부색깔과 전통의상을 입은 아시아·아프리카 인민들이 전면에 그려졌던 도안과는 달리, 아시안가네포에서는 중국과 마오쩌둥이 돌출해 있는 것이다. 문화대혁명기 중국과 아시아, 나아가 중국과 AALA 관계의 어떤 경향을 미리 짐작케 한다. 아시안게임에서 가네포로의 전환에 못지않은 또 한 번의 질적 변화가 일어나고 있던 것이다.

돌아보면 인도는 이미 1961년 비동맹회의에 동참하며 AA운동과 멀어지고 있었다. 인도네시아 또한 1965년 쿠데타로 신흥역량 운동에서 낙마하고 말았다. 반둥의 3대 주역 가운데 오롯이 중국만 남은 것이다. 그렇다면 가네포의 행로를 발판 삼아, 1960년대 아시아의 지형도를 조감해볼만하다. 실제로 그간 AA운동과 비동맹운동, 제3세계운동은 분별없이 동의어처럼 간주되던 경향이 심했다. 그러나 가네포의 전후 사정과 결부시켜 보노라면 각 운동 사이의 질적 차이는 매우 선명하다. 반둥 이후 아시아의 갈래 길을 정리할 필요가 있는 것이다.

세 갈래의 아시아

AA운동과 비동맹운동

먼저 AA운동과 비동맹운동의 차이부터 짚어본다. 대개 비동맹의 기원을 네루(의 정책)에서 찾는 경우가 많다. 그래서 반둥회의(1955), 혹은 그보다 조금 더 거슬러 올라 ARC(1947)를 비동맹의 모태로 간주하는 것이다. 즉 ARC 이후 AA운동의 궤적을 비동맹으로 이해하는 것이 '통설'이라 하겠다. ARC-반둥회의-비동맹을 하나의 계보로 상정하는 것이다.[80] 하지만 실상은 그렇지 않다. 비동맹운동이 AA운동에 큰 영향을 받았음은 분명하되, 그 계승의 지점보다는 단절의 측면이 커 보이는 탓이다. 가네포는 그 양자의 차이를 드러내주는 대표적 사건이었다.

가네포에 인도는 참여하지 않았다. 아니 가네포의 무산을 위해서 무던히 애썼다. 가네포가 올림픽은 물론 아시안게임을 대체하는 것이기 때문이다. 아시안게임은 네루의 구상에서 출발했던 대회이다. 즉 가네포의 등장은 인도가 아니라, 인도네시아와 중국이 주도하는 아시아를 의미한다. 이들은 AA도 아니고, 비동맹도 아니며 '신흥역량'이다. 즉 비동맹운동은 AA운동의 분화(와 대립)의 산물로 등장한 것이다. 그러자면 AA운동과 비동맹운동을 하나로 꿰는 시각은 다분히 인도를 중심으로 삼은 것이라고 할 수 있겠다.

실제로 비동맹운동은 그 1차 회의가 베오그라드(현 세르비아, 당시 유고슬라비아)에서 열렸다. (동)유럽에서 출발한 것이다. 아시아·아프리카가 아니다. AA운동과의 차이는 이토록 선명한 것이다. 유고슬라비아의 티토, 이집트의 나세르, 그리고 인도의 네루가 3대 축이다. 그래서 비동맹운동을 그 3국과 3자의 협력 이전으로 거슬러 올라 파악하는 것은 오류일 수밖에 없다.[81]

왜 그런 착시가 일어난 것일까? '비동맹' 자체에 여러 상이한 의미가 함축되어 있던 탓이다. 크게 넷으로 나눌 수 있지 않을까 싶다. 첫째, 사상적 측면이다. 동서냉전과 미소 패권에 대한 사상적 비판이 있다. 둘째, 운동적 측면이다. 말 그대로 비동맹운동, 즉 특정 국가나 집단과 군사동맹을 체결하여 진영논리에 빠지지 않겠다는 것이다. 셋째, (외교)정책의 측면이다. 개별 국가들의 '중립주의'가 그것이다. 중립주의는 비단 인도만의 것이 아니다. 유고슬라비아와 이집트는 물론, 버마·실론·인도네시아 등 다양했다. 동서유럽과 동아시아 일부 국가들을 제외하면 다수였다고도 하겠다. 끝으로 압력집단 혹은 이익집단으로서의 측면이 있다. UN 등 국제기구 내부에서 집합적으로 활동하는 '비동맹세력'이다.

그간 비동맹운동과 AA운동을 분별하지 못한 것은, 주로 사상적 측면에 주목했기 때문이 아닌가 싶다. 동서냉전과 미소 패권에 저항하는 것은 AA운동도 마찬가지였기 때문이다. 그래서 그 기원을 ARC까지 소급한 것이다. 전후 일본의 아시아 연구에 한 획을 그은 우에하라 센로쿠上原專祿 역시 그러했다.[82] 그가 구사하는 '비동맹주의'라는 어휘부터가 사상 중심의 접근법을 말해준다. 그 후 일본에서도 ARC-반둥회의-비동맹운동을 하나의 계보로 삼는 시각이 정착된 것으로 보인다. 이것이 한국에도 영향을 미친 것이 아닐까. 최근 집필된 1960~1970년대의 아시아를 정리한 글에서도 이러한 관점이 반복되고 있다.[83] 주로 1970년대 일본에서 발간한 비동맹운동 자료집에 근거해 AA운동과 비동맹운동을 제3세계운동과 연결 짓는 것이다. 하지만 유독 사상적 측면이 도드라진 것 자체가 냉전기 일본의 상황을 반영하고 있는 것은 아닐까. 일본은 ARC와 비동맹회의에 참여하지 못했을뿐더러, 미국의 핵심 동맹국으로 중립주의 정책도 견지하지 못했고, UN 등 국제기구에서 제3세계 국가와 행보를 같이하지도 않았다. 일부 비판적 지식인의 사상적 지향만이 강조될 수밖에 없던 것이다.

그러나 운동과 정책적 측면에서 보면, 비동맹운동의 출발은 명백하게 1961년 베오그라드 회의이다. 그리고 준비회의까지만 해도 '비동맹'을 공식화하지도 않았다고 한다. '중립주의'가 있었을 뿐이다. 즉 개별 국가의 '중립주의'가 합류하여 집합적 행동으로 결집한 것이 비동맹운동의 시작인 것이다.[84] 그리고 그 중립주의 정책에 기반한 비동맹운동이 조직화되고 제도화된 것이 1970년대이다. 국제기구 내부에서 공통의 이해를 도모하는 압력집단 혹은 이익집단으로 변모한 것이다. UN 산하에 협력 기구를 신설해 실력행사를 하기 시작한 것이다.

그렇다면 반둥회의가 비동맹운동과 '신흥역량운동'(가네포)으로 분기한 것은, UN을 정점으로 한 기존 국제기구에 대한 인식 차이가 크다 하겠다. 인도는 처음부터 주요 참가국이었던 반면에, 중(화인민공화)국과 북조선·(북)베트남 등은 UN의 외부에 있던 것이다. 아니 UN과 적대 상태에 있었다. 인도네시아와 중국이 합심하게 된 계기에, 인도네시아의 IOC 탈퇴가 있었음도 같은 맥락이라 하겠다.

따라서 AA운동과 비동맹운동의 차이를 다음과 같이 요약할 수 있겠다. 첫째, AA가 지리적 기준에 의거한 것이라면, 비동맹은 정책적 기준에 따른 것이다. 둘째, AA는 중국이 참여했고. 중소분쟁 이후 그 영향력이 매우 커진다. 셋째, 비동맹은 그 정책 노선상 특정 국가의 헤게모니를 불허한다. 그래서 비동맹은 미소뿐 아니라, 중국에 대해서도 선을 그었다. 실제로 중국은 반미반제, 반소반수(정주의) 노선에도 불구하고 단 한 번도 비동맹운동에 참여한 적이 없다. 냉전기 중국의 행보를 막연하게 비동맹과 연결 짓는 발상은 대단한 착오인 것이다. 넷째, 결국 AA는 중국(과 인도네시아)이 주도하고, 비동맹은 인도(와 유고, 이집트)가 주도했다. 다섯째, '신흥역량'(가네포)은 AA에서 비동맹이 빠져나가면서 한층 급진화된 운동이라 할 수 있겠다. 특히 수카르노-호찌민-마오쩌둥-김일성으로 이어지는 아시아 사회주의 분파가 도드라졌다. 이른바 동풍東風이 불었던 것이다.

동풍: 또 하나의 아시아

가네포 폐막 이후 기념행사가 열렸다. 각국의 대표단이 발언을 이어갔다. 그 순서가 인상적이다. 북조선, (북)베트남, 캄보디아, 알바니아, 쿠바 순이다. 그리고 소련은 아예 없다. 행사장의 분위기를 짐작케 하는 대목이다. 마지막 연설은 수카르노가 맡았다. 그는 각별히 북조선을 지목했다. "아시아를 대표한 조선 대표의 연설이 우리를 흥분시킨다. 우리를 더욱 강고하게 만든다. '김일성 만세'를 소리 높여 외치게 한다"고 말했다. 이어서 남미 대표 쿠바도 지목했다. "쿠바 인민의 대변인은 누구인가? 카스트로다. 카스트로 만세를 외치자"고도 했다. 수카르노의 선창에 따라 경기장을 메운 2만여 명이 김일성과 카스트로를 외친 것이다. 이 장면을 전하는 중국의 문헌은 가네포가 '동풍이 서풍을 압도'하는 국제 정세의 대국을 증명한 것이라 부연하고 있다.[85] PKI, 즉 인도네시아공산당도 가네포가 '동풍이 서풍보다 더 강함을 증명했다'고 논평했다.[86] 가네포가 아시아와 세계의 판도를 재정립하고 있다는 것이다. 특히 자카르타-프놈펜-하노이-베이징-평양이 축이 되는 새로운 아시아 블록이 부상했다 하겠다. 소련을 정점으로 삼는 사회주의 국제주의와도 다를뿐더러, 반공 아시아도 비동맹 중립 아시아도 아닌 '또 하나의 아시아'인 것이다. 가령 북조선 대표는 이렇게 말한 바 있다.

조선인민과 청년은 가네포의 승리를 위하여 모든 노력을 다할 것이다. 그리고 아시아, 아프리카, 라틴 아메리카 인민들의 굳건한 단합으로 가네포를 분쇄하려는 제국주의자와 **현대 수정주의자들**의 기도에 투쟁할 것이다.[87]

'현대 수정주의자들'이 소련과 그 위성국을 가리킴은 두말할 나위 없다. 모스크바 또한 워싱턴과 아울러 '서풍'으로 묶이고 있는 것이다. 이렇게 소련의 군정에서 출발한 북조선도 아시아로 크게 선회하고 있었다. 실제로 1964년 4월, 인도네시아와 북조선이 국교를 맺는다. 그해 8월에는 인도네시아와 북베트남 사이에도 수교가 이루어졌다. 수카르노가 북조선을 처음

방문한 것은 같은 해 11월이다. 김일성은 수카르노에게 조선과학원 명예박사 학위를 선사했다. 수카르노도 김일성의 '자력갱생' 구호에 호감을 표했다. 귀국 후 같은 의미의 '베르디카리'berdikari를 강조하기 시작한 것이다.

1965년 4월, 이번에는 수교 1주년을 기념하여 김일성이 인도네시아를 답방했다. 그 기간에 저우언라이도 반둥회의 10주년을 기념하여 인도네시아를 방문했다. 베트남의 호찌민도 동참했다. 수카르노-저우언라이-김일성-호찌민이 반둥회의 10주년을 축하한 것이다. 그러나 더 이상 '평화공존'을 말하지는 않았다. 평화공존은 인도의 비동맹회의로의 이탈과 함께 사라진 것이다. 저우언라이, 김일성, 호찌민 모두 분단·분열국가의 지도자들이었다. 그래서 베트남전쟁을 지원하는 유사 방위 동맹적 성격이 농후했다. 여기에 보태 수카르노는 한층 담대한 구상을 추진하고 있었다. 올림픽을 대체하는 가네포의 성공에 고무되어, UN을 대체하는 국제기구의 설립까지 포석에 둔 것이다. 신흥세력회의, 이른바 코네포Conference of New Emerging Forces, CONEFO가 그것이다. 특히 1965년 알제리에서 열릴 예정이었던 제2차 AA회의를 코네포 창설의 디딤돌로 삼고자 했다. AA회의 재개에 적극적이었던 중국은 물론이요, 김일성도 크게 호응했다 한다.[88] 그렇다면 AA회의 개최 직전에 발생했던 알제리 쿠데타(1965년 6월)와 3개월 후 인도네시아의 9·30사건 또한 이러한 동향과 전혀 무관치는 않았을 법하다.[89] 동풍의 기세를 잠재워야 했던 것이다.

그럼에도 그 불씨가 죽지는 않았다. 문화대혁명이 고조되고 있던 것이다. 프놈펜에서 열린 아시안가네포는 그 첫 번째 징후였다. 아시아 냉전사의 또 다른 국면이 도래하고 있던 것이다.

스포츠와 동아시아 냉전

중미화해의 물꼬를 튼 사건은 핑퐁외교(1971)였다. 이듬해 닉슨 대통령이 중국을 방문해 '전환 시대'가 열렸다. 곧이어 중국은 아시안게임에 복귀할 수 있었다. 1974년 이란에서 개최된 테헤란 대회에 참가한 것이다. 뉴델리에 9명의 대표단을 파견한 이래, 23년만의 귀환이었다. 사실상 첫 출전이었다고 하겠다. 북조선 역시 처음으로 참가했다. 그에 반해 중화민국은 퇴출되었다. 중국이 IOC에 가입한 것은 1979년이다. 미국과 수교한 바로 그해다. 중화민국은 'the Chinese Taipei'로 명칭을 변경하여 겨우 존속할 수 있었다. 마침내 '국공외전'에 마침표를 찍은 것이다. 곧바로 AGF도 같은 방침이 적용되었다. 중국이 아시안게임을 개최한 것은 1990년이다. 베를린장벽이 허물어진 다음 해였다. 그때부터 아시안 게임의 판도는 완전히 달라졌다. 일본과 한국이 주도하던 시절은 안녕을 고했다. 중국이 줄곧 압도적 차이로 1위를 달리고 있다. 올림픽을 개최한 것은 2008년이다. 올림픽에서도 중국은 단연 선두였다. 그리고 그 이듬해 《CCTV》에서는 건국 60주년 기념 특집의 일환으로 가네포를 회고하는 다큐 프로그램을 방영했다.[90] 당시 컬러 영상으로 찍어둔 화면이 고스란히 되살아났다. 하지만 인터뷰에 응한 그 시절의 대표선수들은 이미 백발성성한 노인이었다. 어언 반세기 전의 추억이 된 것이다.

이처럼 중국의 냉전 경험은 스포츠와 긴밀히 결부되어 있었다. 1950년대는 IOC와 반목했고, 1960년대는 가네포에 깊이 개입했으며, 1970년대의 돌파구는 탁구 경기로 열었다. 아시안게임의 곡절에도 '두 개의 중국'은 핵심 쟁점으로 자리하고 있었다. 하나 비단 중국으로만 한정될 사안이 아니다. 아시안게임, 가네포, 올림픽이 모두 그러하듯 중국과 세계를 잇는 국제적인 이슈였던 것이다. 특히 근대 스포츠와 아시아의 조우라는 관점도 제기할 수 있겠다. 애당초 YMCA의 선교사업의 일환으로 도입되어 서구를 모방하고 학습하는 계기로 출발했던 것이다. 그 반면으로 '국가간체제'를 몸으로 익히며 민족주의를 일깨우고 고양하는 수단이 되기도 했다. 아시아 역내 갈등의 역사도 깊은 흔적을 남겼다. 극동대회의 파탄에는 만주국 가입을 둘러싼 중국-일본 간 골 깊은 대립이 있었다. 전후 아시안게임의 창설에는 새로운 아시아를 건설하기 위한 네루의 복안이 담겨 있었다. 그러나 냉전의 심화는 네루의 이상을 쉬이 허락하지 않았다. 오히려 아시안게임과 아시안가네포의 대립이 상징하듯 아시아는 겹겹으로 분기하고 말았다.

이 파행과 곡절의 여정 속에 아시아 냉전의 복합성이 응축되어 있다. 인도가 주도한 아시안게임은 기존의 국제질서에 편입되고자 했다. 그 안에서 중립주의와 평화공존을 역설하며 아시아의 제 몫을 (되)찾고자 한 것이다. 그에 반해 인도네시아·중국이 주도한 가네포는 전후 국제질서 자체에 도전했다. 가네포 너머 코네포를 추진하여 UN을 대체하는 신질서의 제도화까지 꿈꾼 것이다. 여기에 북조선과 (북)베트남이 적극 호응했음을 돌아보면, 동아시아의 분단·분열체제가 적잖은 영향을 미쳤다고 할 수 있을 것이다. 동아시아와 남아시아의 탈식민 구상이 크게 어긋났던 이유 중 하나다. 반둥 이후 비동맹회의와 가네포의 각개약진 또한 이러한 맥락에서 이해할 수 있다. 반공주의도, 중립주의도 아닌 '제3의 아시아'가 부상한 것이다.

이 갈래 길이 1970년대 '제3세계론'과 '삼개세계론' 사이에 노정되는 차이와 무관치 않음을 강조해두고 싶다. 1950년대의 반둥회의와 1970년대의 삼개세계론 사이에 1960년대의 가네포가 있던 것이다. 즉 '삼개세계론' 이전에 '세 개의 아시아'가 있었다. 반둥회의-비동맹운동-제3세계(AALA)

와는 다른, 반둥회의-가네포-삼개세계의 계보도 있던 것이다. '중국과 아시아'를 궁리하기 위해서는 중국의 그림자가 한층 짙었던 후자의 계보에 더욱 착목할 필요가 있다. 반세기 전 가네포의 흔적을 발굴하여 그 역사적 의미를 반추해본 까닭이다.

4

'붉은 지식인들'의
냉전

–

AA작가회의의 출범과 분열

AFRO-ASIA

두 개의 AA

인천에 알라AALA(아시아·아프리카·라틴아메리카)문학포럼이 있다. 일찍이 탈냉전의 물꼬를 튼 제3세계 운동을 계승하는 뜻깊은 행사다. 그리고 AALA 이전에 AA(아시아·아프리카)가 있었다. AALA는 AA의 후신이자, "정치의 한계, 정치의 불가사의한 배반"으로 좌초한 AA의 돌파구이기도 했다. 한국에 AA작가회의가 알려진 것은 1975년, 시인 김지하가 로터스상을 수상하면서다. 대안적 노벨문학상으로 간주되던 이 상의 주최 측이 AA작가회의였던 것이다. 《로터스Lotus》는 1969년부터 발행된 기관지의 이름이기도 하다. 그런데 AA작가회의가 출범한 것은 1958년이었다. 10년이 더 지나서야 기관지가 발간되었다는 것일까? 역시나 실상은 그렇지 않다. 《로터스》 이전에 또 다른 기관지가 있었다. 기실 《로터스》의 등장이야말로 1960년대의 곡절을 상징한다. 즉 AA작가회의에는 두 개의 기관지가 있었고, 각 기관지를 발행하는 별개의 상임국이 딴살림을 차리고 경합하고 있었다.

그간 한국에는 《로터스》와 카이로 상임국만이 알려져 있었다. AA작가운동의 연혁을 처음 소개한 문헌은 1983년 '실천신서' 1권으로 간행한 《문학과 예술의 실천논리》다. "AA작가회의는 카이로, 또는 베이루트에 상임기구를 설치하고 있으며, 2년에 한 번씩 각 나라를 돌아다니며 작가대회를 개최하고 로터스상 수상자를 결정하"며, "계간으로 내는 기관지 《로터스》를 통해 아시아·아프리카 문학 세계를 다양하게 소개해오고 있다"[2]고 한다. 또 "한국에 관한 것으로는 '김지하 특집', 김지하 시집에 대한 서평, 그리고 한국의 미술과 도자기에 대한 특집이 있"으나, "북한에 관한 것은 없다"고도 잘라 말한다. 그러면서 비록 AA작가회의의 관심사가 "지역적인 관계로 중동의 문학이 크게 부각되고 있으며, 아프리카에 집중되어 있"지만, "제3세계문학으로서의 한국문학을 정립시키고 이해하는 데 도움이 되기를"[3] 바란다는 희망을 피력하고 있다.

그러나 이상한 대목이 적잖다. AA작가회의는 명백히 AA회의, 즉 반둥회의의 산물이 아니던가. 모름지기 반둥회의의 주축은 인도와 인도네시아, 중국이다. 남아시아와 동남아시아, 동북아시아의 3대 대국이 미국과 소련이 주도하는 냉전질서로부터 출로를 모색한 것이 AA운동이었다. 그런데 왜 AA의 문예부흥을 선언했던 AA작가회의는 아랍의 팔레스타인 문학 및 아프리카에 집중되었던 것일까? 최원식은 AALA문학포럼을 기념하는 자리에서 '중소분쟁으로 촉발된 분란에서 AA작가운동의 내부 갈등'을 추론해본 바 있다.[4] 하지만 역사적 직관에 의존한 바 크다. 내부 갈등의 실상은 여지껏 소상하게 밝혀진 적이 없는 것이다.

본디 AA작가운동이 그 출발부터 중동 및 아프리카에 치중된 것도 아니었다. 《문학과 예술의 실천논리》에서 소개하고 있는 연혁은 《로터스》의 1978년 10월 특집호에 실린 것을 그대로 발췌한 것이다. 한데 예기치 못한

복병이 숨어 있었다. 이는 1958년 타슈켄트에
서 열린 첫 회의 이래 20년의 궤적을 카이로의
시각에서 재편집한 것이었기 때문이다. 즉 AA
작가회의의 또 다른 기원이 은폐되어 있었다.

카이로 이전에 콜롬보가 있었다. 실론의 콜
롬보 상임국이 AA작가회의의 원조다. 그리고
《로터스》 이전에 《콜The Call》이 있었다. 콜롬
보에서 발행했던 원조 기관지가 바로 《콜》이
다. 《콜》의 문학적 중심은 중동 및 아프리카가
아니었다. 아시아였다. 1960년대의 아시아가
화두였던 것이다. 그래서 북조선 문학도 소개
되고, 북조선 문인들도 참여하고 있었다. 1961
년부터는 집행위원회의 일원이 되기도 했다.
일본과 인도네시아, 베트남과 네팔 등의 참여

도 활발했다. 중국은 두말할 것도 없다. 즉 콜
롬보에 둥지를 튼 AA작가회의는 카이로와는

1970년대 《콜》과 《로터스》의
표지. 이 둘은 AA작가회의운
동의 분열의 상징이다.

펴이나 달랐다. 김지하의 수상으로 《로터스》
가 크게 부각되면서 1960년대의 실상이 가려져 있던 것이다.

콜롬보의 망각이 비단 한국만의 일은 아니었던 듯하다. 당대 중국의 문
학사 서술 또한 AA작가회의의 유산을 외면하거나 극히 소략하게 다루고
있다고 한다. 이는 출범 당시의 전망과는 영판 딴판이다. 최초의 회합이었
던 타슈켄트 회의에서 단장 마오둔은 "아시아 문학사의 새 장을 열었다"[5]
고 평가했다. 양숴는 한 발 더 나아가 "인류 문학사에 중대한 의의를 지닌
다"[6]고 인식했다. 저우양周揚은 "AA작가회의는 거대한 성공을 이룸으로써

영원히 역사에 기록될 것"[7]이라고 단언하기도 했다. AA작가회의가 세계문학사에 중요한 유산을 남기는 운동이 되리라 확신했던 것이다. 실제로 AA작가회의의 활동은 70년대까지 지속되어 근 50여 국가에서 수백 명의 작가가 참여했다. 냉전의 장막을 뚫고 국경을 넘어 조직된 지역 단위의 문학 운동으로는 그 규모의 크기, 참여 작가의 숫자, 지속 시간 등을 따져볼 때 타의 추종을 불허한다. 그럼에도 당사자들의 낙관적 전망과는 크게 어긋났다. 두 대륙을 횡단하며 냉전 구도를 뒤흔들었던 AA작가회의는 중국에서조차 역사에 기록되기는커녕 그 흔적마저 희미해진 것이다.

이러한 조류를 비판하며 AA작가회의의 또 다른 지류를 선구적으로 발굴한 연구로는 왕중천王中忱[8]이 (필자의 조사 범위 안에서) 거의 유일하다. 하지만 뉴델리에서 아시아작가회의가 열렸던 1956년부터, 타슈켄트의 제1차 AA작가회의를 지나 1962년 제2차 카이로 회의까지만을 다루고 있음이 아쉽다. 정작 콜롬보와 카이로가 거칠게 대립했던 1963년 이후의 곡절에는 가닿지 못하고 있는 것이다. 또한 자료상의 한계도 눈에 밟힌다. 주로 이들 회의에 참여했던 중국작가들의 기록에 일본 측 참여자였던 홋타 요시에堀田善衞의 회고를 견주어보고 있다. 콜롬보 상임국에서 발간한 공식 문건들은 전혀 언급되지 못하고 있는 것이다. 여전히 AA작가회의의 전모를 밝히기에는 시기적으로나 자료적으로 미흡한 구석이 많은 셈이다.

《콜》이 종간된 것은 1974년이다. 닉슨과 마오의 악수로 상징되는 극적인 정세 변화(1972)로 콜롬보 상임국은 시나브로 쇠락해갔다. 동서냉전과 중소분쟁의 격랑 속에서 14년을 존속했던 콜롬보의 유산을 어떻게 정리해야 할까. 이 장은 왕중천이 멈춘 바로 그 자리에서 한 걸음 더 내딛으려는 시도다. 중국, 일본, 인도네시아, 소련, 이집트 등에서 발간된 1차 자료를 활용하여 콜롬보 상임국 활동을 주축으로 AA작가운동의 또 다른 면모와 그 실상을 최대한 충실하게 복원하는 데 초점을 둔다. 그간 빛을 보지 못했던 기록과 자료들이 스스로 AA작가회의의 출범과 궤적, 갈등과 굴절의 과정을 생생하게 전달할 수 있기를 꾀한다.

'타슈켄트 정신' 만세!

뉴델리

1956년 12월, 15개 아시아 국가의 작가들이 뉴델리에 모였다. 전후 최초의 '아시아작가회의'의 출범을 알린 것이다. 1942년 대동아문학자대회로 얼룩진 '아시아'를 재차 전면에 내세운 회합이었다. 물론 그 주역은 더 이상 일본이 아니라 인도였다. 영미의 구축을 외쳤던 대동아를 대신해, 미소의 적대적 담합을 비집고 비동맹의 깃발을 치켜세운 네루의 인도가 그 전위였다. 인도는 이미 한 해 전, 인도네시아 반둥에서 열린 AA회의를 성공적으로 이끌었던 경험이 있었다. 아니 1945년 이래로 인도는 아시아 재건의 중추 역할을 자임했다. 1947년 아시안관계회의ARC, 1951년 아시안게임 모두 뉴델리에서 출발했다.[9] 반둥회의는 그 연장선상에 있었고, 그 일련의 성취를 발판 삼아 아시아 문인들의 (재)결집에도 앞장섰던 것이다. 아시아작가회의의 첫 집결지가 뉴델리였던 것에는 응분의 이유가 있는 셈이다.

반둥회의에서 소기의 성과를 거둔 중국도 크게 화답했다. 중국대표단 단장은 마오둔이요, 부단장은 저우양이었다. 그 외 라오서, 셰빙신謝冰心, 옌원징嚴文井, 바이랑白郎, 예쥔젠葉君健 등이 참여했다. 그중 옌원징만 따로 언급을 해둔다. 그는 〈영원히 잊지 못할 인도네시아印尼, 我們永遠不會忘記

你〉라는 기행문을 남긴 바 있다. 바로 1년 전 저우언라이를 수반해 반둥회의에도 참석했던 것이다.

한편, 낯선 손님이 뉴델리를 찾았다. 1947년 아시아관계회의, 1951년 아시안게임, 1955년 반둥회의 등 1945년 이래 10년간 아시아 국가들의 회합에 눈에 띄지 않던 새로운 구성원이 등장한 것이다. 바로 소련이다. 소련이 중앙아시아의 우산을 빌려 쓰고 아시아 작가회의에 참석했음이 의미심장하다. 그리고 차차 확인해가겠지만, AA운동의 노선 조정에 적잖은 입김을 미쳤다. 당장 최초의 AA작가회의를 소비에트 연방에 소속된 우즈베키스탄에서 개최하게 되었음은 상징적이다. 뉴델리 회의에 참석한 우즈베키스탄 시인 줄퍄 이스라일로바Zulfiya Israilova[10]가 타슈켄트 회의를 제안했던 것이다. 중국작가협회의 공식 자료에 따르면, 이 제의는 열렬한 환영을 받았다고 한다. 하지만 꼭 그러하지만은 않았던 듯싶다. 왕중천은 홋타 요시에의 기록을 빌려 "그 '열렬한 환영'이란 그녀의 등장에 따른 것이지, 타슈켄트 회의 제안에 의한 것은 아니었다"고 밝힌 바 있다.[11] AA작가회의가 타슈켄트에서 열리기까지는 나름의 곡절이 있었음을 암시하는 것이다.

실제로 아시아작가회의를 준비하는 서기국의 대표 구성은 매우 예외적이었다. 인도, 미얀마, 중국, 일본, 소련으로 구성된 13명 가운데 무려 9명을 인도인이 차지하고 있었다. 다른 국가 소속은 1명씩에 불과했던 셈이다. 국제관례나 규범에서 한참이나 벗어난 인적 편성이 아닐 수 없다. 홋타는 "아시아 작가회의가 '적색 회의'로 변질되는 것을 우려한 주최국 인도의 의도가 반영되어 있었을 것"[12]으로 짐작했다. 능히 그랬을 법하다. 인도가 반둥회의에 (소련의 동맹국) 중국과 (미국의 동맹국) 일본을 초청한 이유 또한 중국을 소련으로부터, 일본을 미국으로부터 끌어내 아시아로 합류시키기 위해서였다. 그런데 이제 소련마저 아시아작가회의에 참여하게 되었으니, '적

색회의'로의 변질에 대한 노파심이 가중될 만한 것이다. 그와 더불어 중국의 막후 탐색도 만만찮았던 것으로 보인다. 대표단과 동행한 예성타오葉聖陶의 일기를 보노라면, 뉴델리 주재 중국대사관에서는 인도인 9인의 정치적 성향을 분류해 파악하고 있었고,[13] 저우양은 귀국보고에서 "몇 차례의 투쟁 끝에 좌익작가들이 우세를 점했다"[14]고 평가한 바 있다. 그 전모를 완벽하게 파악할 수는 없지만, 인도-중국-소련 간 물밑 탐색, 암중모색이 치열했던 것이다.

여기서 1955년에서 1958년 사이의 역사를 복기해봄직하다. 미소의 적대적 담합을 비집고 손을 맞잡았던 아시아의 두 대국 인도와 중국은 반둥회의를 성공적으로 이끌었음에도 불구하고, 국경분쟁 등을 거치며 점차 소원한 관계로 들어서고 있었다. 반둥회의 이후 미소의 대응 또한 활발해져서 인도와 미국의 관계가 차츰 회복된 반면에, 중국과 소련은 불협화음이 불거지기 시작했다. 그리고 인도와 중국을 가로질러 미국과 소련은 '평화공존'을 적극 모색하며 한국전쟁 이래 흔들렸던 얄타체제의 복구를 꾀했다. 특히 뉴델리에서 아시아작가회의가 열렸던 바로 1956년이 관건이다. 제20차 공산당 대회에서 흐루쇼프는 스탈린의 개인숭배를 비판했고, 이를 기폭제로 사회주의국가 간 긴장감이 고조되기 시작한 것이다. 동아시아에서는 북조선의 8월 종파사건이 일어났고, 동유럽에서는 폴란드와 헝가리가 소련에 반기를 들었다. 사회주의 국제주의의 동요와 반둥정신의 균열, 그리고 미소 평화공존 도모라는 미묘한 지평 하에서, 아시아작가회의가 열렸던 것이다. 게다가 뉴델리에서 타슈켄트로 가는 길목에는 모스크바가 떡하니 버티고 있었다.

모스크바

1957년 12월, 이집트 카이로에서 아시아·아프리카인민연대기구Afro-Asian Peoples' Solidarity Organization, AAPSO가 출범한다. 그리고 이 자리에서 1년 전 뉴델리의 아시아작가회의를 확대 개편한 AA작가회의 개최지로 타슈켄트가 최종 낙점된다.

왜 타슈켄트Tashkent였을까? 우즈베크어로 '돌tosh 마을kent'이라는 뜻의 이 도시는 우즈베키스탄공화국의 수도였다. 당시 소비에트연방 가운데 모스크바, 상트페테르부르크, 키예프 다음가는 대도시였고, 면적으로는 세 번째였다. 기원전 2세기에 세워진 것으로 추정되며, 자슈·차치켄트·샤슈켄트·빈켄트 등 여러 이름으로 불렸는데, 중요한 것은 타슈켄트가 유럽과 동방을 잇는 대상로에 자리 잡고 있었다는 점이다. 즉 유라시아 네트워크를 잇는 실크로드의 이음새nod였다. 그리하여 예로부터 교역과 수공예 중심지로도 유명했다고 한다. 유럽과 아시아를 아우르고 있던 소련이 AA운동에 한 발을 걸치기에 적합한 장소였던 것이다.

타슈켄트 회의의 준비 작업 또한 '붉은 도시' 모스크바에서 열렸다. 1958년 6월 초, 소련·중국·인도·이집트·일본의 대표단[15]이 모여 예비회의를 갖는다. 그리고 8월 하순부터 9월 10일까지 소련·중국·버마·인도·인도네시아·카메룬·몽골·타이·실론·일본의 10개국이 참여하여 타슈켄트 회합의 의사일정을 합의하는 실무회의가 열렸다. 이때 중국에서 파견된 이들은 류바이위[16], 양쉬[17], 궈샤오취안郭小川이다.

주목할 이는 궈샤오취안[18]이다. AA작가회의의 준비부터 폐막까지 전 과정에 참가한 유일한 인물이기 때문이다. 핵심 실무를 담당했을 뿐 아니라, 내면의 심정까지 표출한 일기도 남아 있어 공식 지면에 드러나지 않은 이면을 엿보기에 유용하다. 그의 기록을 통해 개최 직전까지 샅바 싸움이 치열했던 모스크바와 타슈켄트의 실상을 부분적으로나마 간취할 수 있는 것이다. 특히 타슈켄트 회의 전날에 불거진 갈등이 몹시 인상적이다. 막판까지도 의제 설정에 대한 견해 차이로 논쟁이 지속되었던 것이다. 특히 불과 2년 사이, 중국과 인도의 어긋남이 또렷하다. 중국은 버마와 함께 '반식민주의'를 회의 제1안으로 제기할 것을 합의했다. 한데 인도 대표단의 저명한 작가 아난드Mulk Raj Anand[19]가 이의를 제기했다. 그가 의제 선정에 반기를 들면서 인도의 수정안에 대한 논의가 시작되었다. 그러나 10월 6일 오후 1시 반에 열린 조직위원회에서 수정안은 부결되었다. 인도 측이 재차 이의를 제기하자 오후 5시부터 토론이 재개되었고, 밤 11시에 다시 회의가 열렸다. 최종 합의에 도달한 것은 개최 당일 새벽 두 시. 결국 '반식민주의'를 으뜸으로 삼는 초안으로 되돌아가기까지, 만 12시간이 소요된 것이다.

이 치열한 막후협상에 참여했던 궈샤오취안의 심정은 어떠했을까. 그는 시인답게 방문하는 장소마다의 감흥을 곧잘 시로써 옮겨두곤 했는데, '형제의 나라'로 일컬었던 소련에서의 감정이 '이방인'異鄕人으로 굽어가고 있음을 토로하고 있다. 아난드의 절친으로 케임브리지대학 유학시절 기숙사를 함께 썼던 예준젠[20]의 회고도 인상적이다. 타슈켄트에서 만난 옛 친구가 '새삼 낯설게 느껴졌다'生流感고 한다. 아난드는 그에게 "나는 인도화되었고, 너는 토박이 중국인이 되었다"고 말했다.[21]

반둥회의를 주도했던 인도가 어찌하여 '반식민주의'를 내세움을 꺼려했던 것일까? 1956년 뉴델리의 중국대사관은 아난드를 '자유주의 작가'로 분류한 바 있다. 하지만 그의 정치적 성향이 '자유주의'라는 것만으로는 쉬이 납득하기 어렵다. 아무래도 인도와 미국의 관계가 점차 변화하고 있었다는 현실적 역학구도를 고려해야 하겠다. 더불어 주최국 노릇을 했던 소련도 한몫했을 것으로 추정된다. 소련 역시 흐루쇼프 이래로 미국과의 데탕트를 도모하던 차였기 때문이다.

타슈켄트: '문학의 반둥회의'

　　새벽까지 전개된 우여곡절 끝에 1958년 10월 7일, 최초의 AA 작가회의가 타슈켄트 나보이Navoi 극장에서 열렸다. 13일까지 진행된 대륙간 작가들의 첫 번째 회동이었다. 더군다나 두 대륙이 탈식민의 궤도 아래서 조우한 것이기에 감회가 남다르지 않을 수 없었다. 중국 측 문헌은 "기원전 6세기 동아시아와 서아시아를 잇는 비단길이 우즈베키스탄을 지났다"[22]며, AA 작가회의가 타슈켄트에서 열리는 것에 특별한 의의를 부여했다. "AA 각국 인민의 오래된 전통적 우의를 계승하는, 역사상 전대미문의 회의"[23]라는 것이다. 옛 기억도 새록새록하다. "이슬람에서 전해진 역법과 《본초강목》[24]을 떠올리고, "불경을 한역하고 노자의 도덕경을 산스크리트어로 번역한 현장 법사"[25]를 추억한다. 대몽골제국에 대한 서술도 인상적이다. "바로 그때 오늘의 베이징이 수도로 정착된 것"이니, "자금성과 베이징의 건설에는 아라비아 건축가들의 공헌이 컸다"[26]고 회고한다. 또 15세기 자금성의 개축 무렵에는 베트남 건축가가 설계를 담당했다고도 한다. 이처럼 2000년을 훌쩍 넘는 AA 연결망의 복원을 통해 "문학의 반둥회의"[27]라는 수사도 자연스레 등장한다. "반둥회의가 AA 인민의 정치생활에 미친 영향처럼, 타슈켄트 회의는 AA 인민의 정신생활에 중요한 작용을 미칠 것"[28]이라는 기대를 한껏 품은 것이다.

　　우즈베크어, 러시아어, 중국어, 영어, 프랑스어의 동시통역으로 진행된 회의 주제는 크게 둘이었다. 첫째가 "AA 각국 문학과 문화의 발전 및 인류의 진보, 즉 민족독립과 반식민주의, 세계 평화 수호에 미치는 역할"이며, 둘째가 "AA 각국 인민 문화의 상호 관계 및 서방 문화와의 관계"이다. 그리

AAPSO의 출범을 알리는 포스터와 최초의 AA작가회의가 개최된 타슈켄트 나보이 극장.

고 다섯 개의 소주제로 나누어 토론을 펼쳤다. 구체적으로는 ①아동문학 및 그 교육 의의 ②부녀의 문학 공헌 ③연극 문학 발전 ④방송, 영화와 문학의 관계 ⑤AA 작가 간 우호 증진이었다.

중국 대표단은 말 그대로 '드림팀'이었다. 한학에 능통한 한 소련 작가가 "중국작가협회를 이곳에 옮겨둔 것 같다"[29]고 농을 건넸을 정도이다. 단장 마오둔, 부단장 저우양과 바진의 인솔 아래 샤오산蕭三, 예준젠, 수광핑許廣平, 셰빙신, 자오수리趙樹裏, 장경張庚, 위안수이파이袁水拍, 류바이위, 궈샤오취안, 가오망高莽, 양쉬, 거바오촨戈寶權(러시아·소련문학), 리셴린季羨林(인도문학), 추보曲波·양메이楊沫(청년작가대표), 나 사이인차오커투納 賽音朝克圖·쿠얼반 아리庫爾班 阿裏·마라친푸瑪拉沁夫·쭈눙 하디얼祖農 哈迪爾(소수민족작가대표) 등이 참여했다. 그중 셰빙신[30]만 짚어둔다. 그는 일본통이면서도, 인도문학 작품의 번역 활동도 적지 않았다. 특히 분란을 촉발했던 아난드의 역자였다는 역설이 오묘하다. 아난드의《인도 동화집印度童話集》과《인도민간고사印度民間故事》를 그가 번역했던 것이다. 둘 다 1955년에 출간되었으니, 중인 밀월이 절정을 구가하던 호시절의 산물이었다. 제1차 AA

작가회의가 채택한 공식 문건도 살펴보자. 〈AA작가회의가 세계작가에게 보내는 글〉을 발췌 번역한다.

(…) 우리 양 대륙의 지식계 대표는 유사 이래 처음으로 회합했습니다. 이 양 대륙의 인민은 일본·조선·중국에서 이집트·가나·알제리까지, 중앙아시아에서 인도네시아까지, 태평양에서 대서양까지 광활한 대지 위에 자리합니다. 우리는 부흥하는 15억 인류의 정신을 대표합니다. 이들은 세계 인구의 2/3을 점하며, 가장 오래된 고대문명의 계승자입니다. (…) 그들은 물질문화와 정신문화의 도구를 창조했습니다. 그들이 문자를 창조했습니다. 가장 이른 서적은 중국, 이집트, 인도, 바빌론 그리고 그리스에서 나왔습니다. 그 후 AA 국가의 인민들은 고도로 발달한 문화를 창조했습니다. 그러나 그 후 이 위대한 문명의 진일보한 발전은 정지되었습니다. (…) 우리들이 경험했던 무정한 착취, 아프리카의 노예제도, 식민주의, 제국주의 그리고 종족주의 때문입니다. 이는 인류 화원의 가장 나쁜 독초입니다. (…) 우리 AA국가 작가들은 서방국가를 포함한 세계 각국과 문화 관계를 강화하기를 바랍니다. **우리는 고등문화와 저등문화를 나누는 것에 반대하며, 동방문화와 서방문화를 나누는 것도 반대합니다.** 우리는 일체의 문화 관계를 한층 강화하여 세계 문화의 보고를 보호해야 합니다. (…) 전 세계 작가 여러분, 우리들은 당신들을 향해 호소합니다. 개인을 헤치고 민족을 위협하는 모든 악세력에 반대해주십시오. 부정의와 식민주의, 착취에 반대해주십시오. 우리들은 여러분이 숭고한 인격과 자유 및 AA 각국 인민과 기타 국가 인민의 아름다운 미래의 희망을 노래해 주기를 요구합니다. (…) AA국가 작가 단결 만세! 각국 인민의 자유와 독립 만세! 인민문학과 인민문화 만세! 평화만세![31]

선언 이후의 관건은 실천이다. 실무 기구를 만드는 작업이 논의되었다.

AA작가 상설위원회를 만들기로 결의하고, 구성원은 가나·인도네시아·카메룬·중국·이집트(아랍연합)·소련·수단·실론·일본으로 조직했다. 그리고 상임국은 실론에 두기로 합의한다. 인도양의 소국이자 섬나라인 실론이 선정된 까닭은 무엇이었을까. 아시아와 아프리카 두 지역의 중심에 자리했기 때문이다. 그 실론의 수도 콜롬보에 자리 잡은 상임국의 사무총장은 진보적인 문화인사 라트네 세나나야케R.D. Senanayake가 맡기로 했다. 그러나 상임국과 사무총장 선정에도 난관이 있었다. 그 속사정은 차후에 밝혀질 것이다. 이어 상임국과 긴밀하게 연락을 취하는 각국의 전국위원회도 만들기로 했다.[32] AA출판사 창립, 정기간행물 출판, AA국가들의 우수 작품에 수여하는 문학상 설립 및 AA문학기금 마련 등의 의견도 제출되었다. 더불어 다음 회의 개최지는 1960년 이집트 카이로로 결정되었다.

한데 타슈켄트 회의를 마치고 고국으로 돌아가는 길에도 모스크바가 있었다. 10월 22일, 크렘린 궁에서 흐루쇼프를 접견하는 자리가 마련된 것이다. '타슈켄트 정신'이란 신조어가 탄생한 것도 이곳이었다고 한다. 상호 우호와 합작을 일컫는 것으로 "AA 양 대륙의 문학에 유익한 관계를 견고히 촉진할 뿐 아니라, 세계문화의 순조로운 발전을 촉진하며, 동방의 선진 문화와 서방의 선진 문화 간 관계가 견고히 발전"[33]하기를 꾀하는 것이다. 바로 이 발언에서 미묘한 어긋남이 발생한다. "고등문화와 저등문화를, 동방문화와 서방문화를 나누는 것에 반대"했던 타슈켄트 현장의 맥락과는 어감이 사뭇 다른 것이다. 타슈켄트 회동이 끝나기 무섭게, '타슈켄트 정신'을 둘러싼 해석 투쟁이 일어나고 있었다.

포도원 결의
흐루쇼프가 칭송한 '타슈켄트 정신'의 그 '동방East의 선진문화'

란 소련과 동유럽 사회주의권을 지칭하는 동구東歐에 가까웠다. AA를 아우른 나머지Rest와는 결이 달랐던 것이다. 즉 모스크바를 통해 굴절된 타슈켄트 정신은 서구도 아니요 동구도 아닌, 제3의 길을 모색했던 반둥 정신과는 꽤나 멀찍한 무엇이었다. 불과 3년 사이에 불거진 이 날카로운 차이야말로 1960년대의 파란을 예고하는 것이다.

이러한 차이는 당장 중국의 문헌에서도 간취할 수 있다. 1958년 10월 4일《인민일보》사설은 AA작가회의의 개최를 "AA인민의 반식민주의 물결의 고조 속에서 위대한 승리의 하나"[34]로 평가했다. AA작가회의가 "투쟁의 지속과 심화의 과정 속에서 적극적인 추동 작용을 할 것"[35]이라 기대한 것이다. 나아가 이라크 공화국 수립, 레바논의 투쟁, 알제리 공화국의 투쟁, 인도네시아의 투쟁 등 여타 지역과 국가의 반식민주의와의 연동 속에서 타슈켄트를 파악하고 있었다.

《문예보文藝報》의 사론은 더욱 거칠다. "식민주의자의 군사침략, 정치침략, 경제침략, 문화침략은 AA 각국 인민 모두 절실하게 체험한바, 현재까지 줄곧 이어지고 있다. 미국 식민주의자는 우리나라 대만 및 연해 섬을 점거하고 있으며, 영미 침략군은 레바논에 (…) 프랑스 침략군은 알제리에서 광포한 살상을 진행하고 있다. (…) 그래서 '평화'와 '자유'는 공담에 불과하다. 진정한 평화 수호와 자유 사업에 단지 부정적 작용만 미칠 뿐이다"[36]라고 날을 세우고 있는 것이다. 즉 타슈켄트와 모스크바의 현장과는 달리 그 소식을 전하던 중국의 내부 매체에서는 서방과의 문화 교류를 강조하는 흐루쇼프와는 전혀 다른 평가가 이루어지고 있던 것이다. 1956년 스탈린 비판과 1957년 반우파 투쟁을 거쳐 대약진운동이 전개되고 있던 역사적 배경도 고려할 수 있겠다.

특히 모스크바에서 타슈켄트 회의를 준비하던 1958년 8월은 양안 해협의 위기가 극도로 고조되었던 시점이기도 하다. 궈샤오취안의 심사도 무척이나 복잡했다. 베이징에서 1만 리나 떨어진 모스크바에서 진먼다오 포격 소식을 듣고, 베이징에 300만이 집결했다는 반미 시위 소식도 접하고 있었기 때문이다. 공식 회의가 끝나면, 미 군함이 대만 해협에 증파되었다는 뉴스가 단연 화제의 중심이 되었다고도 한다. 그래서 한곳에서 한 시간도 안정되게 앉아 있지 못하고, 밤늦게까지 잠을 이루지 못할 정도로 그는 예민해져 있었다. 그는 그 속내를 이렇게 실토했다.

물론 우리의 회의는 작가의 문학 회의이다. 우리가 이 회의에서 오로지 정치 문제만을 토론할 생각은 없다. 하지만 AA작가와 문학회의가 단지 문학만을 논한다면, 우리는 평화와 민족독립, 반식민주의 쟁취와 분리할 수 있는 방법이 없다. 어떤 국가의 문학가가 제국주의의 전쟁 위협 혹은 야만적 통치의 영향을 받지 않았는가? 작가가 어떤 세계관을 가졌나와 상관없이, 붓을 들기 시작하면 우리의 현실생활을 사고하고 반영하지 않을 수 없는 것이다. 우리 AA 국가들에서, 우리들 생활의 가장 근본적인 일이란 평화의 쟁취, 민족독립의 쟁취, 반식민주의 아니던가?[37]

타슈켄트 회의를 기록한 중국 측 문헌 가운데 필자에게 가장 인상적인 글은 위안수이파이의 시 〈포도원 결의葡萄園結意〉이다. 타슈켄트는 포도성城으로도 유명했던 모양이다. 회의를 마치고 포도농장을 방문한 일화가 그려졌다. 노란색·붉은색·자주색·녹색 등 색깔과 크기, 모양이 각양각색인 포도송이가 보석들 같다며, 이 포도들을 바라보면서 '타슈켄트 정신'을 강조하는 대목이 재미나다. "AA 작가들의 친밀한 형제 결성, 가나에서 수단까지, 조선에서 인도네시아까지. 검고 누런 손 굳게 잡고, 가슴속에서는 15

억 인의 분노가 타오르네. 우리가 맺은 것은 반식민주의라는 큰 뜻, 적은 영원히 이 결의를 부수지 못하리"[38]라고 노래하는 것이다. 도원결의에 방불한 포도원 결의가 아닐 수 없다. 그리고 그 결의를 맺은 의형제 가운데 소련은 은근슬쩍 삭제되어 있음이 눈을 찌른다. 타슈켄트 거리에는 곧 중국의 '루쉰로'와 북조선의 '한설야 거리' 베트남의 '흐쯔엉 길' 등이 생길 예정이라는 발언[39]은 차라리 예언적이기까지 하다. 즉 소련을 정점으로 한 동구와는 달리 반식민주의를 한층 선명히 내세운 동방의 부상이 기지개를 켜고 있던 것이다. 다음 시에서 언급되는 동방과 동풍 또한 상징적이다.

> 베이징을 떠나는 아침, 우리들은 태양을 영접했네.
> 타슈켄트에 도착한 저녁, 우리들은 태양을 따라왔네.
>
> 우리들은 동방을 떠나 또 동방에 닿았네.
> 가는 곳 도처에서 집에 있는 듯 느껴지네.
> 만 리를 타고 오른 동풍이 서풍을 압도하네. (…)[40]

AA의 갈림길

제2차 AA작가회의는 1960년으로 예정되어 있었다. 그러나 실제로 개최된 것은 1962년이다. 그에 앞서 1961년에는 도쿄에서 '긴급회의'가 열렸고, 1962년 카이로 회의에 이어 1964년으로 예고된 자카르타의 제3차 AA작가회의는 끝내 무산되었다. 이 3년간 어떤 일이 일어난 것일까. 여기서는 도쿄 회의, 카이로 회의, 발리 회의를 기록한 자료들을 통해 AA

작가회의의 궤적을 복원한다.

1961, 도쿄

《아시아·아프리카 작가회의 도쿄대회アジア·アフリカ作家會議東京大會》[41]는 1961년 3월 28일부터 31일까지 도쿄에서 개최된 AA작가회의 의사록 및 기념강연회를 기록한 문헌이다. 중국과 인도네시아에서 발간된 관련 자료에 견주어 가장 자세하게 기록하여 회의 전모를 파악하는 데 유익하다. 먼저 대회 일정부터 살핀다. 3월 21일부터 27일까지 국제준비위원회의 사전 작업이 이루어졌고, 작가회의가 열린 장소는 산케이産經회관이었다. 개막 하루 전인 27일 오후 2시부터 6시까지 각국 대표의 단장 회의가 있었고, 오후 6시부터 8시까지 환영회가 열렸다. 28일부터 시작된 본회의는 국제홀에서 이루어졌다. 29일 분과 회의를 거쳐 30일 오후 1시부터 기념강연회가 열렸으며, 저녁 7시 반부터는 공연 관람이 있었다. 폐막 다음날부터는 간사이 여행도 마련되었다. 교토와 오사카를 방문하여 유적지를 관람하고 오사카 아사히홀에서 기념강연회도 연다. 4월 3일 도쿄에 도착하는 것으로 공식 일정은 마무리되었다.

여타 대회와 남다른 것은 기념 노래도 만들어졌다는 점이다. 각종 행사마다 이 노래를 불렀다는 언급도 눈에 띈다. 후지시마 우다이藤島宇内[42]가 작사하고 하야시 히카루林光[43]가 작곡한 〈태양은 떠오른다太陽はのぼる〉의 가사를 옮겨본다.

떠오르는 태양은 아시아 아프리카, 떠오르는 용맹한 영웅은 20억의 어깨.
오늘 여기서 발걸음 맞추어 오늘 여기서 노랫소리 오르네.
세계인민의 단결과 해방 세계인민의 독립과 평화.

나부끼는 우리들의 깃발은 피와 땀에 젖고 우애로 타올라

두 대륙의 산하로 바다로 미래의 하늘로 휘날리네.

한데 왜 예정에 없던 긴급회의가 마련된 것일까? 직접 설명을 들어보자.

제2차 AA작가회의는 1961년 가을 이집트 카이로에서 개최가 예정되어 있다. 그럼에도 1958년 타슈켄트 회의 이후 AA 역사의 진전은 아프리카의 알제리와 콩고, 아시아의 라오스 등의 사태가 보여주듯이 양 대륙의 작가가 긴급하게 모여서 서로 각국의 정황을 검토하고 확인할 필요를 느끼게 했다. 그리하여 1961년 1월 실론의 콜롬보에 설립된 상임국은 이사국회의를 개최하여 3월 하순 도쿄에서 긴급대회를 개최하기로 결의했다. (…) 우리 AA작가회의 일본협의회는 이사국회의의 요청에 따라 상임국 지도 아래 국내의 우인友人, 문화단체, 노동조합 등의 협력을 얻어 대회 준비에 나서, 회의를 성공리에 진행했다.[44]

하지만 의문은 남는다. AA의 정세가 긴박하게 전개되어 긴급회의가 필요했다손 치더라도 왜 하필이면 도쿄였을까? 사무총장 세나나야케의 발언은 다음과 같다.

(일본을-인용자) 미 제국주의에 끌어들이는 미일안보조약, 즉 일본의 전쟁 가담을 준비하는 이 조약에 대한 반대운동을 이해하고, AA작가들의 단결을 고무할 것을 믿는다. 위원회는 이 긴급대회가 일본 작가들의 반제국주의 투쟁을 한층 자극할 뿐만 아니라 AA작가들도 그들의 민족 독립을 위한 고난한 싸움에 용기를 얻게 되기를 강하게 희망한다. 또 이 대회를 통하여 AA인민들이 제국주의자, 식민주의자의 지배에서 벗어나 민족 문화와 문학을 발전시켜 상호이해, 우정, 그

리고 평화와 단결을 강화하는 것을 재차 확인할 수 있기를 절실히 희망한다.[45]

즉 안보투쟁의 맥락에서, 혹은 안보투쟁의 일환으로 도쿄 긴급회의가 마련되었던 것이다. 그리하여 이 회의가 겨누고 있는 대척점에는 미국이 있었다. 베이징에서 이 모임을 축하한 궈모뤄郭沫若는 시 한 편을 헌사했는데, 여기에도 '미 제국주의'가 선명하게 새겨져 있다.

바람은 동쪽에서 불고, 벚꽃은 일본에서 피네.
이 아름다운 계절, 이 아름다운 곳에 AA작가회의가 열리네.
(…)
작가의 소리는 인민의 소리, 17억의 대합창
우리는 태평양을 명실상부 평화의 바다로
미 제국주의가 UN의 이름으로 침략하는 것에 반대하노라.
(…)
우리는 콩고의 강변을 침략자의 발로 황량케 함을 허락지 않으리.
우리는 알제리의 하늘에 침략자의 날개가 비상하길 허락지 않으리.
또 우리는 미 제국주의가 메콩강을 삼키도록 허락하지 않으리.
(…)[46]

도쿄 긴급회의의 회장을 맡은 이시카와 다쓰조石川達三[47]의 개회사에도 반미의 지표는 뚜렷하다.

이 대회는 (…) 사상운동이자 문화운동이라고 생각한다. 즉 AA의 거대한 문예부흥, 르네상스이다. 후세의 역사가는 큰 감탄으로 우리들의 시대를 높게 평가할 것임에 틀림없다. 20억에 달하는 민족이 하나의 목표를 내걸고 격류와 같은 큰 흐름이 되어 전진하고 있는, 이 장대한 모습에 세계의 의식 있는 사람들의 눈길이 향하지 않을 수 없다. 그리고 미국은 이 흐름을 거슬러서는 안 된다. (…) 이 대회는 우리 작가들의 국제연합이다. 그러나 뉴욕의 국제연합과는 다르다. UN의 논의가 대립하는 국가 간의 격론이라면, 우리의 논의는 동지 간의 격론이라는 점이다.[48]

도쿄 긴급회의 사무국장을 맡았던 홋타 요시에의 〈국제준비위원회 보고〉도 들어보자.

우리들은 이 AA작가회의 상임국의 긴급회의 의제를 '당면 AA의 정세와 작가의 임무'로 결정했다. 또 회의 중 세 개의 분과회의를 열어 각각 '아시아 아프리카 작가와 민족독립 및 평화를 위한 싸움' 'AA국가의 민족문화와 상호교류' '민주주의적 자유'로 정해, 분과회의에서 토론하기로 했다. 국제준비위원회는 (콜롬보 상임국 사무총장-인용자) 세나나야케의 방일이 늦어지는 바람에 홋타 요시에가 담당했고, 중국·수단·카메룬·일본·조선의 5개국으로 발족했다. (…) 또 AA작가들이 도쿄에서 처음으로 회동하는 회의의 중요성을 국민에게 널리 알리기 위해서 본회의의 신문·라디오·TV 등 취재활동을 크게 환영하고, 가능한 한 많은 참가를 이끌기 위하여 보도기관에 초대장을 발송했다.[49]

긴급회의 일정을 언론에 적극 홍보하고 있음을 보건대, 이 또한 안보투쟁을 위한 여론전의 성격이 있었다고 짐작된다. 이제 그 언론사 기자들이 직접 목도했을 본회의의 각국 대표단 발언들을 발췌하여 직접 들어본다. 대회의 분위기를 간접적으로나마 느낄 수 있을 것이다. 선봉은 일본의 나카노 시게하루中野重治[50]였다.

(…) 아시아의 변화 발전도 컸다. 남조선 인민의 큰 혁명적 분기(4·19-인용자)가 있었고, 미일 군사동맹에 반대하는 일본 인민의 대투쟁이 있었다. 라오스 인민의 전진도 크나컸다. (…) 현재 우리의 대회와 병행해 미국 해공군의 대규모 동원 아래 방콕에서는 SEATO회의가 열리고 있다. (…) 우리의 긴급대회는 AA 정세의 이 급격한 발전에 대응하지 않으면 안된다. (…) 제국주의 일본은 패배했다. 그리고 모순되게도 AA의 동쪽 끝에 위치한 일본이 소위 '서방' 진영에 편입되어 오키나와를 빼앗기는 것을 보지 않으면 안 되었다. (…) 오키나와는 섬 그 자체가 군사기지화가 되고 있다. 더해서 우리는 한국전쟁에서 공범자 역할로 일본의 독점자본이 부활하는 것을 보고 말았다. 이 악의 근원 중 최대의 하나가 미일 군사동맹임을 우리는 보았다. (…) 라오스에 대한 미국의 간섭에 일본의 기지가 깊이 관계하고 있음을 우리는 알고 있다. (…) 우리는 오키나와의 현황을 통해서 고통받고 있는 AA국가의 현황을 이해하고 있다. 우리는 콩고 인민, 알제리 인민, 라오스 인민의 투쟁을 자기의 경험에 의거해 이해하는 것이 가능하다고 생각한다.[51]

콩고의 무암바 구레고와루ムアンバ グレゴワ一ル의 발언은 대표단 가운데 가장 길다. 장장 17쪽에 달한다. 당시 콩고의 독립정부 수반이 벨기에와 미국의 지원을 받는 반혁명세력에 의해 암살되는 등 사태가 가장 긴박하게 전개되고 있었던 탓이다. 요지를 추리면 벨기에와 미국, UN의 내정간섭을 비판하고 지도자 암살과 4개의 국가로 분할하려는 시도를 격렬히 성토하는 것이다. 그는 "콩고뿐 아니라 카메룬, 라오스, 대만, 남조선, 남베트남 등의 괴뢰정권이 멸망하는 날이 도래할 것을 기도"[52]했다.

중국 대표로 연설한 바진은 유려했다. 콩고 시인과 알제리 시인, 라오스 시인의 작품을 직접 낭송하며 당시의 상황을 짚었다. "후지산아 분노하라, 마음의 바다에서부터 분노하라, 우리 민족의 산이여"[53]라고 일본 시인의 작품도 읊으며 비교적 차분한 정조로 연설을 이끌었다.

몽골 대표 돈도긴 체베구미도ドンドギン·チェベグミッド의 연설에서는 AA작가회의 이후 몽골의 변화가 기록되어 있다. "최근 3년간 AA 즉 일본·인도·알제리·인도네시아·이집트·기니 등 42개국 작가의 240편 이상의 작품을 몽골어로 번역했다. 또 이 기간 몽골 작가는 AA, 즉 일본·인도·알제리·라오스·콩고 등의 나라에 관한 많은 논문과 14편의 소설도 출판했다"[54]고 한다.

라오스 대표 캄펜 브바カンフェン·ブーファ의 연설도 발췌해본다.

미 제국주의 정체는 '국제헌병'이다. 주권을 찾기 위해 싸우고 있는 알제리 인민, 조선 인민 및 베트남 인민과 마음 깊이 일체가 되는 것도 놀랄 일이 아니다. 왜냐하면 그들의 민족통일의 적과 다름없는 미 제국주의는 바로 우리들 자신의 적이기 때문이다. 이 최대의 적에 대한 공통의 싸움에서 일본 인민의 위대한 기여를 라오스 인민은 높게 평가한다. 일본 인민, 특히 용감한 도쿄 시민들은 허울뿐인 '아메리카의 위광'에 대하여 치명적인 타격을 가했다. (…) 미국은 라오스 반역도들을 지원하기 위하여 태국과 남베트남, 장제스, 필리핀의 반동군을 동원했다.[55]

필자가 특히 인상적으로 읽었던 대목은 그 다음이다.

우리들의 문명과 우리들의 문화는 매우 큰 위협에 빠져있다. 그래서 1945년 해방전쟁 당초부터 군 간부 하나하나, 병사 한 명 한 명은 동시에 학교의 순회 교사, 즉 문화전선의 전사이기도 했다. 해방군이 가는 곳마다 아이들에게 전설, 설화, 고전시편, 민요 등 민족문학을 다시 가르쳐주었다.[56]

'문화전선의 전사'라는 표현에서 문무 양대 전선을 선언한 마오쩌둥의 옌안문예강화(1942)를 떠올렸기 때문이다. '태국, 남베트남, 장제스, 필리핀'의 배후에 미국이 있듯, 이에 저항하는 라오스의 투쟁에는 신중국이 직간접적으로 영향을 미치고 있었음을 엿볼 수 있는 것이다.

베트남에서 참석한 단타이마이ダンタイマイ도 "미 제국주의는 베트남에도 야기한 분할을 유지하려고 모든 수단을 다하고 있다. 같은 사태가 조선에도 일어나고, 유럽의 심장부인 독일에서도 일어나고 있다. 나아가 라오스에도 내전을 일으켜, 베트남 속담의 '약탈행위를 하면서 본인이 경종을 울리고 있다'처럼 행동하고 있다"[57]며 미국에 비수를 꽂았다.

(북)조선 대표는 허남기許南麒였다. 조선작가동맹에 소속된 재일동포 시인이었다. 그의 발언을 통해서 왜 재일동포가 북조선의 대표가 되었는지도 알 수 있다.

일본 정부의 비우호적 조치로 가장 가까운 우리 본국에서 대표가 입국하지 못하고, 재일조선작가들이 대표로서 참가하게 된 것을 큰 유감으로 생각하며, 일본준비위원회가 그 실현을 위해서 노력해주신 것에 대하여 감사의 뜻을 표한다. (…) 미 제국주의가 배후에 있는 소위 '한일회담'을 분쇄하기 위하여 재일조선공민이 자랑스러운 조국-조선민주주의인민공화국으로의 귀국사업에 지원을 보내준 일본의 작가들에게도 거듭 뜨거운 감사를 올린다.[58]

이어서 천리마운동에 따른 북조선의 발전상을 설명하고 한설야, 이기영,

윤세중, 천세봉, 황건 등 조선 문학이 이룬 성취도 자랑했다. 반면에 남조선에서는 미 제국주의로 인한 민족문화 말살이 이루어지고 있음을 성토했다. "서울대학 도서관에 소장된 이조실록을 비롯하여 8000여 점의 귀중한 도서와 경주의 금관을 비롯한 7800여 점의 국보급 문화재를 약탈하는 문화재 해외전시법안을 국회에서 강제적으로 통과시켜 199점의 미술유산과 공예품을 반출한 범죄적 행위만 해도 그들의 민족문화말살정책의 본질을 충분하게 알려준다"[59]고 고발한 것이다. 아울러 미군의 즉각 철수와 김일성의 남북연방제를 옹호하는데, 대표단 발언 가운데 가장 정치적 성격이 농후했다는 인상이다.

인도의 대표 P. K. 아토레는 고아Goa 문제를 집중 제기했다.

고아는 과거 400년간 인도 서해안의 작은 포르투갈 식민지였다. 영국은 이미 민주적 민족주의세력의 압력에 굴하여 인도를 돌려주었다. 그러나 포르투갈은 불손하게도 식민지 지배를 유지하려고 하고 있다. (…) 우리들은 아프리카의 대규모 반식민지운동에 큰 기대를 하고 있다. 왜냐하면 고아의 해방은 포르투갈이 막대한 식민지를 소유하고 있는 아프리카 인민의 해방에 달려있다고 느끼기 때문이다. (…) 우리들은 고아 해방의 문제가 아시아 아프리카 민족의 해방과 긴밀하게 연결되어 있음을 알 수 있다.[60]

버마 대표는 방콕과 홍콩을 거쳐 도쿄에 이른 여정을 소개하며 아시아에 시토SEATO의 먹구름이 끼고 있음을 우려한다. 그리고 "버마에는 미 제국주의가 무기, 설비, 자금 등을 지급하는 장제스 잔당으로 여전히 곤혹을 치르고 있다. 장제스 잔당은 때때로 우리나라에서 추방되지만, 동남아시아조약기구 참가국들이 그들을 비호하고 버마와 라오스의 중립과 평화를 전복하는 데 이용하고 있다"⁶¹며 시토와 장제스를 비판한다. 그 탓일까, 중국 편향이 눈에 밟힌다.

> 우리 버마 국민은 중국과의 한층 긴밀한 관계를 다른 AA 국가들에도 권하고 싶다. AA국가의 사회, 경제조직은 중국과 다를지도 모른다. 그러나 어떤 국가든 중국과 평화적, 우호적 관계를 맺고 싶다고 원하고 있다. 버마·중국 양국의 우호 관계는 버마의 독립과 중립을 강화해 준다고 확신한다.[62]

얼핏 신중국을 대변하는 듯한 발언이다. 여기서도 국민당과 공산당, 즉 '두 개의 중국'으로 말미암은 '두 개의 아시아'의 분열과 반목을 간취할 수 있다. 마지막으로 가메이 가쓰이치로亀井勝一郎의 마무리 발언이다. 도쿄 긴급회의의 계기이기도 했던 미일안전보장조약을 화두로 삼고 있다.

> (…) 미일안전보장조약 반대운동에는 세 가지 근본 동기가 있다. 첫째, 중국을 비롯해 우리가 침략한 여러 아시아 지역의 인민에 대한 책임감이다. 이는 아시아인으로서의 연대의식을 강하게 갖고자 하는 열의에 기반한다. 둘째, 다시는 전쟁의 화마에 빠져서는 안 된다는 평화의 염원이다. 일본은 원폭을 입은 세계 유일의 나라이다. 지금도 매년 원폭 후유증으로 죽는 사람들이 나온다. 전쟁이 끝난 지 15년이 지났는데도 전사자가 나오는 것이다. 따라서 다음 전쟁은 얼마나 비참할 것인가, 그 가능성에 대하여 실로 민감하다. 셋째, 일본의 최대다수의 의지를 토대로 한 참된 독립의 희망이다. 중립이란 곧 어떠한 국가도 가상 적으로 삼지 않는, 일본 인민만의 자유의지에 따른 평화적 조국의 재건이다.
> (…)
> 친애하는 AA 작가 여러분, 이러한 동기는 지금도 우리 내부에 강하게 있고, 이

것이 AA와의 연대를 강하게 하는 근본동기가 되고 있다. AA의 여명에 여러분이 일본에 모여 서로의 국정, 서로의 경험을 솔직하게 말하고 우정을 깊이 한 것은 우리 일본 자신에게도 큰 전환을 가져올 것이다.[63]

도쿄 회의를 기록한 문서에는 이 회의에 대한 여러 신문과 잡지의 논평들도 수합하여 싣고 있다. 일견하자면 그 의의를 높이 사는 평이 많지만, 정치색이 짙은 회의였다는 것에 대한 비판과 논쟁도 일었던 듯하다. 여기에 가장 단호하게 반기를 든 평문이 있으니, 그 작가가 흥미롭다. 1961년 당시 약관 26세의 오에 겐자부로인 것이다. 그해 《신일본문학》[64] 8월호에 발표된 청년 오에의 패기만만한 평론 〈과연 정치적이었는가はたして政治的だったか〉를 발췌하여 옮긴다. 당시 도쿄 긴급회의를 둘러싼 일본 문단의 논쟁을 간접적으로 맛볼 수 있을 것이다.

이 회의에 정부는 노력하지 않았다. 내각은 무관심했고, 문부성은 묵살했다. 그들이 한 유일한 일은 조선민주주의인민공화국 대표에 대한 간섭이었다. (…) 그러나 우리는 먼 아프리카 정치에 대해서는 극히 정치적인 발언을 행하는 용기를 갖고 있지만, 가까운 조선에 대해서는 그 일단만 스칠 뿐이다. 금세 현실세계의 지반이 붕괴되기 시작하여, 그에 말려들어갈지도 모름을 알고 있는 것이다. 그래서 조선의 정치에 대해서는 입을 다문다. 이는 곧 일본의 정치에 대해서 입을 다무는 것이라고 말할 수 있는 측면도 있다. (…)
일본과 한국, 거기에 조선민주주의인민공화국도 포함하여 작가회의를 열 필요가 있다. 이 회의는 곤란하다. 이 회의실을 나오는 자는 피를 흘리며 걸어 나올 것이다. 그러나 거기에서 일본으로서 진정으로 정치적인 것의 맹아가 자라날 것이다. 중국 작가와의 회의보다도 그것이 한층 긴급할지도 모른다. (…)

도대체 자신은 일본 인민의 안보반대투쟁에서 적극적 역할을 했던가? 그리고 그것을 통해 새로운 문학에 도달했는가? 어떠한 예술작품이 안보투쟁을 통하여 생겨났던가 반문한다면 나에게 어떠한 증거품도 없는 것이다. 안보투쟁은 문학자 사이에서 어떠한 적극적 역할도 하지 못했던 것이 아닌가? (…)

우리 회의에는 무관심했던 외상이 매우 격정적인 연설을 하는 장면을 오늘 TV에서 보았다. 일본-아프리카 협회 결성 장면이었다. 에티오피아 외교관이 연설하는 정경과 가나의 외교관이 연설하는 것도 보았다. 이를 TV로 보면서 우리들의 가난한 AA작가회의에서의 우정의 소리가 저 풍요로운 아프리카협회에 금방 짓밟히고 마는 것은 아닌가 우려가 들었다. 이 일본의 정치가와 재계인에 대하여 일본 작가들은 충분히 대항할 수 있을까. 일본작가들은 일본정부를 구체적으로 배반할 수 있을 만큼의 정치력을 가지고 있는 것인가.(…)

회의 이후 내가 자기비판하는 것은 자기가 충분히 정치적이었는가, 앞으로 충분히 정치적일 수 있는가이다. AA의 모든 나라와 같이 우리 일본의 작가들도 문학보다는 정치의 영역에서 우선 감당해야 하는 일이 있다. 일본인으로서 AA를 배반하는 것은 일본어를 배반하는 것이기도 할 것이다.[65]

1962, 카이로

제2차 AA작가회의는 예정되었던 1961년 가을에 열리지 못했다. 1960년에 이어 두 번째 연기 끝에, 해를 넘긴 1962년 2월이 되어서야 비로소 개최된 것이다. 2월 12일부터 15일까지의 일정이었다. 애당초 예정되었던 날짜는 1961년 11월 13일부터 20일까지였다. 즉 일정이 거듭 미루어졌을 뿐 아니라, 기간 또한 4일로 반감된 것이다. 카이로에서 직접 발간한 자료는 입수하지 못했다. 불가피하게 중국에서 출판된 자료[66]에 인도네시아에서 발간한 자료[67]를 보태어 카이로 회의를 복기한다. 45개국 200여명의 작가가 참가했고, 회의의 주제는 크게 둘이었다. 첫째가 "AA인민의 반제, 반식민, 민족독립과 세계평화 쟁취를 위한 작가의 역할"이고, 둘째가 "AA인민의 단결정신 강화와 문화교류 촉진, 그리고 번역의 역할"이었다.

그보다 앞서 열린 상임국 보고는 홋타 요시에가 맡았다. 1961년 1월 3일부터 6일까지 각국 대표들이 콜롬보에 모여서 상임국을 정식으로 건립하고 AA출판사 설립, 정기간행물 발간, AA문학상 신설 등을 논의했다. 그리고 이 자리에서 도쿄 긴급회의 개최도 결정됐다. 도쿄 회의에서는 콩고, 알제리, 서이리안(서뉴기니), 라오스, 일본의 투쟁을 중시했다고 보고한다. 또 대만은 중국으로, 고아는 인도로, 서이리안은 인도네시아로, 오키나와는 일본에 돌아가야 함을 의결했다. 카이로 회의를 준비하는 국제준비위원회의 회동은 1961년 2월 28일부터 3월 1일까지 카이로에서 열렸다. 상임국 대표단에 알제리, 기니, 나이지리아, 소말리아, 앙골라, 케냐, 북조선, 이라크, 파키스탄, 북베트남이 합류했다. 제2차 AA작가회의가 카이로에서 열린 것은 이집트가 두 대륙의 가교였기 때문이었다고 한다.

중국 측 자료에는 상임국 및 국제준비위원회 보고, 대회 각종 결의, 중국 대표단 발언 등이 수록되어 있다. 아울러 김일성과 호찌민의 축전도 눈에 띈다. 대표 연설을 맡은 마오둔은 1년 전 도쿄 회의를 각별히 강조하며 '매우 성공적인 회의'였다고 호평하고 있다. 그리고 유난히 '원칙 있는 평화공존'을 내세웠다.

우리는 열렬히 평화를 사랑한다. 하지만 우리가 쟁취해야 하는 것은 주인이 되는 평화이지, 노예가 되는 평화가 아니다. 평화 애호는 고래부터 AA인민의 빛나는 전통이다. 우리 양 대륙이 과거와 현재 추구하는 숭고한 이상이다. 우리 중국 인들은 AA인민과 함께, 평화공존 5원칙을 창도하여 평화공존 5원칙 실현을 위해서 항상 노력하고 있다. 분명하게 말해둘 필요가 있다. 무조건적 평화공존과 원칙 있는 평화공존 사이에는 구별이 있다. 원칙 있는 평화공존이란 무엇인가? 영토주권 존중, 상호불가침, 내정불간섭, 호혜평등이다. AA인민의 반제, 반식민, 민족독립 투쟁이 바로 원칙 있는 평화공존을 창조하는 필요조건이다.[68]

그러면서 '원칙 있는 평화공존'이 필요한 사례로 알제리, 파키스탄, 콩고, 라오스, 베트남, 한국, 고아, 일본, 쿠바, 대만 등을 거론했다. 대저 미국의 군사기지가 있거나 군사개입이 이루어진 국가, 또 여전히 식민지로 점유되고 있던 장소이다.

분과회의도 살핀다. 제1그룹은 알제리, 콩고, 조선 등의 특수 문제를 결의했다. 제2그룹은 번역 사업을 논의했다. "제국주의와 식민주의 정책 및 문화적 이익하에서 번역이 전개"되고 있음을 비판하고, 이것이 "인류문화와 문명의 건강한 발전에 유해할 뿐 아니라 파괴적"이라고 성토한다. "제국주의는 자신들의 이익에서 출발하여 번역을 진행함이 AA문화의 경험으로 증명"된다는 것이다. 따라서 여기에 맞서 세계 진보문학을 풍부하게 만드는 AA 독자적 번역 사업이 필요하다. 콜롬보에 번역센터를 설치하기로 하고, 세부 조항도 11개를 마련했다. 특히 민족해방을 고취하는 현대 작품과 고전을 함께 소개하기로 했다. 아울러 문학뿐 아니라 정치, 경제, 사회, 역사 등 각 방면의 작품도 포함하기로 결정했다. 또 '미래의 문학'이기도 한 아동문학도 강조되었다. 번역은 원작을 해치지 않으면서도 인민대중이 접근하기 쉽도록 이루어져야 한다고도 했다. 그리하여 AA언어의 학습을 고무하고 문학 번역가 장려금도 마련하여 번역운동을 펼칠 것을 꾀한 것이다.

제3그룹은 한 걸음 더 나아갔다. AA 백과사전 편찬 사업에 중지를 모은 것이다. 이를 통해 AA 문화사를 고쳐 쓰고, AA 문명을 선전할 것을 도모했다. 각 나라의 대학에 AA 언어를 가르치는 학과와 연구소를 신설하고 정기적으로 AA 전람회도 개최할 것을 제안했다. AA 선집 발간과 AA 서적 교환 사업 등도 논의되었다. 이러한 사업을 추진하기 위하여 AA 국가 간 국제은행을 설립해서, 독자적인 통화를 발행하는 계획도 세웠음이 인상적이다. 환율 문제와 국제금융기구의 제한을 피하여 서적을 교류하자는 것이다. 참신한 발상임에 분명하나, 실현이 되었던 것 같지는 않다.

제4그룹은 조직 정비를 논의했다. 상임국을 콜롬보에 유지하기로 하고, 이사국도 가나·인도네시아·카메룬·중국·이집트·소련·수단·실론·일본·인도의 현 상태를 지속하기로 했다. 상임국 회의는 6개월에 한 번씩 전체회의를 소집하기로 했다. 집행위원회는 23개국[69]으로 확장되었고, 1년에 한 차례씩 회의를 개최하기로 했다. 그리고 제3차 AA작가회의는 1964년 인도네시아 자카르타에서 개최할 것을 결정했다.

전체회의와 분과회의를 거쳐 최종적으로 마련된 〈세계작가에 보내는 글〉의 일부만 옮겨본다. 타슈켄트 선언과 다른 점은 우리WE와 당신YOU의 구별을 한층 분명히 했다는 점이다. 즉 AA 밖의 작가들에 대한 호소가 한층 직접적이다.

유럽 작가 여러분, 여러분은 인간의 인간에 대한 노예화에 맞서야 합니다. 제국주의의 오명과 신구 억압의 수치로부터 인간 해방의 편에 서야 합니다. 아메리카와 오스트레일리아 작가 여러분, 여러분은 인민을 굶주리고 착취하고 아이들의 고혈을 짜는 세력에 맞서야 합니다. 불의와 억압과 민족 전체를 질병과 무지 속에 빠뜨리려는 세력에 맞서야 합니다. (…) 우리 AA 작가들은 고대문명과 문화의 상속자일 뿐 아니라, 우리 시대 더 진보하고 발전하고 아름다운 문화의 건설자이기도 합니다. 우리 AA 작가들은 국제적인 진보 문화를 창조하고 세계의 지적 유산을 풍부하게 하는데 유효한 역할을 하고 있습니다. (…) 가장 오래된 문명 중의 하나가 탄생한 고대 나일강변에 자리한 카이로의 심장에서 세계 작가들을 향해 열렬하게 호소합니다. 우리들의 목소리에 동참해주십시오. 자유의 깃발이 AA 국가들에 높이 날리도록 해주십시오. 우리는 희망의 새소리와 행복한 미소와 밝은 평화가 내일의 대지 위에 널리 퍼지기를 희망합니다.[70]

공식 행사 외에도 카이로 회의에는 도서 전람회가 특히 인기를 끌었다고 한다. 타슈켄트 회의 이래 AA 각국의 문화 교류 개황을 일람할 수 있도록 준비위원회가 마련한 특별기획이었다. 중국은 120여 편의 외국어 번역 작품을 전시하여 큰 호응을 이끌었다고 한다. 또 폐막 후에는 나세르를 접견했다.

주의를 요하는 대목은 카이로 회의를 전하는 중국의 평가다. "회의는 승리로 폐막되었다. 그러나 사업의 끝이 아니라 시작이다. 상임국에서 해야 할 일들이 많다. 중국작가회의는 적극 지원할 것이다"[71]라고 말하고 있는 것이다. 기실 1962년 카이로 회의가 열리기 한 해 전인 1961년도 간단치가 않다. 유고슬라비아 베오그라드에서 비동맹회의가 출범한 해이기 때문이다. 이 회합에 인도(와 이집트)는 적극 가담했다. 반면 중국은 불참했다. 반둥회의의 3대 축이었던 중국, 인도네시아, 인도의 분기가 가시화되고 있던 차다. 즉 중국과 인도네시아는 도쿄 긴급회의에 방점을 두었고, 인도와 이집트는 비동맹회의에 중점을 두었다고 할 수 있겠다.

기실 도쿄 긴급회의의 마지막 날 발표된 '도쿄 선언'에서부터 미묘한 구석이 있었다.

(…) 우리는 미 제국주의에 의해 부당하게 분할되어 있는 조선과 베트남의 평화적 통일을 완성하려는 양국민의 요구에 마음으로 동감하고 지지한다. 제국주의자의 힘으로 모국에서 떨어져 있는 영토, 즉 대만·고아·서이리안·오키나와는 각각 중화인민공화국·인도·인도네시아공화국·일본에 복귀되어야 한다. (…) 우리는 외국의 군사기지에 반대하고 침략적 군사동맹과 군사조약에 반대하며, 평화적이고 민주적인 완전 독립의 일본을 위해 힘껏 싸우고 있는 일본 인민과 그 작가들을 높이 평가하고 지지한다. 우리는 지중해의 제6함대와 태평양의 제7함대처럼 상주 및 이동하는 군사기지를 비난한다. (…) AA작가회의 상임국은 모든 형태의 제국주의, 식민지주의, 인종차별을 일소하기 위한 조직적 활동에 AA의 모든 작가의 참가를 요청한다. 우리는 모든 AA작가에 대하여 올해 11월 카이로에서 열리는 AA작가회의를 위한 준비에 만전을 기해, 그 전면적 성공을 확보하기 위하여 전력을 기울일 것을 호소한다.[72]

마지막 구절에서 선명하게 드러나듯 11월 카이로 회의에 임하는 자세가 제법 결연하다. 세나나야케의 도쿄 회의 폐회사 또한 각별했다. "마지막으로 여러분에게 간절히 요청합니다. 이 긴급회의의 메시지를 각자의 나라에 가지고 돌아가셔서 작가들을 재차 고무하고 격려하여 카이로의 제2차 회의가 크게 성공할 수 있도록 지금부터 준비에 최선을 다해주십시오"[73]라고 호소했던 것이다.

1963, 발리

1962년 10월 4일부터 12일까지, 콜롬보에서 상임국 회의가 다시 열린다. 콜롬보 상임국에서 나온 문헌을 보면 실론 정부에 감사를 표하고 있는 대목이 종종 등장하는데, 국가적 차원에서 적극적 지원이 있었던 듯하다. 이 회의에서도 AA의 상황을 보고하고 미국을 비판하고 있다. 또 1963년 초 인도네시아에서 제3차 AA작가회의를 준비하는 집행위원회를 열기로 결정한다. 아울러 AA작품집 발간을 결정하고, 알제리에서 AA 시 세미나를 개최할 것을 의결한다. 특히 상임국 대표단을 아프리카에 파견하고, 아프리카 작가들도 아시아로 초대해 긴밀한 교류를 도모할 것을 제안했다.

사무총장은 1963년 계획도 발표했다. 지난해 기관지의 발행을 결의했으나 실행되지 못했다며, 그 이유로 정기 기고자와 편집부가 마련되지 않았음을 거론하고 있다. 그리하여 특단의 대책을 강구하는데, "콜롬보에 상주하면서 그들의 시간을 상임국 업무에 헌신할 수 있는 사람들이 편집을 담당하도록"[74] 하자는 것이다. 번역국 설치도 강조했다. 그러면서도 번역 작품의 선별에도 방점을 찍었다. "제국주의와 식민주의에 대한 AA 인민 투쟁의 연대를 강화하는 작품. 민족문화의 발전, 사회 진보, AA인민의 투쟁을 진정으로 반영하는 작품. 상호 존중의 정신에서 어긋나지 않은 작품"으로 한정해야 한다는 것이다.[75]

제3차 AA작가회의를 준비하는 집행위원회 모임은 1963년 7월 16일부터 21일까지 발리에서 열렸다. 과연 인도네시아였던지라, 대회 보고 제목 (To further display the Bandung Spirit in Afro-Asian writers' movement)에서부터 반둥 정신이 한층 강조되고 있다. 여기에 보태면, 이 모임을 기록한 문건에서는 '타슈켄트 정신'이 한 번도 언급되지 않았음도 특기할 만하다.

회의 순서는 동일했다. AA 각국의 정치상황 보고와 문학상황 보고에 이어 상임국 활동을 보고했다. 그리고 ①모든 참가국들이 기관지 《콜》의 지속 발행에 적극적인 기여를 촉구 ②AA도서관의 조속한 설립을 위하여 책, 잡지, 신문 추천과 기증 부탁. 책 기증 시에는 짧은 내용 소개도 당부 ③AA도서관 건립과 문학사업을 위해 콜롬보에 상주하며 상임국의 재정적, 물질적 책임을 공유할 수 있는 대표단 파견 요청 ④상호 방문 강화 ⑤케네디정부의 문화정책 비판을 긴급 제안했다.

끝으로 사무총장이 직접 신신당부serious and sincere하고 있는 내용도 짚어본다.

반제국주의 목표를 달성하기 위해서는 AA 작가들은 더욱 단합해야 한다. (…) AA와 라틴아메리카, 그리고 평화를 사랑하는 모든 작가와 세계 인민은 강해져야 한다. 그래서 민족독립과 세계평화를 위한 반제국주의, 반식민주의 투쟁에 우리의 노력을 경주해야 한다. 다시 한 번 더 강조한다. 연대를 강화해야 할 필요성을 말하는 까닭은 제국주의자, 식민주의자 그리고 그 주구들이 다양한 방법으로 우리의 운동을 분열시키려고 하고 있기 때문이다. 그들의 수법은 반목의 씨를 뿌리고, 중상모략하는 것이다. 제국주의와 식민주의와 그들의 앞잡이에 대한 우리들의 저항의 결정적인 요소는 AA인민과 작가들의 연대다. 오늘, 우리는 시급하게 제국주의와 식민주의자의 공격과 책략을 분쇄하기 위하여 우리의 연대를 한층 더 강화할 필요가 있다.[76]

재차 연대와 단합의 필요성을 목 놓아 강조하는 가운데, 새로운 조직에 대한 설명과 지지가 눈에 띈다. 라틴아메리카가 언급된 것도 AA작가회의 문서 가운데 처음이다. 다음 발언은 더욱 흥미롭다.

역사상 최초로 자카르타에서 열린 AA언론인회의는 반둥 정신의 또 하나의 성취다. 우리는 이 회의를 개최함으로써 결정적인 승리를 일군 인도네시아 친구들에게 축하를 보낸다. (…) 우리는 이 회의가 AA인민의 반제국주의 단결 강화와 진보의 이정표라고 생각한다. 그리고 반둥 정신의 승리와 지속적인 발전의 증표이다. 세계의 '신흥세력'new emerging forces들의 진보는 또한 가네포 제안에서도 발견된다. 우리는 AA 인민연대, 민족해방, 사회진보, 세계평화의 강화를 위하여 1963년 11월 가네포 대회를 개최하기로 결정한 가네포 준비위원회의 결단에 전폭적인 지지를 표한다.[77]

AA언론인회의와 가네포도 언급되고 있는 것이다. 긴박감과 절박함이 묻어나는 데다가, 라틴아메리카를 보탠 AA와는 또 다른 신흥세력New Emerging Forces의 부상이 눈에 띄지 않을 수 없다. 그러고 보면 발리 회의에서 발표한 성명은 자그마치 23개에 달했다. "말레이시아 영토문제, 한국에서의 미 제국주의 군대 철수 요구, 재일조선인의 북조선 여행 자유화 촉구, 일본 항구에 미국의 핵잠수함 접근 비판, 한일회담 추진 비난, 쿠바혁명 지지"[78] 등 광범위하고 다양했다. AA작가회의 운동의 내부에서 무언가 중차대한 변화가 일어나고 있었다.[79]

회고와 폭로

자카르타에서 열릴 예정이던 제3차 AA작가회의는 끝내 무산되었다. 제3차 회의는 1967년에 가서야 이루어지고, 장소도 인도네시아가 아닌 레바논의 베이루트였다. 여기에는 상임국이 있던 실론은 물론이요 중국과 인도네시아도 불참했다. 아니 카이로에 또 다른 AA작가회의 상임국이 생겼다. 이 곡절과 파란을 기록한 두 건의 문헌이 있다. 하나는 콜롬보 상임국에서 발간한 《아시아·아프리카작가운동의 노선 투쟁The Struggle

Between The Two Lines in the Afro-Asian Writers' Movement》[80]이고, 다른 하나는 모스크바에서 발행한《투쟁과 승리의 길: 아시아·아프리카작가운동 25주년을 기하여Path of Struggle and Victories - 25th anniversary of the Afro-Asian Writers' Movement》[81]이다. 서로 다른 시각에서 AA작가운동의 역사를 복기하고 있는 것이다. 그 다른 목소리를 견주어본다.

모스크바의 회고

먼저 모스크바. 1983년 10월, 타슈켄트 회의 25주년 기념으로 발간한 책자이다. 필자가 구한 책의 속지에는 "영어와 프랑스어판으로 발간했다"고 기록되어 있다. 러시아어판의 존재는 확인되지 않는다. 대외용으로 만들어진 문건이었을지도 모르겠다. 서문에서 타슈켄트 이후 다섯 차례의 회의를 복기하고 있다. 1962년 카이로, 1967년 베이루트, 1970년 뉴델리, 1973년 알마아타(알마티), 1979년 루안다 순이다. "이 다섯 번의 AA작가회의를 통해 두 대륙 인민의 문화와 문학의 협동 정신, 즉 타슈켄트 정신을 고양했다"고 한다. 당장 눈에 띄는 것이 1961년 도쿄 긴급회의의 부재다.

AA작가회의운동의 의미 부여에도 소련의 인장이 뚜렷하게 새겨져 있다. 타슈켄트 회의 이후의 문학 발전은 "나치 독일과 군국주의 일본에 대한 소련의 승리뿐 아니라, 위대한 10월 사회주의혁명의 이념, 그리고 사회주의 사회 건설과 공산주의로 향한 소련의 성취에 영향을 받은 것"이라 한다. "20세기의 이 세 요소가 없었더라면 AA인민의 정치적 독립 획득과 식민주의 압제 시스템의 붕괴 또한 불가능했을지 모른다"는 것이다. 그러나 "세계에서 가장 힘찬 문학운동의 전진에는 난관도 있었다." "AA 작가들은 격렬한 이데올로기 및 정치적 투쟁을 거쳐 25주년에 이르렀"던 것이다.

소련이 재/정의하는 '타슈켄트 정신'이란 무엇인가. 소련과 동구의 선진 문화를 강조하던 1950년대 말의 논조는 크게 누그러들었다. 그 대신 "오리엔트 작가들뿐만이 아니라 5대륙의 모든 진보적 작가들의 우정과 연대의 정신"이라고 명기한다. 또 "AA작가운동에 반전反戰의 메시지를 주었다는 점"도 유달리 강조한다. 작가들에게 "새로운 전쟁의 위협을 알리고, 평화를 위한 투쟁에 적극적인 참여를 요청"했던 것이다. 더불어 타슈켄트 회의는 "AA 작가들과 소비에트 작가들의 우호적 만남의 발전에도 기여"했다. 이 회의가 열리기 2년 전, 즉 아시아작가회의가 열렸던 1956년에만 해도 "두 오리엔트 대륙에서는 불과 4명의 작가만이 소련을 방문했다." "소련은 타슈켄트 회의를 거치며 AA 작가들과의 전면적 접촉을 한층 적극적으로 도모하고, 그들의 작품을 소련에 소개하며, AA운동의 이념과 목적을 강화해야 할 것을 인식했다"는 것이다. 그들이 거듭 천명한 것은 평화에 대한 강조이다. "민족문화와 민족문학의 진정한 번영은 오로지 평화와 상호 이해 아래서만 가능"하기 때문이다.[82]

1961년을 기록한 대목에서 도쿄 긴급회의가 잠시 언급된다. 하지만 다분히 부정적이다. "불행히도 문학적 사안은 토론되지 않았다." 1962년 카이로에서 열린 준비위원회와 제2차 AA작가회의는 "AA작가운동의 험난한 새 단계의 시작"이었다. "운동에서 처음으로 극좌주의자들의 분열 행위에 처음으로 직면한 사례가 두 회의"였던 것이다. "이들은 준비위원회에서 유럽과 미국의 진보적 작가들과 유럽 사회주의 국가의 초청에 반대했다. 이는 '타슈켄트 정신'에 위반되며 AA작가운동의 근본 원리에도 위배된다. 이들은 또 터키·이란·말레이시아·타이 대표단의 초청도 거부했고, 터키의 저명한 공산주의 작가 나짐 히크메트Nazim Hikmet[83]의 대표단 인정도 거절했다."

모스크바의 회고에서도 카이로의 도서 전시회는 비중 있게 다뤄진다. "소련에서 번역하여 발간된 AA 작품들과 동방에 관한 소련 작가들의 작품을 진열해 상호 이해에 기여했다"고 한다. 또 "1959~1961년 사이에 AA에 관련된 629편의 작품, 총 2억5000만 부가 소련에서 발행되었다." 이 도서 전시회에 대한 중국 측 회고와 겹쳐보자면, AA의 마음을 사고자 하는 두 나라의 경쟁 무대였다는 느낌도 없지 않다.

이어 극좌파들에 대한 비판이 이어진다. "카이로 2차 회의부터 마오주의자들이 작가들의 단결을 해치고 AA작가운동의 발전을 훼방하는 발언을 했다. 사이비 혁명적 수사로 조직의 근간을 흔들고, 소련과 국제공산주의 운동 전체를 공격하기 위한 기회를 엿보았다. 이들은 발리 회의에서 소련에 대한 분열적이고 모략적인 투쟁을 본격화했다. 소련이 제국주의에 굴복했다고 날조하여, 평화공존의 이념을 악의적으로 왜곡했다." 이를 통해 "소련은 AA작가운동의 연대와 단합의 중요성을 실감하고 3차 회의에 대한 적극적인 준비에 나섰다. 'AA 작가와의 연대를 위한 소련 위원회'Soviet Committee for Ties with AA writers를 꾸린 것"이다. 이 "소련 위원회 회의가 처음 열린 것도 1964년 3월 타슈켄트"에서였다. "소련 작가와 AA 작가와의 관계 증진 방안을 논의한 것"이다.

반면 "콜롬보의 사무총장은 분열 행위를 지속했다." "정기적으로 예정된 집행위원회 회의도 1963~1966년 사이에 한 번도 열지 않았다. 오히려 1966년 봄에는 소위 상임국의 명의로 베이징에서 긴급회의를 연다고 발표했다. 이 회의에는 각 나라에서 특별한 권위가 없는 이들이 참여해 반소련 분열을 획책했다. 또 AA작가운동에서 소련의 영구 추방을 결의했다. 그러나 이러한 시도는 실패했다. 타슈켄트 정신은 강건했고, AA작가운동의 이념적 순수성과 단합은 튼튼했다. 베이징 긴급회의 이전에 카이로에서 특별

회의를 소집한 것이다. 카이로 회의는 사무총장의 분열 행위를 비난하고, 상임국의 카이로 이전을 결의했다. 그리고 AAPSO 사무총장인 유수프 알-시바이Yusuf Mohamed Al-Sibai[84]가 AA작가운동의 사무총장도 겸임할 것에 만장일치로 동의했다. 그리고 3차 AA작가회의를 자카르타가 아니라 베이루트에서 개최하기로 결정했다." 나아가 "소련은 번역 활동에 더욱 박차를 가하기로 했다. 소련 인민이 AA국가들과 그들의 민족해방운동에 친숙해져서 3차 AA작가회의의 성공적 준비에 기여할 수 있도록 하기 위해서"였다.

1966년 미하일 숄로호프Mikhail Sholokhov의 일본 방문도 강조한다. 그가 "1965년 노벨문학상을 수상한 이후 일본 독자들이 《고요한 돈강》의 작가를 만나고 싶어 했기 때문"이다. 3월 8일부터 28일까지의 방문으로 "아시아 국가에서 소련문학의 위상을 확인"했다. 칸다神田 고서점 거리의 풍경도 등장한다. "톨스토이, 체홉, 도스토예프스키, 고리키의 작품이 넘쳐나고 있었다." 고전뿐만이 아니다. "1930년대 일본 프롤레타리아문학에도 소련문학은 결정적 영향을 주었다." 그의 방문은 "러시아·소련문학을 애호하는 일본에 커다란 문학적 이벤트"였다.

"1967년은 하나의 이정표였다. 카이로로 이전한 새 상임국이 출범했다. 이로써 소련 작가와 AA 작가 간 교류는 더욱 긴밀해졌다. 이해에만 62명의 소련 작가가 15개 AA국가를 방문했다. 또 28개 AA국가에서 105명의 작가가 소련을 방문했다. 1966년에 견주어 3분의 1이 증가한 것이다." "1967년 베이루트의 제3차 AA작가회의는 AA작가운동의 단결을 회복하고 새 단계를 천명했다. 기관지는 계간지로 발간하기로 하고, 국제문학상도 제정하기로 했다." 계간지는 1968년부터 발간이 시작되어, 6호부터 그 제호를 《로터스》로 변경했다. 영어, 프랑스어, 아랍어의 세 언어로 발행했다. 1969

년부터 로터스상 수상작을 선정했다. 이에 대한 작가들의 관심으로 "AA작가운동의 질적 전환을 이끌었다"고 평가한다.

1973년 제4차 AA작가회의는 다시 소련에서 열렸다. 카자흐스탄 알마아타에서 개최한 것이다. 9월 4일부터 9일까지 열린 이 회의는 역대 최대 규모였다. 한데 이 회의 성명에서 유난히 눈에 띄는 대목이 있다. "소련의 아시아 집단안전보장을 지지"한다는 내용이다. 1973년은 닉슨-마오의 회동 이듬해였다.

이렇게 소련의 회고를 바탕으로 정리하면, 1967년 이래 카이로 상임국이 주도한 AA작가회의란 소련의 문화냉전을 담당하는 국제기구에 가까워 보인다. 미국, 중국과 제3세계에서 경합하는 방편이었던 것이다. 그렇다면 미중 간 반소 연합이 형성되고 남북 간 긴장이 고조되고 있던 1975년, 김지하에게 로터스상을 안겨준 카이로 상임국과 그 막후에 있던 소련의 복심腹心이란 참으로 미묘한 것이 아닐 수 없다.[85]

콜롬보의 폭로

모스크바의 기록이 회고라면 콜롬보의 기록은 폭로에 가깝다. 이 책자는 "1968년 10월로 10주년을 맞이한 AA작가운동을 기념하고, 상임국과 AA작가운동이 거둔 승리의 과정을 기록하기 위해서 발간"되었다. 그 핵심은 "소련의 현대 수정주의가 추동하는 굴복에 맞선 지난 10년의 지속적 투쟁"이다.

우선 1968년 상황부터 거론하고 있다. "베트남전쟁을 비롯하여 미국을 첨병으로 하는 제국주의에 맞선 세계혁명이 진행 중임에도, 소련 도당은 체코의 '프라하의 봄'을 압살한 것에서 드러나듯 수정주의 행보를 지속하고 있다." 즉 "사회제국주의와 사회주의 파시스트의 속성을 완전히 드러내면서 수정주의는 파산했다." "그에 반해 중국의 문화대혁명은 세계 인민의 저항을 추동하는 영감이 되어주고 있다."

기실 "AA작가운동 내부에는 **처음부터**(원문 강조) 근본적인 노선 대립이 있었다. 소련이 민족해방전쟁의 불씨를 끄려고 부단한 방해공작을 했기 때문이다. 1958년 당시 AA작가회의가 출범했을 때부터 그러했다. 소련은 AA의 해방투쟁이 아니라 미소 간 회담에 집중했다. 모스크바 준비모임에서부터, 소련은 인도의 반동파를 부추겨 AA작가운동의 '반제국주의' 조항을 변경할 것을 시도했다. 인도 대표가 초안에서 언급되었던 반제국주의·반식민주의에 이의를 제기하면서, '정치가 아니라 문학만 논의'하자는 구실을 대었던 것이다. 그러나 이 요구는 AA의 혁명적·진보적 세력에 의해 거부당했다."

"그럼에도 소련의 방해공작은 멈추지 않았다. 타슈켄트 회의 개막식에서, 이 회의는 '자신들의 '평화공존' '평화 협력' 정책에 부합하는 도구가 되어야 한다'고 천명한 것이다. 개막식을 주재했던 샤로프 라시도프Sharof Rashidov는, AA인민의 평화 염원이 이 회의의 중심이라며 '동서의 문화 교류'를 강조했다. 그리고 AA 작가들에게도 미국과 유럽에서 배울 것을 요구했다. 이렇게 소련은 동서의 '평화' '협력' '교류'로 AA인민들의 반제·반식민주의 투쟁을 무시했다"는 것이다. "이는 민족해방전쟁이 지속되고 있는 상황에서 투쟁을 멈추고 제국주의에 투항하라고 요구한 것과 다름없다." 상임국이 콜롬보에 설치된 것에도 막후 대결이 있었던 것으로 보인다. "전투적인 투쟁을 거쳐 '소련 수정주의의 방해 공작이 실패'한 근거로 콜롬보 상임국 개설"을 들고 있기 때문이다.

실제로 1961년 사무총장으로 선출된 세나나야케는 민족해방노선을 한층 고취했다. 곧장 미일안보조약에 반대하는 안보투쟁을 지원하기 위한 도교 긴급회의가 소집된 것이다. 상임국 다수가 동의했는데, 그 사이 수정주의로 더 내달린 소련만은 '불필요하다'고 주장했다. 즉 1961년 도쿄에서 개최된 긴급회의 또한 소련의 반대를 누르고 성사시킨 것이다. 이듬해 제2차 카이로 회의에서는 더욱 치열한 노선투쟁이 일어났다. 준비위원회의 결정을 무시하고 터키의 반동적인 시인을 위촉하려다 무산된 것을 비롯해, 결의문 초안 토론 때도 소련은 반제국주의 문구가 과도하고 정치적 수사의 동어반복이 심하다며 이를 축소하려고 들었다. 그럼에도 초안이 원안대로 상임국에서 승인되면서 소련의 기도는 다시금 실패하게 된다. 단지 '전쟁은 더 이상 불가피하지 않다'라는 문구만이 삽입되었을 뿐이다. 물론 소련도 집요했다. 본회의 기간 동안 다시 '평화공존' '군축'disarmament 등 수정주의적 주장이 선언에 포함되도록 애쓰는 한편, 같은 해 여름 모스크바에서 열리는 '세계평화와 전면적 군축 회의'World Peace and Total Disarmament Conference를 지지하는 조항도 삽입하려고 했다. 이 모스크바 회동 또한 미소 간 '평화공존'을 도모하는 회의였다. 따라서 소련은 AA작가회의 선언문에 미국을 비난하는 내용도 포함되지 않도록 노력을 경주했다. 그러나 이 모든 시도와 음모는 진보적인 AA 작가들에 의해 분쇄되었다. 미국 제국주의를 비난하는 최종 결의문이 채택되면서, "AA작가회의는 면전에서 소련 수정주의자들의 뺨을 갈긴 것이라고 평가"하고 있다.

"카이로 회의 이후 개최된 상임국 회의에서도 소련의 방해공작은 지속되었다. 주요 사업으로 부각된 번역의 경우에도 저작들로만 한정해야 한다고 주장한 것"이다. 왜일까? "에세이와 평론 등 주로 신문과 잡지에 기고하는 혁명적 작가들을 배제하려는 의도였다." 나아가 "상임국에도 국제번역기구International Translation Association, ITA에 협조할 것을 제안"했다. 반면 "콜롬보 상임국은 ITA를 미 제국주의의 도구인 유네스코가 지배하는 단체라고 간주"했다. 소련에 보조를 맞춘 것은 인도였다. 인도 대표는 '삶은 정치적 투쟁만이 아니다. 훨씬 폭넓은 것이다'라며 소련을 지원사격했다.

"이 모든 시도들이 실패하자 소련과 인도는 상임국 조직 운영 문제를 제기했다. 모든 상임국 구성원들이 콜롬보에 있어야 한다는 것에 반대 의사를 표명하고, 셋만 있으면 충분하다고 주장했다. 나아가 사무총장의 동의 없이 상임국 회의에 초대받지 않은 사람을 '편집자'로 개입시키려고도 했다. 하나 이 또한 사무총장이 '우리를 돕는다는 명목으로 우리 사업을 더욱 어렵게 만드는 참관인이 오는 것을 막아야 한다'고 저항하면서 분쇄되었다. 1962년 10월의 상임국 회의 또한 AA운동이 소련 수정주의에 일격을 가한 것"이라는 주장이다. 콜롬보 상임국 문건은 이후의 상황을 다음과 같이 복기한다.

1963년 7월, 자카르타의 상임국 회동과 곧이어 발리에서 개최된 집행위원회에서도 갈등은 지속되었다. 소련은 '새로운 세계대전을 막는 것이 우리 시대의 가장 중요한 정치적 과제'라고 주장하며, 사회 체제, 정치적 신념, 문화적 차이와 상관없이 공존하고 협력해야 함을 역설했다. 그러나 상임국, 집행위원회 모임 모두 미국 주도의 제국주의에 대한 투쟁과 저항을 강조함으로써, 소련의 수정주의적 방해 공작은 재차 실패하고 말았다. 그때부터 소련은 공개적으로 사무총장과 상임국을 비난하기 시작했다. 나아가 상임국의 전복을 기도하기 시작했다. AA작가운동의 결정적 분기점이었다.

1963년 이후, 소련은 미국·영국과 핵무기 테스트 금지 조약을 체결한다. '평화 공존'의 명분하에 그들의 핵 독점권을 유지하고 중국을 견제하기 위해서다. 베트남전쟁에 대한 태도 역시 문제였다. 1966년 AA 작가들은 미 제국의 범죄 행위를 규탄하고 베트남 인민의 영웅적 투쟁을 지원하기 위한 하노이 긴급회의를 요청했다. 그러나 긴급회의 개최를 위한 준비 작업이 진행되는 와중에, 소련은 분열적이고 불법적인 또 다른 회의를 요청했다. 1966년 6월 '한 줌의 수정주의 작가들'이 카이로에 모여, 사무총장과 상임국을 욕보이는 월권을 행사한 것이다. 그리고 7월 불법적인 '상임국' 회의가 카이로에서 개최된다. 또 다른 분열주의적 회의가 아제르바이잔 바쿠(1966년 9월 2일)에서 열리고, 카이로에서는 불법적인 '3차 회의'를 위한 준비 모임도 열린다. 1967년 3월 베이루트에서 개최된 '제3차 AA작가회의'이다.

바쿠 회의 이후 AA작가회의의 선언문에는 AA의 민족해방투쟁을 지지한다는 문장이 하나도 없다. (…) 미국이 주도하는 제국주의를 비판하는 문장 또한 한 줄도 없다. (…) 소련은 베트남의 반미 투쟁을 지지한다는 언급을 하지 않았다. 1967년 이스라엘의 아랍 공격에도 소련은 이스라엘을 비난하지 않았다. 나아가 유네스코에 제3차 AA작가회의를 지원하는 자금을 요청하기로 결정한다. '소련 수정주의 문학의 영도자' 미하일 숄로호프는, 공개적으로 미국과 상호 방문할 수 있도록 요청하며 서로 싸우거나 논쟁할 것이 없다고 말했다. 시인 예브투셴코Yevgeni Yevtushenko는 미국과 '같은 운명을 공유'한다며, 사전에서 '양키'라는 단어도 영원히 없애야 한다고 주장했다. 실제로 그는 1967년 미국을 방문하여 케네디 무덤을 찾아가 조애를 표하기도 했다. 일리야 에렌부르크Ilya Ehrenburg는 미국 지배계급이 '진보를 성취했다'며, '미국을 모르면, 우리의 세기를 이해할 수 없다'고 주장하기도 했다.

그와 대조적으로 혁명적 AA 작가들은 위대한 반미·반제국주의 투쟁을 지속했다. 특히 베트남의 반미 투쟁을 지지했다. 상임국은 1966년 하노이를 대신하여 베이징 긴급회의를 소집했다. 53개국에서 161명이 참가하여 베트남 전쟁의 전폭적인 지원을 다짐했다. 그리고 중국의 문화대혁명이 세계혁명에 미치는 충격을 열렬히 상찬했다. 나아가 미국 주도의 제국주의에 저항하는 30개의 성명을 발표했다. 그리고 분열주의적 소련의 모든 권리와 지위를 AA 상임국에서 영구히 박탈한다고 선언했다.

상임국은 1966년 11월과 12월에 걸쳐 AA 투어에 나섰다. 콜롬보 상임국에 대한 지지와 제3차 AA작가회의의 중국 개최에 대한 지지를 확보하기 위해서였다. 상임국은 1967년 5월 31일부터 6월 5일까지 옌안문예강화 25주년 국제세미나를 개최키로 결정했다. 34개 국가에서 참여한 이 회의에서 AA작가들은 마오쩌둥사상의 국제적 의의를 강조했다.

이렇게 보자면 콜롬보 상임국 또한 중국풍이 농후한 또 다른 문화냉전 기구로 화하고 있었다고 하겠다. 미국만큼이나 소련과도 척을 지면서 말이다.

AA의 분열: 반동 정신과 타슈켄트 정신

1965년 알제리에서 준비 중이던 제2차 AA작가회의는 개최 직전 쿠데타로 유실되었다. 간소한 행사라도 가질 것을 요청했던 저우언라이는 공항에 머물다 발길을 돌렸다. 대신 반둥에서 반둥회의 10주년 기념 행사가 열렸다. 여기에는 저우언라이와 김일성, 호찌민이 참가했다. 이 셋과 나란히 선 사람은 수카르노였다. 10년 전의 주역, 네루는 없었다. 인도는 이미 비동맹운동으로 이탈했기 때문이다. 즉 비동맹도 아니요, 소련을 정점으로 삼는 사회주의 국제주의와도 선을 긋는 '(동)아시아 사회주의'가 전면에 부상한 것이다. 1966년은 결정적 분수령이었다. AA작가운동이 끝내 둘로 분기한 것이다. 이 분열은 중소분쟁의 복제였다. 카이로는 모스크바에 충성했고, 콜롬보는 베이징을 북극성으로 삼았다. 이로써 각기 별개의 거점을 둔, 두 개의 AA작가운동이 대립하게 된 것이다. 우연의 일치던가. 1966년 타슈켄트에서는 전례 없는 대지진이 일어났다. 7.5도의 강진을 비롯해 한 해에만 700여 회의 크고 작은 여진이 일었다. 3만6000동의 건물이 무너지고, 7만5000명의 이재민이 발생한 국가적인 재난이었다. 1958년 타슈켄트 회의에 참여했던 중국의 한 시인이 "동방東方의 풍정이 농염한 도시"[86]로 추억했던 풍경 또한 극적으로 사라졌다. 그 후 타슈켄트는 소련의 복구 사업으로 재건된 동구東歐형 사회주의 계획도시로 탈바꿈한다. '포도원 결의'가 좌초된 것이다.

돌아보면 '타슈켄트 정신'부터 복병이었다. 소련은 동서 교류를 통한 평화공존을 위해 AA를 관리하고자 했다. 이때의 동서란 동구와 서구에 가깝다. 그러나 중국을 축으로 한 또 다른 세력은 그 동서 구도 자체를 허물고자 했다. 전자가 미소가 주도하는 냉전 구도를 고수하는 문화냉전의 일환으로 AA작가회의를 다루었다면, 후자는 미소 냉전 구도를 교란하는 탈냉전의 지향을 강하게 품고 있었다. 즉 전자의 화두가 미소 간 전쟁을 무마하는 '반전'反戰이었다면, 후자는 그 '반전'으로 지속되는 냉전 구도를 '반전'反轉시키고자 했다. 동구에서 이탈한 동방이 표출된 것이다. 고쳐 말해, 타슈켄트 정신에 도전하는 반둥 정신의 심화이자 확대였다 하겠다. 요컨대 AA의 분열은 반둥 정신과 타슈켄트 정신의 길항, 동방과 동구의 대결이기도 했던 것이다. (동)아시아와 (동)유럽의 길항 속에서 이제 관건은 아프리카와 라틴아메리카를 아우른 제3세계였다. 쿠바혁명의 지지 성명을 발표한 발리 회의에서부터 '신흥세력'New Emerging Forces이라는 신조어가 등장했던 까닭이기도 하다.

콜롬보의 유산:
옌안의 세계화, 세계의 동방화

이제 콜롬보 상임국의 유산을 살펴보자. 두 개의 상임국으로 갈라지면서 양쪽의 출판 사업은 아연 활기를 띠기 시작했다. 상임국과 기관지의 분화가 출판 경쟁을 촉발했던 것이다. 지지부진하던 콜롬보 상임국의 AA총서가 집중적으로 출간되는 시점 또한 1960년대 후반기이다. AA 내부의, 중소 간의, 동구와 동방 간의 치열한 문화냉전의 소산이었다고 하겠다.

콜롬보에서 간행한 단행본은 총 13권이다. 콜롬보에서 영어로 출간하면, 개별 국가가 자국어로 번역하는 방식을 취했다.[87] 1963년 가장 먼저 발간된 《AA시집》은 당초엔 연속 기획물이었다. 그러나 사무총장의 거듭된 촉구만큼이나 진척은 더디었던 것으로 보인다. 결국 1966년에 《네팔 시선》이 한 권 더 나왔을 뿐이다. 이 네팔 시집만 해도 이념적 색채는 옅었다. 불교 등 전통 종교에 기반한 서정성이 두드러졌다.

콜롬보의 노선이 선명해진 것은 1965년 소설이 출간되면서이다. 한창 전쟁 중인 베트남 작품이 연달아 출판되었다. 《그가 살아간 길The way he lived》은 반미투쟁의 영웅이었던 응우옌반쪼이Nguyen Van Troi의 실화를 미망인의 구술을 바탕 삼아 그려낸 작품이다. 이 번역물이 기폭제가 되었던 것일까. 그의 명성은 지금껏 제3세계에 널리 퍼져 있다. 오늘날 쿠바를 상징하는 대형 경기장의 이름도 응우옌반쪼이 스타디움이다. 지금도 하노이 시내에는 쪼이 대로가 도심을 가로지르고 있다. 《죽지 않는 마을The village that wouldn't die》은 1956년 베트남작가상 수상작으로, 베트남을 대표하는 응우옌응옥Nguyen Ngoc의 첫 번째 작품이다. 두 작품 모두 격화되고 있던 베트남 전쟁을 지원하고 반제·반미의식을 고취하는 운동 차원에서 출판된 것이라고 하겠다. 아울러 베트남전쟁에 소극적이었던 소련에 대한 비판도 일정하게 내장하고 있었을 법하다.

1967년에는 번역물이 쏟아졌다. 먼저 중국 작품 네 편이 동시에 번역되었다. 장르 또한 '모범적 경극'Model Peking Opera으로 동일하다. 중국의 양판희樣板戲, 즉 '혁명모범극'들이 소개된 것이다. 〈The red lantern〉은 〈홍등기〉를, 〈Shachiapang〉은 〈사가빈沙家濱〉을, 〈Taking the bandits' stronghold〉는 〈지취위호산智取威虎山〉을, 〈Raid on the White Tiger Regiment〉는 〈기습백호단奇襲白虎團〉을 번역한 것이다.

개별 작품들의 면면을 살펴보자. 모범극의 대표작이라고 할 수 있는 〈홍등기〉는, 1962년 장춘영화제작소에서 만든 영화 〈자유후래인自有後來人〉을 개작한 것이다. 중일전쟁 기간에 일본군에 맞서서 지하투쟁을 벌이다 희생되는 철도원 리위허李玉和와 그 모친과 딸의 가족 이야기이다. 〈사가빈〉은 추이쭤푸崔左夫의 혁명회고록을 바탕으로 구성된 작품이다. 일본군 치하에서 찻집 주인으로 행세하며 비밀투쟁을 벌이던 지하첩보원 아칭 아주머니阿慶嫂가 부상당한 신사군 병사를 구출하고 일본군 앞잡이를 물리친다는 내용이다. 〈지취위호산〉은 1958년 상하이 경극단이 장편소설 〈임해설원林海雪原〉을 경극으로 각색한 것이다. 배경은 국공내전이 한창이던 1946년 겨울로, 인민해방군 정찰 소대장 양쯔룽楊子榮을 비롯한 36명의 공산당 병사들이 중국 남부에 있는 국민당 요새로 위장 침투하여 주력부대와 비적 일당을 섬멸하는 내용이다. 〈기습백호단〉은 한국전쟁을 배경으로 삼은 작품이다. 중국인민지원군 정찰소대장 옌웨이차이嚴偉才와 조선인민군

한대년韓大年이 주민의 협조 아래, 한국군의 아성인 백호부대 지휘부를 기습하여 분쇄하는 내용이다. 이 작품은 중국인민지원군 경극단이 귀국을 준비할 때, 저우언라이가 참전 경험에 바탕한 경극 제작을 권유하면서 구상되었다고 한다. 그래서 귀국하기 전 북조선에서 먼저 공연을 펼치기도 했다. 그 후 산동성 경극단에서 작품을 재구성해 완성한 것이 〈기습백호단〉이다.

이렇게 보자면, 〈홍등기〉와 〈사가빈〉은 중일전쟁기를, 〈지취위호산〉은 국공내전기를, 〈기습백호단〉은 한국전쟁기를 다룬 작품이라 하겠다. 일본·국민당·미국과 중국의 대결을 경극의 소재로 삼은 것이다. 즉 시기별 차이는 있으되, 모두 적과의 투쟁을 골간으로 삼는 작품들이며, 그 투쟁이란 중국공산당이 직접 수행하거나 지도함으로써 승리한다는 공통점을 가지고 있다. 그렇다면 콜롬보는 동방의 범위를 넘어서 제3세계를 향해 '중화 사회주의'의 확산을 도모하는 중국판 문화냉전의 대외 창구이기도 했던 셈이다.

실제로 이 네 권의 책은 1967년 베이징 긴급회의와 옌안문예강화 25주년 기념회의에 맞춰 기관지《콜》의 특별호와 함께 번역되었다.《콜》특별호는 30~40쪽가량의 여느 호와는 달리 120쪽에 달하는 파격적인 분량으로 채워졌다. 그러나 내용까지 충실해졌다고 말하기는 힘들다. 늘어난 지면 곳곳을 메우고 있는 것은 마오 어록이기 때문이다. 100쪽이 넘는《콜》특별호의 지면을 보고 있노라면 중국공산당이 AA를 아울러 세계혁명을 진두지휘하고 있다는 인상이 여실하다. 중국공산당의 혁명 영도가 AA를 아우른 전 세계로 확장되(도록 도모하)고 있음을 간취할 수 있는 것이다. 옌안으로부터 중국혁명이 시작되었듯, 중국을 재차 '옌안화'함으로써 이번에는 세계혁명의 대장정에 나서고 있는 셈이다. 그 중국발 세계혁명이라 함

1967년 AA작가회의 베이징 긴급회의에서 참석자들과 만난 마오쩌둥. 아래 사진은 긴급회의장 전경.

은 곧 문화대혁명이었다. 네 편이나 번역된 양판희 또한 문화대혁명의 상징이었던 것이다.[88] 즉 AA운동과 문화대혁명은 공진화하고 있었다.

콜롬보에서 이들 작품을 번역한 1967년,《인민일보》는 5월 31일 사설〈혁명문예의 우수양판革命文藝的優秀樣板〉을 발표했다. 이 또한 마오의 옌안문예강화 25주년을 기념한 문장으로, 이 무렵 혁명모범극은 베이징에서만 37일간 218회나 공연되었다고 한다.《인민일보》사설이 발표되고 닷새가 지난 6월 5일에 옌안문예강화 25주년 AA작가회의 기념 세미나가 열리고, 콜롬보 상임국은 이 회의록을 곧바로 영역 출판한다. 즉 베이징과 콜롬보는 긴밀하게 행보를 같이했던 것이다. 나아가 사무총장 세나나야케는 1967년 직접 AA총서 중 한 권을 집필하기도 했다.《티베트의 내막Inside story of Tibet》이다. 당시의 베이징과 콜롬보의 관계를 생각하면 그가 묘사하는 티베트의 실상은 넉넉히 짐작된다고 하겠다. 미국 CIA의 지원을 받는 티베트 반군 세력을 격렬하게 비판하고, 신중국에 의한 티베트 해방의 가치를 옹호했다.

《요원의 불길Prairie Fire》도 1967년에 발간한 책이다. 책을 펼치면 역자의 언급이 눈에 띈다. 같은 해 9월 베이징 공연의 일본어 대본을 번역한 것이라고 한다. 당시 중국의 수도에서 일본의 극단이 연극 공연을 했던 것이다. 어떤 극단이었을까? 이름은 하구루마자はぐるま座이며, 야마구치현에 본부를 두고 전국적으로 활동했던 연극 단체였다. 베이징 공연 작품의 일본어 원제는 〈들불: 치치부 봉기록野火: 秩父蜂起錄〉이다. 메이지유신 무렵의 민중봉기를 극화한 작품으로 각본은 모로이 죠지諸井條次가 썼고, 연출은 히가사 요시히사日笠世志久가 했다. 하구루마자 극단은《문예전사文芸戦士》라는 기관지도 발행했다. 제호에서부터 물씬 풍기듯 마오이스트 연극단이었다. 1952년 4월 설립되었는데, '인민에 봉사하고, 인민과 함께'를 근

본정신으로 삼는 '인민극단'으로 창설된 것이다. 모로이[89]와 히가시[90]는 극단 창립의 주역이기도 했다.

중소분쟁의 파장은 이 극단에도 미쳤다. 1966년 하구루마자는 '반 수정주의 결기'反修決起를 내세우고, 인민의 생활과 더불어 실천하는 연극의 창조와 보급을 위하여 농촌과 탄광으로 투신한다. 12월 29일에는 극단 내 노선 대립 끝에 친소를 지향하는 일본 공산당계 단원 9명이 제명되었다. 즉 1967년 베이징 공연은 전년도의 내부 투쟁이 정리되고 이루어진 중국 방문의 산물이었던 것이다. 극단은 1971년에도 방중하는데, 이때는 궈모뤄가 직접 시를 헌사하기도 했단다. 1977년 친중 노선을 고수했던 창립자 모로이와 히가사가 은퇴하면서 하구루마자 극단의 전성기도 막을 내리게 된다.[91]

〈요원의 불길〉에는 이노우에 키요시井上清[92]의 영문 해설도 있다. 드물게 작품의 역사적 배경을 설명하고 있는 글이다. 치치부 봉기의 좌절을 메이지 일본의 향방과 연결 지어 언급하는 대목이 흥미롭다. 민중 봉기의 실패로 일본 자본주의는 천황제와 결부되어 발전하게 되었다는 것, 즉 내부로는 자유민권운동을 억압하고, 외부로는 조선과 중국에 대한 침략으로 나아갔다는 것, 결국 이런 방식으로 아니 이런 방식만으로 일본제국은 이른바 '근대화'와 '산업화'를 성취할 수 있었다는 것이다. 일본의 안과 밖을 억압하며 성취한 근대화를 강조하는 것은, 당시 AA의 신생국가들에게, 미국의 제국주의자들은 '근대화'를 위한 유일한 길로써 일본을 제시하고 있었기 때문이다. 제3세계 근대화의 모델로 일본을 한껏 추켜세웠던 것이다. 그럼에도 이노우에는 작품의 해설을 통해 AA는 일본과는 다른 길을 걸어야 함을 역설하고 있던 것이다. 콜롬보에서 이 작품이 번역된 까닭이라고도 하겠다.[93]

1968년에는 또 다른 시집《마오의 길을 택한 인도네시아인들Indonesian People Take Mao Tse-tung's Road》이 발간되었다.《네팔 시선》과 견주어 제목부터 판이하다. 시집은 크게 두 부분으로 나뉜다. 전편은 "A Firm Conviction"(확고한 신념)으로 마오쩌둥을 칭송하는 인도네시아 시인들의 시편으로 빼곡하다. 대저 1966년과 1967년의 작품이다. 라스지드Rasjid A. L.가 쓴 〈마오 주석과의 만남Meeting Chairman Mao〉은 우한에서 마오를 접견한 내용을 그리고 있다. 중국의 고유 지역명이 드러나는 또 하나의 시편은 무이드P.H. Muid의 〈옌안Yenan〉이다. 이 시의 마지막 연을 번역해보면 이렇다. "옌안! 너의 길은 영광이어라. 너는 아시아와 아프리카의 길이며, 너는 세계 전 인류의 길이다. 옌안의 불꽃이 영원하기를, 마오의 사상이 영원하기를."

후반부의 제목은 "A Single Spark"(하나의 불꽃)이다. 1965년 쿠데타로 등장한 수하르토 정권에 대한 저항을 그린 시편들이다. 이 저항시들 또한 마오의 옌안문예강화에 의거해 집필한 것이다. 책 전체를 관통하여 마오쩌둥이 전면에 드러나고 있는 셈이다. 이 시인들은 누구일까? 대저 '레크라' Lekra에서 활동한 이들이다. 레크라는 수카르노 시기의 대표적인 좌파 문화운동 조직이다. 인도네시아공산당과 긴밀한 연계를 맺으며 신생 인도네시아의 문학·문화 재건을 위해 투신한 문학예술인 단체라 하겠다. 이들의 활동을 헤아리기 위해서는 조금 더 폭넓은 지평에서의 고찰이 필요하다. 잠시 인도네시아 현대사로 우회한다.[94]

1945년 8월, 인도네시아는 독립을 선포했다. 그러나 식민 모국 네덜란드가 물러난 것은 그로부터 4년이 지난 1949년이다. 공교롭게도 중화인민공화국이 들어선 해이기도 하다. 실제로 동북아 최대 국가인 중국과 동남아 최대 국가인 인도네시아는 AA운동을 비롯하여 전후 동아시아와 세계질서 재편에 보조를 같이했던 바 크다. 하나 그 상호 간 영향은 비대칭이었다. 대륙에서 바다로 바람이 불어간 것이다. 가령 1950년대 인도네시아 문학계에서는 이른바 '문학 위기' 논쟁이 일어난다. 신국가 건설에 버금가는 새로운 문화 정체성을 세워야 할 것인데, 그 작업이 지지부진하다는 위기의식의 발로였다. 그러면서 주목하게 된 나라가 중국이었다. 중국의 문예이론과 실천이 선택적으로 수용되기 시작한 것이다. 물론 이 과정은 문학인들로만 한정해 설명할 수 있는 현상이 아니다. 집권자인 수카르노부터가 중국에 무척 우호적이었기 때문이다. 수카르노는 일찍부터 범아시아주의를 고수해온 인물로, 아시아 문제의 해결은 아시아의 방식으로 이루어져야 함을 강조했다. AA운동의 발상지가 인도네시아 반둥이었던 까닭도 그의 사상과 무연치 않은 것이다. 기실 수카르노의 '교도 민주주의'guided democracy부터가 중국의 '신민주주의'의 영향이 지대했다.[95] 그리고 이 '교도 민주주의' 시대(1959~1965)를 통해 중국의 문예이론이 인도네시아 문인들에게 큰 영향을 미친 것이다.

중국 또한 동남아의 대국인 인도네시아에 큰 관심을 표명하며, 대중국 인식을 증진시키는 효과적 방법으로 문화외교에 주목했다. 자카르타 중국 대사관과 베이징의 외국어출판사the Foreign Languages Press가 핵심 기관이었다. 이러한 중국의 문화외교에 호응하여, 인도네시아에서도 '동방적' 전통에 기반한 문화 정체성 재건을 주창하게 된 것이다. 이로써 중국의 문화·문학 사상이 인도네시아에 널리 전파될 수 있었다.[96]

레크라와 전후 인도네시아 지성을 상징하는 작가로 프라무디아 아난타 투르Pramoedya Ananta Toer가 있다. 신중국과의 조우를 통해서 사회주의 리얼리즘으로 '전향'한 인물이다. 그가 처음 중국을 방문한 시점도 의미심장하다. 반둥회의 이듬해인 1956년이다. 마오둔, 저우양, 바진, 양숴 등 AA

작가운동에 참여했던 작가들과도 친분을 쌓았다. 그들과 문학과 정치에 대해 토론하면서 작가적 변신을 감행하게 된 것이다. 즉 그의 정치적 성향, 문학적 실천, 미학적 관점에 일대 변화가 일어난 셈이다. 그러면서 중국 현대문학의 뿌리인 루쉰을 발견하게 되고, 그와 더불어 마오의 옌안문예강화

1956년 베이징에서 열린 루쉰 20주기 기념식에 참석한 프라무디아.

에도 공감하게 된다. 중국을 두 번째 방문하고 온 1959년에는 레크라의 핵심간부로 선출되고, 기관지였던 《른트라Lentera》(등불)의 편집장도 맡게 된다. 즉 루쉰과 마오와의 만남을 통해 '교도 민주주의' 시대를 문화적으로 이끌어가는 걸출한 좌파문학 운동가로 성장한 것이다.[97]

1969년에 출간된 마지막 단행본은 미국 작가 로버트 윌리엄스Robert F. Williams[98]에 관한 것이다. 그는 비폭력 평화운동을 고수하는 마틴 루터 킹과 논쟁하며 흑인들의 무장투쟁을 옹호했던 인물이다. 나아가 1964년 중국의 핵실험을 축하하고, 1965년 하노이를 방문해 무장투쟁을 지지하기도 했다. 그래서 중국 정부의 극진한 대접을 받으며 문화대혁명을 지켜볼 수 있었다. '붉은 중국과 검은 마오이즘'의 결합이라 함직한데, 실제로 1960년대부터 중국의 각종 포스터와 엽서에도 흑인들이 대거 등장하기 시작했다. AA작가운동의 위상에 걸맞게 아프리카를 적극 품었던 것이다. 실제로 적잖은 아프리카 학생들이 베이징에서 유학하기도 했다. 미국은 물론이요 소

1960년대 중국의 포스터와 엽서들. 상단 왼쪽부터 AALA 인민들의 중국혁명군박물관 관람 (1964), 《마오 어록》을 읽고 있는 아프리카 인민들(1968), "전 세계 인민의 미 제국주의 반대 투쟁 필승!" 표어와 AALA 인민들(1965), 중국산 트랙터 앞에서 촬영하는 아프리카 인민들(1975). 포스터 아래 표어는 "독립자주 자력갱생"이라는 뜻이다.

련의 '적색 제국주의'와도 대결하면서, 인종주의적 지정학이 발동하고 있던 것이다.

이처럼 콜롬보의 유산은 중국풍이 농후했다. 옌안에서 발원한 '중국 특색의' 세계혁명을 전파하며 서구와 동구에 맞서 '동방(불패)'의 기세를 선전하는 인도양의 창구였던 것이다. 따라서 냉전기의 중국을 봉쇄와 고립으로만 이해하는 것은 몹시도 일면적이다. 중국의 영향력이 (동)아시아를 뛰어넘어 전 세계로 확산된 것이야말로 이 무렵이기 때문이다. 그 효과 또한 지역마다 달랐다. 제1세계에서는 68혁명을 추동하며 서구의 정체성을 탈구축하는 포스트모더니즘을 촉발했다면[99], 제3세계에서는 무장투쟁으로 반미·반제, 반소·반수(정)의 새로운 정체성 재건의 역할모델[100]을 제시했다. 양자를 아우르면 곧 옌안의 문무 양대 전선이 뚜렷해진다. '옌안의 세계화, 세계의 동방화'라고 할 수 있지 않을까.

AA문학, 세계문학, 동방문학

지금까지 AA작가회의의 역사를 살펴보았다. 콜롬보와 카이로가 분화해가는 사정을 복기하고, 콜롬보의 역할과 유산 또한 확인했다. 끝으로 AA작가회의의 풍파를 반영하고 있던 중국 국내 동향을 간략히 일별하는 것으로 마무리를 대신하려고 한다. 중국작가협회가 발행하던 번역문학 전문잡지 《역문譯文》을 통해 AA작가회의운동이 중국 내부에 끼친 영향을 반추해보는 것이다.

1949년 신중국 성립과 함께 '소련 일변도'를 국책으로 확립했던 것처럼,

문학장에서의 국제 활동과 문화 교류 또한 사회주의 일변도로 진행되었다. 소련을 정점으로 한 동구 사회주의진영과의 활동이 주선율이었던 것이다. 반둥회의(1955)가 기존의 정책을 수정하여 AA로의 선회를 가능케 했던 것처럼, 아시아작가회의(1956) 또한 중국문인들에게 한층 폭넓은 교류망을 제공해주었다. 가령 뉴델리에서 이뤄진 마오둔의 공식 연설을 보노라면 중국문학과 세계문학의 관계를 논하면서도, 당시 국내에서 발표한 문장들처럼 소련문학을 표 나게 드러내지 않고 있음이 눈에 띈다. "우리는 세계 각국의 문학을 좋아하고 존중합니다. 세계 각국의 아름다운 문학 전통을 배우는 것은 5·4 이래로 줄곧 이어진 우리들의 주된 사업입니다."[101] 나아가 그는 "최근 6~7년 사이", 즉 신중국 건국 이후에, "외국문학 특히 구미와 인도·일본 등 아시아문학에서 다양한 번역이 나오고 있으며, 앞으로 번역을 계획하고 있는 작품은 더욱 많음"[102]을 강조하고 있다.

물론 이러한 언급은 아시아작가회의라는 회합의 성격과 그 분위기를 고려한 발화일 것이며, 반둥에서 저우언라이가 그러했듯이 중국이라는 압도적 대국에 대한 위협감과 적색 공포의 우려를 줄이려는 방책적 고려도 있었을 것이다. 그럼에도 '아시아' 지역이 국제 교류의 한 단위로 제시됨으로써, 기존의 사회주의 일변도의 진영적 입장에(만) 서지 않아도 되는 탄력성을 확보한 것만은 분명하다 하겠다. AA작가회의를 앞서 연구한 왕중천 또한 뉴델리 회의와 그 이틀 후에 열린 동독과의 우호조약 체결 1주년을 기념한 자리에서의 마오둔의 문장을 비교하며, 그 뉘앙스가 사뭇 다르다는 점을 지적한 바 있다. 중국과 동독의 우호 교류의 자리에서 양국은 공히 "소련을 정점으로 하는 사회주의진영의 단결"이라는 미사여구를 상투어처럼 사용하고 있었다는 것이다.[103] 즉 중국 작가들에게 아시아작가회의는 일종의 숨 쉴 공간을 제공하는 출로처럼 여겨질 수 있었을 법하다. 특히 아시아

작가회의와 중국-동독 회의 모두, 헝가리와 폴란드의 봉기와 소련의 제압을 목도한 이후에 열린 것임을 재차 상기해둘 필요가 있겠다.

그 '전환시대'의 징후를 포착할 수 있는 잡지가 바로《역문》이다. 1953년 창간된《역문》의 책임 편집자 역시 마오둔이었다. 창간사에서 밝힌 잡지의 방침은 분명하다. "소련과 인민민주국가의 노동 인민들이 그들의 생활을 아름답게 건설하고 있음을 문예작품을 통해 한층 친숙하게 소개하는 것"[104]이다. 물론 "자본주의 국가와 식민지 반식민지의 인민들이 어떻게 평화와 민주를 위해서 용감하게 투쟁하는지를 반영한"[105] 작품도 소개할 것이라고 했다. 그러나 역시 사회주의국가의 작품들이 우선순위임은 두말할 나위 없다. 한데 아시아작가회의 이후 그 변화가 약여했던 것이다. 외국문학 소개의 '일변도' 현상에 구조조정이 일어난 것이다.

아시아작가회의 이듬해, 즉 1957년 1월호부터 편집과 원고 방침이 변경되었다. 특히 제1조에 주목할 필요가 있다. "세계 각국의 우수한 현대문학 작품 및 대표성이 풍부한 고전문학 작품의 번역을 시·소설·산문·정론·극본·풍자문학·여행기·서간·회고록·아동문학·동화·민간문학 등 장르 불문하고 환영"하며, "세계 각국의 선진적인 문예이론과 문예비평 논문의 번역, 외국문학 연구 번역 및 평론"의 투고를 의뢰하고 있는 것이다.[106] 이는 창간 당시의 "본 잡지는 소련, 인민민주국가 및 기타 국가의 고급 문학작품의 번역 원고를 환영"[107]한다는 문구와도 차이가 크다. '소련'과 '인민민주국가'가 생략되고 '세계 각국'이 전면에 등장하고 있는 것이다. 이후《역문》은 일련의 특집을 마련한다. 이집트 문학 특집(1957년 1월호), 라틴아메리카 시 특집(1957년 2월호), 아시아국가 문학 특별호(1957년 7~8월호), 일본작가 도쿠나가 스나오德永直 추모 특집(1958년 4월호), 아시아·아프리카국가 문학 특별호 상·하(1958년 9월~10월호), 타슈켄트 정신 만세(1959년 1월호), 아프리카 시선(1959년 4월), 월남문학 특집(1964년 10월호) 등이다. 기존의 주류였던 소련과 동구문학은 점차 일개 국가의 문학으로 그 대접이 하강한다. 1957년 말 11~12월호 합본호로 소련문학 특별호가 발간되는 식이다.

그중 1957년 7~8월 아시아 문학 특집의 머리말에 주목해보자. 여기에는 "이번 특집이 우리나라 인민들이 아시아 각국 문학에 대해 더 크고 더 열렬한 애호를 일으키기를 희망한다"고 밝히며, "앞으로 우리나라 문학에 공헌하려는 사람은 한층 더 아시아 각국 문학의 정수를 배워야 할 것이다"라고 첨언하고 있다. AA문학을 학습할 것을 촉구하는 주장이 공개적으로 제출된 것이다. '세계문학'을 대하는 감수성에 일대 혁신이 일어난 것이라 하지 않을 수 없다. 서구뿐 아니라 동구의 세계문학 정전에 대한 문제제기라고도 할 수 있지 않을까. 세계문학의 지형도 다시 그리기가 시도된 것이다.

이러한 감수성의 혁신은 잡지의 얼굴 또한 변화시켰다. 1959년《역문》이라는 간판을 내리고《세계문학世界文學》으로 재출발한 것이다. 제호 자체가 퍽 상징적이다. 중국작가들의 세계문학에 대한 태도 변화가 명징하게 드러나고 있는 것이다. 즉 흥기하는 AA가 그들의 시야 속에 또렷하게 포착되고 있었다. 더 정확하게 말해서 그 AA 안에서 신중국의 새로운 위치를 자리매김하고 있었다. 즉 AA를 거쳐 비로소 중국발 '세계문학'이 발진하고 있었음이 요체다.

기실《역문》이 출범한 이듬해인 1954년 12월 소련은 '세계진보문학'이라는 개념을 제출한 바 있다. 제2차 소련작가회의에서 니콜라이 티호노프 Nikolay Semenovich Tikhonov가 제창한 명명이다. 민족문학을 기본단위로 한 괴테 이래의 서구적 세계문학 체계를 전복하고, 문학의 계급적 속성을 준거로 삼아 세계문학의 등급을 따지는 체계로의 전환을 천명한 것이다. 소련이 세계문학 담론의 주도권을 쥐려는 중대한 문화냉전 전략으로, 소련화된 세계문학의 새판 짜기가 펼쳐진 것이다. 세계진보문학을 논하고 있는 류훙타오劉洪濤는 이를 "소련을 중심으로 위성들이 배치되는 동심원의 태양계 구축에 가까웠다"[108]고 말한다. "소련이 으뜸이고, 소련이 '해방'한 동유럽이 그 다음이며, 중국·몽골·북조선·베트남은 3등급, 인도·터키·이란 등 자본주의국가의 진보적 작가들의 작품이 4등급, 남미의 각국 문학이 5등급"으로 자리하는 서열이 정해진 것이다.[109] 사회주의 리얼리즘의 척도에 입각한 계서제階序制적 구도였다고 하겠다.

이 위계적 태양계 아래서 3등급에 머물고 있던 중국의 세계문학관의 변곡점이 바로 AA작가회의였던 셈이다. 그렇다면 AA작가회의운동이란 세계진보문학의 3~5등급이 국제통일전선을 구축하여 1~2등급에 도전한 것이라고도 할 수 있지 않을까. 서구의 '세계문학'과 동구의 '세계진보문학'과는 결을 달리하는 문학의 새 영토를 개척한 것이기 때문이다. 그러면서 등장하는 기호가 바로 '동방'이었음을 각별히 주목할 필요가 있다. "미국의 봉쇄와 소련의 압력에서 벗어나는 새로운 AA 공간의 확보를 통해서 중국의 세계문학 시야가 **'동방'** 문학으로 확대"[110]되었던 것이다. 즉 제국주의와 식민주의를 반대하는 국제통일전선의 추동하에서 AA 지역 관념과 동방문학은 세계문학의 중요한 일극으로 등극하게 된다.

반추하면 타슈켄트에서부터 '동방'은 이미 표출되고 있었다. 저우양은 대표 연설을 통해 동방 문화 본위의 입장을 선명하게 제출했다. "우리 동방에서는 **사회주의 문화와 민족문화 부흥**이 출현하고 있다. 활력으로 충만한 이 **새 문학**이 일일천리一日千里의 기세로 앞을 향해 나아가고 있다"[111]고 자부했던 것이다.

《세계문학》은 1966년 문화대혁명과 함께 일시 폐간되었다. 1953년 《역문》에서부터 1966년 《세계문학》을 서구와 동구 그리고 동방의 대비로 일별해보면 어떠할까. 13년간 미국, 영국, 프랑스, 독일 등 서구 국가에 관련된 글은 도합 588편이 실렸다. 소련 및 동유럽에 관한 글은 636편이 발표되었다. AA의 작품과 평론은 634편이었다. 비중을 따지자면 동구>동방>서구 순이다. 그러나 시기라는 변수를 고려할 필요가 있다. 동방에 관한 글들은 대저 1957년 이후부터 10년간 본격적으로 등장했기 때문이다. 시간이 지날수록 동방>동구>서구 순이 역력했던 것이다. 즉 동구문학에서 동방문학으로 전이했을 뿐 아니라, 동·서구를 합친 서방문학과 동방문학의 대조가 점차 뚜렷해진 것이다. 류훙타오는 이를 가리켜 "중국 특색의 동서 이분의 세계문학사 체계의 발단"[2]이라고 평가했다. "'동서 이분'적 세계문학관은 중국문학이 세계문학에 융합하여 그 안에서 중요한 역할을 담당하는 거점을 찾은 것이며, 중국문학의 자신감을 크게 고양시켰다"는 것이다.

다만 몇 마디 첨언해두고 싶다. 1950~1960년대의 그 동/서 이분이란 1910~1920년 5·4운동 전후의 동서문화 논쟁과는 또 다른 차원의 구도였음을 분명히 해둘 일이다. 즉 더 이상의 중/서 이분구도가 아니었던 것이다. 전통적 중화세계는 물론이요 AA라는 신대륙까지 아우른 '신동방'으로 귀착한 것이기 때문이다. 즉 동구와 서구로 내달렸던 5·4 '신청년'들의 질주와는 달리, '동방'은 위축되기는커녕 반세기를 지나며 더욱 더 크고 넓어졌던 것이다.

5

마오쩌둥과 삼분천하

–

중간지대론과 삼개세계론

3 WORLD THEORY

냉전과 마오쩌둥

신중국의 향배는 냉전의 형성과 균열에 결정적이었다. 전후 유럽의 지역질서로 출발한 미소·동서 냉전이 세계질서로 전화된 것에는 중화인민공화국의 탄생이 있었다. 또 소련과 불화하며 사회주의진영의 분열을 낳아 냉전 구도를 다극화시킨 것도 중국의 선택이 결정적이었다. 반둥회의, AA운동, 가네포 등 동서냉전을 해체해간 세계적·지역적 운동에도 중국은 중추적 역할을 수행했다.

그 신중국의 행보에 가장 큰 영향을 미친 인물은 마오쩌둥이다. 대외 업무를 직접 맡아 세계를 활보한 이로는 저우언라이와 류샤오치 등을 꼽을 수 있다. 하지만 둘의 역할은 역시 조력자와 실무자에 가까웠다고 하겠다. 냉전기 중국을 설계하고 조율한 총감독은 정작 중국 땅을 좀체 떠나지 않았던 마오쩌둥이었던 것이다. 그 자신의 말대로 '토박이'土人'가 신新중국을 이끈 것이다.

이 장은 마오쩌둥의 남다른 세계인식과 독자적인 외교사상에 방점을 둔다. 특히 중화세계적 발상의 지속과 변용에 주목해 그의 글과 말을 다시 독해할 것이다. 그러나 중국중심주의의 여부를 따지고 확인하여, 새삼 비판을 가하겠다는 뜻은 아니다. 일찍이 천젠은 그 선구적인 저작에서 냉전기 마오의 심심층심리에는 아편전쟁 이래 중국에게 굴욕을 안긴 구세계를 타파하겠다는 강렬한 여망, 즉 중국이 중심적 지위를 회복하는 신세계 건설의 염원이 여실했음을 설득력 있게 논증한 바 있다. 사회주의 이데올로기만큼이나 중화주의적 사명감이 농후했다는 것이다.[2] 최근 첸리췬錢理群 또한 비슷한 취지의 견해를 표명한 바 있다.[3] '중화주의의 혁명 버전'으로 냉전기의 신중국을 독해하는 것이다. 부정하기 힘든 진술이다. 아니 크게 동의하는 바다.

그러나 중국중심주의를 지적하는 데 그치는 것은 어딘가 미진하다. 매우 상식적이고, 심지어 상투적이기까지 하다. 아마도 쑨원을 비롯한 20세기 중국 지도자 대부분이 그 혐의에서 자유롭지 못할 것이다.[4] 그래서 동일한 비판을 답습하는 것은 다소 맥 빠진 작업일 공산이 크다.[5] 20세기 전반기와 후반기의 시대적 차이를 분별하고, 인물 간 사상의 차이를 짚는 섬세함도 부족하다. 과연 역사의 복기를 통한 사상적 생산력의 창출에 기여하는지 의문이 드는 것이다. 오히려 겹겹의 화이질서華夷秩序를 공유했던 동아시아 공동의 역사적 유산을 무시하고 중화사상을 마치 중국만의 고유한 것으로 매도하는 것이야말로 '근대'의 전도된 인식의 지속일지 모른다.[6] 가릴 것은 가리되, 취할 것은 또 취하는 균형 감각이 필요하다고 하겠다.

일본의 '(대)동아'만큼이나 중국이 주도했던 '동방'에도 반추할 지점이 적지 않다. 근대적인 국제질서와는 다른 세계를 구상하고 실천했다는 점에서 동아와 동방은 유사한 측면마저 있다. 물론 동아와 견주더라도 동방에는 '동'아시아 감각이 충분치 않았다. 미국과 일본이 자리하고 한국전쟁과 베트남전쟁이 일어났던 동아시아는 신중국의 안보를 위협하는 화근의 거점이었기 때문이다. 그에 반해 중국은 '북'아시아와 '서'아시아, '동남'아시아와 '남'아시아와도 국경을 접하는 명실상부한 대국이다. 아시아 감각이 일본과 한국, 대만과 오키나와 등 동아시아 구성원들과는 판이함을 넉넉하게 수긍해주어야 한다. 즉 중화주의에 대한 일방적 비판에는 정작 중국이라는 대국에 내재하지 못하는 소국의 편향과 편견이 없지 않다. 역지사지의 자세는 쌍방 모두에게 필요한 것이다.[7]

1945년 이후의 세계는 탈식민 국가들이 전면적으로 등장했다는 점에서 특기할 만하다. 중화세계질서 안의 대·소국 관계가 비로소 근대적인 국가간체제로 재편되는 커다란 이행기였다. 즉 중원-번부-조공-호시(그리고 조약)의 중층적 중화질서도 아니요, 제국-식민지의 제국주의적 질서도 아닌 동아시아의 새 질서 구축의 초입에 냉전이 자리하고 있던 것이다. 그 냉전체제 아래서 미국과 소련은 동맹국과 위성국을 주조함으로써 탈식민 세계를 양분兩分하고자 기획했다. 모든 정치공동체의 형태가 국민국가 일색으로 수렴되고 있던 무렵, 냉전체제를 타파하여 천하를 삼분三分함으로써 신세계를 건설하겠다는 마오쩌둥의 여망에 중화세계질서의 유산이 재활용되고 있었다는 점은 퍽이나 인상적인 대목이 아닐 수 없다. 즉 근대세계에 적응해가면서, 그 근대세계를 극복하는 원리로서 중화세계의 논리를 갱신해갔던 이중적 과정에 착목해야 할 것이다.

냉전기 신중국은 명名과 실實이 부합하는 '혁명국가'였다. 그러나 그 혁명의 의미가 비단 사회주의라는 이데올로기적 차원에 그치지 않는다. 이러한 접근이야말로 전형적인 '냉전적 시각'의 답습이다. 본문에서 차츰 확인해가겠지만, 이념은 도리어 부차적이었다. 혹은 백년지대계의 장기적인 과제였다. 즉 혁명국가로서 신중국의 정수에는 현존하는 국제관계와 세계질서 및 그 규범과 논리에 대한 도전이 더욱 심원하게 내장되어 있었다. 냉전체제로 작동하는 국제질서의 전복을 국가정책의 핵심 목표로 삼았다는 점에서 중화인민공화국은 정녕 '혁명적'이었던 것이다.[8] 국가간체제에 적응하기 급급했던 중화민국과의 근본적 차이가 아닐 수 없다. 이념을 공유했던 사회주의 모국 소련을 향해 '사회주의 제국주의'라고 비수를 겨눌 수 있었던 바탕에도 이러한 '혁명성'이 자리한다. 그리하여 서구와 동구의 대항구도를 탈피해 동방에 귀의함으로써 조숙한 탈냉전을 촉발할 수 있었던 것이다.

돌아보면 냉전을 야기했고, 또 냉전으로 한층 더 심화되었던 동서 양 진영의 집합적 심리 기저에는 유사 종교전쟁의 성격이 농후하게 자리했다. 각자의 이념과 제도와 체제를 지고지선이라 여기며 갈등과 반목을 거듭했던 것이다. '역사의 종언'이라는 신념을 공유했다는 점 또한 양 진영은 다른 듯 닮았다. 바로 그러한 이유로 자유주의 국제주의와 사회주의 국제주의 내부에는 계서제적 위계가 뚜렷했다. 코민테른의 작동 원리가 바티칸의 교황청과 유사했다[9]는 비유는 매우 암시적이다. 국가와 민족을 횡단하는 공산주의 운동은 모스크바를 메카로 삼는 초국가적인 세계종교와 흡사했다. 워싱턴 또한 도처에서 체제전복마저 불사하며 자유주의로 세계를 통일하는 '민주화' 혁명의 중심을 자처했다. 그리하여 정작 소련의 동유럽 위성국과 미국의 아시아 동맹국은 '제한주권'이라는 항상적 조건을 경험하지 않을 수 없었다. 사전적 의미의 '주권국가', 즉 '근대국가'는 존재하지 않았던 것이다. 동구와 서방에 편입된 개별 소국들은 하나같이 '결손 국가' 혹은 '종속국가'client state[10]였다.

신중국이, 즉 마오쩌둥이 도전했던 것은 바로 이러한 근대 국제질서의 이념형과 배치되는 냉전체제의 적나라한 현실이었다. 비유컨대 초강대국의 '패도'覇道에 대한 도덕적 저항이었다. 이를 통해 냉전의 길항 자체가 교란된다. 이념과 체제의 대결에서 '패권 대 반패권'의 구도로 전환된 것이다. 즉 미국과 소련의 대결이 주요 모순이 아니라, 미소의 세계패권 추구와 이에 대한 저항이 핵심 모순이라는 인식론적 전환을 촉발한 것이다. 옛말을 빌자면, 패도와 왕도의 길항이 냉전의 요체다. 새 말로 보태자면, 탈중화와 재중화의 길항이 동아시아 냉전의 핵심이다. 신중국은 이러한 언어적 전회, 패러다임 전환을 거치며 양극 질서를 돌파하고 탈냉전의 다극 질서를 일찌감치 준비할 수 있었다.

실제로 마오쩌둥은 냉전 국면의 변천에 따라 지속적으로 독자적인 담론을 제출했다. 아마도 냉전기 중국의 가장 큰 특징으로 독립적인 사유와 언어의 산출을 거론할 수 있을 것이다. 1940년대의 중간지대론, 1950년대의 평화공존 5원칙, 1960년대의 두 개의 중간지대론, 1970년대의 삼개세계론 등이다. 현실주의와 구성주의 등 2차세계대전 이후 (자유 진영에서) 보편화된 국제관계이론의 문법"과는 상이한 발상을 거듭하여 개진한 것이다. 그리고 이 담론들을 통하여 사회주의진영 내의 구조조정은 물론이요, 자유주의진영과의 관계를 개선하고, 제3세계를 아우르며 냉전체제의 세계질서를 재편해갔다. 언어의 독립이 사유의 독립을, 그리고 실천의 독립을 낳았던 것이다.

따라서 이 책에서는 마오의 인식이 옳았는지 틀렸는지 그 정확성 여부를 따지지는 않는다. 또 그런 독자적 행보를 천재성이나 괴팍함 같은 마오의 개인적 성향 탓으로 돌리지도 않는다. 대신 탈냉전을 촉발했던 그 '사상적 자력갱생'의 기저에 깔린 세계관의 뿌리에 주목한다. 이를 통해 신중국이 어떻게 전후 세계의 '정치신학'으로 군림했던 냉전을 세속화하고 상대화해가는지, 언어와 사유의 측면에서 어떻게 탈냉전을 촉발하고 국제질서의 '중국화'를 관철해가는지를 탐구할 것이다. 냉전기 '죽의 장막' 너머에서 주변국과 제3세계를 아우르며 진화해갔던 중화세계질서의 문화적·문명적 유산을 확인해보는 것이다.

중간지대론:
자력갱생의 출발

1946년 3월, 영국의 처칠은 '철의 장막'을 선언한다. 유럽의 분열이 가시화된 것이다. 같은 해 중국의 동북지방에서는 국공내전이 본격화되었다. 유럽의 냉전과 중국의 내전이 동시기에 일어난 것이다. 마오쩌둥도 민감하게 반응했다. 서방의 냉전과 동방의 열전이 교차하는 현실에 기반하여 대외정책을 조정해야 했다. 그가 보건대 중국의 형세는 미소 관계와 깊이 관련되지 않았다. 혹은 미소로부터 일정한 자율성을 가졌다. 그해 4월에 발표한 문건[12]에서 마오쩌둥은 "소련과 미·영·프 사이는 타협이 주된 경향이며, 대국 간 타협은 전 세계 민주 역량과 미·영·프 간의 지속적이고 효과적인 투쟁으로 가능"하다는 견해를 피력했다. 특히 "소련과 미·영·프 타협이 자본주의 각국의 인민들에게 타협을 요구하는 것은 아니"라며, "각국 인민은 각자의 상황에서 저마다의 투쟁을 진행해야 함"을 강조했다. 고쳐 말해 미소 간 협의에 따라서, 더 직접적으로는 소련의 중국 정책에 입각해서 국민당 정부와 타협하고 양보해서는 안 된다는 것이다. 유럽의 냉전과 중국의 운명은 별개라는 인식의 출발점이다.

'중간지대'는 이러한 인식의 연장선에서 나온 발상이다. '중간지대'라는 개념이 처음 등장한 것은 미국의 기자 안나 루이스 스트롱Anna Louis Strong과의 인터뷰[13]로 보인다. 내용을 정리하면 다음과 같다. 2차세계대전 이후

유럽은 쇠퇴했다. 미국과 소련이라는 두 대국이 흥기했다. 그 미국과 소련 사이에는 광활한 지대가 자리한다. 이곳이 바로 '중간지대'이다. 여기에는 유럽·아시아·아프리카 3대륙의 자본주의국가와 식민지·반식민지국가가 포함된다. 미국과 소련 간 3차 세계대전이 일어나기는 쉽지 않다. 중간지대의 국가를 굴복시키지 않는 한, 미국이 소련을 공격할 수 없기 때문이다. 따라서 1946년 3월 이후 본격화된 미국의 반소련 선전은 연막전에 불과하다. 진짜 목적은 자본주의 세계로 미국의 세력 범위를 확장하는 것이다. 일본과 국민당 통치하의 중국, 조선의 절반 및 남태평양 등 미국이 개입한 중간지대의 모든 나라들이 미국의 부속물로 바뀌었다.

따라서 전후 세계의 판도는 표면상으로는 소련과 미국 간 대립이 두드러지지만, 본질상으로는 중국을 포함한 '중간지대'와 미국의 반동적 통치계급의 모순과 갈등으로 표출된다. 중간지대와 미국의 대항과 투쟁이야말로 세계정치의 미래를 좌우하며 인류의 역사와 운명을 결정한다는 것이 중간지대론의 요지다. 즉 주요 모순은 '미국 반동파와 세계 인민의 대립'이며, 미소 모순은 부차적이다. 그리하여 국공내전, 즉 중국혁명 또한 세계사적 위상을 확보하게 된다.

중간지대론이 공식화된 것은 이듬해, 1947년 1월 4일이다. 중공중앙선전부장 루딩이陸定一는 기관지《해방일보解放日報》에 〈전후 국제형세에 관한 몇 가지 해석對於戰後國際形勢中幾個基本問題的解釋〉을 발표했다. 몇몇 구절을 발췌한다.

제2차세계대전 이후 세계 정치의 주요 모순은 자본주의 세계 내부의 민주 세력과 반민주 세력 간의 것이다. 자본주의 세계와 사회주의 소련 사이에 있는 것도 아니며, 미소 간에 있는 것도 아니다. 더 구체적으로 말하면, 현재 세계의 주요 모순은 미국 인민과 미국 반동파의 모순이자, 영미 모순 및 중미 모순이다.

독일·이탈리아·일본의 파시즘 국가의 패배, 영·프의 쇠퇴에 비해, 미국은 막대한 생산력을 보유하고서 맹렬한 시장 확대를 요구하고 있다. 미국의 제국주의자는 세계 반동파의 선두로 각국의 반동파와 파시스트 잔당을 하수로 삼아 경제 침략을 도모한다. 동시에 그 정치적 연막으로서 '반소 전쟁'을 선전하고 있다. 즉 반소 선전의 목적은 반소 전쟁을 일으키고자 하는 것이 아니라, 이를 연막으로 하여 세계 대침략과 국내 대억압을 진행하기 위한 것이다. (…) 그래서 반소 슬로건은 평화적 방식으로 소련 이외의 모든 국가를 침범하는 것과 다름없다. 따라서 미소 간 모순은 세계의 기본 모순의 하나일지라도, 긴박한 모순은 아니며, 당면한 주요 모순은 아니다.

"따라서 중국 인민이 현재 미국과 장제스에 대하여 전개하고 있는 자위전쟁은 애국전쟁이자 전 민족적 전쟁으로 필리핀·베트남·인도네시아·이란·그리스 등의 식민지·반식민지에서 일어나고 있는 애국전쟁과 마찬가지로, 세계의 평화와 민주주의를 위한 중요한 일환이자, 중요세력이다."

주목할 것은 크게 두 가지다. 첫째는 전후 세계정치의 주요 모순에서 소련이 제외되었다는 점이다. 전후 세계를 좌우하는 반미통일전선의 핵심 역량으로 상정되지 않고 있는 것이다.[14] 소련은 주요 모순의 바깥에 위치하며 '동정과 성원'을 기대하는 것에 그친다. 둘째는, 그 반면으로 국공내전, 즉 중국혁명의 위상과 의의가 명확하게 부여되고 있음이다. 중국은 전후 세계의 주요 모순이 전개되는 현장이며, 그만큼 주체적 실천이 강조된다. '중간지대'를 다투는 쟁탈전의 향방을 좌우할 수 있기 때문이다. 즉 중국혁명이 중간지대의 운명을 결정하며, 그럼으로써 전후 세계를 규정하는 가장 중요한 과업이 된다. 미국이 주도하는 '냉전' 담론을 상대화할 뿐 아니라, 모스크바가 이끄는 사회주의 세계혁명과도 결이 다른 발상과 언어이다. 뉴준은 이 '중간지대' 사상의 제출을 항일전쟁 이후 처음으로 중국의 용어를 통해서 이론화를 시도한 것으로 높이 평가한다.[15]

마오쩌둥의 세계정세 판단이 적확했던가는 별개의 사안이다. 중요한 것은 그의 인식이 중국공산당의 진로에 지대한 영향을 주었다는 점이다. 독자적인 '중국의 길'을 걷게 되기 때문이다. 미소 간 대립이 어떠하던가와 상관없이, 국공내전은 중국공산당의 판단과 선택에 따라 전개될 것이다.[16] 국제공산주의운동과 일선을 긋는 정체성의 발현이다. 즉 중국과 소련은 길을 달리한다. 사전 배경이 있다. 1942년 옌안의 정풍으로 마오의 중국공산당은 이미 독자노선을 걷고 있었다. 1943년 코민테른이 해산된 것도 '숨 쉴 공간'을 제공했다. 1947년 재건된 코민포름 또한 동서 유럽의 공산당과 노동당이 집결했을 뿐, 중국공산당은 초대되지 않았다. 코민테른에 견주자면 유럽중심주의가 한층 심화된 셈이다. 눈여겨볼 대목은 그 일정한 자율성 확보가 중국공산당의 아시아 정책에도 큰 영향을 미쳤다는 점이다. 아시아는 중간지대의 중요 구성 요소이자, 중국의 주요한 지정학 무대이기 때문이다. 국공내전부터 이미 '필리핀, 베트남, 인도네시아, 이란' 등과 수행하는 공동투쟁의 일환으로 인식되고 있던 것이다. 즉 중국의 처소는 동구보다는 동방에 자리했다. 아시아적 장소 감각이다.

따지고 보면 국공내전 발발 이전부터 마오쩌둥은 전후 세계의 모순을 복합적으로 인식하고 있었다. 1945년에 발표한 〈연합정부론〉에서 2차세계대전 이후를 '신시대'로 규정하며 프롤레타리아 세계혁명의 단순 구도를 탈피했던 것이다. 즉 "파시스트와 반파시스트 인민대중 간 투쟁, 민주와 반민주 간 투쟁, 민족해방과 민족억압 간 투쟁"[17]의 세 가지 길항을 예상했다. 요컨대 사회주의혁명에 대한 신념만큼이나, 민족해방운동에도 비중이 실렸다. 모스크바를 중심으로 한 세계혁명 담론과는 반드시 일치하지만은 않는 '중국혁명'의 가능성과 필요성을 의식했던 셈이다. '중간지대론'이라는 중국식 발상이 제출된 까닭이다.

'중간지대의 혁명'[18]은 끝내 성공했다. 국공내전의 승리가 확실시 되던 1949년 7월 27일, 류샤오치는 모스크바에서 스탈린과 회담했다. 혁명의 중심은 서구에서 동구로, 재차 중국과 동방으로 이전했다고 여겼다. 중소 양국 공산당도 세계혁명의 '분업'에 합의했다. 스탈린은, 소련은 유럽에 더 큰 영향이 있기에 서방국가의 혁명을 추동하는 것에 주도적인 작용을 하고, 중국은 동방국가의 민족민주혁명에서 더 큰 역할을 할 것에 동의했다.[19] 그래서 중국공산당의 코민포름 참여에는 유보적이었다. 스탈린은 중국공산당이 주도하는 별개의 동아시아 공산당 기구를 만들어볼 것을 권유했다. 하지만 마오쩌둥은 미코얀과의 회동에서 "조선과 월남공산당과는 친밀하지만, 기타 공산당과는 그렇지 않다"며, "화남지방이 안정되면 재론하자"는 선에서 답변을 그쳤다.[20]

결국 유럽의 코민포름에 버금가는 공식적인 아시아 공산당 기구는 만들어지지 않았다. 그럼에도 아시아 국가의 혁명에 대한 사명감은 중국공산당 지도부에 충만했다. 베트남, 말레이시아, 버마, 타이, 인도네시아, 필리핀, 인도 등 '아시아의 해방되지 못한 피압박 국가'의 민족혁명에 막중한 책임감을 느꼈다.[21] 신중국 건국 45일 후, 류샤오치의 발언들은 상징적이다. "중국 인민은 제국주의 및 그 주구에 맞서 싸워 이겼다. 중화인민공화국을 건립한 길은 식민지·반식민지 국가 인민이 민족독립과 인민민주를 쟁취하기 위해 걸어야 할 길"이다. 그리고 이 길은 바로 "마오쩌둥의 길"이다.[22] 또

"국제적으로 세계 각국, 자본주의국가, 특히 아시아와 오세아니아의 각 식민지·반식민지 국가의 프롤레타리아와 노동인민을 원조하는 것은 무겁지만 영광스러운 책임"이라며 신중국의 책무를 기꺼이 수긍했다.[23] 지역적 정체성과 지역 혁명 지원의 의무감이 명징하게 드러나는 것이다.

실제로 마오쩌둥이 모스크바를 방문하던 기간, 그는 스탈린과 한반도와 베트남 문제를 토론했다. 마오가 귀국한 것은 1950년 3월 4일, 그로부터 10일 후 류사오치는 동아시아 혁명을 지원하는 당내 지침을 마련한다.

> 가능한 모든 방법을 동원하여 아시아 각 피압박 민족의 공산당과 인민들이 그들의 해방을 쟁취할 수 있도록 원조할 것이다. 이것은 중국공산당과 중국 인민의 사양할 수 없는 국제적 책임이다. 또한 국제적 범위 안에서 중국혁명의 승리를 공고히 하는 가장 중요한 방법 가운데 하나이다. 중공은 반드시 각국 공산당과 혁명 단체 등에게 '형제와 같은 도움'을 베풀어야 하며, 그들에게 상세하게 중국 혁명의 경험을 소개해야 한다. 냉담하거나 교만할 수 없다.[24]

이러한 혁명 분업 아래 신중국은 한반도와 인도차이나에 개입했다. 유럽을 무대로 한 미소 '냉전'이 동아시아를 마당으로 한 미중 '열전'으로 전화된 것이다. 아마도 마오쩌둥과 중국공산당 지도부는 중난하이에서 아시아 지도를 펼쳐놓고 한반도와 베트남의 전투 작전과 명령을 동시에 내렸을 것이다. 조선혁명과 베트남혁명을 지원하고 지휘하면서 아시아 혁명의 중심이라는 감각은 한층 강화되었을지도 모른다. 공교롭게도 한국전쟁을 멈추는 정전협정이 체결되던 1953년, 스탈린이 사망했다. 걸출한 최고 지도자의 부재로 국제공산주의운동의 지휘권도 진공 상태에 빠진 것이다. '중간지대의 혁명'의 파장이 머지않아 아시아를 넘어서 소련과 동유럽까지 영향을 미치게 된다.

평화공존 5원칙: 중화세계질서의 근대화

중국과 아시아의 관계 재건

1953년 스탈린의 죽음과 한반도 정전은 신중국의 행보에 새로운 길을 열어주었다. 사회주의 국제주의는 이완되고 한반도의 전시 상태도 중단되면서 아시아 주변 국가들과의 관계 개선에 매진할 수 있게 된 것이다. 1949년 건국부터 1955년 반둥회의까지 신중국이 국교를 맺은 아시아 국가는 극히 제한적이었다. 인도, 버마, 인도네시아, 파키스탄, 아프가니스탄, 북조선, 북베트남에 그쳤다. 이러한 정체는 미국의 봉쇄정책과 무연할 수 없을 것이다. 하지만 그에 못지않게 중국과 아시아 독립국가들 간 복잡한 관계도 한몫했다. 국경선 확정과 화교의 국적 처리 등 난제들이 산적했던 것이다. 더불어 신중국 지도자들이 아시아 국가들과 국교를 맺는 경험 자체가 일천했음도 지적할 수 있겠다. 유학파들도 대저 일본과 유럽, 미국과 소련 경험은 있어도 아시아 주변 국가에는 가본 적도 드물었고, 그곳 지도자들과도 익숙하지 못했던 것이다. 돌아보면 주변국에서 중국을 방문하는 조공 사절단과는 달리, 중국의 최고위 지도자들이 주변국을 직접 방문하는 1950년대의 풍경 또한 동아시아 역사에서 매우 생소한 장면이었다고 하겠다.[*]

---

[*] 그럼에도 불구하고 마오쩌둥은 아시아 국가는 물론이요, 소련을 제외한 어떠한 국가도 몸소 방문한 적이 없다. 외국 대표단과의 회동은 항상 중국에서 이루어졌다.

저우언라이가 비사회주의 국가들과의 국제회의에 처음 참여한 것은 1954년 제네바회담이다. 4월 7일부터 소집된 이 회의에서 그는 라오스와 캄보디아 등 동남아 국가들의 대표단과도 처음으로 접촉한다. 아울러 6월 하순 휴회 기간을 이용해 인도와 버마를 방문한 것도 기록해둘 만하다. 이 또한 건국 이래 최초로 비사회주의 국가를 방문한 것이기 때문이다. 특히 네루와 버마의 우누U Nu 총리와의 회담을 통해 '평화공존 5원칙'이 확립되었음이 의미심장하다. 사회주의 일변도와는 일선을 긋는 새로운 외교 원칙이 천명된 것이기 때문이다. 즉 아시아 국가들과의 재회와 조우를 통해 새 언어와 새 개념이 등장했음을 각별하게 새겨두자.

그해 7월 7일, 저우언라이는 중국 대외정책을 토론하는 중공중앙정치국 확대회의에서 '평화공존 5원칙'을 보고했다. 마오쩌둥도 전폭적인 지지를 표하며, '중간지대론'을 재차 거론했다.

세계정세의 변화가 크다. 총체적인 국면은 미국의 고립이다. 소련 진영의 단결은 견고하고, 세계의 기타 부분은 '사분오열'이다. 미국의 최대 목적은 여전히 이 중간지대, 즉 일본부터 영국까지를 장악하는 것이다. 미국은 반공의 깃발을 이용하여 그들 동맹국의 지반을 '점령'해간다. 특히 동방에서 일본, 필리핀, 파키스탄, 타이 등등 많은 국가들이 그렇게 점령되었다.[25]

마오가 파악하는 세계 정치 지도 가운데 신중국의 상황이 가장 양호했다. 그리고 중국이 진출走出去할 수 있는 공간이 바로 이 '중간지대' 국가들이며, 그들과 교우하는 지도방침으로 마련된 것이 '평화공존 5원칙'이다. 그들과의 관계 증진으로 "중국을 보위할 수 있으며, 사회주의도 보위할 수 있"[26]기 때문이다.[27] 그 다음날 마오는 정협 회의에서 외교정책 강화를 발표한다. 외교 지도방침으로 '국제평화통일전선'이 확정된 것이다. 기존의 '국제통일전선'에 '평화공존 5원칙'을 결합하면서, 건국 초기의 '사회주의 일변도'를 대체한 것이다. 신중국을 보위하는 방편이 다변화된 것이라고 하겠다. 아시아 국가들의 '혁명 지지'와 아시아 국가들과의 '외교 발전' 사이의 내재적 모순을 '국제평화통일전선'으로 조율한 것이라고도 하겠다.

여기서 1946년과 1954년의 차이에 주목할 필요가 있다. 1946년의 중간지대는 영국을 대표로 하는 자본주의국가를 제외하면, 대체로 식민지와 반식민지, 즉 혁명 인민과 그들의 혁명 운동을 가리켰다. 그러나 1954년 중간지대의 주요 행위자는 이미 독립한 신흥국과 독립선상에 있는 신생국들을 포함하게 되었다. 즉 반체제 세력만큼이나 건국 세력들과의 관계가 중요해진 것이다. 탈식민화의 전개 속에서 중간지대론도 적응하고 진화해간 셈이다. 바로 이들과의 관계를 처리하는 지도 방침으로 '혁명 수출'보다는 '평화공존'에 방점이 찍힌 것이라 하겠다.

실제로 제네바회담 직후 저우언라이는 '신형 동남아국가'라는 표현을 잠시 사용한 바 있다. 새로이 독립해가는 탈식민국들을 일컫는 말이다. 그 전범으로는 인도와 버마가 꼽혔다. 그들은 서방 제국주의와 식민주의 대국이 주도하는 군사동맹체제에 참여하기를 거부했다. 비록 신중국과 지향하는 체제와 이념은 다르더라도, 이러한 국가들과는 우호적인 합작 관계를 발전시킬 수 있다는 것이다. 라오스와 캄보디아 대표단을 만났을 때에도 저우는 인도와 버마를 모범으로 하는 '신형 동남아국가'의 방향을 재삼 격려했다.[28] 사회주의 이념을 공유하는 '형제이자 동지'의 나라인 북조선과 북베트남과는 상이한 접근법의 발로다. 개별국가의 사정에 따라 관계 맺기의 양상도 달라졌던 것이다. 이 외교 방침의 복수화도 기억해둘 일이다.

이처럼 아시아 신흥국가의 성격과 지위에 대한 독자적인 분류법과 정의 자체가 신중국 외교의 새로운 정체성을 반영한다. 미국 등 자본주의국가와도 다를뿐더러, 소련 등 사회주의국가와도 달랐다. 1954년 10월, 네루와의 회담을 준비하면서 중국은 '동방국가'의 정체성을 그 중심으로 삼을 것을 명료히 한다. 그리고 세 가지 공통점을 제시했다. "제국주의와 식민주의의 침략과 압제의 경험이 있고, 공업이 낙후한 농업국이며, 지리상 동방과 아시아에 위치"하고 있는 국가들이다.[29] 이들 '동방국가'들의 장단점을 분석해 장차 어떠한 노력을 하느냐가 신중국 외교정책의 핵심 사안이 된 것이다.

현실 정치적 시각에서 보자면, 중간지대와 아시아 지역은 중국이 세계정치 판도를 변혁시키는 중요한 전략 공간이라 할 수 있다. 지정학과 안보 차원에서도 중국의 동남방은 미국의 확장을 저지해야 할 관건적인 장소였다. 또 미소의 자장에서 벗어나 중국이 큰 영향력을 가질 수 있을 뿐 아니라, 지도적 지위를 발휘할 수 있는 공간이기도 했다. 이곳에서부터 냉전 구도를 전복하는 새로운 외교 전장을 개척하는 맹아를 발견할 수 있는 것이다. 즉 중국의 아시아 정책 전환은 '중간지대'라는 인식론의 소산인 만큼이나, '중간지대'를 만들어내고자 하는 정책적 실천의지의 발현이기도 했다.[30]

천젠 또한 평화공존 5원칙을 '반둥 담론'의 출현으로 설명하며, 전 지구적 냉전에 돌이킬 수 없는 심대한 변화가 일어났다는 견해를 피력한다.[31] 중국과 동남아의 관계 또한 심층적인 변화를 겪게 되었다. 과거 동남아를 문명화되지 못한 지역으로 등한시하던 전통적 중화제국과는 달리, 중화인민공화국은 동남아의 탈식민운동에 큰 관심을 표명하고 직간접으로 관여한 것이다. 이 지역의 탈식민 민족운동 역시 중국혁명의 파장과 자극 속에서 전개될 수 있었기 때문이다. 중국의 경험이 북조선과 북베트남 등 동북아의 지평을 넘어서서, 동남아에서 반복될 수 있다는 믿음은 "중국의 오늘은 동남아의 내일이다"³²라는 문구에서 상징적으로 드러난다. 물론 이들 새로운 탈식민 독립국가들을 대등한 국민국가로 대접해야 했으니, 그 원칙의 표명이 바로 평화공존 5원칙이다.

마오쩌둥과 우누.(1954)

여기에 더해 필자가 한층 주목하고 싶은 것은 아시아 중간지대와의 접촉을 통해 등장한 외교 언술과 화법의 새로움이다. 특기할 것은 이 새로움이 평지돌출이 아니라 매우 익숙한 구석이 크다는 점이다. 1954년 12월 10일 마오쩌둥과 버마 총리 우누의 회담은 특히 인상적이다.

마오: 역사적으로 중국이 버마와 싸운 적이 있습니까?

우누: 두 번 있습니다. 한번은 원조元朝 시기이고, 다음은 청조淸朝입니다. 그러나 우리는 **한족과는 여지껏 싸워본 적이 없습니다.**

마오: **그 두 번의 전쟁은 모두 중국인이 잘못한 것입니다.** 중국이 당신들을 침략한 것입니다. 역사적으로 조선과 월남이 중국의 영향을 가장 많이 받았습니다. 버마는 비교적 적습니다. **앞으로는 우리 양국도 평화롭게 공존해야 할 것입니다.**

우누: **고맙습니다.**

마오: 우리는 전쟁만 없다면 그것으로 충분하다고 희망합니다.

우누: 아주 솔직하게 말하면, **우리는 대국에 대한 공포가 있었습니다.** 그러나 저우 총리가 버마를 방문한 이후 공포심이 크게 줄었습니다.

(…)

우누: 중국이 버마를 대하는 태도는 줄곧 정확했습니다. 만약 중국 정부가 국민당 군대가 버마에 있는 사실을 이용했다면, 버마 정부가 큰 곤란에 직면했을 것입니다. 그러나 중국 정부는 이용하지 않았을 뿐 아니라, **버마 정부의 곤란에 동정을 표해주었습니다. 중국 정부의 정확하고 우호적인 태도에, 버마 정부와 인민을 대표하여 주석에게 사의를 표합니다.**

마오: **당신들의 곤란을 이해합니다.** 국민당 군대가 계속 버마에 남아 있고, 그래서 곤혹을 겪고 있음을 알고 있습니다. 당신들이 고의로 그들의 주둔을 허용한 게 아니라는 것도 압니다. 우리는 결코 국민당 군대를 구실로 삼지 않으며, 우리 양국의 평화관계도 해치지 않을 것입니다.

우누: **고맙습니다.**

(…)

우누: 그들(국민당군-인용자)의 숫자는 적지만, **만약 중국 정부가 우리에게 동정적인 태도를 취하지 않는다면, 혹 제2의 조선 혹은 인도차이나 같은 상황으로 발전할 수 있습니다. 우리는 이것을 우려했던 것입니다.**

마오: 평화공존 원칙 중에 하나가 상호 내정불간섭이고, 다른 하나는 상호 평등입니다. 내정불간섭이란 무엇입니까. 그것은 **일국의 국내 분규는 그 나라 스스로 다스린다는 것입니다. 다른 나라는 관여해서도 안 되고, 그 내부 다툼을 이용해서도 안됩니다.**

(우누가 윈난성의 동향을 우려하는 견해를 표하자-인용자)

마오: 그곳에 있는 사람들은 버마에 대해 우호적이며, 소란을 일으키지 않을 것입니다. 우리는 이미 준비를 해두었습니다. 우누 총리가 윈난을 통해서 귀국하시도록요. 다만 비행기는 여의찮아서, 차를 타고 가야 합니다. 얼추 나흘 정도 걸릴 것입니다. 도로 사정이 좋지 않습니다. 버마는 이미 쿤밍에 영사관 설치를 제안했습니다. 나는 당신들의 목적이 윈난을 관찰하는 것이라고 알고 있습니다.

가능할 뿐 아니라, 응당 그러셔야지요. 가서 관찰해보십시오, 그곳에서 우리가 하는 일이 우호적인지, 음해하는 것인지 직접 보십시오. 우리가 당신들이 가서 윈난을 관찰하지 못하게 하는 것은 옳지 않습니다.

(…)

우누: (1955년 반둥회의에-인용자) 아시아, 아프리카의 모든 국가들을 초대할 것입니다. 그런데 필리핀, 타이 같은 나라(미국의 군사 동맹국-인용자)도 초대하는 것에 대해서 중국은 어떻게 여기는지요?

마오: 우리는 꼭 초청해야 한다고 생각합니다. 비록 우리와 그들 국가 사이에 외교 관계는 없지만, 그렇다고 뻣뻣할 것도 없습니다. 제네바회담에는 미국도 참가했습니다. 그 외에도 동남아조약에 참가한 소수 아시아 국가들도 참가해야 합니다. **그들의 견해는 우리와 다릅니다. 하지만 우리들은 여전히 그들을 설득하고, 우리와 우호관계를 맺기를 원합니다.**[33]

우누는 대국에 대한 우려와 공포를 토로하고, 마오는 소국의 안심과 안정을 꾀하고 있다. 마오는 동정과 이해를 표하고, 우누는 고마움으로 화답한다. 그 다음날인 11일에 나눈 대화에는 대·소국 간 관계가 더욱 명시적으로 드러난다.

마오: 우리는 당신 나라의 평화를 바랍니다. 구체적으로 어떻게 국내 평화를 이룰 것인가는 여러분 자신이 처리할 일입니다. 만약 우리가 이 구체적 문제에 어떠한 태도를 표시한다면, 이는 타당한 일이 아닐 것입니다. 공산당의 문제는 일개 국가의 문제가 아니라 세계적 문제입니다. 대다수 국가에 공산당이 있기 때문입니다. 따라서 **각국은 모두 자기가 자기의 문제를 처리해야 합니다.** 각 나라마다 정당이 여럿 있습니다. 이 정당들에 대하여 우리는 어떤 당을 반대한다, 찬

성한다고 표시할 수 없습니다. 우리는 그저 각국의 정부를 대상으로 문제를 해결할 뿐입니다. 응당 중국의 경험은 단지 참고가 될 수 있을 뿐입니다. 왜냐하면 우리 양국의 내부 사정이 다르기 때문입니다. **각국은 저마다 자신의 조건에 근거하여 자신의 문제를 처리해야 합니다.**

내가 보건대 중미 과테말라는 사정이 다른 것 같습니다. 미국은 그곳에서 간섭을 하고, 야당을 원조하고 남의 나라에서 군대를 조직하여 과테말라를 공격합니다. 미국 대사 또한 과테말라에서 내부 책동을 선동합니다. 우리는 결코 이러한 일을 하지 않을 것입니다. 우리는 결코 윈난 변경에서 군대를 조직하여 버마를 공격하지 않을 것입니다.

국가는 대소로 구분해서는 안됩니다. 우리는 대국이 특별한 권리를 누리는 것에 반대합니다. 대국과 소국이 불평등한 지위에 처하기 때문입니다. **대국은 급이 높고, 소국은 급이 낮다는 것은 제국주의의 이론입니다. 하나의 국가는 크기와 상관없이 완전히 평등해야 합니다.** 이것은 기본 원칙으로, 빈 소리가 아닙니다. 평등을 말한다면, **대국은 소국에 해를 끼쳐서는 안 됩니다. 경제상으로 소국을 착취해서도 안 되고, 정치상으로 소국을 압박해서도 안 되며, 자기의 의지를 관철시켜 정책과 사상을 소국에 강요해서도 안 됩니다. 평등을 말한다면, 서로 예의** 禮貌 **를 갖추어야 합니다.**

대국은 봉건가정의 가장처럼 다른 나라를 자신의 자녀처럼 여겨서는 안 됩니다. 미국의 과테말라에 대한 행동은 중세기 가정의 아버지가 그 아들을 대신하여 자신이 보아둔 며느리를 찾는 것과 같습니다. **대국 소국을 불문하고 상호 간에는 반드시 평등하고, 민주적이며, 우호적이며, 상호 이익이 되는 관계여야 합니다.** 불평등하고 상호 해가 되는 관계여서는 안 됩니다. **현재의 남북 아메리카의 상황은 중세시대 가정과 같습니다.** 미국은 가장이고, 다른 국가들은 그 자제입니다. **우리 아시아에서는 이런 관계를 이루어서는 안 됩니다.** 과거 일본은 이런 것을 생각했습니다. 그들은 공존공영을 말했지만, 그 실제는 착취와 침략이었습니다.

우누: 마오 주석과 류사오치 위원장이 제출한 의견을 듣자니, 큰 형님이 막내 아우에게 조언하는 것 같습니다. 형님은 동생보다 더 경험이 많습니다. 나에게 건의한 사람의 성실, 진심, 그리고 인민에 대한 헌신적 마음을 신뢰하기에, **나는 막내동생이 큰형님에게 그러하듯이 공손謙恭하게, 그 의견을 귀담아 듣겠습니다.**

마오: **우리는 큰형님-막내아우 사이가 아닙니다. 우리는 동년, 동월, 동일 동시에 태어난 형제입니다.** 게다가 버마는 1948년에 독립했습니다. 우리보다 1년이 더 빨랐습니다.[34]

아메리카 대륙에서 미국이 주도하여 관철되고 있는 국제질서의 실상은 '중세시대 가정'에 빗댈 수 있다. 가장-자제의 관계에 방불하기 때문이다. 아시아에도 '중세적' 질서가 있었다. 왕년의 중국은 주변국에 대한 상국上國이었다. 그럼에도 소국을 착취하고 압박하고 강요해서는 안 된다는 원리가 있었다. 그래서는 대국大國 대접을 받기 어려웠다. 즉 중국과 주변의 대소 관계는 유교관념을 공유하면서도 해석권의 개별성을 허용하는 묵시적인 상호합의에 가까웠다.[35] 그렇다고 해서 아시아가 아메리카와 같은 중세적 부자 관계를 반복해서는 안 된다. 국민국가 체제로 재편된 이상 대소를 막론하고 평등하기 때문이다. 이 평등한 국제관계도 '예의'를 갖추어야 한다. 마오는 "미국인은 영국인에 대해서도 예의客氣가 없다"[36]고 꼬집은 바 있다. 하물며 경제적 착취, 정치적 압박, 사상적 강요는 있어서는 안 될 일이다. 10여 년 전 일본이 추진했던 '대동아공영권'은 이 지점에서 실패하고 말았다. 공존공영을 말했지만, 그 실제는 침략과 수탈이었다. 대국과 소국은 상호 평등하게 '예의'를 갖추기에, 소국이 대국의 제도와 체제를 모방할 것도 없다.[37] 각자의 국가들은 그 규모와 크기에 상관없이 저마다의 내정에 따라 독립적인 정치를 해나갈 뿐이다. 그래서 신중국은 사회주의 이념과 체제를 신봉하지만, 버마를 비롯한 주변 소국에 사회주의를 강요하지는 않는다. '사회주의 국제주의'를 한 수 접고, 주변국의 자주성과 주체성을 인정하는 것이다. 이것이 곧 전후 아시아의 대·소국 관계의 원칙, 즉 평화공존의 원칙이다.

필자는 이 대화의 내용과 어감 속에서 근대적 질서 안에서도 유구하게 잠류하고 있는 중화세계질서의 흔적을 간취한다. '큰형님'의 대우도 못내 사양하며 건국은 버마가 더 빨랐다는 마오의 외교적 몸짓도 대국이 소국에 아량과 도량을 베푸는 듯하다. 중화제국의 화이질서는 '문화적 팽창주의'[38]라고 할 만한 것이었다. 중화의 제도와 이념이 우월하지만, 그렇다고 그 제도를 군사적 수단으로 이식하지는 않는다. 그것이 대국의 미덕이었다. 그래서 소국은 그 나름의 자주성을 누리는 독자적 공간을 확보할 수 있었다. 평화공존 5원칙은 사실상 중화질서의 기저에 깔려 있는 발상과 논리가 진일보한, 즉 근대화된 중화질서[39]의 명문화라고 할 수 있지 않을까. 다만 발화의 주도권은 여전히 중국 쪽에 있음이다. 소국의 우려를 불식시키기 위해서는 대국이 더욱 많은 것을 베풀어야 하는 비대칭적 교환관계[40]이기 때문이다. 즉 대소 간 평등의 실상은 기우뚱한 균형점을 찾아가는[41] '차등'差等에 가깝다.

이듬해 1955년 반둥회의에서 저우언라이가 공식적으로 표방한 것도 '구동존이'求同存異라는 옛말이었다. 아시아·아프리카 각국은 공동의 역사 경험만큼이나 다양한 정치 지향을 가지고 있다. 그 차이를 인정하고 평화롭게 공존하는 길을 모색하자는 것이 신중국의 매력 공세(소프트파워)였다. 즉 평화공존 5원칙은 일견 근대적인 주권국가체제의 답습인 듯하면서도, 그 실상은 미국의 자유주의 국제주의와도, 소련의 사회주의 국제주의와도 퍽이나 다르다. 이념과 제도의 동일성에 기반한 것이 아니라, 차이성과 이질성을 수용하는 폭넓은 국제주의이기 때문이다. 혹은 동질성과 차별성이 공존하는 복합계였다.[42] 그리하여 10년 전 파산한 대동아공영권과도 질적으로 다르다. 대동아에는 동남아 국가 일부의 형식적 독립을 승인한 것을 제외하면 독립국가 간 연대가 원천적으로 봉쇄되어 있었다. 즉 평화공존 5원칙은 동아東亞와 동구東歐, 서구西歐 모두와 다른 원리이다.

이 평화공존 5원칙은 아시아·아프리카 국가에만 해당되지도 않았다. 마오쩌둥은 영국 노동당 인사와의 회담[43]에서도 상호 간의 평화와 통상 의지만 확인된다면, "비사회주의 국가, 즉 자본주의와 봉건국가와도 공존할 수 있다"고 말했다. "노동당뿐 아니라 보수당과도 싸울 이유가 없다"고 밝힌 것이다. 일백 년 전 아편전쟁 또한 '평화와 통상'을 허락하는 호시互市 무역에 대한 중국과 영국의 인식 차이에서 비롯했던 바 크다. 영국은 동등한 국가 간 관계를 요구했고, 중국은 평화롭게 무역만 허용하면 그만이라는 판단이었다.[44] 세계관의 차이, '문명의 충돌'이었던 것이다. 백 년이 지난 후, 중국은 국가간체제에 적응했다. 한편으로 이념과 제도의 동일성을 고집하지 않는 면모는 여전했다. 영국이 꼭 노동당 정권 아래 있을 것을 고집하지 않았다. 상대 국가가 노동당이냐 보수당이냐의 내정과는 상관없이 평화와 통상은 가능하다는 것이다. 호시적 발상에 근접한다. 즉 중화세계적 논리로 근대질서에 적응해가는 과정 자체가 결과적으로 냉전체제의 주박呪縛을 허무는 효과를 산출했다. 혹은 국제질서의 원리를 중화세계의 원리 안으로 포용해가면서 냉전질서를 내파해갔다고 하겠다.

이 무렵 마오쩌둥은 국제계급혁명, 공산주의혁명을 언급하지 않았다. 미국의 군사동맹국인 타이 대표단을 만나서도 "우리는 당신 국가에서 공산주의를 말하지 않겠다. 우리는 평화공존만 말할 뿐이다, 우호와 사업을 말할 뿐이다. 우리는 사람들이 당신 정부를 반대하라고도 자극하지 않는다"[45]고 강조했다. 그렇다면 이러한 신중국 대외정책의 전환은 '혁명국가'의 성격에서 일보 후퇴한 것일까. 오히려 그 반대였다고 해석할 수도 있다. 즉 혁명 또한 단수가 아니다. 복수의 혁명이 가능하다. 평화공존 5원칙의 확립으로 신중국은 현존하는 세계질서(냉전체제)에 도전하는 '혁명국가'로서 더욱 큰 합법성과 보편성을 장착하게 된 것이다. 동서 유럽 중심의 냉전 담론에서 탈피하면서 격변하는 국제 정세의 구체적인 복합성을 한층 더 높은 밀도로 담아낼 수 있게 되었다. 즉 혁명성을 견지하면서도, 그 영향력을 좀 더 넓은 지역에까지 발휘할 수 있는 언어와 화법을 마련한 것이다.

필자는 이 평화공존 5원칙을 중국의 대표권을 두고 국민당과 경쟁하는 공산당의 동시대적 맥락에서 접근한 바 있다.[46] 그러나 그만큼이나, 아니 그 이상으로 중국사의 통시적인 맥락에서 조망할 필요가 컸던 것 같다. 중화세계적 발상과 원리의 점진적 복원이라는 측면에는 미처 관심이 미치지 못했던 것이다. 신중국은 평화공존 5원칙을 통하여 비로소 왕년의 조공국들과 호시 무역 상대국들의 '중국 위협론'을 떨쳐나갈 수 있었다. 내정간섭도, 공산주의 선전도, 정부 전복도 방기하고, 어떤 제도와 정책·종교를 취하든 당사국의 판단이며, 중국은 5원칙의 기초 위에서 그 나라들을 지지할 뜻을 공개리에 천명한 것이다.[47]

중국이 주변국의 내정에 깊숙이 개입해 들어간 것은 19세기 말이었다. 조공질서를 잠식해가는 조약체제에 적응하면서 속방/자주의 원칙을 스스로 침식해가며 제국주의화된 것이다.[48] 따라서 반세기 후 아시아 국가와의 재회를 통해 등장한 평화공존 5원칙은 기실 새로운 어법에 옛 원리를 담아낸 '복고'復古이자 갱신更新에 가깝다. 옛것에 토대를 둔 변화이자 근본을 잃지 않은 개선, 즉 온고지신溫故知新이며 법고창신法古創新이다. 그래서 버마 부총리와의 회담에서는 마오쩌둥은 이렇게 말한다.

인도, 버마, 라오스, 캄보디아 모두 우호적인 이웃나라이다. 그래서 서남부에 대해서는 안심이다. 북부 또한 안심이 된다. 소련, 조선, 몽골인민공화국이 있기 때문이다. 현재 우리가 안심하지 못하는 것은 동부이다. 응당 우리는 일본, 필리핀, 대만, 홍콩을 두려워하지 않는다. 미국을 걱정할 뿐이다.[49]

신중국은 북방의 사회주의 국가들과는 통일전선을, 남방의 아시아 독립 국가들과는 평화공존을 이루었다. 북방은 이념과 제도를 공유하는 '형제국'이고, 이념과 제도가 다른 남방과는 평화롭게 공존한다. 차등적 질서의 구현이다. 이 또한 어쩐지 중층적으로 작동했던 중화세계질서와 통하는 구석이 없지 않다. 다만 동부의 이웃을 점령한 미국이 문제일 따름이다. 마오의 대·소국에 대한 견해를 조금 더 들어보자.

대국은 건드리기 어렵고, 소국은 마음껏 능욕할 수 있다는 말이 있다. 이는 전혀 이치에 맞지 않는 것이다. 대국은 흔히 수많은 소국들의 연합으로 결성된다. 중국은 고대 1만 여의 소국이 합하여 이루어진 것이다. 훗날 800개의 소국으로 변하고, 이후에 다시 7개의 소국으로 변해, 최종적으로 통일되어 하나의 대국이 된 것이다. 현재 중국도 허다한 성省이 모여 결성된 것이다. 사슴과 호랑이, 누가 더 강한가? 내가 보건대 호랑이가 반드시 사슴보다 강한 것이 아니다. 1900년, 8개국 연합군이 베이징을 공격했다. 그 연합군 중에는 소국도 있었다. 그러나 그들이 대국을 능욕했다. 일본은 소국이지만, 우리를 침략했다. 이는 그들이 공업국이기 때문이다. 우리는 농업국이었고, 정부 또한 부패했다. 국가의 대소는 단지 형식일 뿐이다. 우리 양국은 완전히 평등한 친구와 같은 국가이다. 우리는 당신들이 발달해가기를 희망하고, 그것은 완전히 가능한 일이다.⁵⁰

한데 더욱 중요한 것은 '구동존이'를 표방하는 평화공존 5원칙이 비단 미국만을 겨냥하여 아시아·아프리카에 적용되는 것으로 그치지 않았다는 점이다. 즉 사회주의진영 내부에서까지도 관철되기에 이른 것이다. 1961년 네팔 국왕 마헨드라Mahendra Bir Bikram Shah와의 대화⁵¹가 흥미롭다. '대국 쇼비니즘' 비판이 처음으로 등장하기 때문이다.

마오: 폐하 건강하십니까? 문제는 다 해결되었는지요?

마헨드라: 모두 다 잘 얘기되었습니다.

마오: 공평하고 합리적이었나요?

마헨드라: 네. 우리도 동의했습니다.

마오: 쌍방 모두 동의했다니 좋습니다. 우리 쌍방은 우호적인 희망을 가지고 있습니다. 우리는 당신들이 잘되길 바라고, 당신들도 우리가 잘되기를 바랍니다. 우리는 당신들을 해칠 준비를 하지 않고, 당신들도 우리를 해칠 준비를 하지 않습니다.

마헨드라: 우리도 잘 알고 있습니다.

마오: 하나의 국가가 다른 국가보다 높거나 낮다고 말할 수 없습니다. 우리는 평등합니다.

마헨드라: 우리는 그 위대한 의견에 매우 흡족합니다.

마오: **소국을 불평등하게 대하는 것은 해서는 안 될 일입니다. 우리는 그것을 대국 쇼비니즘이라 부릅니다.** 우리는 공개적으로 당원과 인민에 대국 쇼비니즘의 착오를 범하지 말도록 교육합니다. 하지만 때로 문제들이 일어날 수 있습니다.

일부 간부들이 불평등한 태도로 남들을 대할 수 있습니다. 우리는 그들에게 교육을 하고 있습니다. 합당한 처리를 통하여 그들의 결점을 개정하고 있습니다.

사회주의 국제주의의 재건

1956년 사회주의 국제주의는 일대 위기를 맞는다. 폴란드와 헝가리에서 잇따라 소련에 저항하는 봉기가 일어난 것이다. 소련의 위상이 흔들리면서 중국의 발언권은 높아졌다. 그리고 그 발언의 핵심 내용이 바로 '평화공존 5원칙'이었다. '반둥 담론'을 사회주의진영에도 도입한 것이다. 즉 당제黨際라는 수직적 위계에서 국제國際라는 수평적 관계로의 전환을 요청한 것이다. 마오는 소련의 군사개입과 내정간섭에 엄중한 경고를 표했다.[52] 류샤오치는 폴란드, 헝가리에서 출현한 민족주의 정서 고조는 모스크바의 대국 쇼비니즘 정책의 영향과 불가분이라고 비판했다.[53] 류사오치가 소련공산당에 전한 마오의 의견에는 "소련이 기타 사회주의국가를 일률적으로 평등하게 대우하기를 희망한다. 이들 국가의 독립과 자주를 허용해야 한다. 사회주의국가 간에도 평화공존 5원칙을 실행할 수 있을 것이다."[54]는 내용이 포함되었다.[55]

물론 1956년 당시에 중국이 공개적으로 소련에 도전을 표한 것은 아니다. 여전히 모스크바가 국제공산주의운동의 중심임을 인정했다. '사제관계'에 빗댄 지점이 흥미롭다. "우리의 관계는 교수와 학생의 관계와 비슷하다. 교수가 잘못이 있을 수 있다. 그러면 학생은 의견을 말할 수 있지 않느냐? 의견을 말해야 한다. 이것이 교수더러 나가라고 하는 것은 아니다."[56] 다만 그 흔들리는 '교수'의 지위를 베이징의 승인과 지지 아래서 획득하게 되었다는 점이 결정적인 변화다. 위계 자체를 철폐하지는 않지만, 동유럽 위성국의 자주와 독립을 한층 더 인정하는 새 질서를 중국이 앞장서서 촉구한 것이다.[57] 그 전환의 계기가 바로 '반둥 담론'의 언어 체계를 국제공산주의운동에 도입한 것[58]이라는 점이 의미심장하다. 결국 1956년 말 소련은 중국의 견해를 수용하는 성명을 발표한다. 그해 4월 코민포름 해산과 맞물려 소련의 위상이 추락한 형국이다. 아시아에서 미국과 경합하는 담론으로 제출되었던 평화공존 5원칙이 사회주의진영 내부마저 재건하는 기초가 된 것이다. 마오가 유고슬라비아 대사와 나눈 대화의 일부를 들어본다.[59]

(1943년-인용자) 코민테른 해산 후 우리들은 비교적 자유로워졌다. (이 당시 동유럽에서도 코민포름이 해산되었다-인용자) 그 이전에 우리는 이미 기회주의를 비판하기 시작하며 정풍운동을 전개하고, 왕명 노선을 비판했다. 정풍은 기실 스탈린과 제3인터내셔널의 중국혁명 지도 문제상 착오를 비판했던 것이다. 다만 스탈린과 제3인터내셔널에 대해서는 한 자도 말하지 않았을 뿐이다.
자유, 평등, 박애는 자산계급의 구호이지만, 현재 우리들이 거꾸로 그것을 위해 투쟁하게 되었다. 부자父子 당인가, 아니면 형제당인가? 과거는 부자당, 현재는 형제당의 느낌이 있다. 하지만 여전히 부자당의 잔여도 있다. 이 또한 이해할 수 있는 것이다. 잔여는 하루아침에 사라질 수 있는 것이 아니다. **현재도 반半봉건주의의 기운이 조금 있다. 부자당에서 형제당으로 가는데 가장家長 제도를 반대한다.**

그리하여 1956년 이후 동유럽에서는 일시적으로 중국모델에 대한 관심이 크게 일었다. 평화공존 5원칙이 동유럽의 자유주의 및 사민주의 계열의 지식인들에게 매력적으로 여겨졌던 것이다. 마침 중국에서 전개되었던 백화제방百花齊放운동도 '사상 해방'의 측면에서 크게 고무적이었다. 즉 '동풍'으로부터 동구의 탈소련화의 계기를 발견했던 것이다.[60]

이처럼 '평화공존 5원칙'은 아시아의 지평을 넘어서 사회주의진영에까지 큰 영향을 미치면서 1960년대 중소분쟁의 도화선 구실을 한 측면이 있다. 중화세계질서의 유산과 원리의 점층적인 발현이 사회주의 국제주의를 내파해갔다고도 할 수 있겠다. 평화공존 5원칙을 장착한 신중국은 이제 미국만큼이나 소련과도 척을 지며 독자 행보를 더욱 강화해가기 때문이다.

두 개의 중간지대론: 탈냉전의 초석

대혼란, 대분화, 대개조

1956년, 사회주의진영만 흔들린 것이 아니다. 이집트에서 수에즈전쟁이 발생하자 자본주의진영에도 균열이 일었다. 마오는 이 1950년대 후반의 세계정세를 '대혼란·대분화·대개조'로 주시하고, 국제평화통일전선의 관점에서 세계의 모순을 재해석해간다. 그리하여 도출된 것이 '두 개의 모순'과 '세 개의 역량'이다.[61] 두 개의 모순 중 첫째는 제국주의와 제국주의 간 모순이다. 특히 미국과 영국, 미국과 프랑스 간의 모순이다. 두 번째 모순은 제국주의와 피압박민족 간 모순이다. 미국과 이집트, 영국·프랑스와 이집트 간의 모순이다. 세 개 역량이란 무엇인가. 첫째는 최대 제국주의 미국이다. 둘째는 이등 제국주의 영국과 프랑스 등이다. 셋째는 피압박민족 전체이다. 이러한 구분과 분별은 수에즈 운하 사건에서 각국이 처한 서로 다른 정치경제적 상황을 고려하여 제출된 것이다.[62] 재차 소련과 사회주의 역량이 포함되지 않고 있음을 눈여겨볼 만하다.

약 1년 후, 마오는 '삼종국가'와 '삼개주의'라는 발상도 제안한다.[63] 삼종

국가란 제국주의국가, 민족독립국가, 사회주의국가이다. 사회주의국가는 이미 세계적 체계를 형성했다. 약 10억 인구를 보유하고, 지리상으로 일정한 영역을 점유하는 세계평화의 주요 버팀목이다. 민족독립국가는 7억 인구이며, 점차 중요한 국제세력으로 형성되고 있다. 이들은 사회주의국가의 반제·반식민·반전 투쟁의 강대한 동맹군이다. 반면에 제국주의국가의 지위와 통치 범위는 크게 축소되었다. 엄중한 경제위기에 직면한 데다 그 내부 모순도 첨예해지고 있다. 삼개주의는 공산주의, 제국주의, 민족주의다. 후자 둘은 모두 자본주의를 지향한다. 하나는 민족자본주의이고, 다른 하나는 다른 민족을 억압하는 자본주의, 즉 제국주의이다. 민족주의는 원래 제국주의의 후방이지만, 반제의 기치 아래 공산주의의 후방 역할을 할 수 있다. 자본주의를 제국주의와 민족주의로 나누어서, 제국주의국가와 민족독립국가를 분별하는 것이다. 이 역시 이념과 체제를 중시하여 세계를 양분하는 냉전적 사고와 어긋나는 지점이다. 둘을 셋으로 쪼개어 모순과 길항을 다면화하는 마오쩌둥 특유의 인식론이자 실천론이다.

1960년대 초, 또 한 번의 전기를 맞이한다. 중소 관계의 파열이 가사회되면서 재차 국제정치 역량의 새로운 분화와 개조를 궁리하게 된 것이다. 미소 양국은 적대적으로 공존하는 냉전체제를 고수한다. 그러나 그들의 동맹국 내부는 이미 파열음이 일고 있다. 점차 독립 자주적 경향이 증대해갔던 것이다. 마오는 한국의 4·19혁명(1960)과 일본의 안보조약개정반대운동(1961)을 주시하고 있었다. 미국 턱밑의 아메리카에서는 쿠바혁명(1959)이 일어나고, 아프리카에서도 유럽에서 벗어나는 민족독립운동이 고양되고 있었다. 여기에 비동맹회의(1961)가 발진하는 등 점점 더 많은 신흥국가들이 등장해 중립적 길로 진입하고 있었다.

그리하여 '두 개의 역량'과 '두 개의 운동'이라는 독법[64]이 제시된다. 두 개의 역량은 혁명 역량과 반혁명 역량이다. 혁명 역량은 혁명적 노동계급과 혁명인민의 새로운 결합이다. 이에 맞서는 세계적인 반혁명 연맹에는 제국주의자와 각국 반동파에 수정주의자가 새로이 추가되었다. 두 개의 역량은 곧 두 개의 운동으로 이어진다. 세계 인민들이 공동의 적에 대항하는 운동에는 두 개의 통일전선이 자리한다. 하나는 반제국주의 통일전선이며, 다른 하나는 반수정주의 통일전선이다. 이처럼 '대혼란·대분화·대개조'의 새로운 상황에 즉응하여 갱신을 거듭한 인식론은 '두 개의 중간지대론'으로 집결되었다.

두 개의 중간지대론

1962년 1월 3일, 마오는 야스이 카오루安井鬱와의 회담에서 중간지대의 속성이 저마다 다르다는 견해를 피력했다. 유럽 국가와 2차세계대전 후 출현한 신흥독립국가의 분별이다. 영국과 프랑스는 중간 규모의 제국주의다. 한데 더 큰 제국주의 미국이 이들을 집어삼키려 든다. 그래서 이들은 신흥독립국가와 인민들의 '간접적인 동맹'이 될 수 있다.[65] 1963년 9월 28일, 중공 중앙회의에서 '두 개의 중간지대론'은 공식화된다. 중간지대의 하나는 AALA이며, 다른 하나는 유럽과 북미, 호주·뉴질랜드, 일본이다. 일본, 캐나다, 프랑스는 미국과 사이가 좋지 않다. 따라서 그들의 투쟁 또한 "패권과 반패권 투쟁의 하나"이다.[66]

패권과 반패권의 투쟁은 중간지대로 그치지 않는다. 사회주의진영 내부의 문제이기도 하다. 소련과 동유럽의 긴장은 날로 날카로워지고 있었다. 1963년 중국공산당이 소련공산당에 보낸 전언에는 이러한 내용이 담겼다. "어떤 사회주의국가가 단지 본국의 국부적 이익에서 출발하여 다른 형제국을 자신들의 필요에 따라 굴복하기를 요구하고, 소위 '독단성'獨幹과 '민족주의'를 구실로 삼아 다른 형제국의 자력갱생 건설 방침을 반대하며, 심지어 형제국가에 경제적 압력을 가한다면, 그것이야말로 진정한 민족 이기주의의 표현이다."[67] 중국은 사회주의진영에 속하되, 소련의 예속국가附庸는 아니라는 원칙을 분명히 해둔 것이다.

1964년 1월 5일, 일본공산당 키쿠나미 카츠미聽濤克巳와의 회담[68]에서도 중간지대의 위계 구조를 강조했다. 여기서 주목할 지점은 핵무기를 보유한 미국과 소련은 초강대국으로 세계의 지배를 원하는 '제1세계'에 속한다는 발언이 처음으로 등장하는 대목이다. 1월 17일 회견에서도 '제3세계' 관념을 차용해 중간지대를 설명한다. 아시아·아프리카·라틴아메리카가 '제1 제3세계'이고, 제국주의이면서도 미국의 압제를 받는 서구 자본주의국가들이 '제2 제3세계'라는 것이다. 짐작컨대 서구의 '제3세계' 담론[69]을 학습하고 전유한 것이 아닐까 싶다. 즉 근대화의 발전단계로 분류되었던 저발전 상태의 '제3세계'라는 명명을 차용하여 반패권의 가치 체계로 전도시킨 것이다. 로스토Walt Whitman Rostow로 대표되는 미국의 '근대화론'이 제3세계 독립국가들의 공산주의 경도에 대한 정책적 대응의 산물이었다면, 마오는 그 '제3세계'라는 단어를 유럽까지 포함한 '두 개의 제3세계'로 되받으면서 반미·반소 통일전선의 일환으로 재구성했던 것이다.

이처럼 두 개의 중간지대론은 1950~1960년대 세계정세 변화, 즉 미소의 동맹국 통제 약화, 양 진영의 내부 분열, 신흥독립국가들의 역량 증대, 중간지대 내부의 복합적 이해관계 등 세계의 다극적인 발전 추세에 착안해 쇄신된 담론이었다. 그중에서도 가장 큰 특징은 역시 두 개의 중간지대론을 통해 미국과 소련이 '제1세계'로 묶이는 독자적인 발상이 출현했다는 점이다. 1970년대 삼개세계론의 맹아인 셈이다. 즉 적대하는 양 대국은 기실 세계의 지배를 원한다는 점에서 동일한 패권국이다. 따라서 전후 세계의 양극체계는 이미 와해되었다. 진영 간 대결에서 초대국 간 세계패권 쟁탈 전으로 전환된 것이다. 따라서 이념을 공유하는 중국과 소련은 실상 다른 세계에 속한다. 동유럽까지도 더 이상 소련과 속한 세계가 같지 않다. 중국은 명백하게 반패권의 역량이 집결되고 있는 중간지대 소속이기 때문이다. 이로써 냉전체제는 더 이상 체제와 이념의 대결이 아니라 패권과 반패권의 대결이 된다. 마오는 북대서양조약기구North Atlantic Treaty Organization, NATO의 강화를 독려하며 소련의 데탕트 추진에 휘말리지 말 것을 당부할 정도였다.[70]

즉 1960년대의 '혁명'은 (적어도 마오의 인식에서는) 더 이상 사회주의혁명을 의미하지 않았다. 오히려 국제관계의 민주화, 세계질서의 다극화를 추구했다. 재차 양쿠이쑹의 표현을 빌면 '중간지대의 혁명'[71]이다. 중소분쟁 또한 이념의 차이가 아니라 '사회주의 제국주의'에 대한 저항이다. 즉 '두 개의 중간지대론'이 지향하는 '혁명'은 중소 규모의 국가들이 온전하게 국가간체제에 편입하여 주권평등을 실현하는 것이다. 대국의 패권 기도에 반대하는 보편적인 요구의 반영이다. '냉전'이야말로 이 '중간지대'의 요구를 묵살하는 두 패권국의 지배 이데올로기이기 때문이다. 그리하여 마오는 기꺼이 자본주의 국가들도 '중간지대'의 연합군으로, 혹은 '제2의 제3세계'로서 껴안을 수 있었다.

삼개세계론

혁명 수출

'중간지대의 혁명'을 명시적으로 표출한 것은 1962년 10월, 중공 8기 10중전회에서 나온 저우언라이의 발언으로 짐작된다. 그는 "마르크스 레닌주의의 진리, 세계혁명의 중심은 모스크바에서 베이징으로 넘어왔다"고 선언하며, 동방 고전의 일부를 인용했다. 자신들은 "인을 행함에 있어서는 스승일지라도 양보하지 않으며"當仁不讓, "정의로운 일을 보면 용감하게 뛰어든다"見義勇爲는 것이다. 《논어》에서 따온 구절이다.[72] 그러나 인과 의를 위하여 사양함이 없다는 것은 '평화공존 5원칙'으로부터 이탈할 수 있는 여지를 남겼다.* 미국과 소련에 동시에 맞서는 중간지대 혁명의 중심을 자처하면서, 내정불간섭의 원칙이 흔들린 것이다.**

1965년 9월 3일, 《인민일보》에 〈인민전쟁승리만세人民戰爭勝利萬歲〉라는 표제의 린뱌오의 글이 발표된다. "오늘의 세계혁명은 농촌으로 도시를 포위하는 형세라고 할 수 있다. 모든 혁명 사업은 결국 세계인구의 절대 다수를 차지하는 아시아, 아프리카, 라틴아메리카의 인민혁명투쟁으로 전이되어야 한다. 사회주의국가들은 응당 아시아, 아프리카, 라틴아메리카의 인민혁명투쟁을 지지하여 자기의 공산주의 책임을 다해야 한다." 1940년대 중국혁명의 경험에 빗대어 세계를 농촌과 도시로 분화하고, '혁명 수출'

---

* 이는 중화세계질서 내부에 존재했던 고유한 역동성의 소거라고도 말할 수 있다. 동일한 문명과 가치관을 공유하는 국가들과 그렇지 않은 국가들을 분별해 각기 다른 관계 맺기를 해왔던 복합성이 사라지고, 이질성을 동질성으로 전환시키려는 억압적 기제가 등장한 것이기 때문이다. '혁명 수출'을 추진하던 문화대혁명기가 내부적인 억압, 특히 몽골과 신장·티베트 등의 소수민족자치지역의 '내부 식민화' 또한 급진적으로 전개된 시기였다는 점은 우연만은 아닐 것이다. 내부적으로는 중화제국이, 외부적으로는 중화세계가 품고 있던 포용성이 사라지고 근대적인 국민국가, 혹은 국민-제국(Nation-Empire)에 방불한 모습으로 전환되었던 것이다. 동방 문명과의 가장 과격한 형태의 결별이라는 점에서 문화대혁명은 혁명적이었다.

** 실제로 신중국의 수교 추이를 살펴보면 1949-1959년 사이가 36개국이고, 1970-1980년까지 70개 국가와 수교했다. 그런데 '혁명 수출'이 본격화된 1960년부터 1969년 사이에는 17개국에 그칠뿐더러, 그것도 1964년까지 16개국, 1965년 1개국으로, 1966년 문화대혁명 이후부터 개혁개방 이전까지는 단 하나의 국가와도 관계를 정상화하지 못했다.

을 본격화한 것이다. 제3세계 약소국의 혁명정당을 원조할 뿐 아니라, 주변국 공산당의 무장투쟁도 지지했다.

'혁명 수출'의 실상은 어떠했나. 문화대혁명 시기의 외교문헌은 아직도 온전하게 공개되지 않고 있다. 간접적인 추론이 가능할 뿐이다. 그중 말레이시아공산당에 참여한 두 인물의 회고록[73]을 바탕으로 삼아 '혁명 수출'의 이면을 밝힌 첸잉훙程映虹의 작업[74]이 요긴하다.

첫째, 세계 각지에서 무장투쟁을 원하는 혁명 정당과 비밀단체와 광범위한 연락을 취했다. 그들 대표를 중국으로 초청하여 중국혁명의 투쟁경험을 소개하고, 근거지 마련과 농촌의 도시 포위 전략, 유격전의 전략전술을 전수했다. 중국의 남방에는 무장투쟁과 폭력혁명을 학습시킨 전문 군사학교도 설립되었다.

둘째, 중국과 접경하고 있는 국가 및 지역의 공산당을 지원하고 무장투쟁의 회복을 독려했다. 특히 타이처럼 미군기지가 있는 국가에 적극적으로 개입했다. 자금과 무기를 제공하고, 라디오 방송국도 설립하여 사상 공작도 단행했다. 남방에서 학습을 마친 이들이 각국에 진입해 근거지를 창립하는 데도 후견자 역할을 했다. 군사 지휘에 협조하는 군인도 파견해 무장세력의 군사적 골간을 보충하기도 했다.

셋째, 무장투쟁 지원만큼이나 어떤 형태의 타협과 담판에도 반대했다. 혁명전쟁을 고취한 것이다. 반미투쟁의 제1전선이었던 베트남과의 의견 충돌이 대표적이다. 북베트남은 1968년 4월 3일 미국과의 담판을 요구하는 성명을 발표했다. 베트남의 항미전쟁을 지지하던 중국은 반대했고, 이로써 양국 관계는 급속히 냉각되었다.[75]

전쟁과 혁명의 관계는 복합적이다. 레닌은 '제국주의는 전쟁'이라고 했다. 그리고 전쟁이 혁명을 촉발한다. 1차세계대전으로 말미암아 소련이 탄생했고, 2차세계대전으로 신중국도 탄생했다. 반면 마오쩌둥은 견해를 보탰다. 혁명이야말로 전쟁을 종식시킨다. 세계적 범위의 혁명운동을 지지함으로써만이 제국주의가 책동하는 전쟁의 완전한 제거가 가능하다.[76] 즉 전쟁이 혁명을 낳는 만큼이나, 혁명은 전쟁을 예방한다. 1964년 베트남의 레주언Le Duan과의 대화에서 마오는 이렇게 말했다.

> 미국의 전쟁 확대 기도를 방지하고 싶다면, 타이에서 혁명이 일어나도록 하는 방법을 궁리해야 한다. 왜냐하면 동남아에서 타이의 원조를 얻지 못하면, 미국은 도발하더라도 잘되지 않을 것이기 때문이다. 미국이 기지를 사용하지 못할 뿐 아니라, 타이 군대를 이용하지도 못하게 된다. 따라서 타이에 주의를 기울일 필요가 있다. 타이의 무장세력을 원조하는 방법을 만들어서, 5년 10년 안에 타이혁명이 일어날 수 있다면 좋을 것이다.[77]

이 말은 표면적으로는 베트남의 항미전쟁을 수행하기 위한 착상이다. 하지만 그 내막은 다소 복합적인 의미를 가진다. 타이혁명이 베트남전쟁에 기여할 수 있다는 말은, 베트남전쟁에 깊이 개입하고 있던 중국 자신의 안전보장책이기도 하기 때문이다. 즉 타이, 말레이시아, 버마, 인도네시아, 인도 등 아시아 공산당이 진행하는 무력투쟁 지지는 개별 국가의 혁명에 대한 성원인 동시에 중국 자신의 안보정책이기도 하다. 이를 통해 아시아에 배치된 미국의 군사기지 무력화와 미군 철수를 도모함으로써 중국 남방의 안보 문제를 해결할 수 있기 때문이다. 소련과의 관계 악화로 북방의 안보가 위협받고 있던 사정과 포개어 생각한다면, 세계혁명, 특히 동남아시아의 혁명을 추동하는 '혁명 수출'에는 미중 간 직접 충돌을 주변으로 외부화해 신중국을 수호하고 보위하는 '완충지대' 건설의 혐의가 없다고 하기 힘들 것이다.

다만 그럼에도 불구하고 소련이 2차세계대전 당시 독일과의 총력전의 경험 끝에 동유럽을 서구와의 완충지대로 삼은 것과는 상이한 측면이 있다. 소련이 동유럽에 사회주의를 '이식'해 '제한주권'을 관철시켰다면, 중국은 중간지대에 '자력갱생'의 이론과 실천을 수출한 것이기 때문이다. 마오는 "자력갱생이 주이고, 외국원조는 보조"임을 거듭하여 강조했다. "나는 친우들에게 꼭 깨우쳐드리고 싶습니다. 중국은 중국의 역사적 조건이 있습니다. 여러분은 여러분의 역사적 조건이 있습니다. 중국의 경험은 단지 여러분의 참고가 될 뿐입니다."[78] 강제라기보다는 권장에 가깝다. 중간지대, 혹은 제3세계 국가와 반체제세력의 호응을 중국혁명의 '이식'으로만 설명하기 힘든 것이다. 오히려 중국의 '혁명 수출'을 통한 개별 국가의 '자력갱생'이라는 역설이야말로 중화세계질서의 익숙한 모습, 즉 '자주적 중국화'의 변용은 아니었을까. 문화대혁명이 정점을 지난 1972년 북조선의 '주체사상'의 공식화는 매우 상징적이다. '탈중국화를 위한 중국화'의 변주에 방불하기 때문이다.[79]

삼개세계론

1968년 소련은 체코를 침공한다. '프라하의 봄'을 평정한 소련은 '제한주권'을 선포했다. 이른바 '브레즈네프 독트린'이다. 사회주의 사업, 사회주의 공동체의 안전에 대한 위협이 생겼을 때, 이는 이미 그 나라 인민만의 문제가 아니라 일반적 문제, 즉 전체 사회주의국가의 사안이라 개입할 수 있다는 것이다. 더불어 몽골·베트남 등과 우호협력 조약을 맺으며 군사관계를 강화해갔다. 이에 마오는 소련이 1950년대의 미국처럼 인도, 몽골, 베트남 등 아시아 집단방위체제로 중국 봉쇄와 소련 패권을 관철시키려 든다고 인식했다. 1968년 11월에는 베이징, 상하이, 광저우 등에 지하도시를 건설하는 등 소련의 핵공격 위협에도 준비 태세를 갖추어갔다. 반면 같은 해 11월, 미국 대선에서는 닉슨이 당선되었다. 그리고 이듬해 괌에서 닉슨 독트린이 등장했다. 아시아의 사안은 아시아인들이 처리해야 한다며, 미군의 점진적 철수 방침을 천명한 것이다. 같은 해인 1969년 중소 국경에서는 마침내 무력 충돌이 일어났다.

이로써 미국 제국주의와 소련 제국주의 사이의 균형추는 기울어졌다. 아시아에서 미국은 점차 약화되어 가는데, '신 차르' '소련반도집단'은 더욱 강성해졌다. 미국을 대신하여 소련이 중국의 주적으로 등극한 것이다. 중국의 외교노선은 미국과의 화해 정책을 추진하고, 미국과 연대해 소련을 제압하는聯美制蘇 방향으로 반전되었다. 미국, 일본, 중국, 파키스탄, 이란, 터키와 유럽을 잇는 반소 유라시아 횡단선을 구축한다는 것이다. 건국 20년 만의 중국판 '전환시대의 논리'라고 하겠다. 마오는 이를 《삼국지》에 비유했다. 북쪽의 조조와는 맞서고北拒曹魏, 동쪽의 손권과는 화친한다東聯孫吳는 것이다. 원교근공遠交近攻이라고도 하겠다.

그러나 마오쩌둥이 혁명 노선을 방기한 것은 아니다. 세계인민의 적으로 표상했던 미국과의 관계 정상화에서도 마오는 기존의 혁명노선을 반영하고자 무척 애를 썼다. 미국과의 협상 초안을 제시한 저우언라이를 크게 타박하기도 했다.

중국의 혁명 입장이 전혀 반영되어 있지 않다. 기백神氣이 전혀 없다. 내가 몇 번이나 말했느냐, 국제 형세는 천하대란이라고. 그들(미국)이 평화니 안전이니, 패권을 추구하지 않느니 말하고 있지 않은가? 우리는 혁명을 말해야 한다. 전 세계 모든 피압박민족과 피압박인민의 해방을 말하고, 대국이 소국을 괴롭혀서는

안 된다고 말해야 한다. 이러한 것이 드러나지 않으면, 타당하지 않다고 생각한다.[80]

그리하여 1972년 2월 28일 '상하이 코뮤니케'에도 "압제가 있는 곳이라면 반드시 저항이 있다. 국가는 독립해야 하고, 민족은 해방되어야 하며, 인민은 혁명을 해야 한다. 이는 불가항력적인 역사의 조류"라는 내용이 부가되었다. 중국 언론에서도 닉슨의 중국 방문은 '모순을 이용하여, 적을 나누고, 자기를 키운다'利用矛盾, 分化敵人, 壯大自己라는 마오의 외교 전략의 산물임을 거듭 강조했다.

나는 담판 중에 어떠한 원칙 없는 타협도 하지 않았다. 게다가 나의 관심은 대만 한 곳에 머물지 않음도 분명히 했다. 나는 인도차이나 삼국사방의 주장들을 변치 않고 지지했다. 미국이 침략을 멈추지 않으면, 인도차이나 인민의 투쟁을 계속 지지할 것이다.[81]

현실정치에서는 미국과 화해를 도모하면서도 혁명을 지속한다는 이상정치가 교차하는 복잡한 심정이 투영된 발언들이다. 이처럼 변화된 조건 아래서 혁명을 고수하는 방편으로 제출된 이론이 바로 '삼개세계론'이다. 제3세계론을 차용한 두 개의 중간지대론이 삼개세계론으로 정립되기까지는 '중간세력'이라는 징검다리가 있었다. 1970년 10월 1일 버마공산당 부주석과의 회담에서 마오는 '제1 중간세력'은 제3세계이고, 영국·프랑스·서독 등은 '제 2중간세력'이라며, 두 개 중간세력의 지지를 쟁취해야 한다[82]고 역설했다.

'삼개세계'라는 개념을 처음 사용한 것은 1974년 2월 22일, 잠비아 대통령 케네스 카운다Kenneth Kaunda와의 회담에서였다. "나는 미국과 소련을 제1세계라고 봅니다. 중간파, 즉 일본·유럽·캐나다는 제2세계입니다. 우리들은 제3세계입니다. 아시아는 일본을 제외하고 모두 제3세계입니다. 아프리카는 모두 제3세계이고, 라틴아메리카도 제3세계입니다."[83] 같은 해 4월 10일, 덩샤오핑은 신중국 최초의 유엔 연설을 통하여 삼개세계론을 공식화한다. 제1세계의 주적, 즉 소련의 패권주의에 맞서 제1세계의 차적 미국과 제2세계·제3세계 모두가 연합하는 최대통일전선의 구축을 호소한 것이다. 제갈량이 고안한 삼분천하론의 동시대적 변용이다.

삼개세계론의 입안을 통해 중국은 '혁명 수출'을 거두어들이고 다시 아시아 국가들과의 관계 회복에 나섰다. 1974년 국교를 수립하게 되는 말레이시아의 총리 툰 압둘 라작Tun Abdul Razak과 나눈 대화[84]가 인상적이다. 라작은 말레이시아와 타이의 변경에서 무장투쟁을 도모하는 말레이시아 공산당 문제의 철저한 해결에 도움을 줄 것을 요청했다. 마오는 이렇게 대답했다.

마오: 이 일은 어렵고, 매우 복잡합니다. (…) 우리들도 수년간 접촉이 없습니다. (…) 만약 당신들과 그들이 접촉이 있다면, 당신들이 그들에게 그만 싸우라고 알리십시오. (밖으로) 나와서 행복하고 통일된 국가 건설을 도우라고 말하십시오. (…) 이건 어렵습니다. 그들은 우리 말을 듣지 않을 것입니다. (…) 그것은 당신들의 내정입니다. 우리는 간섭하고 싶지 않습니다.
라작: 그렇다면 내가 그들에게 알리겠습니다. 당신들(중국)과 그들은 아무런 관련이 없다고 말입니다. 당신들이 이미 우리 정부를 승인했다고 알리겠습니다. (…)
마오: 어떻게 관계가 없습니까. 그렇게 말할 수는 없습니다.

라작: 우리의 내정이라고 하
지 않았습니까.

마오: **관계는 있습니다. 관계
가 없다고 말할 수는 없습니
다. 그러나 우리들은 당신들
의 내정에 간섭하지는 않을
뿐입니다. (…) (관계가) 과
거에는 있었습니다. 현재는
없습니다. (…) 현재도 있습**

마오쩌둥과 툰 압둘 라작.(1974)

**니다. 앞으로도 있을 것입니다. 왜냐하면 우리들은 공산당원이기 때문입니다. 어
떻게 관련이 없겠습니까?"**

마오의 곤혹스러운 입장이 중언부언으로 반복되고 있다. 기실 말레이시
아공산당은 중국공산당과 긴밀한 관계가 있는 작은 혁명정당이었다. 게다
가 당의 총서기가 1974년 당시 베이징에 머물고 있었다. 근 10년 전에, 마
오쩌둥은 말레이시아공산당에게 밀림으로 돌아가 무장투쟁을 발동할 것
을 격려했다.[85] 그러나 반소통일전선 구축을 위하여, 중국은 말레이시아공
산당을 진압하려는 말레이시아 정부와 외교관계를 맺지 않을 수 없던 것
이다.

이처럼 삼개세계론은 중국의 국가안보적 위기 상황의 소산이자 탈출구
였음이 분명하다. 그러나 그것만으로 그치지도 않는다. 다른 나라에서는
보기 드문 독자적 인식론과 실천론을 제출했을 뿐 아니라, 진정한 '탈냉전
적 제3세계론의 효시'[86]라고 해도 모자람이 없기 때문이다. 가령 삼개세계
론은 종속이론에서 강조하는 제3세계와는 다르다. 더 이상 세계체제의 주

변부는 종속국의 지위로만 머물지 않는다. 세계질서를 타파하고 재창조하는 능동적 주체성을 부여받는 것이다. 그래서 "제2세계의 선진국들과 제3세계의 독립국가들이 연대하고 연합할 수 있는 협력의 플랫폼을 제공"할 수 있었다.[87] 즉 선진국과의 '단절'을 도모하는 종속이론과 변별점을 지닌다. 이념과 사회체제의 고정관념을 탈피해 패권과 반패권의 구도로 세계질서를 재정초한 것이다. 1940년대의 중간지대론, 1950년대의 평화공존 5원칙, 1960년대의 두 개의 중간지대론을 거쳐온 발상의 집대성이자 총결산 격이다.

돌아보면 1972년 일본과의 국교정상화에서 '정경분리'가 강조된 지점도 인상적이다. 경제협력은 정치적 차이와 무관하게 진행될 수 있다는 오래된 발상의 복원이다. 진즉부터 마오는 "브라질과 기타 라틴아메리카 국가들이 중국과 외교관계를 맺고 싶다면, 우리는 환영이다. 외교관계를 맺지 않더라도 무역을 하면 좋다. 무역이 아니더라도, 일반 왕래만 해도 좋다"는 식의 호시적 접근이 역력했다.[88] 이 '정경분리'의 방침을 통해 신중국은 개혁개방의 기초를 마련하고 전 세계와의 교류를 재개할 수 있었다. 아울러 반패권을 선도하는 '제3세계 국가'로서의 정체성은 G2의 위상에도 불구하고 발전도상국, 혹은 '글로벌 사우스'Global South의 대표를 자처하는 오늘날까지도 여전히 영향을 미치고 있다고 하겠다.

차서差序: 왕도와 패도

마오쩌둥이 제갈량의 삼분천하론을 처음 언급한 것은 1936년 에드거 스노와의 인터뷰[89]였다. 대장정을 마치고 옌안을 근거지로 삼아 절치부심하고 있던 때다. 그는 감수성이 예민하던 사춘기 시절에 수업시간에 몰래 읽다가 선생님께 야단을 맞을 만큼《삼국지》에 심취했었음을 고백한다. 거듭거듭 읽어서 마을의 어떤 어른보다《삼국지》에 정통했을 것이라는 자부심도 표출한다. 삼분천하론은 약자인 촉나라가 오나라와 연합해 강성한 위나라와 맞선다는 구상이 핵심이다. 난세를 극복하고 치세를 회복하는 방편으로 제출된 와룡의 지략이다. 이 천하삼분지계를 마오는 그 나름으로 응용해 외교 전략의 기초로 세웠다. 그 위해危害의 대소大小와 현재現時의 위해 여부에 근거해서 '다수를 얻어 소수에 저항하고, 모순을 이용하여 개별적으로 격파한다'爭取多數, 反對小數, 利用矛盾, 各個擊破는 기본원칙을 마련한 것이다.[90] 이는 언뜻 마오의 일생과 겹쳐 보이기도 한다. 항일전쟁기 미약한 공산당은 국민당과 연합해 강성한 일본에 맞섰다. 국공내전기 미력한 공산당은 중간파와 연합해 국민당과 경쟁했다. 냉전기 신중국은 소련과 연합해 미국에 대항했다. 그리고 그 미국과 연대하여 소련에 도전함으로써 끝내 냉전 구도에서 벗어날 수 있었다. '천하대란'과 '전국시대'에 버금가는 20세기의 항상적인 전시 상태를 극복하고 마침내 개혁개방으로 이행할 수 있었던 것이다.

중년의 마오쩌둥이 에드거 스노에게《삼국지》얘기를 하기 12년 전, 장년의 쑨원은 일본 고베에서 '대아시아주의'를 제창했었다. 그가 보기에도 1840년 이래 중국이 경험한 근대는 왕도가 허물어진 패도의 시기였다. 천하태평의 질서가 문란해진 난세였다. 다시 '왕도를 기초로 삼아 근대세계의 불평등을 타파하는 것'이 대아시아주의의 요체였다. 여기서 그가 왕도라고 표상한 중화세계질서의 실체 여부를 따지지는 않는다. 중요한 것은 근대질서와 견주어서 재정의되고 재의미화된 '창조된 전통'의 효과와 역할이다. 객관적 사실 여부와 무관하게 전통에 대한 인식과 관념이 현실적인 힘을 발휘했기 때문이다. 즉 전통적 질서를 설명하던 유교적 관념은 더욱더 순화되어 마땅한 질서의 이념형으로 드높은 윤리성을 수반했다. 이를 통하여 동아시아에 크나큰 압력을 가했던 제국주의를 향한 도의적 비판으로 작동했던 것이다.[91]

'패도는 왕도에 복종하기 마련이며, 세계의 문화는 날로 광명을 향해 나아갈' 것을 전망했던 쑨원의 염원은 마오와 공유하는 바가 적잖다. 마오 또한 비도덕적이고 비합리적인 근대의 국제질서를 변혁해야 한다는 사명감이 남달랐던 것이다. 마오가 직접 '패도'를 입에 담은 것은 딱 한 번 발견된다. "미 제국주의는 심지어 서구·북미와 동맹국들에도 '약육강식' 정책을 실행하여 자신의 하수로 두려한다"며, "도처에서 패도를 행한다"고 고발한 것이다.[92] 쑨원의 '왕도'에 비견할 만한 어휘는 '문명'文明이 아니었을까 싶다. "서방제국주의자는 스스로 문명이라 한다. 피억압자는 야만이라 한다. (…) 우리 중국은 과거, 현재 모두 다른 국가를 점령하지 않았다. 앞으로도 미국, 영국을 점령하여 식민지로 삼지 않을 것이다. 그래서 우리는 시종 문명국가이다."[93] 문명국가는 곧 왕도를 실현하는 나라다.

그에 못지않게 차이도 있었다. 일단 대아시아주의와 중간지대론 및 삼개세계론 사이에는 소련에 대한 인식 차이가 현저하다. 쑨원은 러시아를 "왕도를 주장하고 패도를 배척하는 유럽의 새로운 국가"로, "러시아의 신문화가 동방의 구문화에 합치된다"고 주장했다. 그래서 그들은 "동방과는 제휴하되, 서방과는 분가하려고 한다"는 것이다.[94] 마르크스·레닌주의에 입각한 이념형적 국제주의를 동방적 왕도에 가까운 것으로 접수한 것이다. 반면 마오는 브레즈네프 독트린으로 명시화된 '사회주의 공동체론'을 '사회주의 제국주의'라는 패도로 배척했다. 국제주의 연대와 개별 국가의 독자성이 양립하는 제3의 국제주의를 추구한 것이다. 동서의 축에 남북의 축을 결합한 '남南의 국제주의'[95]라고도 하겠다. 소련이 방기한 왕도를 중국이 복구(하고자)했다고도 할 수 있겠다.

더불어 번속국에 대한 인식 차이도 두드러졌다. 중화민국이 강성해지면 조선, 월남, 버마, 류큐가 중국의 일부로 회복될 것이라는 쑨원의 '중화주의'적 발상은 마오에 이르러 그 흔적을 감추었다. 20세기의 민족해방운동이라는 역사적 경험을 거치며 중화세계를 구성했던 주변국의 개별적 국가성이 한층 강화된 것이다. 아니 반제국주의 혁명의 전위에 서서 '자력갱생'을 강조했던 신중국은 주변 국가들의 국가성 강화에 크게 일조하기조차 했다. 일본, 한국, 오키나와, 대만 등의 불완전 주권국가들에 견주어 '죽의 장막' 너머의 국가들은 냉전기를 통하여 온전한 주권국가로 이행했기 때문이다. 마오의 '중국중심주의'는 쑨원의 그것과는 또 결을 달리했던 것이다.

또 하나의 인상적인 차이는 세계를 중층적으로 인식하는 중화세계질서 고유의 발상이 쑨원보다 마오에서 한층 농후하다는 점이다. 쑨원은 왕도와 패도의 비유만큼이나 동서 이원론이 여실했다. 반면 마오의 세계인식은 삼분론이 더 강했고, 그 셋 내부의 차이에도 지속적인 관심을 기울였다. 일찍이 페이샤오퉁費孝通은 그의 대표적인 저서 《향토중국鄕土中國》에서 다른 문화를 포함하는 중화질서를 '차서'差序로 표상한 바 있다. 중심, 주변, 외연(이국)의 동심원상에 계층적인 대외 인식과 대외 행동이 전통중국에 관철되었다는 것이다. 중간지대론부터 삼개세계론에 이르는 마오의 세계인식에서 일관되게 발견되는 것도 이 '차서'적 발상과 유사한 면모가 아니었을까. 중원-번부-조공-호시(-조약)의 차서만큼이나 중국-사회주의 형제국(국제주의)-중간지대·제3세계(평화공존 5원칙)-미소(반패권주의)를 분별하고, 각기 다른 원리와 방식으로 관계를 맺어갔던 것이다. 중간지대와 제3세계 또한 분화하여 국교를 맺지 않는 국가와도 무역과 통상은 가능하다는 '정경분리'의 호시적 발상이나, 주적과 차적을 나누어서 시기에 따라 미국과 소련을 대하는 전략을 변환하는 것 또한 '차서'적이다. 그만큼 중층적이고 복합적으로 외부 세계를 인식했던 것이다.[96]

그렇다면 20세기를 통해 중화질서가 국제질서로 대체되었다는 통설도 재고의 여지가 없지 않다. 오히려 중화세계질서의 내부 논리를 구성하는 '차서'의 하나로 국제질서도 수용해간 것이라고 보는 편이 더 합당해 보이는 것이다. 서구 근대의 논리와 중화세계의 원리가 길항하고 재결합하는 과정을 거치며 중국과 주변의 관계 또한 조공과 호시에서 '평화공존 5원칙'으로 재정립되어간 것이기 때문이다. 따라서 동아시아의 지평에서 보자면 냉전기는 중화질서가 근대화되어가는 이행기로 자리매김할 수 있을 것이다. '자력갱생'이라는 중국혁명을 주변에 수출하는 풍경이야말로 '주체적 중국화'로 작동했던 중화세계의 옛 모습에 방불한 것이다. 즉 '죽의 장막' 너머 아시아는 중화세계질서가 근대적으로 재편되는 재중화의 궤적을 밟고 있었다. '형식적으로는 계층적이되, 실질적으로는 개별 정치체의 자율성을 허용하며, 경제적 합리성으로 작동했던'[97] 중화세계질서의 갱신 renewal[98]에 가까웠던 것이다. 그래야 개혁개방 이후 신속하게 (재)부상하는 '대중화권'을 헤아릴 수 있다.

'중국은 결코 패권을 추구하지 않는다.' 쑨원에서 마오를 거쳐 오늘날에 이르기까지 신중국의 일관된 발화이다. 중국혁명의 경험 자체가 "신중국 외교의 윤리, 도덕적 가치의 기본을 제공했다"는 평가도 있다. "세계문명의 다양한 발전 경로를 존중하는 자원이 된다"는 것이다.[99] 액면 그대로만 수용할 것은 아니다. 그렇다고 무턱대고 괄시할 일도 아니다. 언어에는 소통적 역할만큼이나 수행적 역할이 있다. 발화하는 주체 자신을 구속하는 것이다. 냉전기 중간지대, 평화공존, 삼개세계만큼이나 탈냉전기에도 지속되는 화평굴기, 조화세계, 책임대국 등 진화를 거듭하는 '중국 특색의 외교' 화법에 한층 주목할 일이다. 화이부동, 구동존이를 강조하는 동방문화의 특징적 산물이라는 견해[100]를 마냥 부정하기도 힘든 것이다. 최근에는 역사적 기억과 결부된 동방의 지리문화에 뿌리를 둔 독자적인 언어와 사고가 국제관계이론의 중국학파chinese school[101] 형성에도 방법론적 영감과 자신감을 부여하고 있다[102]는 평까지 듣는다.

이러한 동향에 대한 당장의 판단은 보류해둔다. 다만 이 '근대 외교'에서 '중국 외교'로의 반전, 혹은 '중국화된 근대 외교'를 추동한 이행기의 인물로 '토박이' 마오쩌둥을 자리매김할 수는 있을 것이다. 여기에 20세기 신중국이라는 '혁명국가'의 커다란 역설이 있었다.

6

인도차이나의
잃어버린 20년

_

동구와 동방의 길항

INDOCHINA

1979, 동방의 와해

1979년, 중국은 베트남에 교훈을 준다며 베트남의 북부 일대를 점령하는 징벌성 전쟁을 일으켰다. 신중국 역사상 최초의 '선제공격'이었다. 그 대상이 미국이나 소련이 아니라 '형제이자 동지'라고 했던 베트남이었음이 커다란 역설이다.

그런데 전후 사정은 훨씬 복합적이었다. 전선이 북방에만 그어졌던 게아니기 때문이다. 북쪽에서 중국에 맞섰던 베트남은 남방에서 캄보디아를 침공, 프놈펜을 점령하고 있었다. 1978년 12월의 일이다. 이에 캄보디아공산당이 이끄는 크메르루주Khmer Rouge 또한 베트남에 맞서서 결사 항전했다. 이른바 '제3차 인도차이나전쟁'*이 베트남의 남과 북에서 동시다발적으로 일어난 것이다. 캄보디아와 라오스에서 베트남군이 철수한 것은 1989

---

* 1946년부터 1954년까지의 베트남-프랑스 전쟁을 제1차 인도차이나전쟁, 1961년부터 1975년까지의 베트남-미국 전쟁을 제2차 인도차이나전쟁, 1978년부터 1989년까지 인도차이나 내부의 전시 상태를 제3차 인도차이나전쟁으로 분류할 수 있다.

년이다. 중국과 베트남이 관계를 정상화한 것은 1991년이다. 프랑스와 미국이 떠난 후에도 인도차이나반도는 10년이 넘도록 전시 상태를 지속했던 셈이다.

이는 1975년에 견주면 경천동지할 변화였다. (북)베트남은 마침내 미국과 남베트남을 물리치고 민족해방과 통일조국의 숙원을 이룬 것으로 보였다. 2차세계대전 종전으로부터 따지면 30년 만의 결실이자, 1858년 프랑스의 다낭 침공까지 헤아리면 독립과 통일을 향한 100년이 넘는 대장정의 완수였다. 캄보디아 또한 미국의 지원하에 쿠데타로 등장했던 론 놀Lon Nol정권을 축출하고 공산주의국가를 세울 수 있었다. 그 사이에 자리한 라오스에서도 왕정이 폐지되고 사회주의 공화국이 들어섰다. 가히 1975년은 인도차이나반도의 사회주의국가들이 동반 승리한 획기적인 한 해로 기억될 만했다. 북조선의 김일성조차 한반도에서 또 한 번의 남침을 중국에 적극 타진할 정도였다.' 한반도의 인도차이나화를 꾀하고자 한 것이다. 역사는 동방으로 크게 기우는 듯 보였다.

이렇듯 미 제국주의에 맞서 힘을 보탰던 중국·베트남·캄보디아, 이 세 국가가 상호 점령과 전쟁으로 치닫는 모습은 미국으로서도 당혹스러운 일이었다. 동남아시아로의 공산주의 확산을 막기 위해 막대한 비용과 희생을 무릅쓰고 군사적 개입을 합리화했던 베트남 정책이 무색해지는 순간이었다. 세계를 좌와 우로 나누는 냉전적 사고로는 헤아릴 수 없는 동아시아 나름의 지역성과 역사성이 극적으로 표출되었던 것이다. 과연 동아시아의 냉전은 유럽의 냉전과는 판이한 복선과 복병으로 점철되었다.

그리하여 1979년을 전후한 사태에 대한 그간의 설명은 대저 탈이념적이었다. 새삼 크게 환기된 것은 역사와 문화, 그리고 지정학이었다. 오드 아르네 베스타는 인도차이나반도에 대한 중국과 베트남의 서로 다른 지정학적 이해관계를 으뜸가는 원인으로 꼽았다.[2] 프랑스와 미국이 물러난 인도차이나의 진공상태를 두고 양국이 동남아에 대한 영향력 행사에서 경합 관계에 들어섰다는 것이다. 물론 여기에는 미중을 대신한 중소 갈등이 짙은 그늘을 드리웠다. 미국의 철수와 소련의 진입이라는 새로운 지정학적 변화가 중국과 베트남의 충돌을 야기했다는 것이다. 천젠은 역사성에 한층 더 큰 방점을 둔다. '순망치한' 혹은 '형제애' 자체에 담겨 있는 내적 갈등 및 역동성이 분출했다는 것이다.[3] 근친증오, 즉 그렇게 가깝지 않았더라면 그만큼 갈등도 적었을 것이라는 견해다. 천젠이 백여 년간 누적된 항불, 항미공동 투쟁에 잠복하던 모순에 눈길을 주었다면, 크리스토퍼 고샤Christopher E. Goscha[4]는 더 오래된 역사성에서 갈등의 뿌리를 찾는다. 베트남은 덩샤오핑을 명제국의 팽창주의에 빗대고, 캄보디아는 베트남을 응우옌 왕조의 민망Minh Mang 황제에 견주었다. 폴 포트는 '붉은 민망'이라며 베트남을 겨누었다. 베트남의 성세를 구가했던 민망 황제는 문화적 자부심이 대단한 데다 캄보디아를 정복하고자 했던 영토적 야심도 그에 못지않았다. 그 탓에 캄보디아 왕국은 지역 대국이었던 태국과 베트남 사이에서 중립성을 고수하는 데 사활을 걸어야 했다. 즉 프랑스 식민주의와 미국의 제국주의가 사라지자 백 년간 잠복했던 지역 내 역사적 유산이 재가동하며 상호 대립이 극적으로 표출되었다는 것이다. 문화적 요소를 강조하는 독법도 있다. 스티븐 모리스Stephen J. Morris는 두 가지 문화적 요소로 베트남의 캄보디아 침공을 설명한다. 첫째가 전통적인 민족주의적 신념, 즉 문명화가 덜 된 서쪽의 오랑캐보다 도덕적·문화적으로 우월하다는 관념이고, 둘째가 코민테른에서 자극받은 또 다른 신념, 즉 사회주의혁명은 베트남 공산주의자가 전위가 되어서 인도차이나연방 단위에서 실현해야 한다는 생각이었다.[5]

저마다 일정한 합리성과 설득력을 가진 접근이라고 하겠다. 필자는 여기에 베트남노동당 내부의 리더십 교체와 동아시아 차원의 지역질서 재건이라는 측면을 보태고 싶다. 그간 베트남전쟁사에 대한 연구는 지나치게 외부자 중심이었다. 미국을 주체로 삼은 접근이 압도적으로 많았고, 중국과 소련의 자료를 활용한 연구도 신냉전사의 출현과 함께 비로소 등장했다.[6] 예외적으로 베트남전쟁을 한반도의 동향과도 직결된 남북3각동맹의 대결이란 관점에서 접근한 연구가 제출되기도 했다.[7] 그럼에도 정작 전쟁의 당사자인 베트남, 특히 북베트남의 시점이 결여되어 있었음이 아쉽다. 하노이 내부 지도자의 시각에서 베트남전쟁을 조망하지 못했던 것이다.

돌아보면 호찌민에서 레주언으로의 리더십 교체는 관건적이었다. 베트남이 동방에서 이탈해 동구로 기울어지는 결정적인 분기점이었기 때문이다. 물론 자료의 공백 탓이 컸다. 그리고 자료의 부족은 관점의 편향으로 이어졌다. 이 무렵 중국-베트남 관계에 대한 연구는 1979년에 베트남이 발표한 《지난 30년간 베트남-중국 관계에 관한 진실The Truth Concerning Vietnamese-Chinese Relations over the Past 30Years》(이하 《중국백서》로 표기)에 의존하는 경우가 허다하다. 1954년 제네바회담에서부터 중국이 베트남을 배신했다는 폭로성 문헌이다. 중국이 베트남을 전력으로 지원하지 않았고, 서구와의 타협을 더 중시하여 남북 분단에 결정적인 역할을 했다는 것이다. 그러나 이 문건 자체가 중월전쟁 이후에 발표된 것이었음을 고려해야 한다. 몇몇 겹의 역사적인 맥락의 고려가 필요한 매우 정치적인 성격의 문헌인 것이다. 게다가 제네바회담을 중국-베트남의 양자 관계로만 수렴시키는 것도 적절하지 않다. 1954년뿐만 아니라 1961년의 제네바협정과 1973년의 파리협정, 그리고 1979년의 상호 전쟁까지 캄보디아·라오스 문제는 항상 동시적인 의제로 다루어져왔기 때문이다. 즉 제네바회담을 온전히 이해하기 위해서는 중국-베트남의 양자관계에 치중해서는 충분치 않을뿐더러 적절치도 않은 것이다. 게다가 바로 전해인 1978년 캄보디아에서 발표한 《베트남 흑서》는 그동안 거의 주목받지 못하는 편향성도 없지 않았다. 즉 중국-베트남-조선의 동북아 축만큼이나 베트남-라오스-캄보디아의 동남아 축을 결합해 제네바회담을 꼼꼼하게 복기해볼 필요가 크다. 중화세계질서의 근대적 재편과도 깊이 연동되었던 동아시아 냉전의 중층적 성격을 총체적으로 조망하는 데도 매우 긴요한 과제라 하겠다.

다행히도 중국과 베트남 및 캄보디아의 문서고가 점차 개방되고 있다. 또 이에 기반한 신냉전사의 연구 성과물이 점차 제출되고 있는 형편이다.[8] 따라서 이 장에서는 2000년대 이후 공개된 새 자료와 새 연구를 아울러 지역질서 재건의 관점에서 인도차이나전쟁과 동아시아 냉전을 다시 고찰해보고자 한다. 다시금 '동방'은 핵심 열쇳말이다. 제네바부터 1979년, 나아가 1990년대에 이르는 동아시아의 냉전과 탈냉전을 동방과 동구의 길항으로 설명할 수 있다고 판단되기 때문이다.

더불어 동방이라는 동아시아의 고유한 지역적, 역사적 맥락을 충분히 고려함으로써 '글로벌 냉전'을 상대화하는 관점도 획득할 수 있을 것이다. 베스타는 '글로벌 냉전'을 이루는 세 축으로 미소, 중소에 남북을 보탠 바 있다.[9] 세계체제적 시각에서 냉전 구도를 복합적으로 이해하려는 시도였다고 하겠다. 그러나 지구적 수준의 남북 문제로는 수렴되지 않는 각 지역마다의 역사성에 대한 관심은 소홀한 편이다. 특히 미소, 중소, 남북의 복합적 관점에서 '글로벌 냉전'의 중심이었다고도 할 수 있는 동아시아는 더더욱 그러하다. 따라서 중화세계의 해체와 재편이라는 관점이 필히 부가되어야 할 것이다. 그래야 1945년 이후 동아시아 탈식민의 독자성도 해명이 가능하다. 즉 탈식민 동아시아의 집합적 과제 중 하나가 전통적 종주국이었던 중국과 주변 국가 간 관계를 비로소 근대적 형식으로 재설정하는 데 있음을 간과할 수 없는 것이다. 그리고 이 과업이 동아시아 냉전의 복합적인 균열에도 직접적인 영향을 미쳤음을 인식할 필요가 크다. 동서냉전의 저류에 탈중화와 재중화의 길항도 복류하고 있던 것이다. 즉 지역 내부의 대국과 소국의 관계를 재조정하는 과제가 동아시아 특유의 냉전의 역동성을 규정하는 관건이었다. 이러한 요소를 고려해야만 왜 동구와는 일선을 긋는 '동방'이라는 구호가 등장했는지, 그럼에도 왜 '동방'으로 집결했던 사회주의 국가들이 자중지란으로 와해되었는지, 나아가 동아시아의 탈냉전은 또 왜 '동구'의 몰락과는 전혀 다른 형태로 전개된 것이었는지도 해명의 단초가 마련될 수 있다. 나아가 왜 이곳에서 '평화공존 5원칙'이라는 독자적인 지역질서 원리가 제출되었는지도 설명이 가능할 것이다. 이와 같은 동아시아 냉전사의 복합성을 규명하는 데 더없이 좋은 무대를 제공해주는 곳이 바로 '인도차이나' 반도다.[10]

인도차이나: 제국의 그림자

동방의 와해를 야기한 제3차 인도차이나전쟁을 이해하기 위해서 동아시아의 역사성에 착목하는 것은 충분히 수긍할 만한 접근법이다. 하지만 그 역사성이라는 것이 다소 치우치고 비약적이라는 인상도 떨치기 어렵다. 1979년의 사태를 설명하기 위해 손쉽게 19세기 이전으로 가탁해버리기 일쑤인 것이다. 역사, 문화, 지정학을 강조하는 해석들이 대저 그러하다. 1858년부터 1954년까지 진행되었던 프랑스의 인도차이나 식민통치 경험을 충분히 감안치 못하고 있는 것이다. 중국-베트남-캄보디아의 관계를 재조정하기에 앞서 프랑스라는 외부자가 동아시아에 개입했던 백 년의 역사가 엄연하게 자리하고 있었다. 일본에 의한 대만 50년, 조선 35년의 식민통치도 냉전과 탈냉전기 동아시아의 질서를 규정하는 데 지속적인 영향을 미쳤음은 주지의 사실이다. 그만큼이나, 아니 그 이상으로 인도차이나에서 프랑스의 유산을 고려하는 것은 지극히 합당하다고 할 것이다. 그중에서도 필자가 각별히 강조하고 싶은 대목은 '인도차이나'라는 관념 및 발상 그 자체다. 프랑스가 만들어낸 '인도차이나'라는 지리적 상상과 공간 구축이야말로 중국과 베트남은 물론 인도차이나 3국 내부의 탈식민 질서를 재건하고 재조정하는 데 지속적으로 지대한 영향을 미쳤기 때문이다.

대남제국과 인도차이나

　　오늘날의 베트남 영토에 통일국가가 들어선 것은 1802년 응우옌 왕조에 의해서다. 베트남은 참파Champa와 캄보디아 영토를 향해 지속적으로 남쪽으로 팽창해가는 전통적인 지역대국이었다. 남진을 완수한 베트남은 서쪽으로 방향을 전환해 캄보디아를 보호령으로 선언했다. 1834년 민망 황제 때의 일이다. 베트남인 관료를 파견해 세금을 징수하고 크메르인들에게 베트남어 학습을 권장하기도 했다. 나아가 민망은 1838년 나라 이름도 다이남Dai Nam으로 고치고 이듬해부터 공식 국호로 사용한다. 남진과 서진을 통해 월남越南이 대남大南이 된 것이다.

　　응우옌 왕조는 대청제국에 대한 문화적 자긍심이 넘쳤다. 가령 자롱Gia long황제는 만주족이 지배하는 청과 견주어서 베트남을 '중국'中國이라고 부를 정도였다. 전통적인 중국 개념을 자국에 적용한 만큼이나 스스로를 중화로 자처하고 자부한 것이다. 더불어 주변 소국들에 대한 독자적인 세계질서도 구축했다. 그래서 일각에서는 '남의 중화제국'이라고 명명하기도 한다. 중국과 주변의 조공질서를 모방한 만큼 '남의 중화제국'이라는 표현도 일견 그럴듯하다. 하지만 유인선은 '대남제국질서'란 용어가 더 적절하다고 주장한다.[11] 응우옌 왕조가 중국의 문물제도를 받아들인 것은 사실이지만 중국의 일부가 아닌 엄연한 독자적인 국가라는 점에서 그러하다는 것이다.[12] 그러면서도 대남제국질서가 주변의 동의와 참여에 기반한 것이 아니라 응우옌 왕조 측의 일방적 생각이었음도 꼬집는다.[13] 대국의 덕으로 소국의 예를 구했던 왕도王道에는 미치지 못했던 것이다. 응우옌 왕조에게 조공국이 있었다면 오늘날의 캄보디아와 라오스의 비엔티안 및 루앙프라방 정도였다는 평가이다. 그것도 양쪽 모두 시암(타이)의 세력권에서 완전히 벗어나지는 못한 이중 귀속 상태였다. 실제로 캄보디아의 저항으로 대남제국은 1841년 프놈펜에서 물러나고 만다. 오히려 시암의 영향력 안에서 캄보디아는 간신히 독립을 유지할 수 있었다.

다이남과 시암 사이에서 캄보디아 및 라오스의 양속兩屬으로 세력균형이 이루어지고 있던 인도차이나에 프랑스라는 외부자가 개입해 들어온 것은 1858년이다. 중국에서는 제2차 아편전쟁으로 자금성이 불타고, 일본에서는 페리Matthew Calbraith Perry의 흑선이 내항해 일본을 개국시키던 무렵이다. 인도에서는 무굴제국이 붕괴되어 영국의 식민지 통치가 본격화된 해이기도 하다.

프랑스는 1863년부터 통킹(베트남 북부)과 안남(베트남 중북부), 코친차이나(베트남 남부), 그리고 캄보디아와 라오스의 5개 지역으로 구성된 인도차이나연방을 구축해간다. 다이남이 남진했다면, 프랑스는 북진했다. 코친차이나와 캄보디아를 거점으로 권력을 북으로 확산시켜간 것이다. 인도차이나의 등장으로 대남제국은 현실적 영역에서 사라지지 않을 수 없었다. 그러나 다른 한편으로 되살아났으니, '인도차이나'의 속성에 대남제국의 흔적이 깊이 각인되어 있음이 요체이다. 즉 인도차이나는 프랑스 식민통치의

산물이되, 아무런 근거 없이 상
상되고 발명된 것만은 또 아니
었다. 대남제국의 속성에 가탁
해 재구축된 것이다.

　프랑스는 안남인들의 이해관
계와 결부시켜 인도차이나라는
발상을 설득해갔다. 프랑스의
힘을 빌려 대남제국의 확장이
라는 오래된 기획을 실현시킬
수 있음을 암시한 것이다. 라오
스와 캄보디아에 대한 시암과
의 전통적인 경쟁 심리 또한 적
절하게 이용했다. 그리하여 5개
의 인도차이나연방 가운데 베
트남 중부, 즉 대남제국의 수도
후에Hue가 자리했던 안남은 역

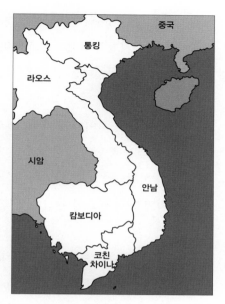

프랑스령 인도차이나연방 지도. 프랑스가 구축한
인도차이나라는 발상은 특히 대남제국의 기억을
간직한 베트남인들에게 영향을 미쳤고, 이는 훗
날 벌어질 인도차이나반도 내분의 한 원인으로
작용한다.

설적으로 프랑스의 식민통치 구상에 가장 호의적이었다고 한다. 비유컨대
'프랑스-안남franco-annamese 협력'이 인도차이나연방 건설의 중추였던
것이다.[14]

　1920년대부터 인도차이나를 종횡으로 엮는 도로와 수로 등 교통망이
건설되고, 산업 기반시설 또한 확충되었다. 이러한 물적 토대에 힘입어 안
남인들의 서부 진출 또한 전성기를 구가하게 된다. 베트남은 일찍이 중
국식 과거제도를 도입했던 터라 관료제의 경험이 풍부했던 것이다. 이미
1930년대 초에 라오스 지역 관료의 54%를 안남인들이 차지했다는 통계

도 있다.[15] 인도차이나연방의 공용어가 프랑스어와 안남어였다는 점도 결정적이었다. 과거제의 유산과 프랑스의 지원으로 안남의 '신청년'들과 젊은 관료들은 인도차이나를 경영하는 핵심 인력으로 성장할 수 있었다. 그들에게 인도차이나는 더 이상 관념이 아니라 일상이었고 실재였던 것이다. 자연스레 '인도차이나인 의식' '인도차이나인 정체성'도 강화되었다. 고등교육의 제도적 변화도 한몫했을 것이다. 1911년 하노이에 '인도차이나 대학'이 설립되었다. 그 반면에 국자감은 폐쇄되고 과거제는 폐지되었다. 전통적인 지식 관료의 관심을 중국에서 인도차이나로 돌리려는 시도였다고 한다.[16]

이처럼 대남제국과 프랑스령 인도차이나연방 간에는 미묘한 연속성이 다분했다. 프랑스가 베트남의 남진Nam Tien을 봉쇄한 것도 아닐뿐더러, 도리어 서진Tay Tien의 물꼬를 틔워 확산시켜준 면모도 없지 않다. 그래서 일부 안남인들은 식민지 현실을 접어두고 제국의 영광스러운 과거와 접맥시켜 인도차이나를 이해하는 착종을 일으키기도 했다.

코민테른과 인도차이나

흥미로운 지점은 인도차이나라는 발상을 공유한 것이 프랑스 식민통치에 협력한 이들만은 아니었다는 것이다. 역설적으로 그에 맞서 반체제 운동을 전개했던 저항세력들 또한 반제국주의 실천을 위해서 인도차이나 관념을 수용해갔다. 특히 1차세계대전 이후 사회주의와 민족주의운동이 비등하면서 등장한 '신청년'들은 적극적으로 '인도차이나혁명'이라는 어휘와 발상을 흡수해갔다. 식민과 반식민, 서구(프랑스)와 동구(소련), 좌와 우의 이념적 차이에도 불구하고 인도차이나의 구호 아래 이를 받아들인 것이다. 아울러 베트남인의 남다른 역할을 강조하며 캄보디아와 라오스에 대한 우월감을 공유했다는 점도 일치했다. 유교문명의 역사적 우월감과 프랑스의 사회다원주의적 식민 담론에 사회주의 국제주의의 사명감이 결합된 형태였다.

이들의 의식 세계에서 인도차이나 관념이 지속할 수 있었던 데는 코민테른의 역할도 한몫했다.[17] 코민테른은 아시아-아프리카 혁명가들을 그들이 저항하는 식민지 국가의 경계에 따라 공간적으로 편성하는 지침을 하달했고, 이에 따라 안남 공산당이나 통킹 공산당의 창설은 허용되지 않았다. 베트남 공산당 또한 마찬가지다. 오직 인도차이나공산당만이 가능했다. 자바 공산당이 아니라 인도네시아공산당만이 가능했고, 조선인들은 개별적으로 일본공산당과 중국공산당에 편입되었던 것과 동일한 논리의 소산이다. 애당초 소련 자체가 연방주의 모델을 제공하고 있던 바이기도 하다. 그리하여 코민테른의 지도를 따라 창설된 인도차이나공산당Dang cong san Dong Duong은 "인도차이나 독립 완수!"Dong Duong hoan toan doc lap!를 외쳤던 것이다.

한편으로 코민테른이 동남아 국가에 관여하기 시작했던 1929~1930년의 시점은 지방으로 물러난 중국공산당의 독자적 행보가 시작되는 시기였다는 점에서 미묘하다. 코민테른과 중국공산당 간 긴장 구도가 점증하는 가운데 인도차이나 공산당이 창립되었다는 점을 복선으로 기억해둘 일이다. 특히 1890년생이었던 호찌민은 '신청년들'과는 인문지리적 감수성이 달랐던 것으로 보인다. 그는 국지적이고 협소한 안남 공산당을 거절하면서도, 인도차이나공산당 또한 너무 넓은 범위의 개념이라고 인식했기 때문이다. 그가 선호한 것은 역시 베트남이었다. 그래서 그가 주도했던 정당 역시 베트남공산당Dang cong san Viet Nam이었고, 구호 또한 베트남 독립Viet Nam hoan toan doc lap!이었다. 이것이 인도차이나공산당으로 변경된 것이

1930년 10월 당대회이고, 이듬해 4월 코민테른에서 정식으로 승인을 받는다. 당시 일부 '신청년'들이 호찌민을 고루하고 편협한 민족주의자라고 비판했다는 점은 널리 알려진 사실이다.

따라서 '베트남' 즉 '월남'越南은 서구와 동구에 의해 동시에 억압되었다고도 할 수 있다. 프랑스는 베트남이라는 어휘를 인도차이나연방 질서에 대한 도전으로 인식하여 금기시하였다. 신청년들 또한 소련(동구)을 모델로 삼은 '인도차이나 소비에트 연방 공화국'Lien Bang Cong Hoa Xo-Biet Dong-Duong을 염원했다. 이것이 대남제국의 적색 판본에 근접하는 것임을 자각하지는 못한 듯하다.

반反 인도차이나

프랑스는 라오스와 캄보디아에 대한 베트남의 전통적 종주권을 기민하게 활용하며 인도차이나연방을 추진했지만, 두 나라와 베트남의 문화적 융합은 쉬이 달성되지 못했다. 인도차이나의 실상이란 프랑스-베트남에 의한 라오스·캄보디아의 식민화였기에, 두 지역에서 광범한 '인도차이나 내셔널리즘'과 소속감을 배양하는 데는 실패한 것이다. 기실 인도차이나 모델은 출발부터 그 역사적 토대가 허약했다. 특히 유교국가와 불교국가라는 천 년의 유산 차이는 삼국 지식인들의 상이한 행로에도 큰 영향을 미쳤다. 판보이쩌우Phan Boi Chau나 호찌민이 일본과 중국을 향해 북상했던 것과는 달리, 라오스와 크메르 민족주의자들은 시암에서 학습하는 경우가 허다했던 것이다.[18] 전통적으로 후에보다는 방콕이 지리적으로, 또 문화적으로 가까웠고, 이전까지 작동했던 불교 네트워크를 활용하는 경우가 많았다. 아울러 타이가 베트남과는 달리 독립을 유지했던 국가였다는 점도 매력적이었을 법하다. 그 결과 1930년 인도차이나공산당 창립 시에 정작 라오스와 크메르인은 찾아보기 힘들었다. 실제로 공산주의의 인도차이나로의 확산은 현지인보다는 중국계 화교와 베트남인 이주자, 즉 월교Viet Kieu, 越僑를 통하는 경우가 많았다.[19]

프랑스령 인도차이나 아래서도 라오스와 캄보디아는 여전히 '인도차이나'를 경험하기 힘들었다는 점도 지적할 수 있겠다. 오로지 지도상의 행정구역으로만 존재했을 뿐 일상의 실감에는 미치지 못했던 것이다. 오히려 프랑스의 힘을 업고서 관료 및 사업가로 군림하는 베트남인들에 대한 반감은 더욱 거세졌다. 베트남 좌·우파들이 프놈펜과 비엔티안을 종횡하며 하나의 공간으로 인도차이나를 실감했던 것과는 달리 캄보디아와 라오스인들은 사이공과 하노이에 파견되는 경우가 거의 없었다. 인도차이나의 실감면에서 양자 간에는 비대칭성이 여실했던 것이다. 이처럼 중국화·유교화된 베트남과 인도화·불교화된 라오스와 캄보디아라는 천 년의 유산과 더불어, 백 년을 지속했던 프랑스령 인도차이나연방 아래서의 경험 또한 판이했다. 이것이 복합적으로 작용해 탈식민 인도차이나반도의 갈등을 배태했음을 확인해둘 일이다. 1975년 이후 벌어질 일련의 사태를 촉발하는 먼 도화선이 되기 때문이다.

1975, 동구와 동방의 각축

2차세계대전 종결과 함께 인도차이나공산당은 해산 수순을 밟았다. 탈식민과 더불어 개별 국가들의 각개약진이 시작된 것이다. 호찌민 또한 8월혁명을 통해 '베트남'민주공화국을 선포했다. '베트남'노동당이 공식화된 것은 1951년이다. 인도차이나공산당에서 '국민공산당' 혹은 '민족

공산당'으로 변모한 것이다. 이를 통해 인도차이나에 재진입하려는 프랑스에 맞서 민족자결주의라는 시대정신을 옹호할 수 있었다.

프랑스 또한 인도차이나연방을 그대로 복원할 수는 없었다. 대신해 분단과 분리 통치를 도모했다. 베트남은 남북으로 분단하고, 라오스와 캄보디아는 분리하는 방안이었다. 즉 바오다이Bao Dai의 남베트남, 시아누크의 캄보디아, 시사방봉Sisavangvong의 라오스 등 세 개의 입헌군주국으로 구성되는 인도차이나 연합국가the associated states of Indochina를 모색한 것이다. 따라서 베트남과 프랑스가 경합한 제1차 인도차이나전쟁이란 베트남민주공화국과 프랑스가 지원하는 세 개의 왕정국가들과의 대결이기도 했다. 그리고 그 이면에는 개별 독립국가파와 인도차이나파 간의 경쟁이 있었다고도 할 수 있겠다. 물론 호찌민은 '베트남'을 전면에 내세운 만큼이나 독립국가파에 속했다. 그는 베트남은 물론이요 캄보디아와 라오스, 말레이와 버마 등도 독립국가가 되어야 한다고 생각했다.[20]

그러나 베트남노동당 내부에는 여전히 인도차이나파가 잠재하고 있었다. 특히 안남과 코친차이나가 자리했던 중남부의 공산주의자들이 두드러졌다. 그들은 다섯 개의 별이 그려진 깃발을 들고 다녔다고 한다.[21] 인도차이나연방의 5개 지역을 상징하는 깃발이다. 여전히 프랑스가 안남의 신청년들에게 주입했던 지리·공간적 발상이 지속되고 있던 것이다. 그리고 그 관념은 실제 행동으로도 이어졌다. 북베트남이 주도하는 저항세력을 각 지역에 구축했던 것이다. 라오스에서는 파테트라오Pathet Lao를, 캄보디아에는 크메르이사라크Khmer Issarak를 조직하여 베트남노동당과의 긴밀한 연계를 도모했다. 소멸된 인도차이나공산당의 후신이었던 셈이다. 물론 그들 나름으로는 국제주의적 임무Nhiem Vu Quoc Te의 실천이라고도 할 수 있겠다. 그러나 캄보디아와 라오스의 시각에서는 (북)베트남의 서부 진출과 다름없었다. 특히 독자적인 인민혁명당이 창당되었던 캄보디아에서는 북베트남이 주도하는 또 다른 저항세력이 내부에 형성되어 경쟁 관계에 들어선 것이기도 했다. 그들의 목적은 사실상 베트남노동당의 하부 조직 건설이었기 때문이다.

신중국이 북조선과 북베트남을 도와야 한다고 느꼈듯, 북베트남 또한 라오스와 캄보디아에 공산주의를 전수하는 국제적 사명을 가질 수 있음을 부정하기는 힘들다. 그러나 전자가 지원에 가깝다면, 후자는 이식에 근접했다. 중국과 조선·월남에게는 항일전쟁기를 거치며 형제애를 쌓아온 '동방'의 유산이 짙었지만, 베트남과 라오스·캄보디아는 그러지 못했던 것이다. 있더라도 미미한 소수에 그쳤고, 그래서 그들이 탈식민 국가의 주역이 될 만한 세력에 이르지는 못했다. 그리하여 인적 연계와 역사적 경험이 축적되지 않은 상태에서의 국제주의 관철이란 동구형 '이식'에 가까운 것이었다. 결국 (북)베트남은 그들이 결코 중국에 허락하지 않았던 자주성의 침해를 라오스와 캄보디아에서 구현하고자 했던 것이다.[*]

1950년대 베트남의 라오스와 캄보디아 개입 또한 레주언과 레둑토Le Thuc To 등 안남이 자리했던 중남부 출신들이 주도했음을 기억해둘 필요가 있겠다. 바로 이들이 1970~1980년대 '붉은 인도차이나' 실현의 주역이 되기 때문이다. 즉 1975년 사이공 함락과 그 이후의 역사는 탈식민의 노선을 두고 경합했던 인도차이나파들이 독립국가파에 승리해가는 과정이었다고도 할 수 있다. 사이공 함락과 1978년 프놈펜 점령을 하나로 묶어 북베트남의 확장이라는 연속적 시각에서 파악할 수 있는 것이다. 실제로 사

---

[*] 엄밀하게 따지면 이들이 도모한 북베트남 주도의 혁명당 건설과 정치·군사력의 지원, 간부 양성 등은 1954년 제네바협정을 스스로 위반하는 것이기도 했다. 라오스와 캄보디아 두 나라에서의 군대 철수와 내정불간섭을 합의했기 때문이다.

이공 함락과 프놈펜 점령을 진두지휘한 것도 동일 인물(반티엔둥Van Tien Dung)이었다. 남베트남(남진)에 이어 캄보디아 및 라오스(서진)까지 진출한 것은 한 세기 전 대남제국의 복제에 방불한다. 그리고 소련의 지원에 힘입어 인도차이나 소비에트 연방 건설에 근접한 행보를 10년 가까이 지속했음을 간과할 수 없겠다. 1975년 전후를 동방에서 동구로의 전환으로 파악할 수 있는 것이다.

동구의 이식

미국과의 베트남전쟁, 즉 제2차 인도차이나전쟁을 일컫는 베트남의 공식 용어는 '항미구국전쟁'Cuoc khang chien chong My, cuu nuoc이다. 여기에는 미국과의 전쟁(항미)이라는 측면과 더불어 같은 민족이 싸웠다는 내전(구국)의 측면도 담겨 있다. 그리고 그 내전이란 북베트남과 남베트남 정부 간 분쟁이라는 측면만큼이나, 남베트남 정권과 남베트남에 사는 주민 간 내전이라는 측면도 있었다. 현 정권은 베트남전쟁을 '북'=베트남노동당(현 공산당)과 인민군의 '승리'라고 평가하고 있는데, 여기에는 남베트남의 혁명세력, 특히 그 중심적 역할을 담당한 남베트남 해방민족전선이 배제되어 있다. 즉 항미구국전쟁 승리의 공적을 북베트남 공산주의자가 독점하고 있는 것이다. 그러나 베트남 남부 해방의 주역은 남베트남해방민족전선과 그들이 주체가 되어 수립된 남베트남 임시혁명정부(1969)였음이 틀림없다. 최종 국면에서 북베트남 정규군이 등장했다고는 하더라도, 해방민족전선의 공로를 무시하는 것은 사실에 반하는 역사 인식이다. 게다가 베트남전쟁이 공산당의 승리로 끝났다는 평가는 남부에 살았을 절반의 국민을 패자로 귀결시키는 것이기도 하다. 그들 중 상당수는 남베트남 정권에 저항했으나 반드시 북베트남식 사회주의를 지향했던 것은 아니었기 때문이다. 즉 남북의 통합을 원했지, 북에 의한 남의 흡수를 꾀한 것은 아니었다. 1975년 사이공 함락을 북에 의한 남의 '병합'이었다고 여기는 견해가 점차 설득력을 키우고 있는 까닭이다.[22]

증언은 여럿이다. 여기서는 세 사람에 주목한다. 먼저 1973년 파리협상 과정을 회고한 헨리 키신저의 발언이 있다.[23] 제3세계 민족해방투쟁을 상징하던 당시(1960~1970년대)의 신화와는 달리 북베트남은 이웃나라들에게 공포의 대상이었으며, 어떤 수단을 동원해서라도 인도차이나의 프랑스 식민 유산 전체에 대한 지배권을 확립하려는 의도를 가지고 있었다는 것이다. 레둑토는 '인도차이나뿐 아니라 동남아를 지배하는 것이 베트남의 사명'이며, 팜반동Pham Van Dong은 '우리는 동남아의 프러시안이다. 우리는 이웃보다 더 큰 열정과 에너지, 지력을 갖추고 있다. 우리의 영향력을 확장하기 위해서 군사적 행동을 취할 필요까지는 없다'고 발언했다고 한다. 키신저의 이 회고 또한 1979년, 즉 베트남의 캄보디아 점령과 중월전쟁의 배경하에 나온 것이라는 점을 고려할 필요는 있겠다. 그렇다고 하더라도 전혀 근거가 없는 날조라고 하기도 힘들 것이다.

폴 포트 또한 키신저의 인상을 공유했다. 그는 프놈펜 점령을 반티엔둥과의 피 마르는 속도 경쟁이라고 인식했다.[24] 반티엔둥이 이끄는 군대가 사이공에 도착하기 이전에 크메르루주가 프놈펜을 장악해야 북베트남에 의한 캄보디아 '해방'을 막을 수 있다고 판단한 것이다. 즉 폴 포트는 내부의 친미 쿠데타 정권인 론 놀과의 대결만큼이나, 캄보디아 해방의 '주체'를 둘러싸고 북베트남과도 치열하게 경쟁하고 있다고 여긴 것이다. 그의 불신은 1965년 레주언과의 첫 만남에서부터 비롯되었다. 레주언은 남베트남의 해방을 이루고 나면 캄보디아와 라오스의 해방을 인도차이나혁명 차원에서 지원할 것이라고 강조해, 폴 포트와의 심각한 견해 차이를 노정했다. 돌아보면 폴 포트의 경쟁의식은 정확한 인식이었다고 하지 않을 수 없다. 불행히도 3년 후 그 예상이 실현되고 말았기 때문이다. '킬링필드'의 비극을 초래한 역사적 맥락이라고도 하겠다. 그만큼 프놈펜을 비롯한 캄보디아 주요 도시에는 베트남에서 훈련받은 공산주의자들이 많았다. 그래서 통일베트남이 크메르루주의 새 정권을 전복하는 것을 사전에 방지하기 위해 친베트남적 성향이 농후한 지식인을 숙청하고 도시 소거마저 단행했던 것이다. 크메르루주가 초래한 비극의 뿌리에도 인도차이나공산당 운동의 역사가 깊이 자리하고 있었다.

내부 고발자도 있다. 타인틴Thanh Thin은 프랑스에 망명하여 베트남공산당의 내부 사정을 폭로하는 책을 발표한 바 있다.[25] 그는 남베트남해방민족전선의 창설 구성원으로 남베트남 임시혁명정부의 법무장관까지 역임한 고위 간부였다. 그럼에도 그가 회고록에서 피력한 견해는 키신저나 폴포트와 상통하는 바 크다. 사이공 함락은 사실상의 '병합'이었다는 것이다. 종전 직후 사이공의 교화정책을 위해 '진주군'으로서 진입한 북베트남에 대한 남베트남의 평판도 무척 나빴다고 한다. 북베트남이 사이공의 요직을 독점해 사이공 시민을 지배했다고 해도 과언이 아니었기 때문이다. 1976년 통일 이전에 남베트남 정부와 관계를 맺은 이는 '블랙 리스트'에 기록되어, 평점이 가장 낮은 이들은 입학이나 취직 등 평생에 걸쳐 차별 대우를 받았다고 한다.

그럼에도 '병합'은 과도한 수사일 것이다. '무력에 의한 흡수통일' 정도가 합당해 보인다. 실제로 통일 이후 대규모 숙청은 없었다. 남베트남정권에 협력한 이들이 재교육 수용소에서 사상 교정을 받는 수준이었다. 그러나 급속한 사회주의화 정책이 부작용을 낳았다. 고향을 버리고 해외로 망명하는 보트피플을 대량으로 양산하기도 했다. 특히 남베트남 저항의 전위였던 해방민족전선이 북베트남에서 1955년 결성된 베트남조국전선에 흡수되고 말았음이 요체다. 남베트남에서 폭 너른 지지를 받고 있던 정치세력의 기반이 '통일'과 더불어 사라져버린 것이다

　1976년 남북통일과 함께 남진과 서진은 본격화되었다. 국명과 당명, 지명이 모두 바뀌었다. 베트남민주공화국은 베트남사회주의공화국이 되었고, 베트남노동당은 베트남공산당이 되었으며, 사이공은 호찌민으로 변경되었다. 남진의 파장은 곧장 서쪽에도 미쳤다. 라오스에서도 왕정이 폐지되고 사회주의공화국이 들어섰다. 북베트남이 지원·양성했던 파테트라오를 주축으로 한 인민혁명당이 마침내 집권하게 된 것이다. 1976년 6월 베트남은 라오스와 우호협력조약을 맺었다. 베트남은 캄보디아에도 동일한 조약 체결을 원했다. 그러나 불가침 조항을 고집하는 캄보디아와의 반목으로 협상은 결렬되었다. 그 후의 행보는 떳떳지 못한 것이었다. 베트남은 캄푸치아공산당 내부 투쟁에서 친베트남파가 승리할 수 있도록 막후에서 지원했다. 그리고 폴 포트에 반기를 든 캄보디아 반군과 연합해 정권의 전복을 도모했다. 이마저 실패하자 직접 프놈펜 점령까지 나섰다. 이후 캄보디아와 라오스에는 베트남군이 대거 주둔하는 10년의 세월이 지속되었다. 이렇듯 1975년 이후의 역사를 복기하자면 '도미노 이론'이 전혀 터무니없는 것은 아니었다는 역설을 부정하기 힘들다. 레주언을 '붉은 민망'이라고 빗대었던 폴 포트의 수사 또한 과장만은 아니었던 것이다.

　통일베트남의 배후에는 소련이 있었다. 소련이 주도하는 동유럽경제기구 코메콘Council for Mutual Economic Assistance, COMECON에 베트남이 가입한 것은 1977년 4월이다. 이듬해 6월에는 정식회원국이 된다. 명명백백한 '동구'의 일원이 된 것이다. 레주언은 10년 전, '프라하의 봄'을 진압하고 체코를 점령했던 브레즈네프의 '제한주권'을 지지한다고 밝혔다. 소련-동

유럽의 모델을 베트남-라오스·캄보디아에 복제한 셈이다. 그런 한편 베트남 자체가 소련의 위성국가로 변모하기도 했다. 코메콘 가입의 대가로 소련 해군의 진주를 허용했던 것이다. 1979년 3월에는 소련 함대가, 5월에는 잠수함까지 베트남 연해에 등장했다. 깜라인cam ranh만은 해외에 진주하는 소련의 최대 해군기지가 되었고, 소련이 인도양 및 태평양으로 진출하는 전초가 되었다.[26] 그렇다면 1978년 베트남의 캄보디아 점령과 1979년 소련의 아프가니스탄 침공도 동시적인 현상으로 접수할 일이다. 베트남이 아시아·태평양 지역의 신냉전의 첨병이 된 것이다.

동방의 진화

베트남이 주도하고 소련이 후원하는 인도차이나의 '동구화'는 중미화해로 촉발된 동아시아의 탈냉전을 거스르고 신냉전을 고조시키는 역주행의 패착이었다. 민족해방투쟁의 상징이었던 베트남은 순식간에 염증과 환멸의 대상으로 전락했다. 동방에서 이탈하여 동구 대 서구라는 냉전적 세계관으로 회귀함으로써 불명예를 자초한 것이다. 불과 몇 년 사이에 전 세계 진보세력의 영감의 원천에서 동남아시아의 외톨이로 강등되고 만 셈이다.

중국은 이미 미중화해 이후 제출된 '삼개세계론'으로 동서냉전을 돌파하고 있었다. 이념과 체제가 다른 국가들과도 교류하고 협력하는 평화공존 5원칙으로 되돌아간 것이다. 동남아시아국가연합Association of South-East Asian Nations, ASEAN(이하 아세안)도 적극 화답했다. 미국의 동맹국으로 제2차 인도차이나전쟁의 교두보 역할을 했던 타이의 변화가 현저했다. 1973년 남베트남에서 군대를 철수한 데 이어, 1974년에는 공산국가와의 교역안도 통과시켰다. 중국과 보조를 맞추어 아세안 또한 탈냉전 행보에 속도를 낸 것이다. 동구와 서구가 경합했던 냉전형 동맹정치에서 벗어나 전통적인 지역질서의 동학을 회복한 것이기도 하다. 아세안은 공산주의정권을 표방하며 폴 포트가 이끄는 민주캄푸치아Democratic Kampuchea조차도 지지했다. 이 또한 내정불간섭을 필두로 한 평화공존 5원칙에 입각한 조치였다. 유엔에서도 민주캄푸치아를 옹호하고 인도차이나에서 통일베트남의 패권주의를 맹렬하게 비판했다.[27] 반면 베트남은 여전히 아세안 국가들을 이념적 잣대로 판단했다. 즉 냉전적 틀로 접근하고 인식했던 것이다. 오히려 혁명을 전파한다는 사명감이 더욱 고양되었다. 타이, 필리핀, 인도네시아, 싱가포르 등은 '진정한 독립'을 이루지 못했다고 여겼다. 이들이 의기투합한 아세안의 중립주의 또한 허울이라 간주했다. 베트남이야말로 동남아 국가의 역할 모델이라 자처한 것이다.[28] 경직된 인식으로 중국-아세안의 관계 정상화로 물꼬가 트인 아시아의 탈냉전 행로에 동참하지 못한 것이다. 오히려 '인도차이나혁명'을 고수하면서 동남아 냉전의 명분이 되었던 '베트남 위협론'을 현실화시키고 말았다. 그럼으로써 대국 사이의 중립성 확보와, 경제 발전 등 많은 부분을 공유할 수 있었던 아세안 국가들과의 협동에 장애를 초래했다. 소국연합의 일원이 되지 못하고, 대국주의 노선을 답습하고 만 것이다.

1978년 11월 3일, 소련-베트남 우호협력조약 체결은 동구화의 정점이었다. 반면 그 이틀 후 덩샤오핑은 타이, 말레이시아, 싱가포르를 방문하여 동방화에 박차를 가했다. 방콕에서 열린 기자회견에서 덩은 동남아의 공산당 지원에 전혀 간여하지 않을 것임을 재차 밝혔다. '반패권과 외세 간섭 반대'를 더욱 강조했다.[29] 다만 그 익숙한 수사의 표적은 더 이상 미국이 아니었다. 한때 '형제이자 동지'였던 베트남(과 소련)을 겨냥한 발언임에 분명하다. 통일베트남의 행보야말로 동남아의 신냉전을 촉발하고 있었기 때문이다. 이처럼 소련-베트남 협력에 맞서 중국-아세안-미국-일본이 협동하는 새로운 길항 구도가 형성되고 있었다. '아세안'과 '인도차이나'의 대결이자, 동방과 동구의 2회전이기도 했다.

돌아보면 베트남과 인도차이나의 '동구화'에는 북베트남의 리더십 교체가 관건으로 작용했다. 제1차 인도차이나전쟁과 제2차 및 제3차 인도차이나전쟁 사이에는 질적 차이가 확연했다. 그 변화의 주역은 단연 레주언이었다. 동아시아의 냉전과 탈냉전, 동구화와 동방화의 갈림길에도 그의 판단과 선택이 결정적인 영향을 미쳤다. '베트남전쟁' 자체를 레주언의 시각에서 재고할 필요가 있는 까닭이다.

하노이의 전쟁: 호찌민에서 레주언으로

베트남민주공화국(1946)을 세계에서 가장 먼저 승인한 국가는 중화인민공화국(1949)이었다. 즉 그 이전 3년간 베트남민주공화국은 대외적으로 주권을 승인받지 못하는 불구로 존재했던 셈이다. 소련마저 외면하던 차였다. 마오가 호찌민을 스탈린에게 소개하기 전까지, 소련은 베트남 문제를 프랑스의 내정으로 파악하고 있던 것이다. 실제로 신중국이 일어서기 전까지 베트남 공산주의자들에 대한 지원은 소련보다 프랑스공산당에서 이뤄진 게 더욱 많았다고 한다. 1946년 11월 총선거에서 프랑스공산당이 제1당으로 부상했기 때문이다.[30]

나아가 항불 전쟁, 즉 제1차 인도차이나전쟁을 지원한 유일한 국가도 신중국이었다. 이와 같은 양국의 '형제이자 동지' 관계는 1951년 개명한 베트남노동당의 헌장에도 고스란히 반영되고 있었다. 마르크스·레닌주의와 함께 마오쩌둥사상이 지도이념으로 부각된 것이다. 국가주석은 호찌민이었고, 당 제1서기는 쯔엉찐Troung Chinh이었다. 알파벳 발음에 가려진 한자를 살리면 長征(장정)이다. 본명이 당쑤언쿠Dang Xuan Khu인 그는 마오쩌둥을 존경해 대장정에서 빌려와 이름을 고쳤을 만큼 신중국과의 유대가 두드러졌다.[31]

그래서 제네바회담을 통하여 양국의 견해차가 심각했다는 평가는 과장된 측면이 크다. 호찌민 정부는 베트남의 민족독립과 통일을 원한 반면에, 중국은 국내의 이해관계에 더 관심이 많아서 남북의 분단을 종용했다는 견해[32] 또한 사후적으로 구성된 면이 강하다. 뒤에서 그 전모를 자세히 살피겠지만 제네바협정은 저우와 호의 긴밀한 협의 끝에 도달한 합의에 가까웠기 때문이다. (북)베트남이 민족의 독립과 통일을 원했다는 진술 자체는 크게 틀리지 않았을 것이다. 그러나 당시 하노이 정부가 당장의 통일을 추구했던 것은 아니었다. 남부의 공산주의자들에게 지하에서 반정부활동을 조직하라고 지시하는 한편으로, 사이공 정부의 탄압에 대해서는 스스로 방어할 것을 촉구했을 뿐 남부에 직접 개입하려 들지도 않았다. 호찌민 정부로서는 북부에서 자신들의 권력을 공고히 하는 것이 급선무였다. 그래서 제네바협정에 위반이 될 만한 행동도 최대한 자제하는 태도를 보였다. 그래서 남부의 베트민Vietminh 세력 다수를 북쪽으로 귀환까지 시켰던 것이다. 경제 복구와 북부 재건north-first policy이야말로 베트남노동당의 으뜸 과제였다.[33]

다만 호찌민의 판단에 의견을 달리하는 세력이 당내에 존재했음이 복병이다. 즉 1954년 제네바협정에 의거해 평화통일을 지향한 세력이 있었고, 그에 반하여 최종 승리까지 남부의 무장투쟁을 지속해야 한다는 세력이 있었다. 전자가 미국의 개입을 우려하고 또 부분적으로는 진영 내 대국인 소련 및 중국과의 관계를 의식했다면, 후자는 남부의 '해방'과 공산주의 주도하의 '통일'을 위하여 전쟁의 위험도 감수하고 불사하려 했던 것이다. 제네바회담 종료 직후부터 1956년으로 예정된 선거가 실시되지 않을 것이라며, 최악의 사태를 상정하고 활동한 베트남노동당 간부가 바로 레주언이었다. 그가 월북해 하노이의 권력을 장악해가는 과정은 '동방의 와해'와 베트남의 '동구화'와 궤를 같이 한다. 이력부터 간략히 살필 필요가 있겠다.[34]

1907년, 베트남 중부 꽝찌Quang Tri에서 태어났다. 공교롭게도 당시의 행정구역이 안남이었음을 확인해두자. 그는 1928년 베트남청년혁명동지회에 참가하고 1930년 인도차이나공산당에 입당했다. 1945년 8월 혁명 이후에는 남베트남에서 항불전쟁에 가담했으며, 1946년부터 호찌민과 중앙위원회 지시하에 남베트남 혁명을 지도했다. 제네바회담 이후에는 남부위원회 서기에 임명되었고, 1957년에 북베트남으로 올라가기 전까지 남베트남 혁명을 진두지휘했다. 1960년 제3회 베트남노동당대회에서 제1서기로 선출되고, 이 당대회 정치보고에서 '항미구국전쟁'을 총괄하는 발표를 한다. 레주언이 실권을 장악한 것은 1963년부터로, 호찌민 사후에는 명실상부한 베트남노동당 최고권력자로 군림했다. 1975년 사이공 함락과 1976년 통일베트남 출범을 주도했으며, 1976년부터 총서기를 맡아 친소 노선을 표방하며 사회주의 계획경제를 강력하게 추진했다.

호찌민과 레주언을 비교하는 기존의 접근은 크게 둘로 나뉘는 것 같다.[35] 첫째는 온건파와 강경파의 분화이다. 협상과 외교적 해결을 주도했던 호찌민과는 달리 레주언은 군사적 승리를 강조하는 편이었다. 두 번째로는 지역적 차이가 거론된다. 호찌민과 그 측근들은 중국 국경 인근 및 하노이 일대의 홍강삼각주Red River Delta에서 활동했던 반면에, 레주언과 레둑토 등

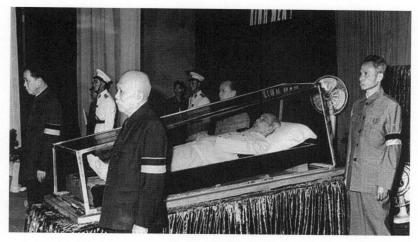

1969년 호찌민의 장례에 상주로 자리한 레주언(맨 왼쪽). 호찌민-레주언의 권력교체 이후 베트남은 빠른 속도로 '동방'에서 이탈하게 된다.

은 메콩삼각주Mekong Delta를 거점으로 남부에서 활동했던 세력들이다. 그만큼 남부 '해방'에 대한 집념이 더욱 강했다고도 할 수 있다.[36]

여기에 보태 세대적 차이도 고려해야 한다. 1890년생인 호치민과 1907년생인 레주언 간에는 근 20년의 차이가 있다. 즉 레주언은 전형적인 프랑스식 신교육을 받고 자라난 '신청년'이었던 것이다. 중국의 신서新書를 통해 계몽의 세례를 받거나 동유東遊운동을 통해 일본에서 유학했던 그 이전 세대와는 확연히 다르다. 그만큼 프랑스가 주입하고 소련이 지원했던 '인도차이나'의 관념과 발상에 익숙했다고도 할 수 있겠다. 남부 베트남은 물론이요 캄보디아와 라오스의 '해방'도 늘 시야에 두고 있던 대표적인 '인도차이나파'였던 것이다. 실제로 남부에서 활동한 레주언은 1950년대까지도 중국과는 직접적인 관계가 없었다. 중국과의 긴밀한 공조 아래 1945년 8월 혁명까지 달성할 수 있었던 '동방'의 역사 경로를 공유하지 않은 것이다. 그

래서 중국 국경 일대에서 북부 건설에 깊이 간여한 중국고문단에 대한 신뢰도 극히 부족했다.[37]

그뿐만 아니라 호치민과도 일정한 거리감이 있었던 것으로 보인다. 그는 늘 호찌민과 대화할 때 자신을 '또이'Toi라고 말했다고 한다.[38] 당내 동지들을 서로 가족 호칭으로 부르는 베트남의 일반적인 관습에 비추어보면 매우 예외적이고 어색한 경우가 아닐 수 없다. '또이'는 낯선 사람이거나 격식을 차릴 때 사용하는 1인칭 대명사이기 때문이다. 삼촌bac과의 대화에서 '저'toi라는 호칭은 베트남어의 맥락에서는 매우 오만하고 불손한 느낌을 풍길 소지마저 있다. 일반적인 경우라면 자신을 조카chau라고 칭했을 것이다.

레주언은 제네바협정 체결 이후 남부에 머물 당시에 이미 〈남베트남 혁명노선Duong Loi Cach Mang Mien Nam〉이라는 문건을 작성했다. 그리고 이 문건에 입각해 북베트남의 중앙위원회에 무장투쟁 허가를 거듭 요청했지만 번번이 거절당했다. 중앙당은 남베트남의 헌법적 틀 안에서의 합법적인 정치투쟁을 독려했을 뿐이다. 그래서 1957년 레주언의 북행은 베트남 및 인도차이나 현대사의 결정적인 전환점이었다. 중앙 권력을 접수해가면서 〈남베트남 혁명노선〉을 관철시켜 가기 때문이다. 훗날 베트남공산당의 공식적인 역사가들이 남부해방으로 가는 이정표였다고 (과대)평가하는 1959년의 '15호 결의'도 레주언이 주도한 것이었다. 15호 결의는 기존의 남부 지침에 수정을 가해 정치투쟁과 더불어 무력투쟁 병행을 허락한 문건이다. 베트남노동당 중앙위원회가 남부에 대한 한층 적극적인 정책을 채택한 것이다.

이후 하노이 정부는 1960년 말까지 대략 4500여 명의 남부 출신 공산당원을 비밀리에 '호찌민루트'로 알려진 라오스와 캄보디아를 통해 남파하는 동시에 상당량의 물자와 군사장비도 보냈다. 그러나 여전히 방점은 정치투쟁에 있었음을 강조할 필요가 있겠다. 북에서 훈련받은 남부 출신 간부들을 남파한 것 역시 무장투쟁을 선도하기보다는 남부의 항쟁을 북의 지휘 아래 두고자 하는 목적이 더 강했다. 특히 당원이 아닌 민중 차원의 봉기에 대해서는 전혀 지령이 없었다. 오히려 지휘권을 장악해 민중의 정치투쟁이 미성숙한 폭동으로 확산되는 것을 피하고자 했다. 즉 15호 결의에도 불구하고 북베트남은 여전히 남베트남과의 전면전까지는 고려하지 않았던 것이다. 미국의 개입을 초래할 가능성이 그만큼 컸기 때문이다. 더 정확하게 말하면 호찌민이 여전히 권력을 장악하고 레주언을 통제할 수 있었던 것이다.[39]

북의 방침이 바뀌어 남부 개입이 전면화된 것은 1963년 권력투쟁에서 레주언이 호찌민에 승리하면서다. 레주언의 부상에는 그해 일어난 사이공의 쿠데타가 직접적인 영향을 미쳤다. '분단체제'의 상호작용*이었던 셈이다.[40] 남베트남에서의 쿠데타 직후 북에서도 노동당 중앙위원회가 소집되었고, 베트남노동당의 전폭적인 지원하의 남부 투쟁이 마침내 허가되기에 이른 것이다. 이 시점부터 북베트남의 의사결정권은 레주언으로 상징되는 강경파, 혹은 인도차이나파, 또는 동구파로 넘어가게 되었다. 사실상 레주

----

* 1963년 봄, 남베트남의 응오딘지엠(Ngo Dinh Diem)이 '수정주의'를 천명하면서 베트남의 '분단체제'는 크게 흔들렸다. 미국과의 거리두기를 선언한 것이다. 수정주의 선포는 중립주의로의 선회이기도 했다. 북베트남도 기민하게 반응했다. 남북 간 비밀 협상이 개시되었다. 지엠과 호찌민 사이에 물밑 교섭이 진행된 것이다. 남베트남이 미국과의 동맹을 끊고 중립주의로 나가면 민족해방전선도 투쟁을 거둔다는 말까지 오고 갔다. 호찌민은 공식석상에서 지엠을 '애국자'라고 부르기도 했다. 문화교류는 물론이요, 남부의 쌀과 북부의 석탄을 교환한다는 구체적인 방안까지 제시되었다. 남북과 모두 외교 관계를 맺고 있던 인도의 뉴델리가 남북 간 비밀 대화의 창구가 되었다. 이러한 정황이 그해 연말 미국의 개입하에 진행된 군사 쿠데타와 지엠 정권의 붕괴와도 결코 무관하지 않을 것이다. 호와 지엠 사이의 '남북합작'이 무산되면서 동구(파)와 서구(파)의 대결이 전면화되었다고도 할 수 있다.

언이 주도한 노동당 내부 쿠데타에 가까웠다는 견해도 있다.[41] 실제로 1964년 북위 17도 이남에서의 무력투쟁을 본격화하기에 앞서 당내 온건파들에 대한 제거와 숙청이 단행되기도 했다. 1960년대 외부적으로 가장 널리 알려졌던 '호'는 정작 북베트남 내부에서 허수아비였던 것이다. 1964년 8월 통킹만 사건 이후에는 베트남 인민군의 남파 또한 이루어졌다. 제2차 인도차이나전쟁이 본격적으로 개시된 것이다.

이처럼 하노이가 '베트남전쟁'으로 가는 여정은 레주언의 부상과 정확하게 겹친다. 그는 월북 이후 노동당 내부의 정적과 대결해가며 자신이 구상한 '남부 혁명' 정책을 관철시켜갔다. 당내 권력 강화와 '경찰국가 건설'[42]로 베트남노동당을 개조함으로써 레주언은 베트남 현대사의 주된 행위자가 되어간 것이다. 레주언은 북쪽 사회주의 건설과 남쪽의 해방 투쟁을 병행하던 호찌민의 정책을 지속하기보다는, 전자를 후자를 위한 수단으로 강등시켰다. 나아가 남부의 자율적 리더십을 부정하고 남부 해방을 직접 지도하고자 했다. 남부의 혁명가들은 그들 조직이 하노이의 지휘 노선에 종속되는 것을 반대했지만, 레주언의 기획을 멈출 만한 권력과 권한은 보유하지 못했다. 즉 레주언의 집권으로 북쪽의 사회주의혁명은 역행했고, 혁명에 대한 남부의 자율성은 종식을 고했던 것이다. 전쟁을 통한 통일을 피하고자 했던 베트남노동당 내 온건파는 희생되었고, 남부의 전쟁을 통솔하고 북부의 권력 유지를 위해 강경한 군사적 수단이 강구되었다. 전면 공격과 전면 봉기는 성공할 가능성이 거의 없는 위험한 전략이었음에도 불구하고, 호찌민의 반대를 거슬러 레주언이 관철시킨 것이다. 1967년은 베트남노동당 역사 가운데 가장 처절한 숙청이 단행된 해였다. 베트남 독립의 결전이었던 디엔비엔푸Dien Bien Phu 전투의 영웅, 보응우옌잡Vo Nguyen Giap마저 숙청되었다. 그러고서 단행된 군사 작전이 1968년의 구정공세Tet Offensive였다. 4만 명 이상의 인민군이 희생된 참담한 실패였다. 호찌민과 보응우옌잡은 애당초 구정공세에도 반대했다고 한다.[43] 두 사람이 권력을 유지했다면 제2차 인도차이나전쟁의 양상은 꽤나 달라졌을 지도 모른다. 제3차 인도차이나전쟁 또한 필연만은 아니었을 법하다.

이처럼 1964년 이후의 '베트남전쟁', 즉 제2차 인도차이나전쟁의 격화에는 미국만큼이나 북베트남의 책임이 크다고 하겠다. 1965년 이후 인도차이나전쟁의 가열화를 피할 수 있었다고 단정할 수는 없으나, 점화의 시위를 먼저 당긴 것은 북쪽에 가깝다는 최근의 주장[44]을 허투루 듣기도 힘들다. 응당 베트남전쟁을 야기하고 지속한 미국의 역할과 책임을 소홀히 할 수는 없다. 그러나 북베트남 또한 수동적인 반응자에 그치지는 않았음이 갈수록 분명해지고 있다. 전적인 피해자는 더더욱 아니었다. 1963년 이후 실권을 쥐고 북베트남을 좌지우지했던 레주언은 결코 그러하지 않았다. 제2차 인도차이나전쟁의 전면화에 그들이 중추적인 역할을 했음이 확실한 것이다. 그 후 10년간 인도차이나반도 전체가 전장이 된 데에도 워싱턴과 사이공 못지않게 하노이 또한 무거운 책임을 나누어 가진다.

이처럼 레주언은 북의 온건파는 물론이요 남의 자율파를 모두 소거해가면서 통일베트남을 건설했다. 북에서는 호찌민의 동방파를 누르고, 남에서는 해방민족전선의 자주성을 억압하면서 베트남사회주의공화국의 권력을 독점한 것이다. 그래서 '통일'보다는 '병합'에 가깝다는 평가도 존재하는 것이라 하겠다. 나아가 10년이 넘게 이어진 캄보디아 점령은 인도차이나 소비에트연방 공화국 건설이라는 '신청년 좌파'들의 염원이 뒤늦게 실현되는 측면마저 있었다. 차이라면 프랑스-안남 연합을 대신해 소련-베트남 협력이 여실했다는 점이다. 서구화를 대신한 동구화가 이루어진 것이다. 인도차이나의 유산은 이토록 길었다.

그리고 이러한 역사적 과정의 귀결로 등장한 문건이 바로《중국백서》였다. 그렇다면 기존의 오해는 털고 편견은 덜어낸 후, 1954년 제네바회담을 다시 한 번 꼼꼼히 복기해볼 필요가 크다고 하겠다. 가지 못한 '동방의 길'이 여전히 그곳에 자리하고 있기 때문이다.

1954, 제네바회담

《중국백서》의 오류와 오해

　　《중국백서》는 1979년 10월 4일 베트남 외교부에서 발간되었다.[45] 시종일관 중국을 '배반자'로 묘사하는데, 닉슨-마오 회담을 "베트남 혁명과 인도차이나혁명은 물론 세계혁명을 배반하는 노골적인 행위"[46]라고 비난하고, 중월전쟁 또한 "중국이 미국과 결탁해 베트남을 배반한 것"[47]이라고 주장한다. 베트남의 입장에서 그렇게 판단할 소지는 충분히 있었다. 다만 그 배반의 기원을 1954년 제네바회담까지 소급하여 적용하고 있음이 병폐다. 몇 가지 맥락의 고려가 필요하다. 이 문헌은 공식적으로는 외교부에서 발행한 것이지만, 상당 부분은 레주언의 당내 회의 발언을 바탕으로 한 것이다. 그래서 다분히 감정적인 언사가 빈발하고, 사실을 곡해하거나 일부 날조의 혐의도 없지 않다. 본디 개인의 기억과 발화란 과장되거나 더러 상상되기도 하기 때문이다. 중국 외교부 문서를 비롯하여 여타 자료를 참작하고 대차대조해 겹눈으로 읽어야 하는 까닭이다.[48]

　　1954년 당시 레주언을 비롯한 남부 지도자들이 제네바협정 결과에 실망했을 것이라는 것은 능히 짐작이 가능하다. 더 이상의 무장투쟁을 억제하고 정치투쟁만 독려했을뿐더러, 상당수의 당원을 월북시켰던 것에도 불만이 있었을 것이다. 그러나 과연 1954년부터 레주언이 중국을 겨냥해 비판적 발언을 했는지에 대해선 의구심이 크다. 남부에 머물고 있던 사정상 제네바회담의 막후 사정을 긴밀히 접하기 힘들었을 것이기 때문이다. 저우언라이가 호찌민과 팜반동을 설득하는 데 큰 역할을 했다는 것도 사후에 (아마도 월북 이후에) 인지했을 가능성이 크다. 즉 당시 레주언은 중국이나 소련보다는 북베트남 지도부에 대한 불만이 더 컸다고 보는 것이 온당하다. 사후에 기억이 굴절되었을 가능성이 높은 것이다.[49]

가령 그는 1971년 저우가 하노이에 와서 제네바협정에 대해 직접 사과했다고 회고했다. 그러나 그 회동을 기록한 문서[50]에는 제네바협정에 대한 언급이 없다. 다만 마오와 저우가 호찌민과 팜반동에게 제네바회담은 실수였음을 인정한 적은 있다. 그렇다면 가능성은 둘이다. 우선, 이 또한 편의적으로 재구성된 기억이거나 과장일 공산이 크다. 당시 저우는 키신저와의 비밀회동을 언급하며 중미 관계 개선을 강구하고 있음을 밝히고 베트남의 양해를 구했다. 이를 레주언이 확대해석해 제네바회담까지 소급 적용했을 수 있는 것이다. 다른 하나는 영문으로 옮긴 문서 자체가 발췌록이라 사과했던 내용이 누락되었을 수도 있겠다. 지금으로서는 어느 쪽이라고 단정하기 힘들다. 그럼에도 기억의 일방성이라는 문제는 다른 사안에서도 확인된다. 비판의 표적이 유독 중국으로만 향하고 있는 편향성이 그것이다. 제네바에서의 합의는 소련과 중국과 북베트남의 협의를 거친 것이었다. 게다가 북위 16도선 분단을 처음 구상하고 제안한 것은 중국이 아니라 소련이었다.[51] 특히나 1950~1960년대 남베트남의 무력항쟁을 일관되게 반대한 국가가 소련이었음은 널리 알려진 사실이다. 그럼에도 소련은 지우고 중국을 돌출시킨 《중국백서》는 철저하게 1979년의 상황을 과거에 투영시켜 '재인식'한 것이라 하겠다.

텍스트 안에서의 모순도 적지 않다. 저우가 "베트남 전쟁을 계속할지 아닐지는 그들(베트남) 자신의 재량이라고 했다"[52]고 하면서도, 다른 곳에서는 "전쟁을 멈추기를 압박했다"[53]고 비난하는 식이다. 중국의 베트남전쟁 개입을 연구한 천젠의 견해를 빌리면 전자가 사실에 더 부합할 것으로 여겨진다. 중국의 정책은 '하노이가 군사적 수단으로 남부를 해방하는 것을 독려하지도 않았지만, 그렇다고 방해한 것도 아니'라는 것이 그의 결론이다.[54] 이 또한 두 가지 가능성이 있다. 레주언이 사실을 왜곡해서 발언한 것일 수도 있고, 실제로 그렇게 인식했을 수도 있다. 중국이 남부 해방을 '독려하지 않은 것'을 '방해한 것'으로 오인하고 오해할 수도 있다는 뜻이다. 구조적인 비대칭적 관계로부터 비롯하는 이 상호 오인과 오판은 이 장 후반부에서 더 자세히 다룰 것이다.

중국의 충고를 거부하고 남베트남의 무장 건설을 독자적으로 추진했다는 주장은 더욱 의심스럽다. "우리가 이미 싸우기 시작했을 때야 비로소 허락해주었다"[55]고 하는데, 그 후의 진술은 또 다르다. 허락이 아니라 '개입'이라고 한다. "1963~1964년부터 남베트남의 해방을 방해하지 않는 대신에 중국이 직접 개입해 들어왔다"[56]고 주장하는 것이다. 그리고 이 '개입'에 대한 해석은 매우 과격하다. "도로 건설 등을 통해 중국이 동남아로 팽창하려고 했"[57]고, "베트남을 지배하기 위한 수단으로 군대를 파견"[58]했다는 식이다. 결국 제2차 인도차이나전쟁에 대한 중국의 지원을 "마오의 대한족주의의 발현"[59]이라고까지 규정한다. 그러나 여러 정황상 이 또한 부정확한 사실이고 과장된 판단이다.

사실에 어긋나는 측면부터 짚어보자. 공병 파병과 도로 건설이 마오의 뜻은 아니었다. 주젠룽朱建榮의 연구에 따르면 도로 건설과 지원군 파병은 명백하게 베트남의 요청에서 시작된 것이다.[60] 그것도 호찌민뿐 아니라 레주언 본인이 직접 요구한 것이었다.[61] 주젠룽이 정리한 중국의 지원부대 파견 목적은 셋이다. 첫째, 북베트남에 중국군의 존재를 보여줌으로써 미국이 지상전을 확대한다면 중국과도 전쟁하는 것이라는 경고다. 둘째, 그럼에도 미 지상군이 침입할 경우 그에 대처하기 위함이다. 셋째, 북베트남 전선으로의 수송과 방위설비의 강화 및 방공작전에 관여하여 베트남을 정신적으로 지원하는 동시에 북베트남 인민군이 남쪽 전선으로 더 많이 파병할 수 있도록 돕는 것이었다.[62] '대한족주의의 발현'과는 거리가 매우 멀다.

베트남에서만《중국백서》가 나온 것도 아니다. 1984년에는 베트남이 점령했던 위성국가 캄보디아에서도《중국백서》를 발간했다고 한다.[63] 이 문건 또한 오류와 오판으로 점철되어 있다. 의례 프랑스와 타협한 저우언라이에 대한 비판으로 출발한다. 전면적 승리가 당시에 이미 가능했다는 판단은 사후적 해석일 뿐이다. 특히 베트남 문제를 캄보디아와 라오스와 별개로 다루어야 한다는 프랑스 주장을 수용한 것까지 비판하고 있는 대목[64]이 문제적이다. 고쳐 말하면 각국의 중립성을 인정한 것이 잘못되었다는 취지를 담고 있다. 그 때문에 베트남이 주도하던 라오스와 캄보디아의 혁명조직이 부정당했다는 것이다. 그리고 그 결과 남베트남뿐만 아니라 라오스와 캄보디아도 별개의 정치체로 분화되었다고 비판한다. 명명백백한 '인도차이나파'의 일방적인 견해가 아닐 수 없다.

이 때문에 1979년을 전후한 세계정세에 대한 판단과 전망도 크게 어긋났다. "오늘 혁명세력은 더욱 성장하고 있고, 가장 유리한 위치에 있다"[65]고 단언한 레주언은 "베트남이 중국 팽창주의에 맞서 전체 동남아시아를 수호하는 결정적인 역할을 한다"[66]며, '인도차이나 연합'을 강조했던 것이다. 베트남의 캄보디아 점령과 소련 해군의 베트남 진출로 '동구화'가 진척되면서 미국·중국·아세안이 반-동구 연합을 형성하던 실상과는 전혀 다른 판단이었다. 레주언의 오해와 오판이야말로 베트남이 동아시아의 탈냉전 조류에 편승하지 못하고 인도차이나의 신냉전을 증폭시키는 데 기폭제 역할을 한 셈이다.

제네바회담

1954년 제네바회담에서 베트남과 캄보디아, 라오스의 분리를 먼저 주장한 게 프랑스였음은 사실이다. 또 프랑스의 견해에 동의를 먼저 표한 것이 중국임도 사실이다. 인도차이나 삼국에서 프랑스군이 철수해야 하는 것과 마찬가지로, 북베트남 인민군 역시 두 나라에서 즉시 철군해야 한다고 합의를 이루는 데 저우언라이가 큰 역할을 하기도 했다. 그러나 저우가 프랑스의 견해를 곧이곧대로 따라서 삼국을 분리 접근한 것은 아니었던 것으로 보인다. 라오스와 캄보디아 두 국가 지도자들을 '처음' 만나고 나서야 비로소 인도차이나 상황에 대한 인식을 획득하게 되었기 때문이다. 즉 제네바회담은 중국이 인도차이나의 사정과 내막을 알아가는 '학습 공간'이기도 했다. 따라서 제네바회담록은 그 학습의 진화 과정을 기록한 흥미진진한 문건으로 독해될 수도 있는 것이다.

애당초 마오와 저우 모두 베트남, 라오스, 캄보디아의 상황에는 해박하지 않았던 것으로 보인다. 그들 역시 베트남 공산주의자와 마찬가지로 세 국가를 개별적 독립국가가 아니라 '인도차이나'印度支那로 간주했던 것이다. 베트남이 지역의 맹주이고, 또 캄보디아와 라오스의 급진주의자들은 베트민과 동일한 반제국주의 유산을 공유하리라 여겼다. 그래서 회의 초기에는 세 지역을 하나의 국가로 보고 라오스와 캄보디아에 있는 베트남군을 외국군이 아니라고 주장했던 것이다.[67] 또 그 연장선에서 정전 후, 남북 베트남만이 아니라 삼국에서 동시에 통일정권 수립을 위한 총선거를 실시한

1954년 제네바회담에 참석하는 저우언라이.

다는 제안도 제출했다. 이는 중국의 독자안이라기보다는 북베트남의 초기 의제를 그대로 답습한 것이었을 공산이 크다. 베트남 또한 "베트남·캄보디아·라오스의 역사·지리·경제·정치의 관계에 대하여 세 민족은 하나의 집단으로 긴밀하게 결합되어 있기 때문에 삼국에서 동시에 정전하며, 동시에 총선거를 실시한다"[68]고 제안했던 것이다. 남베트남, 라오스, 캄보디아 정부 모두를 프랑스의 괴뢰정권으로 여겼던 북베트남으로서는 당연한 주장이었을지도 모른다. 저우도 최소한 6월 16일까지는 같은 견해를 피력하고 있었다.

중국의 입장이 바뀌는 분기점은 6월 20일이었다. 저우와 캄보디아 왕국의 외교부장관 텝 판Tep Phan의 회담[69]이 있었다. 텝 판은 캄보디아 또한 프랑스에서 독립하기를 원하되, 유혈 사태는 피하고 싶다고 주장했다. 그리고 베트남이 프랑스를 대신해 캄보디아를 통치하는 것을 원하고 있다며 비판을 가했다. 캄보디아 영토 내 베트남이 지원하는 해방세력 군대의 주둔에 반대한다는 입장을 피력한 것이다. 저우는 이렇게 반응했다. 첫째, 베트남민주공화국이 이웃을 위협하지는 않는다. 중국은 베트남-캄보디아 관계를 '형제'의 일처럼 보고 있다. 둘째, 중국은 캄보디아가 국내 해방세력(=베트남이 지원하는 혁명세력)과 문제해결을 위해 협의하기를 바라며, 해방세력 또한 합리적인 정치적 해결로 캄보디아 정부와 협력하는 것을 원한다. 셋째, 중국은 캄보디아가 동남아시아의 인도·버마처럼 새로운 국가(=신형 동남아국가)가 되기를 바라며, 외국 기지를 수용하지 않기를 바란다. 미국은 캄보디아의 이익이 되지 않는 동남아시아조약기구에 캄보디아를 편입시키려고 하고 있다. 혹시 미국 군사기지가 캄보디아에 허용된다면 중국은 간과할 수 없을 것이다. 이런 저우의 뜻을 확인한 텝은 팜반동과의 회동 주선을 부탁했다.

6월 21일, 저우는 라오스왕국의 외교부장관 푸이 사나니코네Phuoi Sananikone와도 회동[70]을 가졌다. 저우의 견해를 크게 둘로 나눌 수 있다. 첫째, 라오스에서는 북베트남군의 철수를 통한 조기 종전 가능성이 크다. 둘째, 프랑스-라오스 협정에 기초한 프랑스 기지와 군사요원을 유지하는 것은 인정하지만, 그 외의 외국군을 수용하는 것은 반대한다. 특히 미군 주둔을 반대한다. 맥락상 당시 라오스왕국은 북베트남을 우려해 프랑스군의 주둔을 허용하고 있었던 것으로 보인다.[71] 푸이 또한 저우에게 팜반동과의 만남을 의뢰했다.

그리하여 6월 22일, 중국대표단이 베트남민주공화국, 라오스왕국, 캄보디아왕국의 대표단을 만찬에 초대하는 형식으로 회동을 가지게 된다. 저우의 주선으로 삼자 간 직접 교섭이 실현된 것이다.[72] 여기서 팜반동은 베트남군을 두 나라에서 철수할 뜻을 표명했다. 다만 그 역시 양국에서의 미군 기지 설치에는 반대 의사를 표했다. 6월 23일에는 북베트남-라오스, 북베트남-캄보디아 간 양자회담이 진행되었다.[73] 재차 미군기지 반대 의사를 밝힌 팜반동은 최소한 해방세력의 피선거권은 인정해줄 것을 요청했다. 그러나 양국 모두 이를 거부했다. 외세 개입 반대를 명분으로 내세운 것이다.

저우의 판단은 이러했다. 정전 후 북베트남과 라오스왕국, 캄보디아왕국의 관계는 베트남 통일을 위한 시금석이었다. 양국과 우호적 관계를 구축하면 동남아시아 국가(와 인도)는 베트남민주공화국이 주도하는 통일베트남을 반대하지 않을 것이라고 생각한 것이다. 이를 위한 관건이 정전 후에 미국의 개입을 방지하는 것이었다. 그래서 삼자 간 우호관계를 독려하는 한편으로, 미군 주둔만은 단호하게 반대했던 것이다.[74] 이에 따라 중국과 북베트남 양 지도부 또한 삼국의 분리 접근에 동의할 수 있었다. 라오스·캄보디아에 외국군 신규 주둔 금지, 신규 무기탄약의 반입 금지, 외국 기지 신설 금지, 외국과의 군사동맹 체결 금지를 제네바협정의 조문에 명기시킨 일은 양국 외교 방침의 '공동 승리'에 가까웠던 것[75]이다. 그렇다면 저우언라이가 호찌민을 설득해 베트남의 남북 분단을 수용시키고 베트남 군대의 라오스·캄보디아 철수를 관철시켰다는 기존의 독법 또한 부분적인 진실에 그친다.

보응우옌잡 장군의 회고록에도 흥미로운 단서가 있다. 공식 회의록에는 누락된 양저우楊洲 회의를 복기하고 있는 것이다. 7월 3일부터 5일까지 중국 양저우에서 열렸던 저우언라이-호찌민 회담이 상세하게 설명되고 있다. 잡의 회고에 따르면 두 사람이 합의를 이루지 못한 대목은 남북 분단이나 베트남군 철수가 아니었다. 이 사안에는 이미 동의한 이후에 남북의 경계선을 어디에 그을지가 핵심 쟁점이었다. 호는 16도선을 주장했고, 저우는 프랑스안에 양보하여 17도선의 수용을 권했다. 그러나 저우만 17도선을 주장했던 것은 아니었다. 양저우에서 하노이로 돌아오는 길에 잡 본인이 호찌민에게 "현재 프랑스군이 약 50만이고, 거기에 미국이 원조를 하면 베트남을 평화적으로 통일할 가능성은 거의 없어진다"[76]고 말하며 프랑스와의 정전을 우선하는 견해를 표명했다는 것이다. 사실상 저우의 양보안에 동의할 것을 호에게 권한 셈이다. 잡은 1차 인도차이나전쟁의 분수령인 디엔비엔푸 전투를 승리로 이끈 군사영웅이자 베트남 인민군의 최고지도자였다. 군부의 1인자가 정전에 적극적인 의견을 피력했다는 점도 주목해야 할 것이다. 저우와 잡의 견해에 호찌민도 최종적으로 수긍했다고 보는 편이 한층 사실에 근접하지 않을까. 그리하여 하노이로 돌아온 호찌민 또한 "전쟁을 계속하겠다는 이들은 나무만 보고 전체 숲은 보지 못한다. (…) 그들은 프랑스만 보고 미국은 보지 못한다"[77]며 전쟁 지속을 요청하는 당내(특히 남부) 일부의 여론을 비판했던 것이다. 그리고 라오스와 캄보디아에서 북베트남군의 철수를 요청했듯이, 중국 또한 베트남의 자주권을 존중한다면서 1956년 3월까지 자진해서 군사고문과 정치고문 전원을 철수시켰다. 상호 주권을 승인하고 영토 불가침을 다짐하는 '평화공존 5원칙'을 동북아와 동남아에서 각각 실천하는 모양새였다.

돌아보면 제네바협정의 특징 중 하나는 정전 후에 통일선거를 실시한다는 조항을 명문화한 것이다. 물론 그 통일선거가 끝내 실행되지 못했음은 주지의 사실이다. 하지만 독일 문제를 토론한 베를린회담(1954)에서도, 한반도 문제를 논한 또 다른 제네바회담에서도 분단된 지역을 통일하는 정치구상이 구체적으로 제출되지는 않았다. 유일하게 정전 후 통일베트남에 대한 협정만이 명기되었던 것이다. 이것 자체가 북베트남이 주체적으로 외교

교섭에 참여한 결과라는 견해[78]도 경청해봄직하다. 프랑스에 대한 전승국으로서 그만큼 입지가 보장되었던 것이다.

게다가 베트남노동당이 이미 6월부터 베트남의 남북분단을 구상하고 있었음이 밝혀지고 있다. 특히 양저우 회의 이후에는 기존의 16도선 방안을 재검토하여 넷으로 분할하는 방안까지 구상했다. 7월 3일 제네바의 팜반동이 중앙위원회에 전보로 제출한 방안의 골자는, 중부에서 북베트남의 전략적 요충지인 다낭에서 뚜이호아까지를 북베트남으로 귀속시키고, 16도선 이북의 일부를 남베트남에 양도하자는 것이었다.[79] 베트남노동당이 최종적으로 결정한 방안도 팜반동의 4분할론이었다. 이에 대해 문제를 복잡하게 만든다며 거절한 인물이 저우였다는 것은 사실로 보인다. 결과적으로 4분할이라는 북베트남 독자안을 단념시키고 남북 양분론을 수용하는 데 저우가 역할을 한 셈이기는 하다. 즉 분단의 형태를 가름하는 데 중국의 입김이 작용했다고 비판할 수 있을 것이다.

그럼에도 불구하고 베트남의 남북 분단이 중국 탓이라는 1979년 이후의 공식적 견해는 과장된 것이다. 구태여 책임의 경중을 따지자면 일말의 타협 여지를 주지 않고 17도선을 강경하게 고집한 프랑스와 미국, 영국이 더 클 것이다. 잡의 견해처럼 당시 정황으로 일정한 타협은 불가피했던 것이 아닐까. 그리고 그 타협으로 인해서 1954년 7월부터 1961년까지 인도차이나반도에서 매우 예외적인 '전간기'戰間期의 국면이 열렸을 가능성도 소홀히 여길 수 없다. 그랬다면 1946년부터 1989년까지 40년의 항상적인 전시 상황에서 유일한 평화기였을 것이다. 그리고 제네바협정에서 합의된 항목이 시행만 되었더라면 제2차 인도차이나전쟁은 물론이요 3차 인도차이나전쟁의 비극까지도 일어나지 않았을 법하다. 호찌민이 이끄는 베트남민주공화국은 제네바협정을 준수함으로써 전후 신질서를 건설하는 데 일정 기간 노력했다. 그들이 독립국가로서 직접 참여한 최초의 국제회의였기에, 제네바협정은 일정한 외교적 성과이기도 했기 때문이다. 남베트남과 미국의 협정 위반이야말로 제네바회담에서 구상된 인도차이나 질서 형성을 붕괴시킨 근본 요인이다. 그렇다면 남북 분단의 책임을 중국(과 중국과 합의한 호찌민)에게 떠넘기는 것은 아전인수가 아닐 수 없겠다. 특히 라오스와 캄보디아에 혁명세력을 배양하는 사업을 주도했던 레주언과 레득토 또한 은밀하게 제네바협정을 위반하면서 전쟁으로 가는 또 다른 길을 열어가고 있었다. 즉 제네바협정 파기의 책임을 부분적으로 따져 물을 수 있는 것이다.

베트남의 길, 중국의 길

제네바회담이라는 '학습 공간'을 통해 입안된 것이 평화공존 5원칙이고, 이 평화공존 5원칙이 서구와 동구의 원리와는 다른 중화세계질서의 근대화라는 측면이라고 독해할 수 있다면, 그 정책적 실현 과정은 어떠했는가를 묻지 않을 수 없겠다. 이를 판별해볼 수 있는 가장 적합한 대상은 역시 캄보디아가 아닐까 싶다. 동방과 동구의 길항이 가장 첨예하게 관철되면서 인도차이나의 행로에 중차대한 영향을 미친 장소였기 때문이다.

전통적으로 크메르왕국은 시암과 월남 사이에서 중립주의 고수에 사활을 걸었다. 흡사 류큐의 양속질서와도 유사하게 양쪽에 모두 조공을 하면서 자주성을 확보해갔던 것이다. 1945년 이후 인도차이나연방이 해체되면서 캄보디아의 우환은 북방에 있었다. 베트남의 전쟁이 남쪽으로 흘러넘치는 위협에 줄곧 시달리게 된 것이다. 따라서 1954년의 제네바회담은 캄보디아의 입장에서 중립성과 주권을 보장받을 수 있는 그 나름의 '전투'가 진행되는 무대였다. 시아누크 국왕 본인부터 제네바회담을 일체의 군사동맹을 배제하고 자국의 전적인 자율성을 확보하는 기회로 활용한 것이다. 그래서 북베트남의 공산주의자, 즉 베트민의 영향력을 캄보디아에서 소거하는 것이 최고의 목표였다. 철저한 반공주의자였던 그는 캄보디아 중립주의의 최대 위협을 베트민으로 인식했던 것이다. 그리고 당시 시아누크의 관점에서 신중국은 북베트남의 캄보디아 진출에 간접적인 책임이 있는 국가였다. 제1차 인도차이나전쟁(원월항법전쟁)을 유일하게 지원하고 있었기 때문이다.[80]

그래서 중국과 캄보디아 대표자들 간의 첫 회동은 몹시 냉랭한 분위기로 출발했다. 돌파구를 연 것은 저우의 심심한 사과였다. 캄보디아 대표 텝판에게 "무심하게도 세 나라에 대한 프랑스의 관점을 답습했던 것이 부끄럽습니다"[81]라고 선뜻 실토한 것이다. 그리고 회동의 말미에는 "캄보디아 인민들은 그들의 독립과 민족적 단결과 자유 민주주의를 성취할 역량이 충분합니다. 그들의 영토에서 평화로운 삶을 일굴 수 있습니다"[82]는 립 서비스도 아끼지 않았다. 중국으로 돌아간 이후에 저우는 캄보디아가 (미국과) 군사동맹을 맺지는 않을 것이며, 캄보디아와의 관계가 정상화된다면 아시아의 집합적 평화와 안보에 기여할 수 있을 것이라고 발언했다.[83]

캄보디아는 베트남 공산주의를 지원하는 중국의 또 다른 거점이 될 수 있었다. 그럼에도 사회주의 동맹국을 지지하기보다는 자제하는 쪽을 선택한 것이다. 형제이자 동지인 북베트남에 대한 즉각적이고 전면적인 지원을 보류하고 캄보디아의 요구를 수용한 모양새다. 평화공존 5원칙의 기치 아래서 관철된 정책 기조였던 것이다. 이것이 냉전기 최초이자, 지금껏 이어지고 있는 신중국 외교 행보의 특징이라 하겠다. 아마도 캄보디아로서는 그러한 존중과 관심은 예외적인 경험이었을지 모른다. 주요 강대국으로부터 독립국가로 대접받지 못했던 것과 천양지차다. 중립을 허용하지 않고 동서 간 선택을 강요하는 냉전형 동맹정치로부터 출로가 열린 것이다.

시아누크가 직접 중국 지도자를 만난 장소는 인도네시아 반둥이었다. 저우와의 회동에서 시아누크는 재차 공산주의 세력에 의한 왕정의 전복을 걱정했다. 그러면서 미국의 군사력에 기대지 않을 수 없는 조건이라는 우려도 표명했다. 저우는 이러한 시아누크의 근심에 아량의 몸짓과 태도로 접근했다. "캄보디아가 미국과 깊은 관계를 맺거나 시토SEATO에 가입하는 것을 바라지는 않습니다. 그러나 그것을 관계 정상화의 조건으로 삼지도 않겠습니다."[84] 이념과 체제에 구애받지 않는 유연하고 너그러운 자태(의 연출)이다. 시아누크도 캄보디아가 시토의 일원이 되지는 않을 것이라고 화답했다. 저우는 "중국은 사회주의를 지향하는 인민공화국이고, 캄보디아는 반공주의를 표방하는 왕정국가이지만 양국의 관계는 '가족과 같은 것'이 될 수 있다"[85]고 말을 보탰다.

이듬해 시아누크는 생애 처음으로 베이징을 방문해 마오쩌둥을 만난다. 1956년 2월이었다. 그때만 하더라도 그가 그렇게 여러 차례 베이징을 방문하고, 또 오래토록 머물게 될지는 몰랐을 것이다. 마오는 시아누크에게 캄보디아의 중립주의 정책을 지지한다는 뜻을 밝혔다. 시아누크는 8월에 재차 베이징을 찾았다. 저우와의 재회였다. 저우는 "서로 다른 정치 체제이지만 평화와 진보라는 동일한 목표를 공유하는 국가들 사이의 평화공존의 순수한 사례"[86]로 중국과 캄보디아의 관계를 언급했다. 또 북베트남으로부터 캄보디아를 보호하겠다고도 약속했다. 캄보디아는 중국이 평화공존 5원칙에 입각해 동남아 국가들과 관계를 맺는데 일종의 역할모델이었던 것이다. 그래서 반공주의를 표방하는 왕정국가에 대해서도 당시 2200만 달러의 원조까지 제공했을 정도이다. 시아누크는 중국 인민들의 '조건 없는 경제적 지원'에 감사의 뜻을 표했다. 결국 캄보디아는 1956년부터 '하나의 중국'

지지로 화답했다. 프놈펜의 중화민국 대사관은 프랑스가 허용한 것이지 캄보디아가 승인한 게 아니라며 대만 대사관을 폐쇄한 것이다. 1958년에 단행된 조치였다. 그러자 중국 외교부 차원의 공식 성명도 발표되었다. "중국 정부와 6억 중국 인민은 시아누크 국왕과 캄보디아 인민을 지지한다. 양측의 우정은 '같은 화롯가에 앉아 있는 가족들'과 같다."[87] 캄보디아의 자율성과 경제적 지원을 신중국 인정과 교환한 셈이다.[*]

반면에 미국에 대한 시아누크의 판단은 전혀 달랐다. 베트남 공산주의자들의 개입을 막고자 미국과의 협상에도 적극 나섰지만, 협상 당사자였던 국무장관 존 덜레스John F. Dulles에 대한 평가는 매우 부정적이었다. 덜레스가 자신을 무시한다며 불만을 표출한 것이다. 기실 미국은 중립주의를 고수하려는 시아누크 왕정의 전복을 꾀하고 왕실 가족의 암살 등도 기도했다. 한국, 대만, 남베트남, 태국을 잇는 반공군사정권을 세우고자 했던 것이다. 1960년대 중반부터 시아누크의 언어가 점점 '반미, 제국주의 타도'를 외쳤던 중국과 흡사해져갔던 까닭이다. 1964년 인터뷰에서 시아누크는 이렇게 말했다. "혹자는 우리가 중국의 주구라고 합니다. 하지만 우리는 가까운 가족 사이와 같습니다. 그러나 서로에게 무엇을 해야 하는지를 말하지는 않습니다."[88]

중국이 북조선과 북베트남과 공유했던 '형제'와는 또 다른 차원에서의 수사어가 이 '가족'이다. 비록 이념과 체제는 다르지만 서로 어울릴 수 있다는 평화공존 5원칙의 수사인 것이다. 이러한 중국의 외교적 접근을 국제정치적 관점이나 사회과학적 언어로 분석할 수는 있을 것이다. 미국의 개입

─────
[*] 이 또한 소국의 자주성과 대국의 정통성을 교환했던 중화세계질서와도 흡사한 모습이라고 할 수 있지 않을까. 시아누크의 두 아들은 1960년대 중국에서 유학까지 했다.

을 억제하고 베트남을 견제함으로써 동남아시아에서 중국의 영향력을 행사한다고 말이다. 또는 시아누크의 중립정책을 활용하여 인도차이나에서의 전쟁 확대를 막는 동시에 하노이의 영향력을 제한한다고 말할 수도 있겠다. 전적으로 부정하기 힘든 진술이다. 아니 일정한 정합성을 가진 견해다. 동남아 신생국가들의 중립주의를 지지하고 비동맹노선을 옹호하는 편이 미국의 봉쇄정책에 맞서 신중국이 구사할 수 있는 전략적 이해에도 부합하는 측면이 크기 때문이다.

그러나 다른 한편으로 그러한 전략을 추진해나가는 언술과 화법, 그리고 태도의 기시감을 고려해 표현을 조금 달리할 수도 있을 것이다. 동남아시아에서 사회주의를 공유하는 '화'華의 국가뿐만이 아니라 이념과 체제를 달리하는 '이'夷의 국가들에도 공을 들였다고 말이다. 대국의 덕을 발현함으로써 정통성을 확보하고, 각국의 중립성 옹호로 미국과 베트남(및 소련)을 견제하는 것 또한 왕년의 '이이제이'以夷制夷에 방불한다. 캄보디아로 베트남을, 베트남으로 미국(및 소련)을, 즉 작은 오랑캐로 큰 오랑캐를 견제했다고 하는 편이 더 사실에 부합하는 서술이 아닐까.

1970년 3월 시아누크가 쿠데타에 의해 추방되고 친미적인 론 놀 정권이 수립된다. 론 놀의 명분은 캄보디아에 있는 베트남 공산주의자들을 축출하는 것이었다. 반외세, 반베트남의 외양을 빌린 것이다. 즉각 이들을 처분하도록 사이공 정부에 요청했고, 이에 응해 남베트남군과 미군이 국경을 넘어 캄보디아로 진격해왔다. 인도차이나전쟁의 전선이 확산되고 전장이 확장된 것이다. 이 사태에 대해서도 하노이와 베이징의 대응은 달랐다. 하노이는 직접 개입해 들어갔다. 베트남에서 훈련받은 혁명세력들이 론 놀에 대한 저항운동의 전위를 차지할 수 있도록 적극적으로 도운 것이다. 역시 레주언과 레둑토가 주도한 것이다. 그러나 장기적인 관점에서 보자면 큰 패착이었다. 베트남 공산주의자들의 캄보디아 개입과 팽창주의에 대한 우려를 고조시키고 말았기 때문이다. 론 놀만큼이나 북베트남군의 주둔을 원치 않던 폴 포트가 1971년 7월부터 베트남 공산주의자들과의 관계를 전면적으로 단절하기로 결정한 것이다. 나아가 베트남과 가깝다고 여겨지는 캄보디아인들까지 제거하기 시작했다. 1972년에는 대대적인 숙청도 감행되었으니, 훗날 '킬링필드'의 전조였다 하겠다. 그만큼 북베트남과 시아누크만큼이나 베트남노동당과 캄푸치아공산당의 관계도 불협화음이 컸던 것이다. 시아누크, 론 놀, 폴 포트는 그 상이한 이념적 차이에도 불구하고 반베트남, 혹은 반인도차이나파라는 점에서는 엇비슷했음이 의미심장하다. 좌우의 잣대 이상으로 고금의 유산이 지대했던 것이다.

중국은 다시금 평화공존 5원칙을 내세우며 내부문제에 직접 간여하기를 삼갔다.[89] 대신 시아누크의 베이징 망명을 받아들였다. 시아누크는 베이징에서 론 놀에 저항하는 성명을 발표했다. 그리고 4월 24일과 25일, 광저우에서 제네바를 연상시키는 또 한 번의 '인도차이나 회합'을 중국이 주선했다. 남북 베트남, 라오스, 시아누크 망명정부가 참여한 가운데 개별 국가의 독립적 정체성을 유지하면서 미국에 맞선 '인도차이나혁명'을 추진할 것을 합의한 것이다. 여기에 보태 시아누크에게 폴 포트가 이끄는 크메르공산당과 합작할 것도 권했다. 론 놀과 미국에 대항하는 좌우합작의 '캄푸치아 통일전선'이 형성된 것이다. 베이징 임시 망명정부의 수반은 여전히 시아누크였다. 중국은 그에게 호텔 스위트룸을 제공하고 캄보디아 국기가 게양되어 있는 집무실도 별도로 제공했다. 여기서 북조선·북베트남 대사관과의 교류를 시작했고, 1972년에는 30개국으로부터 임시정부의 정통성을 승인받았다.

그러나 론 놀 정권을 전복한 주체가 크메르루주였음은 주지의 사실이다.

흥미롭게도 중국은 이번에는 크메르루주의 '붉은 캄보디아'를 인정하고 지원했다. 통일베트남과 소련을 견제하기 위한 전략의 일환이었음이 분명할 것이다. 더불어 또 다른 면으로는 평화공존 5원칙의 원리적 방침의 지속적인 관철이기도 하다. 내정에는 관여하지 않고 간섭하지 않는다. 그래서 그들이 어떠한 잘못('킬링필드')을 할지라도, 그것은 여전히 주권국가로 존재하는 캄보디아에 대한 개입과 전복과 침략의 전제가 될 수는 없었다. 이에 반해 통일베트남은 캄보디아를 점령해 1979년 1월 11일 '캄푸치아 인민공화국'이 성립했다고 발표했다. 이 '괴뢰정권' 혹은 '위성국가'를 즉시 승인한 국가는 소련뿐이었다. 캄보디아는 '인도차이나의 체코'와 다를 바 없었던 것[90]이다.

이처럼 캄보디아에 대한 중국과 통일베트남의 태도 및 정책을 견주어보자면, 평화공존 5원칙은 공허한 수사어도 아니고 혁명 수출의 희석된 판본도 아니었다는 판단[91]을 거두기 힘들다. 문혁기의 일탈을 제외하자면 신중국의 일관된 외교정책 목표이자 수단이라고 할 수 있는 것이다. 소피 리처드슨Sophie Richardson은 평화공존 5원칙의 발상이 처음 등장한 것이 옌안이라고 주장한다. 당시 중국공산당은 물리적·재정적·기술적 위협을 감소시키기 위해 여러 세력 및 국가와의 우호적인 관계 개선이 필요했고, 이에 따라 비이념적이고 경제적으로 상호 이득이 되며 외교에 방점을 두는 연대 모델을 증진했다는 것이다. 국가의 규모, 정권의 형태, 부강의 정도에 따라 차별하지 않는 외교방침 또한 마련되었다는 것이다. 이를 통해 이념으로 양분되고, 군사동맹과 종속적 발전으로 양분되는 냉전기의 세계에 중국이 대안을 제공하려 했다는 주장이다.[92] 필자 또한 동구와 서구와는 상이한 '동방'의 기원을 옌안에서 구하는 편이다. 다만 그 옌안에서 비롯한 동방의 기저를 더욱 강조하고 싶다. 1942년 중국공산당이 처했던 상황이나 조건

만큼이나 중국과 주변소국들이 공유해왔던 오래된 역사적 유산의 영향이 여실했다고 여기는 것이다. 국가의 규모, 정권의 형태, 발전의 단계 여부에 구애받지 않는 '평화공존'과 '내정불간섭' '주권 및 영토의 상호존중'과 더불어 상호 간 득이 되는 무역과 원조를 강조하는 '상호이익' 등의 조항에서 중화세계 특유의 발상과 흔적의 진화를 간취하는 것이다.

'중국혁명'이란 특정한 이념에 구속되는 혁명이 아니었다. 각국이 각자의 체제를 선택할 수 있는 자유를 증진하는 혁명에 가깝다. 동유럽의 사회주의형과 동아시아의 반공 개발독재형과는 다른 발전국가 노선의 모색이다. 중국을 따르라는 의미보다는 '스스로의 힘으로 거듭나라'自力更生는 쪽에 가까운 것이다. 1970년 저우는 미국의 동맹국이기도 했던 파키스탄의 대통령 알리 부토Zulfikar Ali Bhutto와의 회담에서 "중국이 지지하는 유일한 '혁명'이란 외부의 간섭에 반대하고 국제관계의 자율성을 지원하는 것"[93]이라고 못 박았다. 정치적·군사적으로는 절제하면서 외교와 무역에 기반한 관계망의 재구축이다. 비개입주의·비간섭주의·비이념주의를 표방했다는 점에서도 동·서구파와는 확연히 다르다. '인도차이나파'와의 차이도 두드러진다. 그리고 결국 그 평화공존 5원칙을 통하여 아세안의 개별 국가들은 물론 아세안 조직 자체와 우호적 관계를 형성해가기 시작했다. 마오쩌둥이 삼개세계론을 정립하고 덩샤오핑이 이를 유엔에서 공식화했던 1974년의 일이다. 냉전형 반공 조직으로 출발한 아세안이 중국과 조우하는 장면은 탈냉전의 여로를 상징적으로 재현했다. 특정 이념과 체제를 강권하는 냉전형 패도와는 일선을 긋는 왕도의 복원에 가까웠던 것이다. 이로써 아세안 자체도 서구화의 궤도에서 이탈하여 동방화로 일부 방향을 수정했다고도 할 수 있지 않을까.[94]

'불평등한 제국들' 간의 오해

　　'동방'의 와해의 책임을 인도차이나적 발상을 고수한 북베트남에 묻는 것이 이 장의 목적은 아니다. 대국 쇼비니즘, 대한민족 팽창주의, 대국 패권주의 등등 1979년의 《중국백서》에서 동원된 화법들이 고의나 악의였다고 여기지도 않는다. 오히려 숙고의 대상으로 삼아야 할 지점은 그러한 오인과 오해가 매우 구조적이고 체계적으로 이루어졌다는 사실 그 자체에 있다. 평화공존 5원칙에 입각한 캄보디아 지원을 '중화제국의 전통적 정책의 지속'이고 '동남아에 대한 패권의 연장'이라고 인지한 베트남의 오판이 매우 구조적이고 역사적인 소산이기 때문이다. 가령 《중국백서》는 1975년 4월 30일 사이공 함락을 "군사적·정치적으로 미 제국주의의 최대 실패일 뿐만 아니라, 사이공 괴뢰정권과 미국의 존재를 인정함으로써 우리의 국토를 장기적으로 분단시키고 베트남까지도 그 반동적 노선에 끌어들이려 했던 중국 확장주의와 대국 패권주의의 참담한 실패"[95]라고 주장했다. 레주언은 인도차이나에 대한 관심을 재차 확인하면서 약속하기를, "대국인 중국의 위협에 인도차이나 3국이 힘을 합쳐 공동으로 대응하지 않으면 중국의 각개격파에 의해 병합될 것"[96]이라고도 역설했다. 즉 동아시아의 골격을 특징짓는 대·소국 간 현저한 비대칭성이 상호 오인과 오해를 연쇄시켜 아시아 사회주의국가 간 점령과 전쟁으로까지 치닫게 된 것이다. 사회주의 국제주의를 내파하고 '동방'의 와해를 촉발한 것은 역설적으로 동아시아가 누적해온 장기적인 역사 경험이었다. 그래서 지금부터는 중국에 대해서는 소국이었고, 캄보디아에 대해서는 대국의 위치에 있었던 베트남을 축으로 동아시아 특유의 비대칭적 관계가 촉발하는 상호 오인과 오해의 연쇄를 복기해보고자 한다.

여기에 유력한 관점을 제공해주는 것이 브랜틀리 워맥Brantly Womack의 작업이다. 베트남 및 베트남-중국 관계의 전문가인 그는 동아시아 특유의 비대칭적 국제관계에 이론적으로 천착해왔다. 그의 비대칭적 국제관계이론을 다음과 같이 정리할 수 있겠다.[97]

대소 간 물리적 차이는 양자 관계의 모든 면에서 상이한 영향을 준다. 상품 교역과 문화 교류 등 대등하고 자발적인 상호관계라 하더라도, 경중을 따지자면 소국에서 그 비중이 월등히 클 수밖에 없다. 그만큼 소국은 대국과의 관계에서 이익만큼 위험risk도 크다. 반면 대국은 그러하지 않다. 더 중요한 관계가 있거나, 외교보다 내치가 우선하는 경우가 많다. 대국과의 관계에 사활이 걸린 소국과는 관심의 지평 자체가 다른 것이다. 비대칭적 규모의 차이가 이해interest의 차이와 직결되는 것이다. 이해의 차이는 또 인식의 차이를 낳는다. 그리고 행동의 차이로 이어진다. 소국이 늘 더 대국을 주시한다. 그러나 관심도와 주목도가 곧 정확도를 담보하는 것은 아니라는 데 역설이 있다. 소국의 높은 집중도가 더 나은 이해도를 보장하지는 않는다. 대국의 작은 행동까지도 오인하고 오독할 여지가 크다. 즉 소국의 병폐가 과민이라면, 대국의 폐단은 둔감이다.

따라서 대국은 소국들과의 문제를 일일이 해결하기보다는 '덕'을 베푸는 쪽으로 진화해왔다. 도량이 크고 관대한 대국의 미덕을 과시하는 셈이다. 즉 사대와 사소는 덕과 예의 교환방식이다. 소국의 예가 굴종은 아니다. 대국이 소국을 정복하고 지배하지 않는다는 무언의 약속에 대한 화답이기 때문이다. 역으로 소국이 대국과의 관계와 지역질서를 교란하지 않겠다는 다짐의 표현이기도 하다. 그 대가로 소국은 정체성과 자율성을 보장받는다. 즉 성숙한 비대칭적 관계(=중화세계질서)는 자율성을 상호 승인하는 제도화된 덕과 예의 교환으로 성립된다. 그래서 어느 한쪽의 일방적 승리도 전면적 패배도 아니다. 역동적인 균형과 중용의 상태다. 동아시아의 태평성세란 이 잠정 협정modus vivendi의 지속을 일컫던 것이다. 그리고 평화와 안정, 질서라는 공공재를 대국이 더 많이 제공해야 이 '잠정 협정'이 지속가능하다. 전쟁이 그치지 않았던 '유럽의 국제법'rule by law과는 다른 동방의 장기 평화가 도달한 '게임의 법칙'rule of game이었다.

반면에 소국의 과민과 대국의 둔감은 위기 국면에서 악순환을 일으킨다. 대국은 소국이 처한 조건과 환경을 세심히 살피기보다는 보유한 힘을 사용하여 원상회복하려는 유혹이 승한다. 병통은 대국의 무력 과시가 소국의 위험 인지를 더 강화한다는 점이다. 워맥이 꼽은 가까운 예가 바로 중국-베트남의 국경 분쟁(1979)이었다.

그의 이론적 정리를 바탕으로 인도차이나에서 전개된 동방의 와해를 복기하면 다음과 같다. 베트남과 캄보디아 또한 작은 순망치한 관계였다. 프랑스와 미국에 저항하는 해방운동에서 이와 입술의 역할을 한 것이다. 실제로 폴 포트가 1953년 캄푸치아공산당에 가입할 때, 이를 주선한 것도 베트남인 팜반바Pham Van Ba였다고 한다. 다만 제네바협정 이후 북베트남으로 이주했던 캄보디아 공산주의자들과는 달리 폴 포트는 본국에 머물렀음이 남다른 행보였다.[98] 베트남은 인도차이나 단위의 투쟁을 중시하면서 캄보디아를 그 일부로 간주했던 측면이 농후하다. 남베트남의 괴뢰정권을 전복하기 위하여 캄보디아에 베트남에서 훈련된 공산주의자들을 파견하고 캄보디아 영토를 활용했던 점도 다분했다. 반면 소국이었던 캄보디아는 인도차이나 전체의 해방 못지않게, 혹은 그 이상으로 자국의 독립과 자율성의 확보가 관건적이었다. 대국 베트남이 보기에는 캄보디아는 협소한 안목에 갇혀 있는 것이며, 소국 캄보디아의 시각에서 베트남은 대국주의, 혹은 소패권주의와 다름없었다.

내연하던 상호 오인과 오해는 1975년 사이공의 함락과 함께 전면화되었다. 일단 라오스부터 통일베트남의 위성국가화가 전개되었다. 남북이 통일된 사회주의 베트남의 등장과 맞물려 라오스에서도 파테트라오가 주도권을 확립한 것이다. 왕정이 폐지되고 사회주의 체제로 이행하는 신생 라오스가 탄생했다.*⁹⁹ 실제로 '도미노 효과'가 일었던 셈이다. 캄보디아로서는 재차 '인도차이나혁명'이 위협적으로 다가왔을 법하다. 국경을 맞대고 있는 대국, '베트남 위협론'이 현실화되고 있던 것이다. 혹은 현실화되고 있다고 인식했다. 북베트남의 '인도차이나 사회주의 연방' 건설의 혐의는 1차 문서가 공개된 후에나 명백하게 밝혀질 것이다. 다만 캄보디아에게는 그러한 위협이 현실성과 실감을 갖고 다가왔다는 것이야말로 요체다. 그리고 재차 역사가 환기되고 동원되었다. 참파왕국 정복부터 크메르왕국 잠식까지 베트남 확장의 역사가 상기된 것이다. 통일베트남의 남진과 서진은 대남제국의 그것과도 겹쳐 보였을 법하다. 과장된 판단과 과민한 반응은 베트남인 학살의 비극으로 이어졌다.

역사에 대한 기억도 상호 어긋났다. 폴 포트 정권은 1978년, 베트남을 규탄하는 《베트남 흑서》를 발간했다.¹⁰⁰ 베트남이 캄보디아의 혁명운동을 어떻게 방해했는지를 폭로한 문건이다. 론 놀과의 공동 투쟁 속에서 폴 포트

---

* 라오스는 지금껏 베트남과 '특별 관계'를 유지하고 있는 유일한 나라이다. 라오스의 수도 비엔티안 교외에는 '혁명의 아버지' 카이손 폼비한 대통령(인민혁명당 의장, 1992년 사망)기념관이 자리한다. 1940년대부터 일관되게 라오스 혁명투쟁을 지도한 이 인물은 베트남인을 '혁명의 아버지'라고 지칭했다. 실제로 아버지가 베트남인이고, 어머니가 라오스인이었다. 하노이대학법학부에서 공부했고, 호찌민의 훈도를 직접 받은 경험도 있다. 라오스 혁명 박물관의 전시에서도 호찌민 사진과 베트남 깃발이 전시되어 있는 등 라오스공화국의 기원이 베트남에 있음을 숨기지 않고 있다는 인상까지 준다. 2013년 보응우옌잡 장군의 장례식에도 대표단을 파견한 유일한 국가가 라오스였다는 점 또한 흥미롭다.

는 베트남과도 경쟁하고 있었다. 또는 그렇게 인식했다. 북베트남이 하노이에 머물고 있던 '크메르 베트민', 즉 인도차이나공산당이 지도한 항불운동부터 참가했던 친베트남적 캄보디아인들을 대거 남파해 해방운동을 장악하려 든다고 여겼던 것이다. 폴 포트의 이러한 인식은 캄보디아에 '국제주의적 임무'를 수행했다고 여기는 베트남의 시각에서는 '배은망덕'한 것이었을지도 모른다. 그리고 결국은 '크메르 베트민'들이 내부에서 봉기하고 베트남군이 프놈펜을 동시에 점령하면서 폴 포트를 축출함으로써 친베트남 정권이 수립된다. 폴 포트의 판단이 자기 충족적 예언이 된 것이다.

중국과 베트남의 상호 오인과 오판의 연쇄 또한 흡사한 경로를 밟았다. 1975년 4월, 북베트남의 승리에 중국은 함께 환호했다. 베이징에서 공동 축하연까지 즐겼을 정도다. 그러나 승리 이후의 전망에서 양국은 현저한 차이가 났다. 중국은 통일베트남이 달성된 차에 더 이상의 군사적 원조는 없어도 된다고 판단했다. 베트남이 소련과도 더 이상 공조하지 않아도 되리라고 여긴 것이다. 그리고 30년에 가까운 민족해방투쟁에 기여했던 중국에 감사와 존중을 기대했을지도 모른다. 그러나 베트남은 달랐다. 100년 독립전쟁과 30년 통일전쟁을 통해 베트남이 탈식민 세계사의 주역이 되었다는 자부심이 넘쳤다. 오히려 중국에 의존할 수밖에 없었던 1950~1960년대의 경험이 부채로 남았다. 특히 프랑스와 미국이라는 '손님'이 떠나자 하노이의 지척에 여전히 중국이 자리하고 있음이 더 크게 눈에 들게 되었다. 중국은 자신들의 원조가 크게 보이고, 베트남으로서는 천 년의 유산이 한층 무게감을 갖게 된 것이다.

대·소국 간 규모의 차이는 1975년 이후 세계를 대하는 태도의 차이로도 이어졌다. 중국이 미국·소련과의 관계 중심으로 사고하고 행동했다면, 베트남은 중국에 비해 그 인식 범위가 좁았다. 그래서 중국과 미국이 아세안과 협력하는 반소련 구도가 베트남을 압박하는 것으로 여겨질 수 있었다. 중국이 동남아를 지배하려 한다는 레주언의 1979년 연설도 이런 구조적 오판으로부터 기인한 것이다. 전형적인 소국의 과잉 인식과 과민 반응이었다. 왜냐하면 당시 중국에게 베트남은 더 이상 최우선 순위가 아니었기 때문이다. 한국전쟁과 베트남전쟁 개입을 떨쳐내고, 개혁개방으로의 체제 전환을 이루는 것이 으뜸의 국가적 과제였다. 그래서 중국은 미국에게도 베트남과의 경제 교류를 권하고, 베트남과 캄보디아의 평화공존도 중재하려고 한 것이다. 베트남의 오판이 실제로 중국의 징벌성 전쟁을 초래했다는 점에서 또 다른 형태의 자기 충족적 예언이 되고야 만 셈이다. 나아가 그 '교훈'을 주겠다는 국지전 또한 전통적 중화주의에 의한 베트남 재복속의 전초전이라는 오판을 더욱 가중시키고 말았다. 그래서 역설적으로 소련의 위성국가가 되어가는 길로 접어들고 만 것이다.

즉 1980년대 인도차이나에서의 '신냉전'이란 또 한 번 동·서구의 이념과 체제와는 전혀 무관한 것이었다. 그럼에도 캄보디아를 둘러싼 중국과 베트남의 갈등을 '전통적인 중화적 세계질서인 대패권주의와 대남제국질서라는 소패권주의의 대립'[101]이라고만 여기는 것 또한 미진한 감이 없지 않다. 100년에 걸친 진화와 구조 조정도 고려해야 할 것이다. 근대화된 중화세계질서로서 이해한 평화공존 5원칙과, 근대화된 대남제국질서로서의 인도차이나의 대립이라고 보는 편이 한층 적실하지 않을까? 워맥은 명·청기에 성립한 중국과 베트남의 관계를 '불평등한 제국들'Empires among Unequals* 간의 관계라는 흥미로운 비유로 설명한 바 있다.[102] 그 불평등한 제국들, 즉

---

* 베트남이 제국'들'에 강조점을 두었다면, 중국은 비대칭적 면모에 더 방점을 두었다는 뜻이다. 그래서 '제국들 간의 관계'이되, 양자가 또 평등하지는 않았음을 암시한다.

중화제국과 대남제국이 20세기를 통해 상이한 경로의 '근대화' 과정을 밟았고, 그 차이의 충돌로 인도차이나의 '신냉전'을 이해하는 편이 더욱 합당해 보이는 것이다. 더불어 양 국가의 그 상이했던 '근대화' 과정 자체에도 동아시아 특유의 현저한 비대칭적 구조가 각인되어 있었음을 재차 확인할 수도 있을 것이다.

동구화의 기수로 '인도차이나 소비에트 연방'을 염원했던 레주언이 사망한 것은 1986년 6월 15일이었다. 그의 마지막은 적적한 편이었다. 장례식에는 소련과 베트남의 위성국가로 전락한 캄푸치아인민공화국과 라오스인민민주공화국의 대표단이 참여했을 뿐이다. 중국도 아세안도 레주언의 최후를 외면했다. 그리고 그가 세상을 뜨고 나서야 베트남은 도이모이do-imoi(개혁개방)를 선포할 수 있었다. 도이모이를 페레스트로이카perestroika(재건)에 빗대는 오해가 없지 않다. 그보다는 탈동구화, 혹은 재동방화의 선언으로 접수하는 편이 한층 실상에 가까울 것이다.[103] 그 후 캄보디아와 라오스에서 베트남군이 철수한 것은 1989년 9월이었다. 베를린 장벽이 허물어지던 바로 그해였다. 1991년에는 캄보디아의 독립과 주권을 보장하는 평화협정이 체결되었다. 소련이 해체되던 해였다. 즉 동구의 해체와 소련의 몰락은 '인도차이나'의 와해와 동시적으로 전개되었다. 결국 그해 말, 중국과 베트남의 관계도 정상화되었다. 공동성명 가운데 다음 항목이 눈에 띈다. "양측은 어떤 형태로든 패권주의를 추구하지 않으며, 다른 나라들에게 자신들의 이념과 가치 또는 발전방식을 강요하지 않는다."[104] 익숙한 대목이다. 1954년의 평화공존 5원칙으로 회귀한 것이다. 그래서 중국보다는 베트남에 더 뼈아픈 내용이 아닐 수 없다. 그리고 이 원리에 입각해서 인도차이나 삼국 간 평화협정도 체결되었다. 그 후 북부 경계를 접한 윈난성과 광시성에서 국경무역이 재개되었다. 1994년에는 베트남도 아세안에 가입하여 남쪽으로도 활로가 활짝 열렸다. 베이징에 망명 중이던 시아누크가 고국에 돌아간 것은 1993년이다. 캄보디아는 사회주의를 지우고 입헌군주제를 복구시켰다. 국가의 형태도, 이념과 체제도 다르지만 상호 교류하고 협력하는 새 단계로 진입한 것이다. 그러나 영판 새로운 일도 아니었다. 먼 길을 돌고 돌아 다시 1954년 제네바협정에 가까워진 것이기 때문이다. 차이라면 베트남의 평화통일을 대신해 무력통일이 있었다는 점뿐이었다.

동아시아의 '탈냉전'

유럽과 동아시아는 탈냉전의 여로도 판이했다. 유럽에서는 동구의 몰락이 서구로의 흡수로 이어졌다. 소련Soviet Union을 대신한 유럽연합European Union이 출범했다. 사회주의에 대한 자유주의의 승리였고, 그래서 '역사의 종언'에도 딱 들어맞았다. 반면 동아시아는 여전히 중국과 베트남과 북조선, 라오스가 건재하다. 어느 한쪽 체제의 일방적 와해와 흡수는 커녕 중국의 부상과 연동되어 '아시아의 세기'를 전망하기도 한다. 이념과 체제의 차이가 여전하면서도 지역적 협력은 나날이 심화되고 있다. 다르면서도 어울리는 평화공존의 원칙이 1990년대 이래 꾸준하게 관철되고 있는 것이다. 1992년 한중 수교와 한베 수교 또한 유럽형 탈냉전과는 전혀 다른 성격의 동방형 탈냉전이라 하겠다. 동구와 서구가 주도하며 경합했던 '가치동맹'의 시대가 저물고 동방형 질서가 전면화된 것이다. 즉 동아시아의 탈냉전은 '역사의 종언'과는 판이하다. 오히려 역사의 반전反轉이라고도 할 수 있다.

필자는 이를 장기적 시야에서 재중화의 궤도에 (재)진입한 것으로 여긴다. 재중화란 중국 중심적 질서의 회귀라는 뜻에 그치는 것이 아니다. 다양한 정치체가 그 다름에도 불구하고 무역과 외교를 통해 공존하는 복합적 질서가 다시 발현되고 있다는 의미로 사용한다. 복고復古라는 말은 적절치 않다. 저마다 100년의 민족해방투쟁을 때로는 협동하여 때때로 갈등하며 집합적으로 경험해왔기 때문이다. 그래서 갱신更新 내지는 경장更張이 어울린다. 실제로 탈동구화 이래 베트남은 다시 정치와 경제 정책 등의 면모에서 중국모델을 학습하고 수용하고 변용하면서 독자성을 유지하는 천 년의 유산과 흡사해지고 있다. '탈중국화를 위한 중국화'의 동학이 재가동되고 있는 것이다. 탈중국화를 위한 서구화(프랑스령 인도차이나연방), 탈중국화를 위한 동구화(인도차이나 소비에트 연방)의 백 년의 유산이 청산되고 있는 셈이다. 따라서 1945년 이후 동아시아의 역사적 궤적 또한 '냉전'이라는 용어만으로는 충분치 않다고 하겠다. 그보다는 동아시아 지역질서의 장기적 구조 변동의 단기적 국면에서 동·서구 냉전이 큰 영향을 미친 것이라고 상대화하는 편이 한층 합당해 보인다. 중화세계를 구성했던 정치 구성체 간의 관계를 조정하고 재편하는 과정, 그리하여 기존의 복수의 관계망을 평화공존 5원칙의 원리 아래 수렴시키고 전환해가는 과정, 즉 중화세계의 '근대화'야말로 동아시아 냉전을 추동하고 가름 짓는 또 하나의 커다란 축이었다.

'다른 백 년'을 위한
　동아시아 냉전의
재인식

냉전과 동방

　　지금까지 냉전기 '죽의 장막' 너머에서 관철되었던 중국과 아시아 간의 다양한 관계의 양태를 살펴보았다. 그럼으로써 동아시아 냉전을 재인식하는 방편으로 동·서구에 '동방'을 포함하는 삼분 구도의 설정을 꾀했다. 그리고 그 '동방'이라는 역사운동의 기저에 중화세계의 유산이 긍·부정을 아울러 작동하고 있었음을 확인하고자 했다. 동아시아 국가들은 20세기 전반기 '항일전쟁'으로 표상되는 반식민운동을 집합적으로 수행했고, 그 연장선상에서 20세기 후반기 '항미전쟁'으로 상징되는 반제운동·탈식민운동을 공동으로 전개했다. 반면, 1975년 이후 '중화 사회주의권'의 상호 점령과 전쟁 또한 중화세계 특유의 현저한 비대칭성으로부터 비롯하는 상호 오인과 오판이 결정적인 영향을 미쳤다. 즉 동아시아 국가들의 '자주' '독립' '주체'라는 '국가간체제'로의 이행 과제는 세계체제의 중심-주변의 위계에 저항하는 대외적 기획인 한편으로 '중화세계의 근대화' 과정을 정책적으로, 제도적으로 완비하는 대내적 과제이기도 했던 것이다. 그리하여 동아시아의 '탈냉전' 또한 사회주의진영의 와해와 자유주의진영으로의 편입이 아니라, 이념과 체제를 달리하는 국가들 간 '관계 정상화'로 일단락되었던 것이다. 이처럼 냉전기 '중국과 아시아'를 '중화세계의 근대화'라는 연속적 지평에서 주목했던 까닭은 크게 넷이다.

첫째, 동아시아 냉전에 대한 이해의 심화이다. 탈냉전 이후에도 냉전연구는 냉전의 지리학을 답습하는 경향이 승했다. 미국-일본-한국·대만-동남아를 축으로 삼는 자유주의진영의 흔적이 냉전연구에도 깊게 투영되어 있던 것이다. 그래서 냉전문화, 혹은 문화냉전 연구조차 진영의 구획에서 자유롭지 못했다. 탈식민/식민 연구가 제국/식민지의 위계를 반복적으로 인증하는 재식민/식민의 풍경을 연출하는 것만큼이나, 탈냉전/냉전 연구 또한 냉전의 중심-주변의 위계를 복제하는 경향이 역력했던 것이다. 그래서 냉전을 접근하는 지평을 이념과 문화로부터 지역의 질서로 옮겨보고자 했다. 지역질서의 맥락에서 조감하여 동아시아 냉전을 사고하는 새로운 잣대를 마련해보고 싶었던 것이다.

그런 측면에서 동아시아의 냉전이란 '냉전과 탈냉전의 길항'이라고도 할 법한 역동성으로 충만했다. 냉전체제를 지배 질서로 삼고자 하는 역외 세력과 그에 편승하는 역내 세력을 한 축으로 삼고, 그 반대편에서 냉전체제에 도전하고 저항하는 세력* 간의 구도로 동아시아 냉전을 파악할 수 있는 것이다. 이러한 구도의 정립이 자유주의-사회주의 진영의 대립이라는 '냉전적 시각'의 지속을 교정할 뿐 아니라, 동아시아 대분단체제의 분석적 정

───── * 여기에는 반미·반제국주의, 반소·반수정주의 노선에 호흡을 맞추었던 중국과 아시아 사회주의국가들뿐 아니라, 자유주의국가 내부의 반체제 세력도 포함되어야 할 것이다. 이들의 동향까지 총체적으로 아우르는 '동아시아 냉전사'가 확립될 때, '동아시아 대분단체제'의 성격과 그 길항 구도 또한 한층 명료하게 포착할 수 있을 것이다.

합성을 높이는 데도 일정한 공헌을 해줄 수 있다고 판단되기 때문이다. 특히 냉전체제와는 다른 지역질서를 구상하고 추진하는 탈냉전적 상상력과 동력에 중화세계 특유의 질서가 지속적으로 영향력을 미치고 있었음을 강조하고 싶었다. 즉 대분단의 균열을 미일동맹 대 중국이라는 국제정치적 역학구도나 지정학Geo-Politics적 갈등으로 분석하는 수준에서 그치는 것이 아니라, 양자 간의 역사적 경로와 궤적의 차이, 즉 지리역사Geo-History적이고 지리문명Geo-Civilization적인 차원의 차이에 주목해서 조감해야 함을 역설하고 싶었다. 그렇다면 '냉전과 탈냉전'의 길항에 '탈중화와 재중화'의 길항이 포개져 있음을 포착할 수 있을 것이다.

둘째, '동아시아의 귀환'이라는 상징적 제목으로 대표되는 1990년대 이후의 동아시아론에 일정한 보완을 하고 싶었다. 냉전의 해체로 마련된 열린 시공간에서 재회하고 재발견한 동아시아가 지나치게 20세기 초반에만 치중되어 있다고 여겼기 때문이다. 상대적으로 동양평화론, 동아협동체, 대동아공영권 등에 대한 관심만이 두드러졌던 것이다.' 그에 반해 정작 냉전기를 통해 적대시하거나 낭만화했던 신중국과 아시아 사회주의권에 대한 관심은 도리어 소홀해졌던 듯하다. 즉 동양-동아-동아시아의 계보에서 망실되었던 '동방'을 복원하여 역사적으로 합당한 위치와 위상을 부여해주고 싶었다. 돌아보면 동아시아는 20세기를 망라하여 세계체제에 반하는 지역(건설)운동을 지속적으로 펼쳐왔다. 초기의 소박한 '동양'평화론이든, (대)'동아'의 우편향이든, 또 '동방'의 좌편향이든 근대질서에 적응하면서도 저항하는 시도가 줄곧 이어졌던 것이다. 동양-동아-동방-동아시아의 계보를 그려볼 수도 있겠다.

아울러 '동방'에 역력했던 중화세계의 흔적을 복기함으로써 동양-동아-동방-동아시아의 계보에 기저로 작용하고 있던 옛 질서에 대한 관심을 새삼 촉구하고자 했다. 즉 동·서구를 정점으로 삼는 좌우의 대결이라는 냉전의 이면에서 동아시아의 내부와 외부, 혹은 고금古今 간 길항 또한 역력했음을 소홀히 할 수 없는 것이다. 고쳐 말해 옛 질서의 진화, 혹은 옛 질서의 내재적 근대화라는 과정에 정당한 관심과 평가를 부여하는 작업을 통해서만이 20세기를 망라하여 관통할 수 있는 역사상을 마련할 수 있으며, 동아시아론의 심화에도 일정하게나마 기여할 수 있을 것으로 판단된다.

이 과정에 주목하게 된다면 실제로 이념형적 의미의 '국가간체제'Inter-state system에 부합하는 모양새로 관계의 틀을 재정비한 쪽은 미국과 아시아 동맹국들이 아니라 중국과 주변 소국들임을 새삼스레 발견할 수 있을 것이다. 즉 냉전기를 통하여 중국과 아시아 간에는 전통적 상하 관계가 해체되고 주권국가들 사이의 대소 관계로 재편되었으며, 그 관계의 정책적 핵심은 '평화공존 5원칙'으로 구현되었던 것이다. 일본과 한국, 오키나와, 대만 등 일본제국의 식민지이자 미제국의 동맹국이었던 국가들이 여전히 탈식민-탈냉전 과업을 완수하지 못하고 있는 측면과는 큰 대조를 이룬다.[2]

셋째, 중국학계가 주도하는 신냉전사의 냉전상이 미중 양극 구도로 수렴되는 최근의 편향을 비판하고, 당대의 실제 역사상에 입각하여 '동방'으로 표상된 아시아 감각을 복원하고자 했다. 이로써 미소 중심에서 미중 중심의 대국 관계로 재편된 중국의 냉전사 이해 또한 수정하고 싶었다. 이는 목하 G2로 부상한 저 오래된 대국과의 이웃 관계를 재조정하고 성찰적으로 재건하는 데도 선결되어야 할 과제의 하나라고 여긴다. 중화인민공화국이 냉전에 연루되고 그로부터 벗어나오는 탈냉전의 역사적 궤적에는 늘 아시아 주변 국가들과의 연대 및 갈등이 연동하는 과정이 자리했었다. 즉 탈냉전기의 '신형 대국 관계'의 정립에 앞서 냉전기의 '신형 대·소국 관계'의 수립 과정이 먼저 자리했던 것이다. 소련이 해체되고 미국이 쇠락하는 작금의 전환기적 조건 아래서 냉전기 중국과 아시아의 역사 경험은 더더욱 비판적으로 기억되고 성찰적으로 음미되어야 할 역사 유산이 아닐 수 없다. 중국과 주변의 항상적인 비대칭성을 정책적으로 조정해가는 '중화세계의 근대화'로의 이행 과정이 동서냉전을 돌파해가는 역사적 동력이 되어주는 한편으로, '중화 사회주의권'을 내파해가며 갈등과 분란을 촉발시키는 화근이 되기도 했던 것이다.

넷째, 제3세계 냉전에 대한 관심 증진은 고무적인 현상임에도 불구하고 동아시아 냉전은 제3세계 일반으로도 쉬이 해소할 수 없는 남다름이 있었다는 독자성을 분별하고 싶었다. 이는 특히 영미권의 신냉전사 연구를 주도하고 있는 베스타의 지적 행보와도 일정한 관련성을 갖는다. 국공내전 연구로 출발해 '지구 냉전'으로 연구를 심화시켜온 그의 성취에 지지와 공감을 표하면서도, 정작 '지구 냉전'의 서술에서 동아시아는 제외되어 있음을 눈여겨보았던 것이다. 냉전을 '자유제국'과 '평등제국' 간 패권 대결로 이해하고, 제3세계의 적응과 활용, 변용 과정에 착목하는 접근법이 동아시아에는 딱히 아귀가 들어맞지 않았기 때문으로 짐작된다. 즉 대국 간 관계로도, 양대 제국과 제3세계의 길항으로도 충분하게 해명될 수 없는 동아시아 냉전의 독자성을 탐구하기 위하여 '중국과 아시아'를 방법으로 삼고자 했던 것이다. 조금 더 명료하게 표현하면 중국과 아시아 간 '역사성'에 주목했다고 할 수 있겠다. 앞서 6장에서도 확인했던 바, 심지어 아시아 사회주의 국제주의가 파산해가는 과정 또한 동아시아 특유의 대·소국 관계가 노정하는 구조적 오인과 오판이 결정적인 영향을 미쳤음이다. 그만큼 동아시아의 냉전이 유럽 냉전, 제3세계 냉전, 지구 냉전과도 일정한 차별성을 갖는 근저에는 그 역사적 지층이 두텁게 자리하고 있던 것이다.

이러한 문제의식을 바탕으로 필자가 도모한 방법은 지역사의 지평, 즉 동아시아 지역질서의 구조 변동의 측면에서 냉전을 자리매김하는 것이었다. 20세기 백 년, 혹은 '근대'에 대한 지나친 편중을 거두고 장기 지속하는 지역질서의 연속과 변화의 관점으로 20세기 동아시아 냉전사를 파악해보고자 한 것이다. 그 개념적 방편으로 제출한 것이 '중화 사회주의'이며, 그 개념의 구호 혹은 기호로써 주목한 것이 '동방'이었다. 동시대의 서구와 동구는 물론이요, 앞 시기의 동양이나 (대)동아와도 구별되는 특유의 기제에 천착해본 것이다. 동방에는 '식민지'는 물론이요, '동맹국'이라는 이름의 종속국client state이나 동구형 위성국satellite state이 존재하지 않았다. 중화세계를 구성했던 왕년의 조공국이 독립국으로 전환해가는 '근대적 이행'의 과제를 마침내 완수한 집합적 역사운동이 '동방'으로 표출되었다고 이해할 수 있는 것이다.³

그리고 이 '중화 사회주의' 내부의 역학 관계를 '중화세계의 근대화' 혹은 '근대화된 중화질서'라고 설명해보았다. 규모의 비대칭성으로 말미암은 위계는 지속되면서도, 중화세계의 고유한 특징, 즉 소국의 자주성과 독립성의 보장은 한층 강화되어간 과정을 주목했다. 중화세계는 그 중층성과 복합성을 수직적인 위계 관계로 재편하고자 했던 제국주의적 근대화로부터 반제국주의적 근대화로 전환되었던 것이다. 중화세계의 역사상 처음으로 중원의 국가와 주변의 국가가 주권국가 대 주권국가로 만나면서 도출된 '평화공존 5원칙' 또한 근대화된 중화질서의 제도화 및 정책화로 파악했다. 지난 백 년을 통해 반제국주의·반식민주의·반패권주의의 가치와 운동을 집합적으로 공유하면서, 역설적으로 '중화 사회주의권' 내부에서 오래도록 지속했던 상하 관계 또한 대소 관계로 구조 조정할 수 있었던 것이다. 아울러 이러한 관계 전환의 양상이 국가 간 수준의 상층부뿐만 아니라 민간 단위에서도 동시에 진행되었음을 확인할 수 있었다. 보고문학작품이 활발하게 생산되어 널리 읽혔으며, AA작가회의 운동을 필두로 한 번역 사업 역시 전개되어 지식인들만이 아니라 일반 대중의 차원에서도 상호 간 텍스트를 읽고 공유할 수 있었다. 여기에 그들만의 독자적인 스포츠대회까지 개최했던 저간의 사정까지 보탠다면, 지식인들이 '인문외교'를 통해 공유하던 '문예공화국'Republic of Letters*으로서의 중화세계가 기층으로 하방하고 심화되어 '인민외교'로까지 확산되었다고 하겠다.⁴ 중원에서 주변으로 문화가 일방향으로 전파되었던 과거에 견주자면, 상호 번역을 통한 쌍방향 소통의 새 영토를 개척해갔던 것이다.

냉전기 '동방'은 비단 동아시아에 한정되지도 않았다. 미소 중심의 냉전 구도를 상대화하며 출범한 반둥회의 이후 가네포운동과 AA작가회의운동의 전개와 그 분화와 분열 과정을 세세하게 살펴보았다. 이를 통해 '중화 사회주의' 진영과 동·서구와의 차이성 못지않은 제3세계 내부의 변별성도 확인해볼 수 있었다. 비동맹운동과의 결별로 '동풍'으로 상징되는 아시아 사회주의진영이 반패권 운동의 전위에 서면서 '동방'의 지평은 더욱 넓어지기까지 했다. 20세기 초의 동서 이원론의 구도를 뛰어넘어 3대륙(AALA)을 아우르는 천하삼분의 '동방'으로 거듭났던 것이다. 이처럼 냉전기에 구축된 신중국과 3대륙과의 관계는 긍·부정을 아울러 오늘날 중동, 아프리

---

* 문예공화국은 본디 17세기 후반~18세기 유럽의 지식사회에서 사용되었던 용어다. 문화와 언어의 차이를 뛰어넘어 인문학자들이 공통문어인 라틴어를 매개로 편지와 책을 통해 소통하던 지적 커뮤니티를 일컫는 상상의 공화국이라 할 수 있다. 이 문예공화국 안에서 글이 오가며 지식인들 사이에 끈끈한 연대가 싹텄고 이는 계몽주의의 토대가 되었다고 한다. 한편 18세기 동아시아 지식인들 사이에서 통용되던 공통문어는 고전 중국어, 즉 한문이었다. 중국·조선·월남·류큐·일본 등의 지식인들은 직접 만나서는 필담을, 떨어져 있을 때는 편지로 지속적이고 활발한 교류를 가졌다. 연행사와 통신사로 상호 방문해 현지 지식인 그룹과 소통하며 문화와 학술 교류의 네트워크를 만들어간 저간의 과정을 '동아시아 문예공화국'으로 표현할 수도 있겠다.

카, 남미와 중국을 잇는 글로벌 사우스Global South의 토대가 되었다고도 할 수 있을 것이다. 즉 냉전기에 전개된 독자적인 문학운동과 스포츠운동은 '국가간체제'를 학습하고 적응하는 집합적인 훈련장이자, '세계문학'과 '올림픽'에 각인되어 있던 제국주의나 냉전 구도와 같은 지배 체제를 해체하고 재구축해가는 역사적 실험장이기도 했다. 이로써 문명권 내부 구성원 간은 물론이요, 문명 간 교류와 소통의 창구를 복원함으로써 19세기 이래로 관철되어온 분리지배divide and rule에 저항해가며 탈냉전을 예비적으로 연습하는 계기를 마련할 수 있었던 것이다. 즉 동방과 접속하여 전개된 '삼개세계'라는 발상은 지리적 명칭으로서의 '제3세계'에 그치지 않고 동·서구와는 지평을 달리하는 '제3의 세계'를 기획하는 역사적 실험이기도 했던 것이다. 그리고 그 역사적 기획의 기저에는 각 지역마다 자리한 '장소의 혼'이 내장되어 있었고, 그 독자적인 지역질서의 유산을 더 높은 수준으로 복원하는 집합적 운동이 동아시아에서는 '동방'으로 표출되었다고 정리할 수 있을 것이다. 즉 '중화세계의 근대화'라는 장기 지속적 지평 속에서 '동방'을 위치 짓는 것이다.

중화세계의 근대화: 제국주의에서 반제국주의로

20세기를 전후로 중화세계가 해체되고 근대세계로 진입했다는 것이 그간의 통설적인 견해였다. 조공질서가 조약질서로 전환되었음이 정설로 굳어졌다. 겉으로는 그럼직하다. 전통적인 조공과 책봉의 의례는 완전히 사라졌다. 다시 부활하지도 않을 성싶다. 그럼에도 실상은 그리 간단치가 않았다. 중화세계가 그 나름의 논리에 따라서 근대화해간 도저한 흐름도 역력했기 때문이다.

명청 교체부터 시야에 둘 필요가 있겠다. 이미 조공체제가 크게 흔들렸다. 임진년에서 병자년에 이르도록 천하의 대란이 거듭되었다. 열도와 반도, 북방 및 중원, 서역까지 온통 전장이 되었다. 도요토미 히데요시의 막후에는 포르투갈의 조총과 스페인의 선교사가 있었다. 대항해시대, 세계체제의 때 이른 파장이었다. 이 대란을 수습하고 재편된 중화세계는 왕년의 조공-책봉관계로만 수렴되지 않았다. 번부와 조공, 호시와 조약의 복수적인 관계망[5]을 구축해갔다. 조공체제라는 일원적 외교통제가 대청제국 아래서는 호시[6]와 '침묵외교'[7]로 대폭 완화되고 약화되어간 것이다. 그리하여 관계국 간의 위계에 대한 의사통일조차 명확하게 이루어지지 않는, 인식론적 다원성에 입각한 '소중화주의'의 지역질서가 만개했다. 이 질서 아래서 '지배'라는 것은 명료하게 합의된 국경선에 의해서 각 통치기관에 귀속범위를 고정시키는 영역적 형태가 아니었다. 중원의 황제가 단지 국왕 일인을 책봉하면 그 이상의 현지 간섭을 행하지 않았던 것처럼 영토보다는 네트워크, 즉 속지적 체제보다는 속인적 질서에 가까웠던 것이다.

이로써 형성된 동아시아 질서를 일컫는 몇몇 개념들이 있다. '흔들린 조공질서'[8] '중화사상 공유권'[9] '화이변태'華夷變態[10] 등이다. 그 표현의 다양함에도 하나의 공통점이 있으니, 바로 '중화의 탈중심화'이다. '중화'가 중원의 독점에서 벗어남으로써 동아시아의 공공재로 거듭났던 것이다. 만주족은 태평천하를 복원시킨 자신들이야말로 더 이상 이적이 아니라 중화라고 자임했다. 그리하여 '대청제국'을 선언했다. 반하여 '소중화'를 자칭하던 조선은 내심으로 청을 내켜하지 않았다. 스스로를 진정한 중화의 계승자라며 '조선 중화'를 자부했다. 베트남은 한 걸음 더 나아갔다. '월남'越南을 '대남'大南으로 고치고 '제국'帝國까지 보태었다. 대남제국이야말로 중화문명의 보루이자 '중국'中國임을 자처하며 유교문명의 동남아로의 확산에 매진했다. 중화세계에 간접적으로 참여하고 있던 도쿠가와 막부조차도 19세기부터는 본격적으로 '중국화' 현상을 노정했다. 칼을 찬 사무라이가 학교에서 유교경전을 배우고 익힘으로써 붓을 든 사대부가 되어간 것이다.[11] 그리고 일본을 중화의 축으로 삼고 홋카이도와 류큐를 조공국으로 삼는 '일본형 화이질서'를 궁리했다.[12] 즉 저마다 '탈중국화를 위한 중국화' 현상이 만개했던 것이다. 중원이 '중화'를 독점하던 위계적 상황이 해소되고 문화적 대등함의 표출과 자기 정체성의 재구축이 동시다발적으로 진행되었던 것이다.

중요한 것은 이러한 동향이 중화세계로부터의 이탈이나 해체가 아니었다는 점이다. 즉 '흔들린 조공질서'가 '흔들린 중화세계'를 뜻하지는 않는다. 도리어 중화세계의 확산과 심화, 즉 '중화세계의 민주화' '중화세계의 대등화'로의 장기적인 이행으로 독해하는 편이 한층 적절하다. '화이'華夷의 분별과 차별이 흐려지고, '화화'華華의 관계로 재편되어간 것이기 때문이다. 중화세계의 장기적인 문명화의 소산이었다고 하겠다. 즉 유럽형 국가간체제의 도입 이전에 문명적 대등함의 수준에서 '평등' 의식이 동아시아 내부에서 자라나고 있던 것이다. 그리하여 19세기 말에는 대청제국과 대남제국에 대일본제국과 대한제국까지 존재하는, 저마다 중화이고 모두가 제국인 동아시아의 새 판도가 그려졌던 것이다. 다만 그 '화화'의 관계를 제도적으로 정책적으로 입안하는 방편을 주체적으로 마련하지 못하고 유럽의 조약체제, 이른바 만국공법질서를 수용해갔다고 하겠다.

그러나 중화세계와 세계체제의 전면적인 조우는 동아시아의 내재적 흐름의 역류를 촉발시켰다. 세계체제에 적응하는 과정 속에서 중화세계의 궤적은 굴절되었다. 이번에는 모두가, 저마다, 제국주의를 지향했다. 세계체제에 적응하기 위하여 유동적 복합계의 관계망이 조약 하나만으로 획일화되어간 것이다. 모든 정치체 간 관계망이 조약으로 단일화되어 간다는 말은 곧 모든 정치공동체의 형태도 국민국가 일색으로 수렴되어야 한다는 것을 의미했다. 번부나 조공국이 더 이상 존재할 수 없게 되었다. 더 정확하게 표현하자면 존재하되, 존재를 인정받을 수가 없게 되었다. 만국공법이 승인하는 유일무이한 정치체로서의 '독립국'이 아니었기 때문이다. 이는 곧 대청제국의 번부에는 내부 식민화를 의미했고, 류큐와 홋카이도, 대만, 조선 등의 식민지화를 초래했다. 또한 20세기를 풍미한 각종 '독립'혁명과 민족해방전쟁의 전초였다. 사대-자소-교린의 원리inter-dependence가 무너지고, 상호 지배dominance-dependence와 독립in-dependence을 경합하며 만국이 만국과 다투는 난세가 펼쳐졌던 것이다.

그 파국적 사태의 초입에 갑오년 청일전쟁이 있었다. 양속관계였던 류큐가 대일본제국에 병합되자, 이제는 조선의 식민화를 두고 대청제국과 대일본제국이 경합했다. 갈수록 흐릿해져가던 상국-하국 관념도 다시 환기되고 재소환되었다. 번부가 누리던 자율성은 종식되고, 조공국도 식민지로 삼기에 이른 것이다. 이홍장부터 원세개, 쑨원까지 조선과 월남·류큐 모두를 중화제국의 '내지'內地로 편입해야 한다고 여겼다. 중화세계의 위계성을 억압적으로 강화함으로써 근대의 제국주의를 모방코자 한 것이다. 일본제국도 마찬가지였다. 왕년의 중화제국을 대체하기보다는 유럽형 제국주의를 복제하는 것에 가까웠다. 일류동조日琉同祖론과 내선일체內鮮一體론 등으로 표출된 황민화와 동화주의가 그 상징적인 사례이다. 문자 그대로 '탈아입구'脫亞入區, 탈중화세계의 질서가 동아시아에 관철되기 시작했던 것이다.

결국 대한제국이 대일본제국에 병합된 이듬해 대청제국도 붕괴되었다. 그리고 '중화민국'이 들어섰다. 항일전쟁이 수행되었다. 그러나 더 이상 제국주의 전쟁이 아니었다. 오히려 그 반대편에 섰다. 반제국주의의 깃발을 들어 올렸다. 청일전쟁과 중일전쟁 사이의 질적인 차이다. 제국주의 대 제국주의에서, 제국주의 대 반제국주의로 전환된 것이다. 따라서 명일전쟁(임진왜란), 청일전쟁, 중일전쟁을 일이관지할 필요가 있겠다. 명일전쟁이 세계체제의 벽두에 발발해 중화세계를 수호해낸 전쟁이었다면, 청일전쟁은 중화세계가 완숙한 세계체제에 편입됨으로써 제국주의화하는 전쟁이었다. 그리고 중일전쟁은 중화세계의 반전과 갱신을 일구는 반제국주의전쟁의 시발이었다.

그래서 중화민국은 항일전쟁과 독립운동을 전개하는 아시아 제 민족들의 집합적 무대가 되었다. 각국의 임시정부나 망명 세력들이 중화민국의 우산 아래 거처를 마련했다. 더 중대한 흐름도 생겨났다. 대장정이다. 대장정은 옌안으로 귀결되었다. 반제·반식민주의 운동의 집합적 거점이었다. 한족과 소수민족과 주변민족이 협동하고 협력하는 연합전선의 근거지였다. 대국과 소국의 상호 진화를 연마하는 공동의 수련장이었다. 그리고 기어이 중화인민공화국을 일구어내었다. 즉 중화민국의 수립이 한족이 만주족을 대체하는 일국사적 사건에 그쳤다면, 중화인민공화국의 건국은 아시아 제 민족의 통일전선이 빚어낸 지역사적 사건이었다. 국공의 권력 교체를 능가하는 심대한 차이로 전후 아시아사의 일대 분수령이었다. 좌우 대결로만 수렴되지 않는 동아시아 대분단체제의 단초가 바로 여기에서 비롯되었기 때문이다. 동·서구와 일선을 긋는 '동방'의 발진이었다.

중화인민공화국은 국가의 재건에 보답해야 했다. 한반도에서는 (북)조선인들을 도왔고, 인도차이나에서는 (북)베트남인들을 거들었다. 항일전쟁에 이어 항미전쟁도 공동으로 수행한 것이다. 그러나 19세기 말 청불전쟁, 청일전쟁과는 판이했다. 더 이상 월남과 조선을 속국이나 식민지로 삼기 위한 제국주의 전쟁이 아니었다. 이번에는 (북)베트남과 (북)조선의 독립을 원조하기 위해 파병한 것이었다. 그 상부상조의 결실은 공식적인 정책으로 입안되었다. 1954년 '평화공존 5원칙'이 그것이다. 1954년이었던 까닭이 있다. 한반도에서도, 인도차이나에서도 (일시적으로) 포성이 멈추었다. 청일전쟁으로 촉발된 천하대란 이래 꼬박 60년 만이었다. 마침내 왕년의 천조국과 조공국 간 새로운 관계가 제도화될 수 있었다. 주권의 상호존중을 합의했다. 누천년래 최초의 일이었다. 주권이란 천조국만 누리던 유일무이한 권리였다. 이제는 각국이 분점하고 공유하게 되었다. 알음알음했던 내정불간섭도 명문화하였다. 이로써 조공국들의 독립국가, 주권국가로의 이행이 완수되었다. '내정불간섭형 비대칭동맹'[3]이라는 표현에 빗댈 수도 있겠다. 그리하여 중화세계를 구성하던 상국과 하국은 더 이상 존재하지 않게 되었다. 중국中國의 상대어였던 외국外國 또한 일반명사가 되었다. 오로지 자국과 타국의 구별이 있을 뿐이었다. 중화세계의 두 번째 근대화, 반제국주의적 근대화였다.

즉 '죽의 장막' 너머에서는 명청 교체 이래 누적되었던 중화세계의 근대화가 지속되고 있었다. 그래서 사회주의를 보편적 이념으로 삼되 각자가 독자적으로 주체화, 토착화하는 과정을 노정했다. 마오쩌둥사상, 김일성사상, 호찌민사상을 국시로 내세우는 독특한 풍경이 연출되었다. 그리고 그 집합적 동력으로써 냉전체제를 극복하고자 했다. 항미전쟁을 수행하며 미국과 적대하는 반면으로, '사회주의 제국주의'와도 길항하며 소련의 위상에 균열을 가했다. 즉 '상호주권존중'과 '내정불간섭'이라는 평화공존 5원칙은 중국과 주변 사이에 한정되지도 않았다. 사회주의진영과 제3세계의 판도 또한 크게 출렁이게 했다. 그 집합적이고도 개별적인 이행 과정을 통하여 미소가 주도하는 냉전체제를 돌파해갔던 것이다. 그리하여 신중국과 아시아 신생국가들과의 관계는 전통적 주종관계도 아니요, 20세기 초반의 제국-식민 관계도 아니며, 동시기 소련과 동유럽의 위성국가나 미국과 아시아 동맹국들과는 판이한 역동성을 연출할 수 있었다. '탈중국화를 위한 중국화' 혹은 '주체적 중국화'의 길항으로 작동했던 중화세계질서의 유산이 변용되고 '진화'한 결과였다. 즉 서구·동구·동아가 공유했던 탈중화와는 일선을 긋는 중화세계의 갱신更新이자 경장更張으로서, 재중화의 궤도에 진입했던 것이다.[*]

　따라서 동아시아 대분단체제의 균열선 또한 이념과 체제의 차이와 그 대결 구도가 아니라 탈중화와 재중화의 동력을 잣대로 삼아 그어본다면 그간의 냉전 상과는 사뭇 다른 그림이 펼쳐질 법하다. 한편에는 '중화세계의 근대화'가 지속적으로 전개되어 국가간체제의 확립으로 이행했다. 반면 일본제국의 유산을 계승한 형태로 성립한 미국과 아시아 동맹국 사이에는 근대적 주권의 이념형에 미달한 '속국'들이 도열해 있을뿐더러 북조선-일본 간, 북조선-미국 간 수교 또한 이루어지지 않은 비정상 상태가 지속되고 있다. 따라서 미일동맹과 신중국의 길항을 지정학적 패권 경쟁으로 묘사하는 동아시아 대분단체제의 독법은 G2 시대라고도 일컬어지는 작금의 권력 동향을 지나치게 과거까지 소급 적용해 냉전기를 이해하고 있다고 하겠

---

[*]　1992년 한중수교, 1997년 홍콩 반환, 1999년 마카오 반환, 20XX년 대만과의 관계 재건 양상에 따라서 국가간체제를 내부로 수용한 중화세계의 새로운 형세가 그려질 법하다. 중원에 자리하는 압도적인 대국의 자장 아래서 저마다의 정치공동체가 각자의 문화적 정체성과 정치적 독자성을 확보해야 하는 '익숙한 과제'에 다시 직면하게 된 것이다. 국가간체제로만 작동하는 세계체제와는 상이한 형태의 복합적 정치구성체 간의 중층적 관계망 구축을 (동)아시아인들의 집합적인 과제로 삼을 수도 있겠다.

다. 오히려 더욱 중요한 것은 동아시아 대분단체제를 가름하는 역사운동으로서의 탈중화와 재중화의 길항에는 처음부터 냉전과 탈냉전의 길항이 포함되어 있었다는 점을 적확하게 (재)인식하는 것이다. 그리고 그 편이 '탈냉전' 하고도 20년이 지난 오늘날 재차 '신냉전'이 운운되는 상황을 이해하는 데도 일정한 단서를 제공해줄 수 있을 것이다.

여는글

1   최원식, 〈탈냉전 시대와 동아시아적 시각의 모색〉, 《창작과비평》 1993 봄호; 백영서, 〈한국에서의 중국현대사 연구의 의미–동아시아적 시각의 모색을 위한 성찰〉, 《중국현대사연구회회보》 창간호, 1993.

2   한중일 3국 공동역사편찬위원회, 《미래를 여는 역사》, 한겨레출판, 2012(초판은 2006).

3   백영서, 〈동아시아 평화를 앞당기는 소중한 첫걸음〉, 《창작과비평》, 2005 가을호.

4   박태균·박진우·유용태, 《함께 읽는 동아시아 근현대사》 1·2, 창비, 2011.

5   한중일 3국 공동역사편찬위원회, 《한중일이 함께 쓴 동아시아 근현대사》 1·2, 휴머니스트, 2012.

6   김정인, 〈동아시아사 연구를 위한 성찰과 모색의 디딤돌〉, 《역사와현실》 79, 2011; 홍석률, 〈한국의 동아시아사 서술 속의 근현대 중국〉, 《동아시아 문화 속의 중국》 학술회의 발제문, 2012.

7   백영서, 〈제국을 넘어 동아시아 공동체로〉, 《동아시아의 지역질서》, 창비, 2005.

8   하영선, 〈동아시아 질서 개념의 역사적 변환〉, 《근대한국의 사회과학 개념 형성사》 2, 창비, 2012.

9   한중일3국공동역사편찬위원회, 《한중일이 함께 쓴 동아시아 근현대사》 1, 휴머니스트, 2012, 6쪽.

10   고종은 독립문만 세운 것이 아니다. 천하의 도가 쇠하여 대륙에서 중화문명이 퇴락하니, 반도에서라도 중화문명을 부흥시키겠다는 포부가 역력했다. '근대화된 중화'를 꿈꾸었다고도 할 수 있다. 그래서 광무(光武)였다. 왕망의 찬탈에 따른 천하대란을 수습하고 한제국을 재건한 광무제의 길을 걷고자 한 것이다. 노관범, 〈대한제국의 석고(石鼓): 조선의 중흥과 중화의 중흥〉(http://www.jtkc.or.kr/bbs/boardView.do?id=75&bIdx=31702&page=1&menuId=10063&bc=0); 노관범, 〈1910년대 한국 유교지식인의 중국 인식〉, 《민족문화》 40, 2012

참조.

11 和田春樹·後藤乾一·木畑洋一·山室信一·趙景達·中野聡·川島眞 編集,《岩波講座 東ア
ジア近現代通史》1~10, 岩波書店, 2011.

12 Melvyn P. Leffler, Odd Arne Westad eds., *The Cambridge History of the Cold War
I·II·III*, Cambridge University Press, 2012. 그 외 Zheng Yangwen, Hong Liu and Mi-
chael Szonyi eds., *Cold War in Asia: The battle for Hearts and Minds*, BRILL, 2010;
Tuong Vu, Wasana Wongsurawat eds., *Dynamics of the Cold War in Asia: Ideology,
Identity, and Culture*, Palgrave, 2009; Christopher Goscha, Christian Ostermann
eds., *Connecting Histories: Decolonization and the Cold War in Southeast Asia,
1945~1962*, Stanford University Press, 2009; Tsuyoshi Hasegawa ed., *Cold War in
East Asia, 1945~1991*, Stanford University Press, 2011 등도 크게 다르지 않다.

13 성공회대 동아시아연구소 편,《냉전 아시아의 문화풍경》1·2, 현실문화연구, 2008-2009;
허은,《미국의 헤게모니와 한국 민족주의: 냉전시대(1945~1965) 문화적 경계의 구축과 균
열의 동반》, 고려대학교민족문화연구원, 2008; 마루카와 데쓰시 저, 장세진 역,《냉전문화
론》, 너머북스, 2010; 기시 도시히코·쓰치야 유카 편, 김려실 역,《문화냉전과 아시아: 냉전
연구를 탈중심화하기》, 소명출판, 2012; 장세진,《슬픈 아시아: 한국 지식인들의 아시아 기
행(1945~1966)》, 푸른역사, 2012; 장세진,《상상된 아메리카: 1945년 8월 이후 한국의 네이
션 서사는 어떻게 만들어졌는가》, 푸른역사, 2012 등.

14 이삼성, 〈동아시아 국제질서의 성격에 관한 일고-"대분단체제"로 본 동아시아〉,《한국과
국제정치》22-4, 2006.

15 Kimie Hara, *Cold War Frontiers in the Asia-Pacific: Divided Territories in the San
Francisco System*, Routledge, 2006, Kimie Hara ed., *The San Francisco System and
Its Legacies: Continuation, Transformation and Historical Reconciliation in the
Asia-Pacific*, Routledge, 2014.

1 냉전의 역사학

1 http://www.wilsoncenter.org/program/cold-war-international-history-project.

2 http://www.fas.harvard.edu/~hpcws/index2.htm.

3 http://www2.lse.ac.uk/IDEAS/programmes/coldWarStudiesProgramme/Home.
aspx.

4 한국에서 신냉전사를 언급한 글은 박태균의 〈미국의 기대보다 더 잘하고 있는 한국〉《역사
비평》83, 2008)에 그친다. 이 글 또한 신냉전사 프로젝트 가운데 하나로 출판된 그레그 브레
진스키(Gregg A. Brazinsky)의 *Nation Building in South Korea: Koreans, Americans,*

and the Making of a Democracy, UNC Press, 2007에 대한 서평 논문으로 도입부에 잠시 언급하고 지나갈 뿐이다. 최명해의 《중국·북한 동맹관계: 불편한 동거의 역사》(오름, 2009)는 중국의 신냉전사 연구 성과를 가장 적극적으로 활용하고 있는 저작이지만, 신냉전사 자체에 대한 언급이나 설명은 없다.

5 일본에서는 신냉전사 연구를 탈수정주의의 연장으로 파악하여 신냉전사나 냉전국제사 등의 별도의 개념을 사용하고 있지 않다고 한다. ジョン·ルイス ギャディス, 赤木完爾, 斉藤祐介(翻訳), 《歷史としての冷戰 —力と平和の追求》, 慶應義塾大學出版会, 2004, 481-483쪽. 탈수정주의에 대해서는 이 책 1장 참고.

6 http://www.coldwarchina.org/

7 창간 당시에는 《國際冷戰史研究》였으나 2호부터 그 제호를 《冷戰國際史研究》로 변경, 2019년 현재 25호까지 발행했다. 세계지식출판사에서 출판된다.

8 《歷史研究》는 1954년 창간된 학술잡지다. 중화인민공화국 성립 이래 가장 먼저 등장한 철학·사회과학분야 잡지 가운데 하나로, 중국 역사학의 가장 높은 수준과 동향을 확인할 수 있다. 그래서 '역사연구 50년이 곧 신중국 사학 발전의 축도이다'라며 자평하고 있다. 歷史研究 編輯部, 《歷史研究》, 編輯部 編, 〈編輯後記〉, 《歷史研究》五十年論文選-冷戰史》, 社會科學文獻出版社, 2005, 7, 515쪽. 한편, 창간 50주년을 기념해 발간한 논문집은 6개 주제, 총 10권이다. 〈理論與方法〉이 2권, 〈近代中國〉이 2권, 〈社會史〉가 1권, 〈20世紀史學回顧〉가 3권, 〈書評〉이 1권, 그리고 〈冷戰史〉가 1권이다.

9 *The Cambridge History of the Cold War*가 시대별로 냉전기 주요 사건을 아우르는 반면에, 《國際冷戰史專題講義》은 주제별로 나누어져 있다. 구체적으로는 《冷戰時期的中蘇關係》, 《冷戰時期蘇聯與東區的關係》, 《冷戰時期的中國對外政策》으로 중국과 냉전에 집중하고 있다.

10 陳兼 餘偉民, 〈冷戰史新研究': 源起,學術特徵及其批判〉, 《歷史研究》五十年論文選-冷戰史》, 社會科學文獻出版社, 2005, 33쪽.

11 일본에서 중국의 냉전 연구 현황을 소개하고 있는 논문으로는 石井明, 〈冷戰と中國—進む中国の冷戰研究〉, 《アジア研究》52(2), 2006 참조.

12 성공회대 동아시아연구소 편, 《냉전 아시아의 문화풍경》1·2, 현실문화연구, 2008·2009.

13 백원담, 〈냉전기 아시아에서 아시아주의의 형성과 재편〉, 《냉전 아시아의 문화풍경》1, 현실문화연구, 2008, 〈아시아에서 1960~70년대 비동맹운동/제3세계운동과 민족·민중 개념의 창신〉, 《냉전 아시아의 문화풍경》2, 현실문화연구, 2009. 이 두 논문에서 다루고 있는 제3세계와 비동맹운동 또한 그 핵심 당사자라고 하기는 어려운 일본에서 간행된 자료에 바탕을 두고 있다는 일정한 한계를 가진다.

14 그런 점에서 베트남 전쟁을 남·북한, 남·북중국(중화인민공화국과 중화민국), 남·북베트남의 동아시아 남북 3각 동맹으로 조명하는 유용태의 논문이 상당 부분 중국의 신냉전사를 주도하는 연구자들의 작업에 의존하고 있음은 상징적이다. 그가 인용하고 있는 Chen Jian,

Qiang Zhai, 李丹慧, 牛軍, 楊奎松, 朱建栄 등이 미국·중국·일본에서 활동하는 대표적인 중국계 신냉전사가들이기 때문이다. 개별적인 연구자와 연구 성과에 대해서는 이 책 5장과 6장 참조. 유용태, 〈동아시아의 베트남전쟁, 남북 3각 동맹의 대응〉, 《환호 속의 경종》, 휴머니스트, 2006.

15 백영서, 〈주변에서 동아시아를 본다는 것〉, 《주변에서 본 동아시아》, 문학과지성사, 2004, 16면.

16 이하 세 학파에 관한 설명은 Odd Arne Westad, "Introduction: Reviewing the Cold War", *Reviewing the Cold War: Approaches, Interpretations, Theory*, Frank Cass Publishers, 2000; John Lewis Gaddis, "On Starting All over Again: A Naive Approach to the Study of the Cold War" *Reviewing the Cold War: Approaches, Interpretations, Theory*, Frank Cass Publishers, 2000; 赤木完爾, 〈訳者後記〉, 《歷史としての冷戰: 力と平和の追求》, 慶應義塾大學出版會, 2004에 의거해 정리했음을 밝혀둔다.

17 국제관계이론에서 한스 모겐소의 지대한 영향은, Martin Hollis and Steve Smith, *Explaining and Understanding International Relations*, Oxford University Press, 1990, 22~28쪽 참조.

18 수정파의 이러한 한계점에 대한 비판은 陳兼·餘偉民, 〈冷戰史新研究': 源起,學術特徵及其批判〉, 《歷史研究》五十年論文選 – 冷戰史》, 4-6쪽.

19 John Lewis Gaddis, "New Conceptual Approaches to the Studies of American Foreign Relations: Interdisciplinary Perspectives", *Diplomatic History*, vol.14, no.3, (Summer 1990), 407~412쪽.

20 John Lewis Gaddis, "International Relations Theory and the End of the Cold War", *International Security*, Vol.17, No.3, 1993, pp.5~58, 특히 pp.5~10. Jeffrey T. Checkel, "The Constructive Turn in International Relations", *World Politics*, 50, 1998; William C, Wohlforth, "Reality Chenk: Revising Theories of International Politics in Response to the End of the Cold War", *World Politics*, 50, 1998.

21 역사학 자체의 변화도 고려할 수 있다. 1970년대 이후 사회사와 문화사의 약진으로 방법론적 측면에서 큰 전환이 일어난 것이다. 상층에서 하층으로, 엘리트에서 민중으로, 국가정책에서 국가-사회의 복합적 관계에 대한 관심으로 역사학의 방점이 옮겨간 것이다. 푸코의 이론적 영향 하에 권력 개념이 변화한 점도 중요했다고 한다. Melvyn Leffler, "New Approaches, Old Interpretations and Prospective Reconfiguration", *Diplomatic History*, vol.19, no.2, (spring 1995) 참조.

22 자료 소개와 논평은, Michael H. Hunt and Odd Arne Westad, "The Chinese Communist Party and International Affairs: A Field Report on New Historical Sources and Old Research Problems", *The China Quarterly*, no.122, 1990, Steven M. Goldstein and He Di, "New Chinese Sources on the History of the Cold War", *Cold War Inter-*

national History Project Bulletin, no.1, 1991.

23   Martin Walker, The Cold War: A History, New York: Herry Holt, 1994.Edward H.
Judge and John W. Langan, A Hard and Bitter Peace: A Global History of the Cold
War, Upper Saddle, NJ: Prentice Hall, 1995; Jeremy Issacs, Cold War: An Illustrated
History, 1945-1991, Boston: Little Brown, 1998; Allen Hunter ed., Rethinking the
Cold War, Philadelphia: Temple University Press, 1998.중국에서는 张小明,《冷战及其
遺产》, 上海人民出版社, 1995. 중국에서 해외의 신냉전사 연구에 주목하여 소개한 글로는
戴超武,〈新冷戰史與當代美國外交史學思潮〉,《美國研究》, 1999, 第1期; 白建才,〈近年來
美國的冷戰史研究〉,《歷史研究》, 2002, 第1期.

24   John Lewis Gaddis, "International Relations Theory and the End of the Cold War",
International Security, Vol.17, No.3, 1993, pp.53-58.

25   대표작으로 We Now Know: Rethinking Cold War History, Oxford University Press,
1997; The Cold War: A New History, Penguin, 2006. 후자의 한국어판이 존 루이스 개
디스 저, 정철·강규형 역,《냉전의 역사》, 에코리브르, 2010.

26   그가 초래한 논쟁에 대해서는 Richard N. Lebow, "We Still Do not Know!", Diplomatic
History, Vol.22, No.4, 1998, pp.627~632; Melvyn P. Leffler, "The Cold War: What Do
We Know?", American Historical Review, 104, No.2, 1999, pp.501~524 참조. 국내문
헌으로는 박인숙,〈존 루이스 개디스의 '탈수정주의'적 냉전 해석에 대한 비판적 고찰〉,《대
구사학》70, 2003.

27   '초대받은 제국'이라는 개념을 가장 먼저 제기한 논문은 Geir Lundestad, "The United
States and Western Europe, 1945-1952", Journal of Peace Research, Vol. 23, No. 3.
1986.

28   개디스의 완고한 서구중심주의와 제3세계에 대한 무관심을 비판하는 글로는 David
Painteg, "A partial History of the Cold War", Cold War History, Vol.6, No.4, 2006;
Geir Lundestad, "The cold war according to John Lewis Gaddis", Cold War History,
Vol.104, No.2, 1999 참조.

29   徐藍,〈中國戰後國際關係史研究30年〉,《冷戰國際史研究》8, 2009, 3~4쪽.

30   石井明,〈冷戰と中国−進む中国の冷戦研究〉,《アジア研究》52(2), 2006, 9쪽에서 재인용.

31   汤季芳,《冷戰的起源與戰後歐洲》, 蘭州大學出版社, 1987.

32   时殷弘,《美苏从合作到冷战》, 华夏出版社, 1988.

33   《冷战国际史研究》10호(2011)에서 중소우호동맹상호원조조약 60주년을 기념하는 특집
기획이 이 주제를 다루었다. 중국인민대학 초기에 머물렀던 소련학자들의 영향, 중국군사
학교 창설과 소련의 역할, 소련에서 유학했던 중국 유학생들의 중소분쟁 인식, 소련 교양소
설이 중국 독자에 미친 영향, 중국에서 소련 영화의 의미 등을 연구한 논문들이 실려 있다.
이 분야의 선구적 연구로는 沈志華,《蘇聯專家在中國(1948~1960)》, 中國國際廣播出版

社, 2003(증보판《蘇聯專家在中國》, 新華出版社, 2009)이 있다.

34 션즈화에 대한 한층 상세한 이력과 저작 및 논문 목록은 http://baike.baidu.com/view/1197614.htm 참조.

35 다만 필자의 경험을 빌어 말하면 여전히 복사 가격이 비싼 데다가(2009년 당시 A4 장당 5원), 고위급 인사의 친필 메모가 있는 경우에는 복사 자체를 불허한다는 문제점을 안고 있다. 공개된 자료조차도 그 접근성에는 여전히 한계가 있는 것이다.

36 그 제1집이《1954年日內瓦會議》(世界知識出版社, 2006), 제2집은《中國代表團出席1955亞非會議》(世界知識出版社, 2007)이다. 그 외《中華人民共和國邊界事務條約集》,《領土邊界事務國際條約 및 法律匯編》등도 출판되어 있다. 그 밖의 중국에서 발간되고 있는 각종 사료, 회고록, 외교문서 등에 대한 종합적 보고는 夏亞峰〈冷戰國際史研究在中國-對過去20年研究的述評〉,《冷戰國際史研究》8, 2009. 9-16쪽에 상세하게 정리되어 있다. 이 글의 영어 원본은 Yafeng Xia, "The Study of Cold War International History in China-A Review of the Last Twenty Years" *Journal of Cold War Studies*, Vol.10, No.1, 2008.

37 王朝元,《〈冷戰年代的中國與世界〉叢書出版》,《廣西師範大學學報(哲學社會科學版)》, 2002, 2期 참조.

38 Odd Arne Westad et al. eds., *77 Conversations between Chinese and Foreign Leaders on the Wars in Indochina, 1964~1977*, Cold War International History Project Working Paper, No.22, 1998.

39 이하 주요 중국계 연구자들의 목록은 陳兼〈留美中國學者對於中美關系的研究〉,《架起理解的橋梁-中美關系史研究回顧與展望》, 安徽大學出版社, 1996年, 292-308쪽을 참조하여 선정했다.

40 John Lewis and Xue Litai, *China Build the Bomb*, Stanford University Press, 1987; Sergei Goncharov, John Lewis and Xue Litai, *Uncertain Partners: Stalin, Mao and the Korean War*, Stanford University Press, 1993; John Lewis and Xue Litai, *China's Strategic Sea Power: The Politics of Force Modernization in the Nuclear Age*, Stanford University Press, 1996.

41 Shu Guang Zhang, *Deterrence and Strategic Culture: Chinese-American Confrontations, 1949-1958*, Cornell University Press, 1992.

42 Shu Guang Zhang, *Mao's Military Romanticism: China and the Korean War*, University Press of Kansas, 1995; Shu Guang Zhang, *Economic Cold War: America's Embargo against China and the Sino-Soviet Alliance, 1949-1963*, Stanford University Press, 2001.

43 Qiang Zhai, *The Dragon, the Lion and the Eagle: Chinese-British-American Relations 1949-1958*, The Kent State University Press, 1994. Qiang Zhai, *China and the Vietnam Wars*, Chapel Hill: The University Press of North Carolina, 2000.

44 Chen Jian, *China's Road to the Korean War: The Making of the Sino-American Confrontation*, Columbia University Press, 1994. Chen Jian, *Mao's China and The Cold War*, The University Press of North Carolina, 2001.

45 Xiaobing Li, *Mao's Generals Remember Korea*, University Press of Kansas, 2001; Xiaobing Li, *China and the United States: A New Cold War History*, University Press of America, 1997.

46 Xiaoyuan Liu, *A Partnership for Disorder: China, the United States and their Policies for the Postwar Disposition of the Japanese Empire*, Cambridge University Press, 1994.

47 Simei Qing, *From Allies to Enemies: Visions of Modernity, Identity, and U.S.-China Diplomacy, 1945~1960*, Harvard University Press, 2007.

48 Yufan Hao, *Dilemma and Decision: An Organizational Perspective on American China Policy Making*, Berkeley: East Asian Institute at the University of California, 1997.

49 Xiaoming Zhang, *Red Wing over the Yalu: China, the Soviet Union and the Air War in Korea*, Texas A & M University Press, 2002.

50 예를 들어 영어·러시아어·일본어·한국어 등으로 소개된 션즈화의 논문 가운데 영어의 비중은 압도적으로 높은데, 그 대부분은 천젠이 직접 번역한 것들이다.

51 구체적인 내용은 http://www.coldwarchina.org/ 참조. 이 학술회의에 발표된 논문 대부분은 기관지에도 실렸다.

52 章百家, 〈序言〉, 《歷史研究》五十年論文選 - 冷戰史》, 社會科學文獻出版社, 2004, 2면.

53 章百家·牛軍編, 《冷戰與中國》, 世界知識出版社, 2002, 2쪽.

54 신냉전사 연구가 다루는 소재와 주제의 광범위함 때문에 모든 영역을 망라하는 것은 난망할뿐더러 집중도를 흘릴 수 있기 때문이다. 세 가지 주제와는 별도로 신냉전사의 연구사 정리는 徐藍, 〈中國戰後國際關係史研究30年〉, 《冷戰國際史研究》8, 2009, 18~57쪽 참조. 중국-인도 국경분쟁, 미일관계, 유럽통합, UN 및 국제기구 등 다채로운 주제를 다루고 있다.

55 냉전의 기원을 소련에서 찾는 연구도 있다. 張盛發, 《斯大林與冷戰(1945-1953)》, 中國社會科學出版社, 2000.

56 徐藍, 〈試論冷戰的爆發與兩極格局的形成〉, 《首都師範大學學報》, 2002, 2期.

57 徐友珍, 〈1950年英美向聯大提交的台灣問題提案〉, 《世界歷史》, 2005, 第4期; 〈論美英在承認新中國問題上個行其是的深層原因〉, 《世界歷史》, 2006, 第1期; 王立新, 〈意識形態與美國對華政策-以奇孫和承認問題爲中心的再研究〉, 《中國社會科學》, 2005, 第3期; 溫強, 《肯尼迪政府與中國-x制但不孤立政策的起源》, 天津古籍出版社, 2005; 夏亞峰, 〈重評1961-1968年的中美大使級會議〉, 《冷戰國際史研究》, 第4輯, 世界知識出版社, 2007 등.

58   王帆, 〈從二次台海危機看美台軍事合作困境〉, 《歷史教學》, 2006, 第10期; 牛軍, 〈三次台灣海峽軍事鬪爭決策研究〉, 《中國社會科學》, 2005, 第5期.

59   樊吉社, 〈美國分離西藏: 从策划到失敗(1949~1951)〉, 《国际论坛》, 2000, 第6期; 鄭永虛, 〈美國國會與中美關係中的"西藏問題"新探: 基爲'國會記錄'的文本分析〉, 《西藏民族學院學報》, 2000, 第1期; 張雲帆, 〈美國國家安全委員會與對華西藏政策的制定(1953~1961)〉, 國際論壇, 2007, 第4期.

60   馬駿, 〈1958-1960年艾森豪威爾政府對印度尼西亞的雙軌政策〉, 《世界歷史》, 2005, 第6期.

61   劉雄·尹新華, 〈20世紀五六十年代的東南亞華僑問題與美國對華遏制政策〉, 《當代中國史研究》, 2006, 第4期.

62   劉蓮芬, 〈論1950-1970年代的美泰關系〉, 《世界歷史》, 2006, 第3期.

63   戴超武, 〈肯尼迪-約翰遜時期的外交與第三世界〉, 《美國研究》, 2006, 第2期.

64   趙偉明, 《中東問題與美國中東政策》, 北京: 時事出版社, 2006.

65   沈志華, 〈一九五六年十月危機: 中國的角色與影響〉, 《歷史研究》, 2005, 第2期.

66   沈志華, 〈毛澤東與一九五七年莫斯科會議〉, 《歷史研究》, 2007, 第6期.

67   李丹慧, 〈20世紀60年代美國中央情報局對中蘇關系的評估〉, 《南開學報》, 2005, 第3期; 何惠, 〈美國對1969年中蘇邊界沖突的反應〉, 《當代中國史研究》, 2005, 第3期.

68   夏亞峰, 〈冷戰國際史研究在中國: 對過去20年研究的述評〉, 《冷戰國際史研究》8, 2009, 8쪽; 沈志華, 《中蘇關系史綱(1917~1991)》, 北京: 新華出版社, 2007.

69   沈志華, 〈試論中蘇同盟破裂的根本原因: 兼談社會主義陣營國家關系的結構性弊病〉, 《國際觀察》, 2005, 第5期; 沈志華·李丹慧, 《戰後中蘇關系若幹問題研究: 來自中俄雙方的檔案文獻》, 北京: 人民出版社, 2006. 당제관계와 국제관계의 모순을 적용해 중국-북조선 관계를 설명한 책으로 최명해, 《중국·북한 동맹관계: 불편한 동거의 역사》, 오름, 2009.

70   중국의 중소분쟁 연구를 집약하여 번역한 책도 최근 영어로 출간되었다. Shen Zhihua and Li Danhui(ed), *After Leaning to One Side: China and Its Allies in the Cold War*, Cold War International History Project Series, Stanford University Press, 2011.

71   沈志華, 〈中蘇同盟, 朝鮮戰爭與對日和約: 東亞冷戰格局形成的三步曲及其互動關係〉, 《中國社會科學》, 2005, 第5期, 《毛澤東, 斯大林與朝鮮戰爭》, 廣州: 廣東人民出版社, 2007.

72   徐藍, 〈國家大戰略與對外政策調整: 20世紀40~60年代冷戰態勢的演變〉, 《浙江學刊》, 2003, 第6期, 〈從兩極格居到多極化的發展: 20世紀70~90年代冷戰態勢的演變〉, 《浙江學刊》, 2005, 第2期.

73   餘偉民, 〈國際頭爭與本土頭爭: 冷戰邏輯的解讀: 從《冷戰與革命》看冷戰史研究的範式的創新〉, 《華東師範大學學報》, 2005, 第2期, 〈國際性與本土性: 冷戰的雙重邏輯〉, 《冷戰國際史研究》, 2006, 第2期.

74 渡辺昭夫,〈冷戰とその後·序論〉,《國際政治》100號 記念號, 1992, 3-4쪽.

75 중국의 한국전쟁 연구는 별도의 고찰이 필요할 만큼 매우 다양하다. 그 논문과 저서 목록은 鄧峰,〈近十餘年朝鮮戰爭研究綜述〉,《中共黨史硏究》, 2010, 09期에 상세히 정리되어 있다. 아울러《冷戰國際史研究》 구술사 기획에서 연속으로 다루고 있는 중국인민지원군의 한국전쟁 회고도 주목할 만하다. 그간의 연구가 국제관계에 치중되었던 것과는 달리 민간 차원의 한국전쟁 인식을 살펴보는데 유용한 자료가 되어준다.

76 베트남전쟁에 관한 이정표적 연구는 楊奎松·沈志華·李丹慧,《中國與印度支那戰爭》, 天地圖書有限公司, 2000 참조. 원난성을 비롯한 성과 지방 당안과 철도부 자료를 활용하여 중국의 베트남전쟁 태도 변화를 치밀하게 복원하고 있다. 1964년 중국의 경제 및 정치변화와 베트남 전쟁의 관계를 밝히는 지점도 큰 성과로 간주된다. 중국의 베트남 군사 지원과 전쟁 기간 양국 간 입장 차이, 베트남전쟁을 둘러싼 중국과 소련의 갈등도 다루고 있다. 더불어 1960년대 말부터 도모된 대미정책 변화의 역사적 배경과 1970년대의 중미 접촉, 그로 말미암은 중국의 베트남 정책 전환까지 총체적으로 접근하고 있다. 여기에 발표된 楊奎松, 沈志華, 李丹慧, 李向前, 牛軍의 논문은 모두 영어로 번역되어 Priscilla Roberts eds., *Behind the Bamboo Curtain: China, Vietnam and the World beyond Asia*, Stanford University Press, 2006에도 전재되었다. 영어본에 추가된 논문 또한 Chen Jian, Shu Guang Zhang, Zhai Qiang 등 미국에서 활동하는 중국계 연구자가 절반을 차지하고 있다.

77 이러한 문제의식을 계승한 저작으로 LSE에서 냉전사와 인류학을 전공하는 Heonik Kwon의 *The Other Cold War*, Columbia University Press, 2010도 주목할 만하다. '유럽을 지방화하기'의 전략을 이어받아 대서양 중심의 '냉전'을 탈중심화하여 열전과 내전, 국가폭력으로 얼룩졌던 주변부의 '냉전' 경험과, 그 기억의 트라우마에 직핍함으로써 '또 다른 냉전' 혹은 냉전의 이면을 따져봐야 한다는 주장이다. 그럼에도 굳이 '냉전'이라는 용어를 철회하지 않는 것은, 그 '냉전'의 개념을 둘러싸고 전개되는 언어/의미론적 투쟁을 지속함으로써 끊임없는 탈구축의 효과를 얻기 위해서라고 한다. '냉전을 탈식민화하기'라고 명명해도 좋을 법하다. 다만 한반도와 베트남을 주된 매개로 '냉전'의 이면에 깔려 있는 적나라한 폭력의 기억을 되묻는 (일국적) 작업에 그치고 있을 뿐, '죽의 장막' 너머에서 작동했던 아시아 사회주의의 실상과 그 메커니즘에 대한 관심은 소홀한 편이다.

78 Immanuel Wallerstein, "What Cold War in Asia: An Interpretative Essay", Zheng Yangwen, Hong Liu, Michael Szonyi eds., *The Cold War in Asia: The battle for Hearts and Minds*, BRILL, 2010, p.24.

79 Odd Arne Westad, *The Global Cold War*, Cambridge University Press, 2007, p.396. 다만 이 책은 국공내전과 세계적 수준의 냉전의 관계를 고찰했던 전작과는 달리, 미국을 '자유의 제국'으로 소련을 '평등의 제국'으로 분류하고 제3세계에서 미국과 소련의 자유·평등을 어떻게 전유하여 그들의 혁명을 전개시켜나가는지에 주목하고 있다. 그래서 미국과

소련이 아닌 제3의 대안적 발전모델을 제시했던 중국에 대한 고려는 생략되고 말았다.

80 陳兼 餘偉民,〈冷戰史新研究': 源起,學術特徵及其批判〉,《《歷史研究》五十年論文選: 冷
    戰史》, 社會科學文獻出版社, 36쪽.

81 그 연대기적 추세에 대한 정리는 Yafeng Xia, "New Scholarship and Direction in the
    Study of the Diplomatic History of the People's Republic of China", *Chinese His-
    torical Review*, Vol.14, No.1 2007, pp.116-143 참조.

82 Robert S. Ross and Alastair Iain Johnston, *New Directions in the Study of China'
    s foreign policy*, Stanford, 2006; Thomas W. Robinson, David Shambaugh eds.,
    Chinese Foreign Policy: Theory and Pratice, Oxford, 2006; Wang Gungwu, Zheng
    Yongnian eds., *China and the New International Order*, Routledge, 2008; Zheng
    Yongnian ed., *China and International Relations: The Chinese View and the Con-
    tribution of Wang Gungwu*, Routledge, 2010 등이 대표적인 사례다.

83 Chen Jian, "Introduction", *Mao's China and The Cold War*, The University of North
    Carolina Press, pp.10-15.

84 William A. Callahan, "Tradition, Modernity and Foreign Policy in China", William
    A Callahan and Elena Barabantseva eds., *China Orders the World: Normative Soft
    Power and Foreign Policy*, The Johns Hopkins University Press, 2012, pp.3-5.

85 Simei Qing, *From Allies to Enemies: Vision of Modernity, Ideology and U.S-China
    Diplomacy, 1945~1960*, Harvard University Press, 2007, pp.29-30.

86 Christopher CONNERY, "The Asian Sixties: an unfinished project", *Inter-Asia Cul-
    tural Studies*, Vol.7, No.4, 2006, pp.546-548.

87 수카르노 집권기 인도네시아의 '중국모델론'이 대표적이다. (Hong Liu, *China and the Shap-
    ing of Indonesia*, 1949-1965, Singpore: National University of Singapore Press, 2010). 소
    련이 주도한 북조선 건국기(1945-1950)에도 중국이 여전히 유력한 참조모델이었음을 논
    증하는 글로는 Adam Cathcart and Charles Kraus, "Internationalist Culture in North
    Korea, 1945-1950", *The Review of Korean Studies*, Vol.11, No.3, 2008.

88 牛大勇·沈志華,《冷戰與中國的周邊關係》, 世界知識出版社, 2004, 5쪽.

89 홍석률,〈닉슨 독트린과 박정희 유신체제〉,《내일을 여는 역사》, 26, 2006.

90 Odd Arne Westad and Sophie Quinn-Judge ed., *Third Indochina War: Conflict
    between China, Vietnam and Cambodia, 1972-1979*, Routledge, 2006; 增田弘 編,
    《ニクソン訪中と冷戰構造の變容-美中接近の衝擊と周邊諸國》, 慶應義塾大學出版會,
    2006.

91 白建才, 蔡佳禾, 牛軍, 牛大勇, 沈志華, 崔丕, 戴超武, 蕭冬連, 徐藍, 黃正柏, 楊奎松, 於群,
    李丹慧, 餘偉民, 李世安, 李向前, 章百家. 17명의 편집진 가운데 중국을 제외한 아시아 전
    공자는 한 명도 없다.

92 陳兼, 張曙光, 劉曉原.

93 Christian F. Ostermann(우드로윌슨센터 소장), Priscilla Roberts(홍콩대학), Vojtech
    Mastny(우드로윌슨센터), William Burr(조지워싱턴대학), 毛里和子(와세다대학), 陳永發(대
    만중앙연구원), Odd Arne Westad(LSE), Sergey N. Goncharov(스탠포드대학), Melvyn P.
    Leffler(버지니아대학).

94 Michael Szonyi and Hong Liu, "New Approaches to the study of the Cold War in
    Asia", *The Cold War in Asia*, BRILL, 2010, pp.4-7.

95 탈냉전 이후 활발해진 또 다른 역사연구, 즉 지구사와 제국사 또한 중국 중심의 세계사 이
    해와 깊이 관련된다는 점에서 신냉전사의 경향과도 맥이 닿아 보인다. 강진아, 〈중국의 부
    상과 세계사의 재조명: 캘리포니아학파에서 글로벌 헤게모니론까지〉, 《역사와경계》 80,
    2011; 秋田茂·桃木至朗 編集, 《グローバルヒストリーと帝国》, 大阪大學出版會, 2013 참
    조.

2 '동방'의 기호학

1 서동만, 《북조선 사회주의 체제 성립사 1945-1961》, 선인, 2005, 762쪽.

2 이종석, 《북한-중국관계 1945-2000》, 중심, 2000.

3 최명해, 《중국 북한 동맹관계-불편한 동거의 역사》, 오름, 2009.

4 〈조중 우호협력 및 호상원조에 관한 조약〉은 "조선민주주의인민공화국 최고인민회의 상
   임위원회와 중화인민공화국 주석은 맑스-레닌주의와 **프로레타리아국제주의의 원칙**에 입
   각하여 또한 국가주권과 영토완정에 대한 호상존중, 호상불가침, 내정에 대한 호상불간섭,
   평등과 호혜, 호상원조 및 지지의 기초우에서 **조선민주주의인민공화국과 중화인민공화국
   간의 형제적** 우호협조 및 호상협조관계를 가일층 발전시키며 량국 인민의 안전을 공동으
   로 보장하며 아세아와 세계평화를 유지 공고화하기 위하여 모든 노력을 다할 것을 결의한
   다"라고 되어 있다. 반면에 〈조소 우호협력 및 호상원조에 관한 조약〉은 "조선민주주의인
   민공화국과 쏘베트사회주의공화국연맹 최고쏘베트 상임위원회는 **사회주의적 국제주의
   원칙**에 기초한 조선민주주의인민공화국과 쏘베트연맹간의 친선관계를 강화발전시킬 것
   을 지향하면서, **유엔의 목적과 원칙에 입각**하여 극동과 전세계에서의 평화와 안전의 유지
   공고화를 촉진시킬 것을 희망하면서, 어떠한 국가 또는 국가련합으로부터 체약 일방에 대
   한 무력침공이 감행되는 경우에 원조와 지지를 제공할 결의에 충만되면서, 조선민주주의
   인민공화국과 소비에트연방간의 친선, 선린, 협조의 강화가 량국 인민들의 사활적 리익에
   부합되며 그들의 경제, 문화의 금후 발전을 가장 훌륭하게 촉진시키리라는 것을 확인하면서,
   이 목적으로 본 조약을 체결하기로 결정하고…"라고 되어 있다.

5 '국제'를 상대화하여 '민제'라는 조어를 제시한 것은 坂本義和, 《相対化の時代》, 岩波書店,

1997, 36-56쪽.

6   Adam Cathcart and Charles Kraus, "Internationalist Culture in North Korea", *The Review of Korean Studies*, Vol.11, No.3, 2008; Adam Cathcart, "Japanese Devils and American Wolves: Chinese Communist Songs from the War of Liberation and the Korean War", *Popular Music and Society*, Vol.33, No.2, 2010; Adam Cathcart and Charles Kraus, "The Bonds of Brotherhood: New Evidence on Sino-North Korean Exchanges, 1950-1954" *Journal of Cold War Studies*, Vol.13, No.3, 2011.

7   그 소상한 실태는 전영선·김지니, 〈북한의 대외문화교류 정책과 북중 문화교류〉,《중소연구》118호, 2008 참조.

8   찰스 암스트롱 저, 김연철·이정우 역,《북조선 탄생》, 서해문집, 2006. 북조선 초기 건국과정에 소련의 영향력뿐 아니라 북조선 내부의 역동성이 작용했음을 밝힌 미덕에도 1945-1950년에 한정된 접근은 일정한 한계가 아닐 수 없다. 북조선체제의 '재탄생'은 한국전쟁 이후로 보는 것이 한결 타당해보이기 때문이다. 이는 1953년을 주목하는 한반도 분단체제론과도 아귀가 맞고, 동아시아적 지평에서도 (일본의 55년 체제 등) 한층 설득력을 갖는다. 북조선의 재건/재탄생 과정 분석은 Charles K. Armstrong, "Fraternal Socialism': The International Reconstruction of North Korea, 1953-1962", *Cold War History*, Vol.5, No.2, 2005 참조. 중국의 재건 원조에 대한 분석은 沈志華, 〈朝鮮戰後重建與中國的經濟援助(1954-1960)〉,《中共黨史研究》, 2011, 第3期가 소상하다.

9   Adam Cathcart and Charles Kraus, "Internationalist Culture in North Korea", *The Review of Korean Studies*, Vol.11, No.3, 2008, p.143.

10 임우경, 〈한국전쟁 시기 중국의 애국공약운동과 여성의 국민되기〉,《중국현대문학》, 9-2, 2009; 임우경, 〈한국전쟁시기 중국의 반미대중운동과 아시아 냉전〉,《사이間SAI》, 10, 2011. 이 책에서는 후자를 논평 대상으로 삼았다.

11 손해룡, 〈1950년대 "항미원조운동" 중 나타난 한반도 인식〉,《중국현대문학》59.

12 이 단어의 어원적 분석은 이근석, 〈까오리빵즈(高麗棒子), 한국인의 부정적 타자화의 기원과 재맥락화에 대하여〉,《중국현대문학》58 참조.

13 특히 화동사범대학교 냉전연구센터에서 발간하는 학술지《冷戰國際史研究》의 구술사 프로젝트를 주목할 만하다.

14 가령 나리타 류이치는 20세기 후반에 등장한 개인들의 '제국'에 대한 사적 기록의 발간을 통해 전후 일본이 구축해간 전전-전후의 대서사가 균열되는 지점을 흥미롭게 포착한다. 나리타 류이치, 〈'고향'이라는 이야기·재설: 20세기 후반의 '고향'과 관련하여〉,《한국문학연구》30, 2006 참조.

15 常彬, 〈百年中國文學的朝鮮敘事〉,《中國社會科學》, 2010, 第2期; 〈異國錦繡河山與人文之美的故園情結〉,《河北大學學抱》(哲学社会科学版), 2010, 第6期; 〈抗美援朝文學中的域外風情敘事〉,《文學評論》, 2009, 第4期; 〈複合視覺, 女性鏡像, 道德偏向: 論抗美援朝文學

中的"朝鮮敍事"〉,《人文雜志》, 2007, 第4期 등.

16 1950-1960년에 한국전쟁과 관련한 각종 보도와 문학 작품이《인민일보》에 6456편 발표
    되었다. 그중 80%가 전반기 5년에 집중되었다. 문학작품은 700여 편이다.《인민문학》에는
    1950-1959년에 항미원조문학이 185편 게재되었다. 소설 40편, 시 76편, 산문 68편, 시나
    리오 1편이다. 한국전쟁 중이던 1951년 창간한《해방군문예》에도 1959년까지 384편의 항
    미원조문학이 발표된다. 구체적으로는 소설 51편, 시 124편, 산문 168편이다. 또《문예보》
    에도 70여 편의 관련 작품이 실렸다. 절정은 역시 인민지원군이 압록강을 건넌 1950년 10
    월부터 휴전협정 이듬해인 1954년까지다. 이 4년 동안《광명일보》에는 583편,《문회보》에
    는 559편,《중국청년》에는 75편의 작품이 실렸다. 또 중앙에서 지방까지 총 91개의 출판사
    가 항미원조문학과 관련한 서적을 출판했다. 장편소설 8편, 중편소설 18편, 단편소설 10편
    이다. 또 산문은 1950년대만 274편, 시집은 25편, 희곡도 73편이 출판되었다. 常彬,〈抗美
    援朝文學敍事中的政治與人性〉,《文學評論》, 2007, 第2期 참조.

17 李偉光,〈論楊朔抗美援朝文學作品中的朝鮮形象〉, 延邊大學校 2009年 碩士論文; 薑艷
    秀,《論魏巍抗美援朝作品中的朝鮮形象》, 延邊大學校 2009年 碩士論文.

18 청말과 대한제국, 중화민국과 대한민국임시정부 등을 근대적 국가간 관계의 시초로 삼을
    수도 있다. 그럼에도 역시 전면적인 재편은 신조선(1948)과 신중국(1949) 건국 이후로 보
    는 것이 합당하다고 여겨진다. 20세기 초기의 한중관계에 대해서는 유용태,〈중국의 지연
    된 근대외교와 한중관계-동아시아 지역사의 시각〉,《한중인문학연구》, 37호, 2012 참조.

19 Pa Chin, *Living Amongst Heroes*, Peking: Foreign Languges Press, 1954.

20 이영구,〈파금과 한국전쟁 문학〉,《외국문학연구》25, 2007; 박란영,〈바진과 한국전쟁: 국
    가 이데올로기와 작가의식 사이에서〉,《중국어문논총》40, 2009; 道上知弘,〈朝鮮戰争と
    中国の作家たち: 巴金と50年代〉,《情況》8(7), 1997; 道上知弘,〈巴金の朝鮮戰争戰地訪
    問とその作品について〉, Journal of art and letters 85, 2003. 그 외에 鄭培燕,〈形象學視
    野下中國現代小說中的朝鮮人: 以巴金小說爲例〉,《汕頭大學學報》(人文社會科學版) 27;
    박란영,〈신중국 수립 후 파금 의식의 변모과정 연구〉,《중국어문논총》28, 2006; 김소현,
    〈중국현대시 속의 한국전쟁〉,《중국어문논총》41, 2009.

21 道上知弘,〈朝鮮戰争と中国の作家たち--巴金と50年代〉,《情況》8(7), 1997, 46쪽.

22 姜艳秀,〈论魏巍抗美援朝作品中的朝鲜形象〉, 延邊大學校 2009年 碩士論文, 4쪽.

23 曠晨, 潘良 編輯,《我們的五十年代》, 中國友誼出版社, 2005, 257쪽.

24 尹均生,〈新中國揚我軍威第一人: 魏巍及其報告文學〉,《廣播電視大學學報》(哲學社會科
    學版), 2009, 第3期, 130쪽.

25 보고문학 가운데서도 신문이라는 매체에 맞게 생동감 있는 문체로 서술하는 장르를 '特
    寫'라고도 한다. 소련의 전쟁문학의 일환으로 출발한 '오체르크'(ocherk)의 중국어 번역으
    로 짐작된다. 연구와 소설의 중간에 위치하여 형상적 요소를 가지는 동시에 구체적인 시
    평과 학술 연구의 요소를 결합해 대중 교양을 목적으로 하는 사회주의진영의 독특한 서사

양식이라고 하겠다. 이영미, 〈북한의 문학장르 오체르크 연구〉, 《한국문학이론과 비평》 24, 2004 참조.

26 張瓔, 〈短篇報告文學經典重讀〉, 《廣播電視大學學報》(哲学社会科学版), 2010, 第1期, 53~55쪽.

27 이하 악력은 魏巍, 《魏巍文集》(1~10), 广东教育出版社, 1999 가운데 1권, 7권, 10권과 바이두 백과사전(百度百科)의 내용을 요약, 재정리한 것이다. http://baike.baidu.com/view/26488.htm

28 다만 독자의 반응이 우선인지, 혹은 독자의 반응을 적극적으로 조직해낸 것인지는 확실치 않다. 항미원조전쟁 및 운동에서 《인민일보》의 역할에 관한 소략한 설명은 林偉京, 《人民日報》與抗美援朝戰爭中的政治動員〉, 《江西師範大學學報: 哲社版》(南昌), 2007, 第3期 참조.

29 중국은 인민지원군 철수가 이루어진 1958년까지를 항미원조전쟁 기간으로 삼는다. 미국의 전 방위적 폭격으로 붕괴된 조선의 재건을 도와준 경위까지 '전쟁'의 연속으로 파악하는 셈이다.

30 魏巍, 《魏巍文集-1》, 廣東教育出版社, 1999, 37쪽.

31 劉白羽, 〈對祖國宣誓, 對世界和平宣誓〉, 《抗美援朝短篇集》, 國立出版社, 1955에서 재인용.

32 〈朝鮮同志〉, 《魏巍文集》 3, 1999, 81쪽.

33 〈在解放後的漢城〉, 《魏巍文集》 1, 1999, 120쪽.

34 常彬, 〈百年中國文學的朝鮮敘事〉, 《中國社會科學》, 2010, 第2期, 21쪽.

35 常彬, 〈異國錦繡河山與人文之美的故園情結〉, 《河北大學學抱》(哲學社會科學版), 2010, 第6期, 32쪽.

36 이러한 시각을 중국중심주의 또는 대국 위주의 발상이라고 쉬이 비판하기만은 힘들다. 한반도 분단체제의 복합성을 한층 더 깊이 접근하는 데 실마리를 제공해주기 때문이다. 기실 19세기 말 중화질서를 해체한 청일전쟁/러일전쟁은 물론, 16세기 말-17세기 초 중화질서에 대한 일본과 만주의 도전 모두 한반도를 매개로 진행되었음을 상기해볼 필요가 있다. 중원과 초원(북방), 해양(남방) 세력이 교착하는 고리였던 것이다. 이는 냉전기의 한반도를 둘러싼 중국(중원)-소련(북방)-미국/일본(남방)의 삼각구도와도 연계되는 것이 아닐까. 한반도 분단체제를 중미 관계를 포함한 지역 질서 차원에서 조감한 연구로 홍석률, 《분단의 히스테리: 공개문서로 보는 중미 관계와 한반도》, 창비, 2010이 돋보이는 까닭이다. 문제의식을 공유하는 일본 연구로 李東俊, 《未完の平和: 米中和解と朝鮮問題の變容》, 法政大學出版局, 2010도 참조.

37 〈會見金日成將軍的部下〉, 《魏巍文集》 3, 1999.

38 〈漢江南岸的日日夜夜〉, 《魏巍文集》 3, 1999.

39 유용태, 〈중국인의 '남조선 한청', 20세기 중화주의〉, 《환호 속의 경종》, 휴머니스트, 2006

161쪽.

40 〈冬天和春天〉,《魏巍文集》3, 1999, 148쪽.

41 정문상, 〈냉전기 북한의 중국인식: 한국전쟁 후 중국 방문기를 중심으로〉,《우리어문연구》 40, 2011.

42 황건, 〈6억의 목소리〉,《중국방문기》, 평양, 1956, 47쪽.

43 같은 책, 47쪽.

44 김진헌,《위대한 새 중국》, 조선로동당출판사, 1955, 146-147쪽.

45 편자 미상,《중국 인민의 위대한 항미원조운동》, 국립출판사, 1956, 78쪽.

46 김진헌, 같은 책, 158쪽.

47 편자 미상,《항미원조단편집》(국립출판사, 1955)와 리봉건 편,《조중 친선 미담집》(국립출판 사, 1957)에 실린 작품들은 성별화된 가족애보다는 공식적인 형제애에 부합하는 경향이 짙 다.

48 서동만, 〈북한 사회주의에서 근대와 전통〉,《북조선 연구: 서동만 저작집》, 창비, 2010, 63 쪽.

49 이종석, 앞의 책, 194-195쪽.

50 이영미, 앞의 책, 430쪽.

51 이종석, 앞의 책, 245-249쪽.

52 桃木至朗,《中世大越國家の成立と変容》, 大阪大學出版會, 2011 및 池端雪浦 編,《代わ る東南アジア史像》, 山川出版社, 1994,《日本·ベトナム關係を學ぶ人のために》, 世界思 想社, 2000 등에 실린 논문 참조.

53 실제로 그는 화인정권(華人政權)에 가까운 실태를 또 다른 이념으로 은폐하는데 성공한 타 이나 버마 등도 같은 방식으로 설명한다.

54 자세한 내용은 傅涯 主編, 〈与国际强权较量: 援越抗法和抗美援朝〉,《陳賡大將圖傳》, 中國人民解放軍出版社, 2013 참조.

55 〈阮氏芳定〉,《魏巍文集》7, 1999, 269쪽.

56 魏巍,《東方: 茅盾文學獎獲獎作品全集》下, 人民文學出版社, 2005, 1002쪽.

57 〈戰鬥的城〉,《魏巍文集》7, 1999, 301쪽.

58 〈飛機也怕民兵〉,《魏巍文集》7, 1999, 271쪽.

59 〈阮氏芳定〉,《魏巍文集》7, 1999, 287쪽.

60 黃錚,《胡志明與中國》, 解放軍出版社, 1987, 111-123쪽.

61 〈英雄樹〉,《魏巍文集》7, 1999, 294쪽.

62 丁玲, 〈我讀《東方》〉,《魏巍文集》3, 1999, 2쪽, 1978년에 쓴 글을 전집에 옮겨 실은 것이다.

63 이종민, 〈한국은 동북아 '중심'국가인가: 현실 중국과 우리 안의 중국에 대하여〉,《중국학논 총》17, 2004, 342쪽.

64 張鈴, 〈orient, 東洋と東方: orientという語の訳語から日中両国の自己のあり方を探る〉,

《漢字文化研究》3, 2012, 64쪽. 아울러 '신청년'의 기수였던 천두슈가 '동양'과 '동방'을 병용한 것에 반해, 량수이밍은 의식적으로 '동방'을 사용했음을 지적하고 있음도 흥미로운 지점이다.

65 양태은, 〈서극 영화에서의 "중국" 또는 "동방"〉, 《중국어문학논집》30, 2005, 168-175쪽.

66 짜오팅양, 〈동방이란 허구 개념인가〉, 《동아시아 문화와 사상》12호, 2005, 132쪽.

67 이종민, 앞의 글, 348쪽.

68 김하림, 〈1930년대 중국 지식인의 아시아론과 민족주의〉, 《중국근현대사연구》35, 2007.

69 이보고, 〈오사시기《東方雜誌》적 초월민족국가상상〉, 《중국어문학논집》73, 2012 참조.

70 박걸순, 〈신채호의 아나키즘 수용과 동방피압박민족연대론〉, 《한국독립운동사연구》38, 2011 참조.

71 한기형, 〈서사의 로컬리니, 소실된 동아시아: 심훈의 중국체험과《동방의 애인》〉, 《대동문화연구》63, 2008 및 한기형, 〈"백랑"의 잠행 혹은 만유: 중국에서의 심훈〉, 《민족문학사연구》35, 2007 참조.

72 김태준, 〈연안행〉, 《김태준전집》, 보고사, 1998, 141쪽.

73 김사량, 《노마만리》, 실천문학사, 2002, 179쪽.

74 김병도, 《신문기자가 본 중국》, 서울문화사, 1950, 123-128쪽.

75 이하 옌안에 대한 묘사는 한상도, 〈조선의용군의 위상과 동방각민족 반파시스트대동맹의 관계〉, 《역사와현실》(44호, 2002)에서 인용한《신천지》의 조선의용군 경험담을 참조해서 재구성했다.

76 한상도, 같은 글, 167쪽.

77 비유컨대 68혁명을 촉발한 문화대혁명은 '옌안의 세계화'라고 할 수 있을지 모른다. 문화대혁명 당시 널리 불렸던 신중국의 국가(國歌)가 바로 '동방홍'(東方紅)이었음도 인상적이다.

78 1949년 이후 '중국'의 대표권을 두고 세계적·지역적 지평에서 지속된 국민당과 공산당의 갈등을 일컫는다. 이병한, 〈'두 개의 중국'과 화교정책의 분기: 반둥회의(1955) 전후를 중심으로〉, 《중국근현대사연구》45, 2010 참조.

3 스포츠와 냉전

1 황포항 출항부터 개막식까지의 묘사는 당시 기자단의 일원이었던 白國良의 회고담, 〈我參與報道第一屆新興力量運動會〉, 《縱橫》(第5期, 2002)에 의거해 기술했다.

2 참가국 명단은 다음과 같다. 아프가니스탄, 알바니아, 알제리, 아르헨티나, 벨기에, 볼리비아, 브라질, 불가리아, 버마, 캄보디아, 실론, 칠레, 쿠바, 체코슬로바키아, 북조선, 도미니카, 핀란드, 프랑스, 동독, 기니, 헝가리, 인도네시아, 이라크, 이탈리아, 일본, 라오스, 레바논, 멕

시코, 몽골, 모로코, 네덜란드, 나이지리아, 파키스탄, 팔레스타인, 중국, 필리핀, 폴란드, 말리, 루마니아, 사우디아라비아, 세네갈, 소말리아, 시리아, 태국, 튀니지, 소련, 이집트, 우루과이, 베네수엘라, 북베트남, 유고슬라비아.

3   *Charter of the Federation of the Games of the New Emerging Forces-THE GANEFO*, p.5, 서지사항은 부기되어 있지 않다. 코넬대학 소장본을 이용했다.

4   Oh, Dong-Soub, 〈GANEFO and the Olympic Movement〉,《체육과학연구지》2, 1986. 1986년 서울 아시안게임을 맞아 발표된 예외적인 영문 연구다. 하지만 서구에서 나온 올림픽 운동사의 주요 저작들을 요약 정리한 수준에 그치고 있다.

5   심승구, 김미숙, 〈안티-올림픽 세계가네포대회의 역사적 의미〉,《한국여성체육학회지》22-2, 2008.

6   Fan Hong, eds., *Sport, Nationalism and Orietalism: Asian Games*, Routledge, 2007. 아시안게임의 역사를 8개국의 사례를 통해 분석한 논문 모음집이다. 여기에 Rusli Lutan and Fan Hong, "The Politicization of Sport: GANEFO-A Case Study"도 실려 있다. 하지만 이 글 역시 가네포가 아시안게임의 일탈로 등장했던 대회라는 시각이 다분하다.

7   *Charter of the Federation of the Games of the New Emerging Forces-THE GANEFO*, pp.5.

8   李輝, 〈"新興力量運動會"的發起, 終結及其曆史意義〉,《體育與科學》19, 1998, 9쪽.

9   중국에서는 원동운동회(遠東運動會)로, 일본에서는 극동선수권경기대회(極東選手權競技大會)라고 불렀다.

10 이하 극동대회에 대한 서술은 다음 글을 참조해 재구성한 것이다.. Fan Hong, "Prologue: The Origin of the Asian Games: Power and Politics", *Sport, Nationalism and Orientalism: The Asian Games*, Routledge, 2007.

11 1940년 도쿄올림픽도 중일전쟁이 전면화하면서 무산되었다. 1938년에 개최권을 포기한 것이다. 올림픽 개최는 1930년 도쿄시장이 주도했다고 한다. 간토대지진 이후 '제국의 수도'로 재건된 도쿄 부흥사업의 일환이었다. 덧붙여 1940년은 황기 2600년이 되는 해이기도 했다. 그래서 2600년 축제+올림픽+엑스포까지 결합해 제국의 스펙터클을 과시하려던 계획이었다. 이처럼 올림픽 추진의 주체와 지향이 도시→국가→제국으로 이행하면서 황국 내셔널리즘이 부가되고 '무사도' 등이 강조되기도 했다. 1940년 도쿄 올림픽에 대해서는, 坂上康博·高岡裕之,《幻の東京オリンピックとその時代 —戰時期のスポーツ·都市·身體》, 靑弓社, 2009; 權學俊, 〈戰時期日本における'幻の東京オリンピック'の祝祭性と政治性に関する考察〉,《日本學研究》28, 2009; S. Collins, "1940 Tokyo and Asian Olympics in the Olympic Movement", *The International Journal of the History of Sport*, 24-8, 2007; Sandra Collins, *1940 TOKYO GAMES-COLLINS: Japan, the Asian Olympics and the Olympic Movement*, Routledge, 2014 참조.

12 1회: 마닐라(1913년 2월 1-6일), 2회: 상하이(1915년 5월 15-22일), 3회: 도쿄(1917년 5월 8-12

일), 4회: 마닐라(1919년 5월 12-17일), 5회: 상하이(1921년 5월 30-6월 4일), 6회: 오사카(1923년 5월 21-26일), 7회: 마닐라(1925년 5월 16-23일), 8회: 상하이(1927년 8월 27-9월 3일), 9회: 도쿄(1930년 5월 24-31일), 10회: 마닐라(1934년 5월 12-20일).

13   Sinderpal Singh, "From Delhi to Bandung: Nehru, 'Idian-ness' and 'Pan-Asian-ness'", *Journal of South Asia Studies*, vol.XXXIV, No.1, 2011.

14   M.L. Kamlesh, *Foundations of Physical Education*, New Delhi: Metropolitan Publishers, 2002, pp.333.

15   이하 1회 아시안게임과 관련한 서술은 Mithlesh K. Singh Sisodia, "India and the Asian Games: From Infancy to Maturity", *Sport, Nationalism and Orientalism: The Asian Games*, Routledge, 2007 참조.

16   이하 '두 개의 중국'과 IOC/AGF 관련 서술은 Fan Hong and Xiong Xiaozheng, "Communist China: Sport, Politics and Diplomay", *Sport in Asian Society: Past and Present*, FRANK CASS, 2003, pp.319-327 참조.

17   Jawaharlal Nehru, *The Discovery of India*, Lodnon: Meridian Books, 1956, pp.47-49.

18   일찍이 타고르는 동방대학을 설립해 진정한 보편성(university)을 도모하기를 꿈꾸었다. 노벨문학상(1913) 상금을 밑천 삼아 1921년 설립한 'Visva Bharati'가 그것이다. '인도와 세계의 교감'을 뜻하는 벵갈어이다. 1924년 타고르는 량치차오와 후스 등의 초청으로 중국을 방문하여 불교 및 인도문화 연구자 탕윈샨(譚雲山, 1898-1983)과 조우한다. 탕의 해박한 지식에 타고르는 깊이 감동했고, Visva Bharati(중국에서는 '인도국제대학'으로 통칭)의 교수로 탕을 공식 초청했다. 중인 간 문류(文流)를 재차 틔워, 문화와 영성으로 교류하는 아시아의 복원을 위해서였다. 탕은 1937년 창설된 Cheena Bhavana, 즉 중국학원 원장으로 취임해, 1968년 은퇴할 때까지 자리를 지켰다. 1956년 저우언라이 총리는 '현대의 현장법사'라며 탕의 노고를 치하했다. 이병한, 〈Look South: 아시아관계회의(ARC)의 부활〉, 《플랫폼》 33, 인천문화재단, 2012 참조.

19   중화민국 체육협진회의 창설자이자 이사장이고, 아시안게임의 발기인 가운데 한 명이며, 1회 대회 준비위원회의 임시 비서장을, 제2회 아시안게임에서는 중화민국 대표단 단장 등을 역임했다. http://zh.wikipedia.org/wiki/%E9%83%9D%E6%9B%B4%E7%94%9F

20   이상 자카르타대회로 촉발된 인도네시아와 IOC의 갈등은 다음 두 책을 참조해 서술했다. Richard Espy, *The Politics of the Olympic Games*, University of California Press, 1981, pp.75-83; Alfred Erich Senn, *Power, Politics and the Olympic Games*, Champaign, IL: Human Kinetics, 1999, pp.121-129.

21   흐루쇼프는 레닌 스타디움보다 더 큰 붕카르노 경기장 건설을 돈 낭비라고 여기면서도 인도네시아에 대한 지원을 아끼지 않았다고 한다. 1965년까지 인도네시아가 받은 소련의 원조는 북베트남의 두 배에 달하는 등 아시아국가 중 가장 많았으며, 제3세계 전체에서도 이

집트 다음이었다고 한다. 미국의 제3세계 지원책에 맞서 소련 또한 AA운동의 개최국이자 세계에서 세 번째로 큰 공산당(PKI)이 활동하는 인도네시아에 공을 들였던 것이다. 수카르노 집권기 소련의 인도네시아 원조에 대해서는 Ragna Boden, "Cold War Economics: Soviet Aid to Indonesia" *Journal of Cold War Studies*, Vol.10, No.3, 2008 참조.

22 *The Fourth ASIAN GAMES*, Djakarta: the Department of Information, 1962, pp.5-7.

23 이상 인도네시아 각종 단체의 동향은 任道 編,《國際體育中的新旗幟: 新興力量運動會》, 人民體育出版社, 1965, 7-8쪽.

24 이병한,〈'두 개의 중국'과 화교정책의 분기: 반둥회의(1955) 전후를 중심으로〉,《중국근현대사연구》45, 중국근현대사학회, 2010.

25 당시 대만의 동향은 任道 編,《國際體育中的新旗幟: 新興力量運動會》, 人民體育出版社, 1965, 8-9쪽.

26 1949년 이후 대륙-대만 관계를 국공내전의 지속이자 계승으로 파악하는 관점으로 필자가 고안한 용어이다.

27 1963년 4월 27일 가네포준비회의(GANEFO Preparatory Conference)에 수카르노가 한 연설이다(Achmed Sukarno, *Indonesia Sport Revolution*, Jakarta: Department of Sport, 1963, pp.44-45).

28 任道 編,《國際體育中的新旗幟: 新興力量運動會》, 人民體育出版社, 1965, 16쪽.

29 〈第一屆新興力量運動會內部簡報〉1-56, 國家體育檔案館, 136, 1963.

30 Rusli Lutan and Fan Hong, "The Politicization of Sport: GANEFO-A Case Study", Fan Hong ed., *Sport, Nationalism and Orietalism: Asian Games*, Routledge, 2007; 심승구·김미숙,〈안티-올림픽 세계가네포대회의 역사적 의미〉,《한국여성체육학회지》22-2, 2008 참조. 모두 이러한 견해를 반복하고 있다.

31 가네포와 수카르노의 관계를 주목한 최신 연구로는 Chris A. Connolly, "The politics of the Games of the New Emergin Forces(GANEFO)", *The international Journal of the History and Sport*, Vol.209, No.9, 2012가 있다.

32 Rusli Lutan, "Indonesia and the Asian Games: Sport, Nationalism and the 'New Order'", 2005, pp.15-19.

33 J. D. Legge, *SUKARNO-A Political Biography*, Archipelago Press, 2003, pp.492에서 재인용.

34 Ganefo Congress, Djakarta, 1963, "Keynote Address by Soekarno at the Opening of GANEFO Congress in Jakrta", *Documents of the First GANEFO Congress, Djakarta, 24-25 November, 1963*, p.9.

35 Ganefo Federation·Permanent Secretariat, *GANEFO(Games of the New Emerging Forces): Its Principles, Purposes, and Organization*, Jakrta: The Permanent Secretariat of the GANEFO Federation, 1965, p.21.

36   Moerdiono, "An Ideological Reflection on Indonesian National Revolution", *The Pulse Rate of Indonesian Revolution*, Jakarta: PT Gramedia, 1997, p.5.

37   중국 측 자료에 따르면 다양한 정치 성향의 노동자, 농민, 청년, 부녀, 학생 조직 등은 물론이요, 3대 정당과 7개 군소정당, 그리고 육해공 삼군과 경찰까지 시위에 참여했다고 기록되어 있다. 任道 編,《國際體育中的新旗幟: 新興力量運動會》, 人民體育出版社, 1965, 9-10쪽.

38   *GANEFO: Its Birth and Development*, Jakarta: Komite Nasional GANEFO, 1963, p.8.

39   중국《人民日報》의 번역판이 아니라 인도네시아의 일간지 이름을 중국어로 번역해 '人民日報'로 표기한 것으로 추정된다.

40   任道 編,《國際體育中的新旗幟: 新興力量運動會》, 12-13쪽.

41   11월 도쿄 발표와 12월 중국과의 회담은 *GANEFO: Its Principles, Purposes and Organization*, pp.29-30 참조.

42   참가국 및 대표 명단: 캄보디아(Sisowath Essaro), 중국(黃中), 기니(Cisse Fode), 인도네시아(R. Maladi), 이라크(Izzat), 말리(Benguro Coulibaly), 파키스탄(Sultanuddin Ahmad), 베트남(Ngo Luan), 이집트(A.D Touny), 소련(Evgeni Valuev)/옵저버: 실론(Kanaga Sundram), 유고슬라비아(Ales Bebler).

43   이하 준비회의에서 결정된 사항의 설명은, *Documents of the GANEFO Preparatory Committee, Djakarta, 23-24-25 November, 1963*, DITTOP AD에 따른다.

44   실제로 가네포에 참여한 51개국 중 3분의 1이 (국가대표가 아닌) 비공식 그룹이라는 견해도 있다. Ewa T. Pauker, "GANEFO I: Sports and Politics in Djakarta", *Rand Paper*, Rand Collection, 1964, p.13.

45   이하 Ganefo Federation·Permanent Secretariat, *GANEFO(Games of the New Emerging Forces): Its Principles, Purposes, and Organization*, Jakrta: The Permanent Secretariat of the GANEFO Federation, 1965, pp.14-15 참조.

46   이 1주년 기념행사를 기록한 문헌이 Ganefo Federation·Permanent Secretariat, *Ekawarsa GANEFO: GANEFO's First Anniversary All over the World*, Jakrta: The Permanent Secretariat of the GANEFO Federation, 1965이다.

47   Ganefo Federation·Permanent Secretariat, "People's Republic of China", *GANEFO: GANEFO's First Anniversary All over the World*, Jakrta: The Permanent Secretariat of the GANEFO Federation, 1965, pp.21-22.

48   Ganefo Federation·Permanent Secretariat, "Democratic People's Republic of Korea", *GANEFO: GANEFO's First Anniversary All over the World*, Jakrta: The Permanent Secretariat of the GANEFO Federation, 1965, pp.32-33.

49   Terry Vaios Gitersos, "The Sporting Scramble for Africa: GANEFO, the IOC and the 1965 African Games", *Sport in Society* Vol.14, No.5, 2011 참조. 그러나 이집트 예정의

2차 가네포는 끝내 열리지 않았다. 이집트와 이스라엘 간의 3차 중동전쟁이 발발한 것이다. 특히 1967년 6월 5-10일에 벌어진 '6일전쟁'은 대회 무산의 결정적 계기였다고 한다. 심승구·김미숙, 〈안티-올림픽 세계가네포대회의 역사적 의미〉, 같은 책, 148쪽.

50 任道 編,《國際體育中的新旗幟-新興力量運動會》, 9쪽.

51 任道 編,《國際體育中的新旗幟-新興力量運動會》, 25쪽.

52 *Documents of the First GANEFO Congress*, p.51.

53 *Documents of the GANEFO Preparatory Committee*, p.29.

54 *Prava*, October 15, 1964, pp.4, Ewa T. Pauker, *GANEFO I: Sports and Politics in Djakarta*, pp.8에서 재인용.

55 이상 Fan Hong, "The Olympic Movement in China: Ideals, Realities and Ambitions", *Culture, Sport, Society*, 1(1998), pp.150-151.

56 Jonathan Kolatch, *Sports, Politics and Ideology in China*, New York: Jonathan David Publishers, 1972, p.183.

57 關於退出國際體育組織的聲明稿, 中國體育檔案館, 139, 1958.

58 關於在國際體育組織中反對"兩個中國"的方案, 中國體育檔案館, 137, 1958.

59 이상 任道 編,《國際體育中的新旗幟: 新興力量運動會》, 3-5쪽.

60 任道 編,《國際體育中的新旗幟: 新興力量運動會》, 2쪽.

61 任道 編,《國際體育中的新旗幟: 新興力量運動會》, 12쪽.

62 〈黃中與馬拉迪聯合公報〉, 國家體育檔案館, 79, 1962.

63 任道 編,《國際體育中的新旗幟: 新興力量運動會》, 14쪽.

64 國家體委編,《中國體育年鑑》, 人民體育出版社, 1963, 39쪽.

65 중국 대표단의 자카르타행 경로는 두 가지였다. 대다수 선수들이 배를 타고 간 반면에, 부총리와 다큐 제작팀 등 소수는 비행기를 타고 먼저 자카르타로 향했다. 랑군과 프놈펜을 경유했다고 한다. 자카르타행에 앞서 베이징에서는 출정식도 거행되었다. 이 자리에는 저우언라이 총리가 직접 나와 대표단을 접견했다.

66 경비 제공 문제는 Jonathan Kolatch, *Sport, Politics and Ideology*, p.191; Espy, *The Politics of the Olympic Games*, p.81 참조.

67 실제로 도쿄 올림픽에 참석한 북조선 선수들이 가네포 대회 참석을 이유로 본 경기에 나설 수 없었다.

68 특히 북조선의 세계신기록은 육상선수 신금단이 모두 세운 것이다. 400m, 800m에서 세계신기록을 수립했다. 중국 문헌에서는 그녀의 역주를 '천리마 정신'으로 기록하고 있다. 任道 編,《國際體育中的新旗幟: 新興力量運動會》, 14쪽.

69 孫寶莉, 〈新興力量運動會〉,《體育文史》, 2, 1990, 13쪽.

70 그에 반해 도쿄 올림픽은 전후 일본의 재탄생, 특히 국제(서구)사회로의 재편입과 재결부가 강조되었다. 기호·기하학, 추상적 패턴으로 디자인한 픽토그램이 최초로 도입된 대회이

기도 했다. 민주주의와 자본주의 개혁에 성공하여 평화 국가로 거듭났음을 시각적 이미지로 조형한 것이다. '황국'이나 '무사도'를 내세웠던 1940년과는 달리 보편적이고 국제적인 이미지 언어에 호소한 것이다. 1940년이 영웅·무사도 등 전통적이고 범아시아적이며 자기 오리엔탈리즘적이었다면, 1964년은 현대적이며 평화주의적이고 합리적이며 기술 지향적인 전후 일본을 상징한 것이다. 그러나 역사성이 완전히 소거된 것은 아니었다. 오히려 올림픽 휘장은 히노마루(日の丸. 일장기)의 부활을 촉발시키는 계기이기도 했다. 전쟁과 침략의 이미지에서 평화와 성장, 민주라는 전후적 가치의 상징으로 전환된 것이다. 히노마루에 알파벳과 아라비아 숫자와 오륜 마크를 보태면서, 국제사회에 복귀한 '전후 일본'을 이미지화한 것이다. 특히 일본 전역을 순회한 성화 봉송은, 전 국민들이 히노마루와 기미가요를 접하는 기회를 제공했다고 한다. 특히 1964년 9월 7일, 11개국을 경유한 성화가 '일본'에 처음 도착한 곳이 오키나와 나하였음도 인상적이다. 첫 성화 주자 또한 주도면밀하게 선택되었다. 오키나와 전투에서 아버지가 전사한 전쟁고아였던 것이다. 이후 성화는 '히메유리의 탑' 등 남부 전적지를 순회했다. 오키나와의 다음 행로는 히로시마였다. 성화는 원폭 위령탑도 거쳐 갔다. 그리고 최종 주자로 성화대에 점화한 것도 히로시마 피폭 2세 '원자소년'(아톰보이)이었다. '1945년 8월 6일생'이었던 것이다. 1964년 도쿄 올림픽의 역사적 의미에 대해서는, 김석수, 〈동경올림픽의 정치경제학적 의의〉,《2008 건국 60주년 기념 공동학술회의》, 전남대학교 세계한상문화연구단, 2008; Jilly Tragnou, "Tokyo's 1964 Olympic design as a 'realm of 〈design〉 memory'", *Sport in Society*, Vol.14, No.4, 2011; J. A. Mangan, Sandra Collins, Gwang Ok, *The Triple Asian Olympics-Asia Rising: The Pursuit of National Identity*, International Recognition and Global Esteem, Routledge, 2012 참조.

71 Ewa T. Pauker, *GANEFO I: Sports and Politics in Djakarta*, pp.15-16.

72 *Antara News Bulletin*, November 23, 1963; Ewa T. Pauker, *GANEFO I: Sports and Politics in Djakarta* p.13에서 재인용.

73 실제로 중국은 언론대표단을 적극 활용해 가네포를 대대적으로 보도했다. 대회의 전 과정을 컬러 영상으로 녹화해두기도 했다. 또 문화예술단도 문화의 밤 행사에서 활약하며 분위기를 주도했다고 한다. 문화의 밤 행사는 쿠바·중국·인도네시아·멕시코·북조선·소련이 주최했는데, 중국 측 자료에는 소련이 제외되어 있다. 의도적인 누락으로 추측된다. 그에 비해 소련의 *Prava*, *Izvestiia*, *Red Star* 등 3대 언론은 가네포에 거의 관심을 두지 않았다고 한다. 다음의 타르통신 기사에서 반올림픽 노선을 분명히 한 가네포에 대한 소련의 불편한 입장이 고스란히 전해진다. "올림픽에서 소련 대표의 활동은 국제주의에 기반했다. 이는 세계의 진보세력 즉 아시아, 아프리카, 라틴아메리카의 신생국에 대한 큰 책임감을 수반한 것이기도 하다. 국제스포츠운동의 단합을 강화할 필요성을 절감하기에 가네포의 이념을 지지하는 소련 청년들은 올림픽에도 반대하지 않는다." Tass, November 25, 1963; Seldon W. Simon, *The Broken Triangle: Peking, Djakarta, and the PKI*, The Johns

Hopkins Press, 1969, p.59에서 재인용.

74 이하 아시안가네포에 대한 설명은 *1st GANEFO of Asia, Phnom Penh Nov.25th Dec.6th*, 1966, Cambodia, Bulletin I에 바탕을 두고 서술한다.

75 陳國樣, 〈冷戰期間新興力量與印度尼西亞的建築(1945-1965)〉, 《冷戰國際史硏究》, 2008, 第1期를 보면, 가네포의 개최지로 평양도 언급되고 있다. 아마도 아시안가네포의 오기로 추정된다. 프놈펜에 이어 두 번째 대회가 1970년 평양으로 예정되어 있었던 것이다. 그렇다면 1960년대 후반 모란봉 경기장을 비롯한 평양의 경기장 신축과 확장 공사 또한 아시안가네포와 관련이 있을 것으로 추측된다.

76 참가국은 네팔, 라오스, 몽골, 북베트남, 북조선, 실론, 싱가포르, 시리아, 예멘, 이라크, 인도네시아, 인도, 일본, 중국, 팔레스타인, 파키스탄, 캄보디아 등이다. 그러나 인도네시아는 개막식에 깃발을 담당하는 한 명만 참가시키고 선수단은 파견하지 않았다. 방콕 아시안게임에 참여한 것이다.

77 孫寶莉, 〈亞洲新興力量運動會〉, 《體育文史》 5, 1990, pp.8-10.

78 *5th ASIAN GAMES: Bangkok Dec. 9-20*, 1966, Hong Kong: Rainbow Printing, 1967. 참가국은 아프가니스탄, 버마, 중화민국, 실론, 홍콩, 이란, 이스라엘, 인도, 인도네시아, 일본, 한국, 말레이시아, 네팔, 파키스탄, 필리핀, 싱가포르, 타이, (남)베트남 등이다.

79 〈萬維生回憶錄 18: 第一屆亞洲新興力量運動會〉, 《郵壇縱橫》, 2003, 第3期, 9쪽.

80 대표적인 문헌으로 G.H. Jansen, *Afro-Asia and Non-Alignment*, London: Faber, 1966. Jansen은 인도인이다.

81 P.W. Willetts, *The Non-Aligned Movement: The Origins of a Third World Alliance*, London: Frances Printer, 1978. 비동맹회의에 중국이 부재했음을 지적하며 AA운동과 비동맹운동의 차이를 강조하고 있다.

82 上原專祿, 〈非同盟主義の倫理と論理〉, 《思想》 11·12月, 1961.

83 백원담, 〈아시아에서 1960-70년대 비동맹/제3세계운동과 민족·민중 개념의 창신〉, 《냉전 아시아의 문화풍경》 2, 현실문화연구, 2009.

84 준비회의를 망라한 베오그라드 회의 전체에 대한 상세한 분석은 柴田純志, 〈非同盟の起源〉, 《國際敎養學論集》, 3·4, 1994 참조.

85 任道 編, 《國際體育中的新旗幟-新興力量運動會》, 15쪽.

86 D.N. Aidit, "Set A Fire the "Banteng" Spirit!", *Ever Forward, No Retreat*, Peking: Foreign Language Press, 1964, pp.33-34.

87 Pyongyang Domestic Service, November, 10, 1963, Seldon W. Simon, *The Broken Triangle: Peking, Djakarta, and the PKI*, The Johns Hopkins Press, 1969, p.57에서 재인용.

88 이상 1964-1965년 사이의 정황은 Seldon W. Simon, *The Broken Triangle: Peking, Djakarta, and the PKI*, pp.58-62.

89 인도네시아의 9·30 사건과 공산당 학살 및 수카르노 실각에 이르기까지 미국, 영국, 호주의 개입에 대해서는 David Easter, "'Keep the Indonesian Pot Boiling': Western Covert Intervention in Indonesia, October 1965–March 1966", *Cold War History*, Vol.5, No.1, 2005 참조.

90 다큐 제목은 〈歲月紀事-新興力量運動會〉이고, 총 5부작으로 제작되었다. 인터넷으로 감상할 수도 있다. http://sports.cctv.com/20090727/109375.shtml

4 '붉은 지식인들'의 냉전

1 호따 요시에, 〈25년의 세월과 함께〉, 일본 아시아·아프리카 작가회의 편, 《민중문화와 제3세계: AALA 문화회의 기록》, 신경림 역, 창작과비평사, 1983, 7쪽.

2 고은 외, 〈아시아·아프리카 작가운동 연혁: 20년〉, 《문학과 예술의 실천논리》, 실천문학사, 1983, 295쪽.

3 고은 외, 같은 글, 295쪽.

4 최원식, 〈다시 살아난 불씨-제2회인천AALA문학포럼에 부쳐〉, 제2회 인천 AALA 문학포럼, 2011.

5 世界文學社編, 《塔什幹精神萬歲 -中國作家論亞非作家會議》, 作家出版社, 1959, 25쪽.

6 世界文學社編, 같은 책, 123쪽.

7 世界文學社編, 같은 책, 60쪽.

8 王中忱, 〈亞非作家會議與中國作家的世界認識〉, 《中國現代文學研究叢刊》, 2003, 第2期, 〈亞非作家會議與戰後中日作家的世界認識〉, 《日本學論壇》, 2002, 第1期 두 편을 수합해 정리한 글은 王中忱, 〈漫長的跨國作家會議: 亞非作家會議史的追蹤〉, 《走讀記》, 中央編譯出版社, 2007이다. 그 외에 黎躍進, 〈亞非作家會議的民族主義審視〉, 《湖南大學學報》(社會科學版), 2010, 第1期; 郭春林, 〈民族主義與國際主義—關於張承志及亞非作家會議的思考〉, 《南方文壇》, 2012, 第1期; 劉洪濤, 〈世界文學觀念在世紀: 60年代中國的兩次實踐〉, 《中國比較文學》, 2010, 第3期가 있으나 연구라기보다는 논평에 가까운 글들이다.

9 아시아관계회의에 대해서는 이병한, 〈Look South-아시아관계회의의 부활〉, 《플랫폼》 33, 2012 참조.

10 1915년 타슈켄트 태생으로 시인이자 언론인, 출판인으로 활동했다. 초대 로터스상 수상자이기도 하다. http://www.ut.uz/eng/culture/zulfiya_a_great_poetess_of_uzbekistan.mgr

11 王中忱, 〈漫長的跨國作家會議: 亞非作家會議史的追蹤〉, 《走讀記》, 中央編譯出版社, 2007, 161쪽.

12 堀田善衛, 〈胎動するアジア—第一回アジア作家會議に出席して〉, 《堀田善衛全集》, 築摩

書房, 第11卷 429쪽.

13 葉聖陶, 〈旅印日記〉, 《旅途日記五種》, 188쪽; 王中忱, 《走讀記》, 162쪽에서 재인용.

14 世界文學社 編, 《塔什幹精神萬歲: 中國作家論亞非作家會議》, 作家出版社, 1959, 62쪽.

15 중국 이외의 참가자 명단은 Sharaf Rashidov, Alexei Surkov, Alexander Chakpvsky(소련), Tara Sankar Bannerji, Mulk Raj Anand(인도), Yousef Elsebai, Mursi Saad El-din(이집트), 홋타 요시에(일본). 《Documents on Culture of the Struggling Afro-Asian Peoples》, Indonesia National Committee for the Afro-Asian Writers' Conference, 1963, p.21.

16 그의 이력은 http://baike.baidu.com/view/77961.htm 참조. 한국전쟁 기간 두 차례 북조선을 방문해 《朝鮮在戰火中前進》 《對和平宣誓》라는 산문집과, 항미원조전쟁을 소재로 삼은 단편소설집 《戰鬥的幸福》을 발간했다. 회고록으로 《心靈的曆程》도 출간되어 있다.

17 http://baike.baidu.com/view/54367.htm 참조. 그 또한 한반도 전장을 찾았던 인물이다. 1950년 12월 《인민일보》 특약기자로 파견되었다. 귀국 후 장편소설 《三千里江山》을 탈고한다. 아시아작가회의가 열렸던 1956년 이후로는 AA 단결위원회 부주석, AA 인민 이사회 중국서기, AA 작가 상임국 비서장 등을 역임했다. 그의 산문집 가운데서도 《亞洲日出》, 《東風第一枝》 등 아시아와 동풍을 전면에 내세우고 있는 작품들이 눈에 띈다.

18 http://baike.baidu.com/view/40653.htm 참조

19 1935년 인도의 카스트 제도를 그린 《Untouchable》이 출세작이다. 인도 독립 이후에는 인도 문화와 문명에 초점을 둔 잡지 《Marg》를 창간하여 작가뿐 아니라 출판인으로서도 왕성하게 활동했다. http://en.wikipedia.org/wiki/Mulk_Raj_Anand

20 외국어에 능통했던 예준젠은 중국의 대표적인 대외선전가였다. 그의 항전문학 작품들은 영어와 에스페란토어로 번역되었을 정도이다. 신중국 건국 이후에는 《중국문학》 영문판 주간을 역임하면서, 영어로 창작하여 중국을 세계에 알리는 과업에 일로매진한다.

21 이상 두 사람의 회고와 회의 직전의 상황은 王中忱, 《走讀記》, 160-168쪽을 활용해 재구성했다.

22 世界文學社 編, 《塔什幹精神萬歲: 中國作家論亞非作家會議》, 作家出版社, 1959, 3쪽.

23 世界文學社 編, 같은 책, 2쪽.

24 世界文學社 編, 같은 책, 5쪽.

25 世界文學社 編, 같은 책, 5쪽.

26 世界文學社 編, 같은 책, 3쪽.

27 世界文學社 編, 같은 책, 1쪽.

28 世界文學社 編, 같은 책, 6쪽.

29 世界文學社 編, 같은 책, 13쪽.

30 http://baike.baidu.com/view/392190.htm

31 世界文學社 編, 같은 책, 12-13쪽.

32 중국에서 콜롬보 상임국에 파견했던 이들은 韓北屛, 杜宣, 黃鋼이었다. 약력 중에 눈에 띄
    는 것만 살피면 韓北屛는《非洲夜會》라는 산문집을 남겼고, 杜宣는《抗美援朝大活報》라
    는 극본과《西非日記》가 있다. 黃鋼은〈亞洲的新紀元〉라는 정론을 집필한 바 있다.

33 世界文學社 編, 같은 책, 48쪽.

34 世界文學社 編, 같은 책, 21쪽.

35 世界文學社 編, 같은 책, 24쪽.

36 世界文學社 編, 같은 책, 25-30쪽.

37 郭小川,〈1958年 9月 11日 夜 日記〉,《郭小川全集》9, 廣西師範大學出版社, 2005, 137쪽.

38 世界文學社 編, 같은 책, 150쪽.

39 世界文學社 編, 같은 책, 186쪽.

40 蕭三,〈我唱歌永遠不落的太陽〉,《塔什幹精神萬歲-中國作家論亞非作家會議》113쪽.

41 アジア·アフリカ作家會議日本協議會,《アジア·アフリカ作家會議東京大會》, 1961.

42 1924-1997. 시인 겸 저술가. 대표 저작으로〈日本を創る表情: ルポルタージュヒロシマか
    ら沖縄まで〉(1959),〈日本の民族運動〉(1960),〈朝鮮人〉(1965),〈第三次日米安保體制の開
    幕〉(1970) 등이 있다.

43 1931-2012. 전후 일본의 저명한 작곡가.〈Song〉이라는 가곡집에 노동운동과 평화운동에
    결부된 작품들이 수록되어 있다. 일본 교직원조합의 교육연구 전국집회 음악분과회의 조
    언자로서도 오래 활동했다. 저서로《日本オペラの夢》(岩波書店),《林光音楽の學校》(一ッ
    橋書房) 등이 있다.
    http://ja.wikipedia.org/wiki/%E6%9E%97%E5%85%89

44 アジア·アフリカ作家會議日本協議會,《アジア·アフリカ作家會議東京大會》, 1961, 1-2
    쪽.

45 같은 책, 3-4쪽.

46 같은 책, 4쪽.

47 1905-1985. 일본의 소설가. 1975년부터 1977년까지 일본펜클럽 회장을 역임했다.
    http://ja.wikipedia.org/wiki/%E7%9F%B3%E5%B7%9D%E9%81%94%E4%B8%89

48 アジア·アフリカ作家會議日本協議會, 앞의 책, 21-22쪽.

49 같은 책, 23-26쪽.

50 1902-1979. 시인이자 소설가, 평론가, 정치가였다. 전전 프롤레타리아문학에 참가하고 일
    본공산당에도 가입했으나 검거되어 전향했다. 전후 다시 일본공산당에 복귀하고《신일본
    문학》창간에도 개입하여 '정치와 문학 논쟁'을 주도했다. 1964년 일본공산당과 대립하여
    제명되고《일본공산당 비판》을 출판하기도 했다. http://ja.wikipedia.org/wiki/%E4%B8
    %AD%E9%87%8E%E9%87%8D%E6%B2%BB

51 アジア·アフリカ作家會議日本協議會, 앞의 책, 29-35쪽.

52 같은 책, 51쪽.

53　같은 책, 71쪽.

54　같은 책, 78쪽.

55　같은 책, 82-84쪽.

56　같은 책, 86쪽.

57　같은 책, 90쪽.

58　같은 책, 95-96쪽.

59　같은 책, 102쪽.

60　같은 책, 113-114쪽.

61　같은 책, 125쪽.

62　같은 책, 126쪽.

63　같은 책, 144-149쪽.

64　이 책의 주제가 일본의 AA작가회의가 아니므로 시기별로 AA작가 운동을 주목했던 서로 다른 잡지를 언급하는 선에서만 소개를 해두려고 한다. 크게 세 문학잡지가 관여했다. 《신일본문학》과 《문화평론》, 그리고 《민주문학》이다. 1958년부터 1962년까지는 《신일본문학》이 다루다가, 1962년부터 1966년까지 《문화평론》이 독점한다. 이 시기에 《신일본문학》에는 AA작가회의가 언급되지 않는다. 그러다 1967년 다시 《신일본문학》에 등장한다. 한데 바로 그해 《민주문학》에도 AA작가회의가 언급된다. 즉 1967년에는 세 문학잡지가 모두 AA를 논의하고 있었다. 그리고 1970년부터는 다시 《신일본문학》이 독점한다.

《신일본문학》은 패전 이후 구프롤레타리아문학운동 관련 작가들을 중심으로, 새로운 일본의 문학을 모색하며 1945년 12월 창립한다. 구라하라 고레히토(藏原惟人), 나카노 시게하루(中野重治), 미야모토 유리코(宮本百合子)가 핵심이었다. 한데 1960년 안보투쟁과 1961년 공산당 신강령을 두고 일본공산당과 마찰을 빚고, 1963년 8월 5일 미국-영국-소련이 조인한 핵실험(부분)금지 조약을 두고서, 공산당과 결정적으로 결별하기에 이른다. 《신일본문학》은 전후일본의 평화헌법에 의거해, 응당 핵실험금지조약을 지지해야 한다는 입장이었다. 반면 일본공산당은 (핵)'주권'을 옹호하며 반대 입장을 피력했다. 사실상 핵독점을 반대하는 중화인민공화국의 편을 들어준 것이다. 중국이 핵실험에 성공한 것은 바로 이듬해인 1964년이었다. 이로써 《신일본문학》은 1964년 이후로 양국의 공산당을 비판하는 입장을 취하게 된다. 미국과 소련이 주도하는 '평화공존'을 지지한 셈이다. 따라서 이들이 개입한 AA작가회의 또한 콜롬보 상임국이 아니라, 카이로에 거점을 둔 AA였다 하겠다.

《문화평론》은 1961년 12월 창간되었다. 따라서 창간 직후인 1962년부터 AA작가운동에 개입한 셈이다. 발행처는 일본공산당 중앙위원회이다. 공산당과 결별한 《신일본문학》과 대립하면서, 구좌파에 동조하는 문화인들이 글을 발표할 수 있는 장으로서 등장한 매체다. 정치적으로는 '평화주의', 창작 면에서는 '아방가르드'를 주장한 《신일본문학》을 비판하는, 공산당 산하 문학잡지라고 정리할 수 있겠다.

《민주문학》은 일본민주주의문학회에서 발행했다. 1965년 일본민주주의 문학동맹 창립과 함께 창간되었다. 특히《신일본문학》에서 제적된 사람들이 주도한 잡지다. '인민의 입장에 선 민주주의 문학'의 창조와 보급을 기치로 내걸었다. 마오의 옌안문예강화를 따르고 있다고 하겠다.《문화평론》이 공산당 산하 기관지라면,《민주문학》은 민간 좌파 잡지라고 할 수 있겠다. 주요 기반은 중소분쟁에서 중국공산당을 지지하고, 소련공산당을 반대했던 마오이스트들이었다.

65 アジア·アフリカ作家會議日本協議會, 앞의 책, 268-276쪽.

66 亞非作家會議中國聯絡委員會,《第二屆亞非作家會議文件彙編》, 1962.

67 *Documents on Culture of the Struggling Afro-Asian Peoples*, Indonesia National Committee for the Afro-Asian Writers' Conference, 1963.

68 亞非作家會議中國聯絡委員會, 앞의 책, 47-48쪽.

69 알제리, 앙골라, 카메룬, 실론, 가나, 기니, 인도, 인도네시아, 케냐, 북조선, 레바논, 몽골, 모잠비크, 나이지리아, 중국, 일본, 남아공, 로디지아, 수단, 터키, 이집트, 소련, 베트남.

70 *Documents on Culture of the Struggling Afro-Asian Peoples*, Indonesia National Committee for the Afro-Asian Writers' Conference, 1963, pp.76-79.

71 亞非作家會議中國聯絡委員會, 앞의 책, 78쪽.

72 アジア·アフリカ作家會議日本協議會, 앞의 책, 193-195쪽.

73 같은 책, 199-200쪽.

74 *Documents on Culture of the Struggling Afro-Asian Peoples*, p.97.

75 같은 책, pp.102-106.

76 *Afro-Asian Writers' Executive Committee Meeting*, Denpassar, Bali, 16th~21st July, 1963, pp.31-32.

77 같은 책, pp.33-34.

78 같은 책, pp.43-63.

79 발리 회의를 기록한 인도네시아 문건에는 드물게 북조선 참가자의 명단도 확인된다. 다만 한자 병기 없는 영문 표기라 일정한 한계가 있다. 당시 발리 회의 참가자는 최중화(Mr. Tchoi Jung Hwa), 강상위(Mr. Kang Sang Wi), 김이진(Mr. Kim I Jin)으로 추정된다.

80 *The Struggle Between The Two Lines in the Afro-Asian Writers' Movement*, Afro-Asian Writers' Bureau(Colombo), 1968.

81 Valentin Kotkin, *Path of Struggle and Victories —25th anniversary of the Afro-Asian Writers' Movement*, Novosti Press Agency Publishing House(Moscow), 1983.

82 이 문헌을 통해 확인되는 새로운 사실 가운데는 1958년 타슈켄트 회의 이래 1961년에 가서야 콜롬보 상임국이 개설된 이유도 있다. 당시 실론의 정세 탓이었다고 한다. "총리 솔로몬 반다라이케(Solomon Bandaranaike)의 암살로 촉발된 정치적 혼란으로 예정보다 늦게 상임국 활동이 개시된 것"이다.

83 1902-1963. 터키의 시인이자 극작가, 소설가. '낭만적 공산주의자', '낭만적 혁명가'라는 별

칭이 유명하다. 소련의 미래파에게 감화받아 터키 아방가르드 문학운동을 주도했다. 1962년 카이로 회의 당시에는 터키에서 소련으로 망명한 상태였고, 이듬해인 1963년 모스크바에서 심장마비로 사망했다. http://en.wikipedia.org/wiki/N%C3%A2z%C4%B1m_Hikmet_Ran

84　1917-1978. 이집트의 작가이자 출판인. AAPSO 출범 초기부터 사무총장을 역임했다. 1973년에는 문화부 장관에도 오른다. 1978년 2월 사이프로스(Cyprus)에서 열린 AAPSO 회의에 참가했다가 암살당한다. 안와르 사다트 대통령의 예루살렘 방문에 그가 일정한 역할을 했기 때문이다. 즉 이스라엘과의 평화 도모에 반대하는 급진파의 테러였다. http://en.wikipedia.org/wiki/Yusuf_Sibai

85　중미화해 이후 소련은 장징궈 국민당 정부에 접근하여 중국에 대항하는 아시아방위집단에 대만을 포함시키려는 노력도 했다.

86　世界文學社 編, 《塔什幹精神萬歲: 中國作家論亞非作家會議》, 72쪽.

87　*Afro-Asian poems: anthology*(1963); Thi Quyên Phan, *The way he lived: the story of Nguyen-van Trôi*(1965); Nguyên Ngọc, *The village that wouldn't die*(1966); *Poems from Nepal: anthology*(1966); *Taking the bandits' stronghold*(1967); *The red lantern*(1967); *Raid on the White Tiger Regiment*(1967); *Shachiapang*(1967); *Prairie Fire*(1967); R. D. Senanayake, *Inside story of Tibet*(1967); "The Seminar in commemoration of the 25th anniversary of Chairman Mao's talks at the Yenan forum on literature and art", *The call*(spec. issue, 1967); *The Struggle Between The Two Lines in the Afro-Asian Writers' Movement*, Afro-Asian colombo: Writers' Bureau, 1968; *Indonesian People Take Mao Tse-tung's Road: anthology*(1968); Robert F. Williams, *An Afro-American in Africa*(1969).

88　'문화대혁명'의 모두에 '문화'라는 단어가 각인되어 있듯이, 문화대혁명에서 문학과 예술은 지대한 역할을 떠맡았다. 그 가운데서도 양판희라고 불리는 이 8대 작품이야말로 문혁의 꽃이었다고 한다. 양판희는 하나의 예술 작품의 지위를 넘어서는 '혁명문서'이기도 했던 것이다. 문혁기의 양판이란 곧 마오쩌둥과 문혁 세력이 실현하고자 하는 새로운 사회주의─소련의 수정주의를 대신한─를 의미했기 때문이다. 따라서 전 인민이 '양판'(樣板), 즉 본보기와 모델로 삼아 학습해야 할 대상이었다. 문화대혁명과 양판희의 관계에 대해서는 조득창, 〈문혁시기 '양판희' 영웅형상의 신격화 경향 연구〉, 《중국어문논역총간》 16-S, 2005; 문정희, 〈중국 문혁기 모범극의 시각이미지: '홍등기'의 혁명영웅상을 중심으로〉, 《미술이론과 현장》 5-5, 2007; 양회석, 〈문화대혁명의 상징: 양판희〉, 《중국인문과학》 35, 2007; 김진공, 〈문화대혁명 시기 '양판'의 형성과정〉, 《중국문학》 34, 2000 등 참조.

89　극본가 모로이 쿄지(1911-1994)는 20세기 1950~1960년대 리얼리즘 연극을 대표하는 극작가의 한 명이라 한다. 많은 아동극 작품을 남겼고, 사회주의운동에도 헌신적으로 참여했다. 1950년대에는 일본공산당의 야마구치현회 문화부장을 역임했다. 하나 1966년 중국 문

화대혁명을 지지하면서 일본공산당과 결별한다. 하지만 1967년 하구루마자 극단의 방중 공연에는 불만이 컸던 모양이다. 원작과는 다른 개작이 이루어져 공연이 진행된 탓에 이후 극단과의 관계도 소원해졌다고 한다. AA작가회의 사무국에서 발간한 *Prairie Fire*는 이 개 작된 베이징 공연을 바탕으로 번역된 것이라 하겠다.

90   중일 연극 교류에 헌신했던 연출가 히가사 요시히사(1928-2001)의 고향이 조선 경상남 도 부산이었음이 눈에 띈다. 그래서 본명이 笠山"慶尚"(ひがさやま・よしひさ)였다고 한다. 1945년까지 조선에서 머물렀고 그 해 4월에 야무구치 고등학교에 입학한다. 당시 '군국소 년'이었던 히가사는 패전과 함께 일신하여 1948년에는 일본공산당에 입당하게 된다. 1952 년 극단을 창설하면서 간사장을 맡고 1970년대까지 연출가로서 활약한다. 1977년 문화대 혁명 종결과 함께 일본공산당(좌파)과 결별하고 극단에서도 은퇴한다. 1979년 12월에 일 중연극교류인 모임을 설립하여 이 활동에 몰두한다. 그에 대한 추모글 모음인 〈面影 日笠 世志久〉도 발간되어 있다.

91   이 극단이 공연한 주요 작품의 목록을 정리하면 다음과 같다. 〈冬の旅〉, 〈千鳥太鼓〉, 〈ブレ ーメンの音楽隊〉, 〈火の鳥〉, 〈野火〉, 〈嵐〉, 〈春雷〉, 〈波濤〉, 〈川下の街から〉, 〈沖縄の怒り〉, 〈明日への誓い〉, 〈軌道〉, 〈夏の約束〉, 〈誇りの海〉, 〈蟹工船〉 등이다. 가장 눈에 띄는 작품 은 근래 일본에서 다시 화제가 되었고, 국내에서도 번역되었던 프롤레타리아 문학 작가 고 바야시 타키지의 〈게공선〉이다.

92   이노우에 키요시(井上清, 1913-2001)는 교토대학 명예교수를 지낸 대표적인 전후 역사학 자로, 메이지유신과 군국주의, 센가쿠열도 문제, 부락민 문제 등을 연구한 인물이다. 그 역 시 문화대혁명과 전공투 활동을 지지하면서 일본공산당을 공격했다. 결국 1967년에 당에 서 제명당하고, 1968년에는 '마오쩌둥 사상학원'의 강사로 정력적으로 활동한다. 1997년 중국사회과학원은 그에게 명예박사학위를 수여하기도 했다.

93   다만 중국의 문화대혁명에 친화적인 일본의 중국론이 당시 어느 만큼의 비중을 차지하고 있었던가는 별도의 논의를 필요로 하는 과제이다. 바바 키미비코는 문혁기 일본의 중국론 을 8가지 조류로 분류한 바 있다. 상세한 내용은 馬場公彦, 《戰後日本人の中國像》, 新曜 社, 2010, 229-319쪽 참조.

94   이하 인도네시아 현대사 및 레크라의 중국 지향성에 대해서는, Hong Liu, *China and the Shaping of Indonesia*, 1949-1965, Singpore: National University of Singapore Press, 2010을 참조해 재구성했다.

95   신민주주의가 중국의 '소프트파워'로서 인도네시아의 주요 정치가 및 사상가들에게 미친 영향에 대해서는 Hong Liu, *China and the Shaping of Indonesia*, 1949-1965, 2장과 3 장 참조.

96   이로부터 난관에 봉착한 탈식민이론의 어떤 돌파구를 예감해볼 수도 있지 않을까. 식민모 국과의 관계 속에서만 탈식민 지형도를 살피노라면 십중팔구 제국-식민의 위계 관계로 다 시 빠져들고 만다. 탈식민이론이 결국 식민지 근대성 논의로 귀결되어 담론의 식민성을 지

속하고 답습하는 경우가 빈번한 까닭이다. 하나 중국을 참조로 한 인도네시아의 문화정체성 재건을 보노라면, 제3세계 내부의 상호 번역과 영향 관계가 중요한 과제로 부각됨을 발견할 수 있다. 물론 여기서도 '중화 사회주의'라고도 부름직한 또 다른 위계의 징후를 포착할 수 있다. 즉 이론적으로 탈식민주의를 재구성하는 작업과 아울러, 역사적으로 (동)아시아 중심-주변 관계의 지속성을 함께 사유해야 한다. 이 책은 탈식민이론을 재구축하려는 시도가 아니므로 논의를 더 진전하지는 않는다.

97 하나 1965년 수하르토의 쿠데타와 함께 '신질서'가 선포되면서 인도네시아공산당은 궤멸되고 레크라를 이끌던 프라무디아 또한 부루 섬에 투옥된다. 그의 감옥 생활은 연필마저 허용되지 않을 만큼 가혹한 것이었다. 수하르토의 쿠데타 막후에 미국이 있었음은 널리 알려진 사실이니, 레크라 문화운동 인사들이 마오쩌둥의 중국으로 한층 기울어진 것 또한 인지상정이다. 중국은 이미 베트남에서 미국과 치열하게 대결하고 있었기에, 인도네시아에서 수하르토에 대한 무장투쟁 또한 곧 전 세계적 차원에서의 반미제국주의운동의 일환이었던 셈이다. 그 연장선상에서 콜롬보 상임국이 번역 출간한 시집이 바로 *Indonesian People Take Mao Tse-tung's Road*였다고 하겠다.

98 http://en.wikipedia.org/wiki/Robert_F._Williams

99 포스트 구조주의 등 문화대혁명이 프랑스 현대철학에 미친 영향에 대해서는 Richard Wolin, *The wind from the east: French intellectuals, the cultural revolution, and the legacy of the 1960s*, Princeton University Press, 2010 참조. Robert J Alexander, *Maoism in the developed world*, Praeger, 2001에서도 미국, 캐나다, 서유럽, 호주, 뉴질랜드의 진보 진영에 미친 영향을 확인할 수 있다.

100 각 나라에 미친 영향과 대표적인 조직을 망라하여 수합한 연구로 Robert J Alexander, *International Maoism in the developing world*, Praeger, 1999 참조.

101 《茅盾全集》, 第24卷, 人民文學出版社, 1996, 516쪽.

102 같은 책, 520쪽.

103 王中忱, 〈亞非作家會議與中國作家的世界認識〉, 《中國現代文學研究叢刊》2003年 第2期.

104 中國作家協會, 《譯文》創刊號, 1953, 2쪽.

105 같은 책, 4쪽.

106 中國作家協會, 《譯文》1月號, 1957, 3-4쪽.

107 中國作家協會, 《譯文》創刊號, 1953, 2쪽.

108 劉洪濤, 〈世界文學觀念在20世紀50-60年代中國的兩次實踐〉, 《中國比較文學》, 2010年 第3期, 12쪽.

109 같은 글, 13쪽.

110 같은 글, 15쪽.

111 〈肅淸植民主義對文化的毒害影響, 發展東西方文化的交流〉, 66-67쪽.

112   劉洪濤, 앞의 글, 18쪽.

5 마오쩌둥과 삼분천하

1   中共中央文献研究室 编,《毛泽东传》(套装共6册), 中央文献出版社 第2版, 2011, 9쪽.
2   Chen Jian, *Mao's China and The Cold War*, University of North Carolina Press, 2001.
3   첸리췬,〈중국 국내문제의 냉전시대적 배경〉,《창작과비평》151, 2011.
4   배경한,《쑨원과 한국-중화주의와 사대주의의 교차》, 한울 아카데미, 2007.
5   특히 쑨원이 '대아시아주의'에서 네팔과의 관계를 언급하며 거론한 '평등'을 적극적으로 재해석한 왕후이(汪暉)에 대한 비판이 두드러진다. 액면 그대로 따지자면 비판의 소지가 다분하다. 그러나 역설적으로 대소 간 엄연한 차이를 무시한 근대적 '평등'이라는 개념이야말로 '평등'하지 않은 것은 아닌지 되물어볼 필요도 있을 것이다. 13억의 인구와 3000만의 인구를 각기 독립한 주권국가로 '평등'하게 대함으로써 상호 경쟁을 구조적으로 강제하는 국가간체제의 '평등'이 과연 온당한 것일까. 30년전쟁을 수습하고 고안된 베스트팔렌 조약 이후에도 유럽은 20세기 냉전의 해체까지 근 300년간 항상적 전시상태에 있었다. 그 국가간체제에 편입되면서 동아시아 또한 유례가 없는 '천하대란'을 경험했던 것이다. 그렇다면 근대적인 '평등'의 잣대로 중화세계질서를 비판하는 것 못지않게, 중화세계질서의 유산을 방법으로 삼아 근대세계를 상대화하는 편이 한층 생산적일 수도 있다. 독립·주권·평등만큼이나 태평·대동·조화 등 국제질서를 규율하는 이념형적 개념과 발상 자체가 달라질 필요도 있을 것이다.
6   '중화사상'이라는 명명의 등장부터가 중국은 자기중심적이고 협조적이지 않다는 함의가 담겨 있는 1930년대 일본발 담론이다. 중일관계의 악화를 중국 내셔널리즘의 위협으로 전도시키고, 일본의 대륙진출을 합리화하기 위해 '중화사상'이 중국만의 것인 양 호도한 것이다. 川島真,〈中國外交の歷史—中華世界秩序とウェストファリア的理解の狹間で〉,《中國の外交: 自己認識と課題》, 山川出版社, 2007, 22쪽.
7   쉬지린(許紀霖)의 '신천하주의'가 한층 넓은 보편성을 확보하기 위하여 보완할 지점을 '주변의 시각'에서 보태며 '생산적 대화'를 시도하는 작업으로 백영서,〈변하는 것과 변하지 않는 것: 한중관계의 과거·현재·미래〉,《역사비평》101, 2012 참조.
8   陳兼,〈將"革命"與"非殖民化"相連接-中國對外政策中"萬隆話語"的興起與全球冷戰的主題變奏〉,《冷戰國際史研究》9집, 世界知識出版社, 2010.
9   케빈 맥더모트·제레미 애그뉴,《코민테른-레닌에서 스탈린까지, 국제공산주의운동의 역사》, 서해문집, 2009, 258쪽.
10   전후 일본을 가리킨 매코백의 독법은 비단 일본만이 아니라 냉전기 미국의 아시아 동맹국

일반으로도 확장하여 적용할 수 있을 것이다. 개번 매코백 저, 이기호·황정아 역 《종속국가 일본》, 창비, 2008.

11 냉전시대 미국의 국제관계(IR)이론을 주도하는 '현실주의'(realism)가 학술적 권위로 확립된 것은 1954년 록펠러 재단이 주최한 국제정치학계 학술회의였다고 한다. 냉전을 명분으로 미국의 개입을 합리화하는 '제국의 이론'이 공식담론으로 추인된 것이다. 한국전쟁과 베트남전쟁을 처리했던 제네바회담의 경험이 중요한 계기가 되었다고 하니, 전후 미국 사회과학계를 풍미한 IR이론은 한반도의 사정과도 무연치 않았던 셈이다. 이 학술회의에 대해서는 Nicolas Guilhot ed., *The Invention of International Relations Theory: Realism, the Rockefeller Foundation, and the 1954 Conference on Theory*, Columbia University Press, 2011 참조.

12 毛澤東, 〈關於目前國際形勢的幾點估計〉(1946年4月), 《毛澤東選集》4, 人民出版社, 2001, 1184-1185쪽.

13 毛澤東, 〈和美國記者安娜路易斯阿姆斯特朗的談話〉(1946年8月6日), 같은 책, 1193-1194쪽.

14 野村浩一, 小林弘二(編), 《中國革命の展開と動態》, アジア經濟研究所, 1972, 231-234쪽.

15 牛軍, 〈重建"中間地帶"-中國亞洲政策的緣起(1949年-1955年)〉, 《國際政治研究》2012年第2期, 66쪽.

16 여기에는 스탈린과 루스벨트가 합의한 얄타체제에 대한 도전이 내장되어 있다. 소련은 장제스를 중국의 유일한 합법 지도자로 승인하고 중국공산당에게 국민당과의 담판으로 내전을 회피할 것을 종용했다. 이 경험이 중국혁명과 소련의 '세계혁명' 간의 관계에 대한 재인식에 심원한 영향을 미친 것이다. Odd Arne Westad, *Cold War and Revolution: Soviet-American Rivalry and the Origins of the Chinese Civil War*, Columbia University Press, 1993, 2장이 자세하다.

17 中共中央文獻研究室 編, 〈目前的國際形勢和中國共産黨外交政策的基本原則〉(1945. 4. 24), 《毛澤東外交文選》, 中央文獻出版社, 1994, 42-43쪽.

18 楊奎松, 《"中間地帶"的革命》, 山西人民出版社, 2010.

19 두 사람의 대화는 師哲, 《在歷史巨人身邊-師哲回憶錄》, 中央文獻出版社, 1991, 368-369쪽.

20 〈米高揚與毛澤東的會談備忘錄〉(1949.2.3), 華東師範大學 國際冷戰史研究中心資料室, no.16471, 牛軍, 〈重建"中間地帶"-中國亞洲政策的緣起(1949-1955)〉, 《國際政治研究》, 2012, 第2期에서 재인용.

21 劉少奇, 〈關於東亞民族革命運動策略問題給斯大林的報告〉(1949.8.14.), 《建國以來劉少奇文稿》1, 中央文獻出版社, 2005, 50-53쪽.

22 劉少奇, 〈在亞洲澳洲工會會議上的開幕詞〉(1949.11.16), 같은 책, 160-161쪽.

23 劉少奇, 〈在北京各界慶祝亞洲澳洲工會會議成功大會上的講話〉(1949.11.23), 같은 책,

176-177쪽.

24 中共中央文獻研究室編,《劉少奇年譜 1898-1969》,下,中央文獻出版社, 1996, 235쪽.

25 毛澤東,〈同一切願意和平的國家團結合作〉, 1954年 7月 7日,《毛澤東文集》6, 人民出版社, 1999, 333-334쪽.

26 같은 글, 334쪽.

27 이를 국민국가의 국익 논리라고 비판할 수도 있을 것이다. 틀린 말은 아니다. 하지만 1950년대의 시대감각을 잃지는 말아야겠다. 건국 5년, 중화인민공화국의 장기 지속을 장담할 수 없던 때다. 한반도와 인도차이나의 '제국주의 전쟁'은 종전이 아니라 정전 상태의 진행형이었다. 국제사회의 표준을 제시하는 유엔은 신중국을 인정하지 않았고, 바다 건너 대만에는 미국의 지원을 받는 중화민국이 건재하여 호시탐탐하고 있었다. 국공내전의 감각이 지속되고 있었다고도 할 수 있지 않을까. '아시아'가 냉전기 국제적 고립국면을 타개하고 세계 속 중국의 위치를 확립하려는 일국적 욕망 속에서 패권의 대상으로 변질되었다는 첸리췬의 일견 성찰적인 듯한 발언은, 그러나 정작 1950-1960년대 '국공외전'의 시대적 맥락에 내재하지 못하고 있는 것으로 여겨진다. 그에 반해 1950년대 이전 중화민국기(일부 지식인)의 코스모폴리타니즘은 지나치게 낭만적으로 회고되고 있다. 錢理群,〈我們這一代人的世界想像〉《臺灣社會研究季刊》, 第57期, 2005 참조.

28 中國外交部黨案館 編,《1954年日內瓦會議》, 世界知識出版, 2006, 316-319쪽.

29 같은 책, 361-364쪽.

30 牛軍,〈重建"中間地帶"-中國亞洲政策的緣起(1949年-1955年)〉,《國際政治研究》2012, 第2期, 80쪽.

31 陳兼,〈將"革命"與"非殖民化"相連接-中國對外政策中"萬隆話語"的興起與全球冷戰的主題變奏〉,《冷戰國際史研究》9, 2010.

32 1960년 외교부장 천이의 발언. Chen Jian, "China and the Indochina Settlement of the Geeva Conference of 1954", Mark Lawrence and Fredrik Logvall eds., *The First Vietnam War: Colonial Conflict and Cold War Crisis*, Harvard University Press, 2007, p.145에서 재인용.

33 中共中央文獻研究室 編, 毛澤東,〈和平共處五項原則是一介長期的方針〉(1954.12.10),《毛澤東外交文選》, 中央文獻出版社, 1994, 177-186쪽.

34 〈國家不論大小應該一律平等〉(1954.12.11), 186-196쪽.

35 茂木敏夫,〈中國的世界像の變容と再編〉,《シリーズ20世紀中國史 1: 中華世界と近代》, 東京大學出版會, 2009 참조.

36 中共中央文獻研究室 編,〈中法之间有共同点〉(1964.1.30),《毛澤東外交文選》, 522쪽.

37 '예'가 대·소국 간 경계를 유지하는 장치로서 기능했던 측면에 대해서는 茂木敏夫,〈近代中國における傳統的國際秩序の語り方〉, 吉田忠,《19世紀東アジアにおける國際秩序觀の比較研究》, 財團法人國際高等教育研究所, 2010 참조.

38   川島真·毛利和子,《グローバル中國への道程-外交150年》, 岩波書店, 2000, 178쪽.

39   모테기 도시오(茂木敏夫)는 19세기말 중국 외교의 담론을 분석하며 이미 '중화질서의 근대
      적 재편'이라는 표현을 사용한 바 있다. 하지만 여전히 근대질서와의 차별성을 구하는 (저
      항)담론적 차원이었지 구체적인 정책화로 입안되지는 않았다고 봐야 할 것이다. 중화질서
      의 근대화가 정책화, 제도화로 수렴된 것이 '평화공존 5원칙'이 아니었을까.

40   가라타니 고진은 조공무역의 실상 또한 대국이 소국에 더욱 많은 것을 베푸는 '증여'의 관
      점에서 접근한다. 柄谷行人,〈世界史の構造のなかの中國: 帝國主義と帝國〉,《atプラス》
      11, 2012 참조.

41   조공제도를 통해 작동했던 동아시아 특유의 비대칭적 교환관계를 게임이론을 응용하여
      설명한 시도로는, Brantly Womack, "Asymmetry and China's Tributary System", The
      Chinese Journal of International Politics, Vol. 5, 2012 참조.

42   대청제국 이래 중화세계질서는 문명을 공유하는 주변국과는 조공을, 그러하지 않은 주변
      국과는 호시나 조약(러시아)으로 작동하는 중층적 원리를 구현했다.

43   中共中央文獻研究室 編,〈關於中間地帶, 和平共處以及中英中美關系問題〉(1954.8.24),
      《毛澤東外交文選》, 中央文獻出版社, 1994, 158-162쪽.

44   川島真,〈東アジア國際關係の再編〉, 三穀博 編,《大人のための近現代史》, 東京大學出版
      會, 2009 123-127쪽.

45   中共中央文獻研究室 編,〈我們的願望是使中泰兩國友好〉(1955.12), 앞의 책, 229쪽.

46   이병한,〈'두 개의 중국'과 화교정책의 분기-반둥회의(1955) 전후를 중심으로〉,《중국근현
      대사연구》, 45, 2010.

47   中共中央文獻研究室 編,〈亞非國家要團結起來, 保證和平與獨立〉, 앞의 책, 244쪽. 이 발
      언 또한 라오스왕국 수상과의 회담에서 나온 것이다.

48   속방/자주는 조약체제에 대비해 조공질서를 수호하기 위해 고안된 담론이다. 속방/자주
      개념의 등장과 그럼에도 결국 속방의 자주를 침해하는 제국주의적 변용 과정에 대해서는
      岡本隆司,《属国と自主のあいだ―近代清韓関係と東アジアの命運》, 名古屋大学出版
      会, 2004 참조.

49   中共中央文獻研究室 編,〈中國不會發生對外擴大的事〉(1957.12.14), 앞의 책, 301-305쪽.

50   中共中央文獻研究室 編,〈大國小國應該平等相待〉(1958.8.16), 같은 책, 334쪽. 캄보디아
      왕국 수상 시아누크와의 대화였다.

51   中共中央文獻研究室 編,〈同尼泊爾國王馬亨德拉和王後的談話〉(1961.10.5), 같은 책, 478
      쪽.

52   吳冷西,《十年論戰：中蘇關系回憶錄（1956-1966）》, 中央文獻出版社, 1999年,
      39-40쪽.

53   師哲,《在曆史巨人身邊》, 師哲回憶錄》, 中央文獻出版社, 1991, 558-559쪽.

54   같은 책, 558-559쪽.

55 동유럽 위기에서 중국의 역할에 대해서는 Chen Jian, *Mao's China and The Cold War*, The University Press of North Carolina, 2001, 6장 참조.

56 中共中央文獻研究室 編,〈同蘇聯駐華大使秀金的談話〉(1958.7.22.), 앞의 책, 330쪽.

57 천젠은 이 중소 양국의 차이를 '차르 러시아 제국을 해체하고 소련을 재건한 경험과 달리, 중국은 서방 식민주의와 제국주의의 침략과 굴욕을 경험한 후 신중국을 재건한' 역사적 경험에서 찾는다. 陳兼,〈將"革命"與"非殖民化"相連接-中國對外政策中"萬隆話語"的興起與全球冷戰的主題變奏〉,《冷戰國際史硏究》9, 2010, 15쪽.

58 陳兼, 같은 글, 2쪽.

59 中共中央文獻研究室 編,〈吸取歷史敬愛教訓, 反對大國沙文主義〉(1956.9), 앞의 책, 251-262쪽.

60 그러나 곧 등장한 반우파운동은 동유럽 자유주의 지식인의 마지막 기대를 배반하는 것이었다. 1956년 전후로 동유럽과 중국 모델에 대한 논의는 程映虹,〈毛主義和中國模式如何影響東歐和北越-對'雙百方針'和'反右'運動的在考察〉,《毛主義革命:二十世紀的中國與世界》, 香港:田園書屋出版, 2008 참조.

61 中共中央文獻研究室 編,《毛澤東文集》7, 人民出版社, 1999, 189쪽.

62 1956년 9월 이집트 대사 하산 라잡(Hassan Rajab)와의 대화. 毛澤東, 앞의 책, 248쪽.

63 '삼종국가'와 '삼종주의'에 대해서는 孫建社, 石斌 編,《從"中間地帶"到"世界多極化"》, 人民出版社, 2003, 42-43쪽을 활용해 재서술.

64 孫建社, 石斌 編, 같은 책, 43-44쪽.

65 中共中央文獻研究室 編,《毛澤東外交文選》, 486-487쪽.

66 中共中央文獻研究室 編,《毛澤東文集》8, 343-344쪽.

67 《紅旗》, 1963년 9월호, 孫建社, 石斌 編,《從"中間地帶"到"世界多極化"》, 人民出版社, 2003, 33쪽에서 재인용

68 中共中央文獻研究室 編, 앞의 책, 511-520쪽.

69 제3세계라는 어휘를 처음 사용한 것은 프랑스의 인구통계학자 알프레드 소비(Alfred Sauvy)였다고 한다. 1952년이었다. 제3신분에 빗대어 제3세계라는 조어를 만들어낸 것이다. 이것이 1960년대 근대화론과 결합하면서 경제적 발전 정도에 따른 등급화의 의미로 재정의된다. Leslie Wolf-Phillips, "Why 'Third World'?: Origin Definition and Usage", *Third World Quarterly*, No.1, 1979 및 李丹慧,〈毛澤東"三個世界劃分"戰略和策略思想的歷史考察〉,《世界歷史》, 1994年 第1期, 서론 참조. 한편 로스토의 *The Stages of Economic Growth: A Non-Communist Manifesto*가 출간된 것은 1960년이었다.

70 James E. Dougherty and Robert L. Pfaltzgraff Jr, *Contending Theories of International Relations: A Comprehensive Survive*, Longman, 2001, 488쪽.

71 애초 양쿠이쑹의 저서에서 활용한 '중간지대의 혁명'이라는 비유는 1921년 중국공산당 창당부터 1949년 중화인민공화국 건국에 이르기까지를 설명한 것이었다. 그러나 건국 이후

신중국의 행보에도 능히 적용할 수 있을 것이다.

72 전자는 〈위령공편〉 제35장 "子曰當仁不讓於師"를, 후자는 〈위정편〉의 "見義不爲無勇也"를 인용했다.

73 쳰잉훙(程映虹)이 활용한 두 편의 단행본은 鄭昭賢, 《馬共奇女子陳田夫人: 李明口述曆史》(策略資訊研究中心, 2007)와 Peng Chin, *My side of history*, Singapore(Media Masters, 2003)이다. 특히 Chin Peng(陳平, 천펑)은 말레이시아공산당 주석이었다. 이 외에도 캄보디아 공산당에 참여한 화교의 회고록인 《我與中共和東共―赤色華人解秘:東共如何興亡》(田園書屋, 2007)과, 라오스의 좌파 민족주의 단체 파테트라오(Pathet Lao)에 대한 연구서, *North Vietnam and the Pathet Lao: Partners in the Struggle for Laos*(Harvard University Press, 1970) 등도 있다. 냉전기 중국과 인도차이나 3국, 즉 베트남·라오스·캄보디아의 복합적인 관계는 차후의 과제로 남겨둔다. 관련된 선행 연구로는 Sophie Richardson, *China, Cambodia, and the Five Principles of Peaceful Coexistence*, Columbia University Press, 2009; Brantly Womack, *China Among Unequals: Asymmetric Relationships in Asia*, World Scientific, 2010 참조.

74 程映虹, 〈向世界輸出革命―"文革"在亞非拉的影響初探〉, 《當代中國研究》秋季號, 2006.

75 Priscilla Roberts ed., *Behind the Bamboo Curtain: China, Vietnam, and the World beyond Asia*(2006)가 자세하다.

76 毛澤東, 〈和美國記者安哪路易斯阿姆斯特朗的談話〉(1946.8.6), 《毛澤東選集》 4, 人民出版社, 1999, 1194쪽.

77 Priscilla Roberts, 위의 책, p.302. 그 외에도 이 책에는 중국과 베트남 지도자 간의 대화록이 다수 발췌되어 수록되어 있다.

78 아프리카 12개국 대표단들과의 회담에서 행한 연설 말미에 강조한 대목이다. 中共中央文獻研究室 編, 《毛澤東外交文選》, 中央文獻出版社, 1994, 413쪽.

79 이는 마오와 중국의 입장으로만 재단할 수 없는 영역이기는 하다. 문화대혁명에서 개혁개방에 이르는 10여 년간 아시아 사회주의국가들의 중국 인식은 차후의 과제로 남겨둔다.

80 魏史言, 〈基辛格第二次訪華〉, 外交部外交史編輯室 編, 《新中國外交風雲》 2, 世界知識出版社, 1994, 67-69쪽.

81 〈中共中央關於中美聯合公報的通知〉(1972.3.7), 《新中國外交風雲》, 145쪽.

82 '중간세력' 논의는 楊奎松, 〈中美和解過程中的中方變奏―"三個世界"理論提出的背景探析〉, 《冷戰國際史4》, 2007, 20쪽 참조.

83 中共中央文獻研究室 編, 〈關於三個世界劃分問題〉(1974.2.22), 《毛澤東外交文選》 600-601쪽.

84 楊奎松, 〈中美和解過程中的中方變奏―"三個世界"理論提出的背景探析〉, 《冷戰國際史4》, 2007, 23-24쪽에서 재인용.

85 그 일대기가 Peng Chin, *My side of history*, Singapore: Media Masters, 2003이다.

86 최원식, 〈동아시아 국제주의의 복원을 위하여〉, 2010년 인하대 동아시아한국학 국제학술회의 기조 발제문, 5쪽.

87 Jiang An, "Mao Zedong's 'Three Worlds' Theory: Political Considerations and Value for he Times", *Social Sciences in China*, 34-1 2013.

88 中共中央文獻研究室 編, 《毛澤東外交文選》, 中央文獻出版社, 1994, 338쪽.

89 Edgar Snow, *Red Star over China: The Classic Account of the Birth of Chinese Communism*, Grove Press, Revised edition, 1994, pp.213-219.

90 毛澤東, 〈論政策〉(1940.12.25), 《毛澤東選集》, 中央文獻出版社, 1991, 761-762쪽.

91 한층 구체적인 분석은 茂木敏夫, 〈近代中國における傳統的國際秩序の語り方〉, 吉田忠, 《19世紀東アジアにおける國際秩序觀の比較研究》, 財團法人國際高等教育研究所, 2010, 74-82쪽 참조.

92 파나마 인민의 투쟁을 지지하는 발언 중에 나왔다.(1964.1.12), 中共中央文獻研究室 編, 《毛澤東外交文選》, 中央文獻出版社, 1994, 511쪽.

93 中共中央文獻研究室 編, 〈對帝國主義的"文明"要破除威信迷信〉(1958.7.12), 《毛澤東外交文選》, 320쪽.

94 쑨원, 〈대아시아주의〉, 《동아시아인의 '동양'인식:19-20세기》, 문학과지성사, 1997, 177쪽.

95 川島真·毛裏和子, 《グローバル中國への道程-外交150年》, 岩波書店, 2009, 110쪽.

96 개혁개방과 함께 선포된 덩샤오핑의 '일국양제' 또한 이미 마오쩌둥에게서 그 맹아적 단서를 발견할 수 있다. 그는 "만약 대만이 하나의 국가가 되지 않고, 중앙정부가 없이 중국으로 귀속한다면, 대만의 사회제도 문제 또한 유보하여 이후에 얘기할 수 있다. 우리는 대만이 원래의 사회제도를 유지하는 것을 허용하고, 대만 인민 스스로 이 문제를 해결할 것을 기다릴 것이다"라고 밝힌 것이다. 대일통과 내부 자율성을 함께 도모하는 발상 또한 근대적 주권국가와는 일선을 긋는 중화제국 특유의 유산이 아닐까. 中共中央文獻研究室 編, 《毛澤東外交文選》, 中央文獻出版社, 1994, 469쪽.

97 이것이 페이샤오퉁(費孝通)이 말하는 '차서'적 질서의 핵심 성격이다.

98 갱신(Renewal)이라는 발상은 중화인민공화국을 국민국가의 형태로 재건된 제국으로 이해하며 근대적인 '주권' 개념을 상대화하는 Wang Gungwu, *Renewal: The Chinese State and the New Global History*, The Chinese University Press, 2012의 제목에서 차용했다. 章百家, 〈改變自己, 影響世界 : 20世紀中國外交基本線索芻議〉, 《中國社會科學》 1(2001)도 비슷한 문제의식을 공유한다.

99 牛軍, 《從延安走向世界-中國共產黨對外關系的起源》, 中共黨史出版社, 2008, 294-295쪽.

100 Jiang An, "Mao Zedong's "Three Worlds" Theory: Political Considerations and Value for the Times", *Social Sciences in China*, 34-1, 2013, p.54.

101 대표적인 저서로 마틴 자크, 《중국이 세계를 지배하면》(부키, 2010); Peter J. Katzenstein

ed., *Sinicization and the Rise of China: Civilizational Processes Beyond East and West* (Routledge, 2012); Chih-yu Shih, *Sinicizing International Relations: Self, Civilization, and Intellectual Politics in Subaltern East Asia* (Palgrave Macmillan, 2013) 등을 꼽을 수 있다. 다만 이 논의들은 주로 개혁개방 이후 중국의 대외관계에 초점을 두고 있다는 점에서 일정한 한계를 갖는다. 20세기를 괄호 친 채 21세기와 19세기를 잇는 것이다. 특히 냉전기 '혁명국가'로서의 중국은 거의 고려치 않고 있다. 필자는 국제관계의 '중국화' 현상은 냉전기의 경험을 통해 진화해온 중간지대론과 평화공존 5원칙, 삼개세계론 등의 연장선상에서 발현된 것임을 특별히 강조하고 싶다.

102 Jiang An, 앞의 글, p.55.

6 인도차이나의 잃어버린 20년

1 최명해, 《중국 북한 동맹관계-불편한 동거의 역사》, 오름, 2009, 247쪽. 반면 도미엔은 중국 방문에서 이뤄진 김일성의 호전적 발언은 수사적 차원에서 머무른 채 내부 권력 강화와 세습 체제 형성에 활용되었으며, 실질적으로는 한반도에서의 베트남식 무력통일은 힘들다는 판단 아래 공격적 통일정책을 수정했다고 주장한다. 도미엔, 〈1975년 베트남전 종전과 북한정부의 대응: 베트남자료를 중심으로〉, 《이화사학연구》 48, 2014 참조.

2 Odd Arne Westad, "Introduction: From war to peace to war in Indochina", Odd Arne Westad and Sophie Quinn-Judge ed., *The Third Indochina War: Conflict between China, Vietnam and Cambodia, 1972-1979*, Routledge, 2006, p.4.

3 Chen Jian, "China, Vietnam and Sino-American rapprochement", *The Third Indochina War: Conflict between China, Vietnam and Cambodia, 1972-1979*, Routledge, 2006, p.34.

4 Christopher E. Goscha, "Vietnam, the Third Indochina War and the meltdown of Asian internationalism", *The Third Indochina War: Conflict between China, Vietnam and Cambodia, 1972-1979*, Routledge, 2006, p.155.

5 Stephen J. Morris, *Why vietnam invaded cambodia-Political Culture and the Causes of War*, Stanford University Press, 1999.

6 중국 자료 연구로는 Qiang Zhai, *China and Vietnam Wars: 1950-1975*, University of North Carolina Press, 2000; Ang Cheng Guan, *Vietnamese Communist's Relations with China and the Second Indochina Conflict, 1956-1962*, McFarland & Company, 1997; 朱建榮, 《毛澤東のベトナム戦争》, 東京大學出版會, 2001 등이 있다. 구소련 자료 연구로는 Ilya V. Gaiduk, *Confronting Vietnam: Soviet policy toward the Indochina Conflict, 1954-1963*, Woodrow Wilson Center Press, 2003이 대표적이다.

7   유용태, 〈동아시아의 베트남전쟁 – 남북 3각 동맹의 대응〉, 《환호 속의 경종》, 휴머니스트, 2006.

8   제네바회담에 대해 베트남외교부가 작성한 자료도 일부 공개되었다. 제네바회담에 임하는 북베트남의 외교적 목표 및 회의 중 제네바에 있던 판반동과 저우언라이, 그리고 하노이 사이의 전보 내용도 포함되어 있음이 눈길을 끈다. 아울러 〈당문헌: 전집〉(Dang Cong San Viet Nam, Van Kien Dang: Toan Tap, Hanoi: NXB Chinh Tri Quoc Gia)이 간행되고 있어 베트남노동당 내부의 결정 사항도 확인이 가능해지고 있다. 이들 자료를 활용한 거의 최초의 연구로 和田正名, 《ベトナム戦争と〈有事〉体制: 実証·先行したアメリカのテロ》, 光陽出版社, 2002를 거론할 수 있다.

9   Odd Are Westad, *The Global Cold War: Third World Interventions and the Making of Our Times*, Cambridge University Press, 2007, p.4.

10   이 책에서는 북조선 및 한반도는 제외하기로 한다. 평양의 자료관이 밀봉된 상태에서 1차 문헌의 확보에 어려움이 크고, 1차 문헌에 입각한 선행 연구도 턱없이 부족한 상황이기 때문이다.

11   유인선, 《베트남과 그 이웃 중국-양국관계의 어제와 오늘》, 창비, 2012, 277쪽.

12   최병욱은 여기서 더 나아가 베트남의 국제질서는 중국적 (소)중화질서보다는 동남아시아의 만달라적 세계관—다수의 권력 중심부가 이끄는 중층적 세력 범위들의 집합체—에 더 가깝다고 주장한다. 최병욱, 〈19세기 전반 베트남 제국(帝國)의 국제질서〉, 《동남아시아연구》 21-1, 2011. 하지만 이는 지나치게 현재적 관점을 과거에 투사한 것이 아닌가 싶다. 19세기까지 베트남은 정치적으로나 문화적으로도 북방의 영향이 큰 '동북아형 국가'에 더 가까웠다. 그런 베트남이 프랑스가 조각한 '인도차이나'와 조우하면서 '동남아세계'의 일원으로서의 정체성이 더욱 강화되고, 결국 아세안의 구성원이 되기까지의 과정을 20세기의 경험으로 보는 편이 한층 합당해 보인다. 이러한 관점으로 20세기 베트남사를 조망하는 것으로는 후루타 모토오 저, 박홍영 역, 《베트남의 세계사: 중화세계에서 동남아세계로》, 개신, 2008 참조.

13   유인선, 앞의 책, 279-280쪽.

14   이상의 설명은 Christopher E. Goscha, *Going Indochinese: Contesting Concepts of Space and Place in French Indochina*, NIAS Press, 2012, pp.13-24을 참조해 재구성한 것이다.

15   Christopher E. Goscha, 같은 책, p.28.

16   같은 책, p.34.

17   이하 코민테른과 인도차이나의 관련성은 Christopher E. Goscha, *Going Indochinese: Contesting Concepts of Space and Place in French Indochina*, pp.103-127, pp.153-157의 내용을 재구성한 것이다.

18   베트남 및 인도차이나 혁명과 태국과의 관련성에 대해서는 Christopher E. Goscha, *Thai-*

land and the Southeast Asian Networks of The Vietnamese Revolution, 1885-1954, Routledge, 1998 참조.

19 Christopher E. Goscha, 앞의 책, p.159.

20 당시 호찌민의 인식에 대해서는 윌리엄 듀이커, 《호치민 평전》, 푸른숲, 2000, 11장 〈재건과 저항〉 참조.

21 Christopher E. Goscha, *Going Indochinese: Contesting Concepts of Space and Place in French Indochina*, NIAS Press, 2012, p.172.

22 2차 인도차이나전쟁 총괄 보고서가 안고 있는 이상의 문제점에 대해서는 福田忠弘, 《ベトナム北緯17度線の斷層: 南北分斷と南ベトナムにおける革命運動(1954-60)》, 成文堂, 2006, 서장을 참조해 재구성했다.

23 키신저 발언은 Henry Kissinger, *The White house Years*, Vol.1 1979; Sophie Quinn-Judge, "Victory on the battlefield, isolation in Asia: Vietnam's Cambodia decade, 1979-1989, *The Third Indochina War: Conflict between China, Vietnam and Cambodia, 1972-1979*에서 재인용.

24 폴 포트의 인식에 대해서는 R. M. Smith, *Communist Indochina*, Routledge, 2009, pp.134-178과 필립 쇼트, 《폴 포트 평전》, 실천문학사, 2004, 5장 〈크메르 루주의 맹아〉를 참조해 재구성.

25 タイン チイン, 《ベトナム革命の内幕》, めこん, 1999; 福田忠弘, 《ベトナム北緯17度線の斷層: 南北分斷と南ベトナムにおける革命運動(1954-1960)》, 186쪽에서 재인용. 비슷한 성격의 영문 서적으로는 Troung Nhu Tang, *A Viet Cong Memoir: An Inside Account of the Vietnam War and the Aftermath*, Vinatage Books, 1986도 있다.

26 1975년 이후 일련의 과정은 Eero Palmujoki, *Vietnam and the World: Marxist-Leninist Doctrine and the Changes in International Relations*, 1975-1993, Macillan, 1997이 자세하다.

27 Ang Cheng Guan, *Southeast Asia and the Vietnam War*, Routledge, 2009, pp.56-73 참조.

28 Nguyen Vu Tung, "The Paris Agreement and Vietnam-ASEAN relations in the 1970s", *The Third Indochina War: Conflict between China, Vietnam and Cambodia, 1972-1979*, pp.113-116.

29 Ang Cheng Guan, *Singapore, ASEAN and the Cambodian Conflict*, 1978-1991, NUS Press, 2013, p.13.

30 윌리엄 듀이커, 앞의 책, 178-185쪽.

31 유인선, 앞의 책, 361쪽.

32 같은 책, 366-371쪽.

33 Pierre Asselin, *Hanoi's Road to the Vietnam War, 1954-1965*, University of Califor-

nia Press, 2013. 1961년까지 북부 재건 우선 정책이 지속되었음을 베트남노동당 내부 자료를 통해 밝히고 있다.

34   http://en.wikipedia.org/wiki/Le_Duan

35   Lien-Hang T. Nguyen, *Hanoi's War: An International History of the War for Peace in Vietnam*, UNC Press, 5-7쪽.

36   그럼에도 호치민이 1957년부터 당의 실권을 레주언에게 맡기고 1960년에는 당주석으로 취임케 한 복심을 헤아릴 필요도 있겠다. '남북은 일가다'의 선언적이고 상징적인 행위에 가깝기 때문이다. 즉 남북 분단 이후 남쪽 혁명가들의 상당수가 월북한 상황에서 베트남노동당이 전 베트남을 대표하는 정당으로 자리매김하기 위한 방법으로 남쪽 출신의 지도자를 당의 지도자로 세우는 것이 필요했다는 것이다. 최병욱,《베트남 근현대사》, 창비, 2008, 2장〈남북은 일가〉및 福田忠弘, ベトナム北緯17度線の斷層: 南北分斷と南ベトナムにおける革命運動(1954-1960), 成文堂, 2006, 84-96쪽. 참조.

37   이와 같은 중국과 레주언의 소원한 관계를 1960년대 후반부터 본격화되는 중국-베트남 갈등의 근원으로 여기는 견해도 있다. Stein Tonnesson and Christopher E. Goscha, "Le Duan and the Break with China", Priscilla Roberts ed., *Behind the Bamboo Curtain*, Stanford University Press, 2006.

38   두 사람의 서먹한 관계에 대해서는 Lien-Hang T. Nguyen, *Hanoi's War: An International History of the War for Peace in Vietnam*, UNC Press, 2012, pp.32-36.

39   따라서 1960년 1월부터 한층 체계적으로 일어난 남부의 민중 봉기는 중앙위원회의 뜻을 거스르며 발생한 것이다. 북이 통제했던 남부위원회보다 더 현장에 착근되어 있던 지역의 말단 수준에서 일어난 것이기 때문이다. 1960년 3월 당중앙은 민중의 동시봉기는 경솔한 모험이라고 비판하고, 남부위원회 내에 위험한 좌익사상이 출현하고 있다고 경고할 정도였다. 이상의 내용에 대해서는 福田忠弘,《ベトナム北緯17度線の斷層: 南北分斷と南ベトナムにおける革命運動(1954-60)》, 成文堂, 2006, 2-4장을 참조해 재구성했다.

40   Edward Miller, *Misalliance: Ngo Dinh Diem, the United States, and the Fate of South Vietnam*, Harvard University Press, 2013 참조.

41   Pierre Asselin, *Hanoi's Road to the Vietnam War, 1954-1965*, 207쪽.

42   1950년대 중반의 일시적인 사상해방과 백화제방을 누르고 사상 통제가 심해진 이후를 '경찰국가'(police state)라고 묘사한다. 그 주역이 1957년 북으로 건너온 레주언이었다. Lien-Hang T. Nguyen, *Hanoi's War: An International History of the War for Peace in Vietnam*, UNC Press, 2012, 13-17쪽.

43   이상의 과정은 Lien-Hang T. Nguyen 같은 책 4장과 5장 참조.

44   하노이에서 공개된 외교부 자료를 연구하여 최근에 제출된 구미의 두 연구서의 공통된 견해이다. Lien-Hang T. Nguyen, *Hanoi's War: An International History of the War for Peace in Vietnam*, UNC Press, 2012, Pierre Asselin, *Hanoi's Road to the Vietnam*

War, 1954-1965, University of California Press, 2013.

45   Ministry of Foreign Affairs, *The Truth Concerning Vietnamese-Chinese Relations over the Past 30 Years*, 1979, 이하《중국백서》로 표기한다.

46   《중국백서》, 5쪽.

47   같은 책, 4쪽.

48   가령 우드로윌슨센터의 냉전사프로젝트 팀이 펴낸 *77 conversations between chinese and foreign leaders on the wars in Indochina, 1964-1977*도 요긴한 참고 자료다. 레주언이 회고하는 중국 지도자들과의 대화와 실제 대화록 사이의 내용 및 어감의 차이를 확인할 수 있다.(http://www.wilsoncenter.org/sites/default/files/ACFB39.pdf)

49   가령 제네바회담 마지막 날 저우의 행보도 사후적으로 베트남이 몹시 불쾌하게 기억할 수도 있다. 제네바회담 최종일, 저우는 남북 베트남과 라오스, 캄보디아 대표단을 초대해 연회를 주최했다. 이 자리에서 저우는 고디엔지엠의 동생인 고디엔루엥에게 베이징을 방문해 달라고 초청했다. "우리는 이념상으로는 팜반동씨와 가깝지만 당신도 환영합니다. 두 사람 모두 베트남인으로, 국가의 통일을 위하여 힘을 합쳐야 합니다"라고 발언하기도 했다. 팜반동에게 이러한 절충주의는 유쾌하지 못한 기억으로 남았을 가능성이 크다. 확실히 저우는 이념적으로 순수하지(=경직되지) 않았다고 할 수도 있겠다. 그러나 베트남에서의 연합정부를 선호한 그의 판단에 대한 평가는 다양할 수 있을 것이다. 그쪽이 사회주의 건설을 위한 장기적인 투쟁에 더 유리할 수 있다는 점은 중화인민공화국 건국 자체가 보여주는 것이기도 했기 때문이다. 저우가 베트남 및 동남아시아의 조급한 사회주의화를 원치 않았던 것에는 또 다른 이유도 있었을 것으로 짐작된다. '한국전쟁의 학습효과'라고 함직한 것이다. 북조선의 무리한 통일전쟁이 미국의 개입을 촉발함으로써 결국 중국도 참전할 수밖에 없었기 때문이다. 제네바회담의 또 다른 논의 대상이 바로 한반도 문제였음을 상기할 필요가 있겠다. 즉 당시 저우의 머릿속에는 한반도와 인도차이나가 함께 있었을 것이 틀림없다. 제네바회담 마지막 만찬장에서의 대화는 中华人民共和国外交部档案馆编,《1954年日内瓦会议》, 世界知識出版社, 2006, 412-434쪽 참조.

50   Odd Arne Westad, Chen Jian, Stein Tonnesson, Nguyen Vu Tung, James G. Hershberg eds, "Zhou Enlai and Le Duan, Hanoi, Oct. 11, 1971", *77 conversations between chinese and foreign leaders on the wars in Indochina, 1964-1977*, Cold War International History Project Working Paper 22, 1998.

51   Ilya Gaiduk, *Confronting Vietnam: Soviet policy toward the Indochina Conflict, 1954-1963*, Stanford University Press, 2003, 22-27쪽.

52   《중국백서》, 17쪽.

53   같은 책, 8쪽, 14쪽, 28쪽, 43쪽 등.

54   Chen Jian, "China's involvement in the vietnam, 1964-1965", *China Quarterly*, 1995, 127면 및 "China, the Vietnam War, and Sino-American rapprochement, 1968-

1973", *The Third Indochina War*, 34쪽.

55 《중국백서》, 6쪽.

56 같은 책, 12쪽.

57 같은 책, 12쪽.

58 같은 책, 14쪽.

59 같은 책, 5쪽.

60 朱建榮, 《毛澤東のベトナム戰爭》, 東京大學出版會, 2001, 34-66쪽.

61 朱建榮, 같은 책, 41쪽.

62 朱建榮, 같은 책, 375쪽.

63 R.M. Smith, *Communist Indochina*, Routledge, 2009, p.87.

64 R.M. Smith, 같은 책, p.92.

65 《중국백서》, 2쪽.

66 같은 책, 2쪽.

67 Yang Kuisong, "Changes in Mao Zhedong's Attitude toward the Indochina War, 1949-1973", *Working Paper* 34, Woodrow Wilson International Center for Scholars, 2002, pp.6-7.

68 Bo Ngoai Giao, *Dau Tranh Ngoai Giao trong Cach Mang Dan Toc Dan Chu Nhan Dan* 1945-1954 Vol.2, 1997, pp.105-106.

69 이하 中华人民共和国外交部档案馆 編, 《1954 年日内瓦会议》, 世界知識出版社, 2006, 146-157쪽의 내용을 재구성.

70 이하 《1954 年日内瓦会议》, 158-173쪽의 내용을 재구성한다.

71 당시 라오스 왕국은 베트남의 팽창 및 개입을 우려하여 프랑스가 주장하는 인도차이나 연합국 구상에 거부감이 덜했다고 한다. Bruce M. Lockhart, "Narrationg 1945 in Lao Historiography", Christopher E. Goscha and Soren Ivarsson eds, *Contesting Visions of the Lao Past*, NIAS Press, 2003 참조.

72 中华人民共和国外交部档案馆 編, 앞의 책, 174-188쪽.

73 같은 책, 194-199쪽. 양자 회담의 내용이 중국 외교부 문서로 남아 있는 것을 보면 중국 쪽 인사도 참여했던 것으로 추정된다. 순수한 양자 회담이라기보다는 중국이 중재자 역할을 한 듯싶다.

74 이상 저우의 판단은 钱江, 《周恩来与日内瓦会议》, 中共党史出版社, 2005, 77-78쪽.

75 中野亜里, 〈ベトナム革命戰爭と中國〉, 342쪽.

76 Vo Nguyen Giap, *Dien Bien Phu: Diem Hen Lich Su*, Hanoi: NXB Quan Doi Nhan Dan, 2001, pp.406~409.

77 윌리엄 듀이커, 《호치민 평전》, 445쪽.

78 福田忠弘, 《ベトナム北緯17度線の斷層: 南北分斷と南ベトナムにおける革命運動(1954-

60)》, 55쪽.

79 福田忠弘, 같은 책, 70-71쪽.

80 시아누크의 초기 중국에 대한 인식은 Norodom Sihanouk, *My War with the CIA: The Memoirs of Prince Norodom Sihanouk*, Pantheon Books, 1973, pp.13-18 참조. 다만 론 놀 정권에 의해 축출된 중국 망명 시절의 회고록임을 충분히 감안하고 읽어야 할 책이다.

81 中华人民共和国外交部档案馆 编,《1954 年日内瓦会议》, 148쪽.

82 같은 책, 155쪽.

83 钱江,《周恩来与日内瓦会议》, 7쪽.

84 中华人民共和国外交档案选 编,《1955年 亚非会议》, 世界知识出版社, 2007, 97쪽.

85 같은 책, 101쪽.

86 周恩来,《周恩来外交文选》, 中央文献出版社, 1990, 144쪽.

87 Sophie Richardson, *China, Cambodia, and the Five Principles of Peaceful Coexistence*, Columbia University Press, 2010, p.82에서 재인용.

88 Norodom Sihanouk, *My War with the CIA: The Memoirs of Prince Norodom Sihanouk*, 177쪽.

89 이하 베이징에서의 캄보디아 연합전선 형성에 대해서는 Sophie Richardson, *China, Cambodia, and the Five Principles of Peaceful Coexistence*, Columbia University Press, 2010, pp.-162을참조해 재구성.

90 Lien-Hang T. Nguyen, *Hanoi's War: An International History of the War for Peace in Vietnam*, UNC Press, 2012, p.218.

91 Sophie Richardson, 앞의 책, 5쪽.

92 같은 책, 7-13쪽.

93 周恩来,《周恩来外交文选》, 328쪽.

94 Ang Cheng Guan, *Singapore, ASEAN and the Cambodian Conflict*, 1978-1991, 2013 참조. 냉전기 태국과 필리핀이 주도하던 아세안이, 싱가포르의 리콴유(와 말레이시아의 마하티르)가 주도적인 역할을 하면서 이념적 색채를 지워내고 중국과 보조를 맞춰가는 과정을 캄보디아 사태를 배경으로 설명하고 있다.

95 《중국백서》, 3쪽.

96 같은 책, 4쪽.

97 그의 논문을 집대성한 저서 Brantly Womack, *China Among Unequals: Asymmetric Foreign Relations in Asia*, World Scientific Publishing Company, 2010에 기반해 필자가 이해한 것을 바탕으로 재구성한다.

98 필립 쇼트,《폴 포트 평전》, 56-58쪽.

99 베트남-라오스 간 복잡 미묘한 관계에 대해서는 Christopher E. Goscha, "Revolutioniz-

ing the Indochinese Past: Communist Vietnam's 'Special' Historiography on Laos", *Contesting Visions of the Lao Past* 참조. 세 차례의 인도차이나전쟁을 통해 구현된 베트남-라오스의 '특별한 우의' 관계는 '베트남의 서진'이라는 관점으로 별도의 논고를 준비 중이다.

100 民主カンボジア外務省編, 日本カンボジア友好協會監譯,《ベトナムを告發する-〈黑書〉全譯》, 社會思想社, 1979, 鈴木真,〈周邊諸國にとってのベトナム戰爭〉,《ベトナム戰爭の'戰後'》348쪽에서 재인용.

101 유인선,《베트남과 그 이웃 중국: 양국관계의 어제와 오늘》, 442~449쪽.

102 Brantly Womack, *China and Vietnam - The Politics of Asymmetry*, Cambridge University Press, 129쪽.

103 古田元夫,《ドイモイの誕生 ―ベトナムにおける改革路線の形成過程》, 青木書店, 2009 참조. 과도한 중앙 중심적 개혁 정치가 체제의 와해로 이어진 소련의 페레스트로이카와는 달리 중앙의 권한을 지방으로 분산시킴으로써 전통적 분권 지향의 동력을 체제 개혁의 방편으로 삼았다는 점에서 베트남이 도이모이 정책이 중국식 개혁개방과 더 유사하다는 관점을 피력하고 있다.

104 유인선, 앞의 책, 473쪽에서 재인용.

닫는글

1 최원식, 백영서 편《동아시아인의 '동양' 인식》, 문학과지성사, 1997, 요네타니 마사후미,《아시아/일본》, 그린비, 2010, 고야스 노부쿠니,《동아, 대동아, 동아시아》, 역사비평사, 2005 등 참조.

2 최근에는 '미국식 조공체제'(American Tributary System)라는 명명까지 등장했다. 미국은 공식적인 동맹국과 비공식적인 파트너로 이루어진 광범위한 네트워크의 중심이다. 그래서 '조공국'들에게 자국의 시장에 대한 접근 권한을 부여하고 군사적인 보호를 제공한다. 조공국들은 영토주권과 사법주권, 정치주권의 일부를 양도함으로써 미국이 제공하는 안보 우산의 혜택을 입는다. 즉 미국은 상국(Hegemony)임을 승인받고, '민주적 조공국'(democratic tributary)들은 미국의 가치와 규범, 제도를 수용하는 위계적 교환관계가 성립한다. 그래서 미국의 승인(=책봉)을 받지 못한 국가들은 미국적 세계질서(American World Order)의 편입에 장애를 겪는 반면(소련·중국·북조선·이란 등), '민주적 조공국'들은 미국이 수행하는 전쟁에 동참하고, 각종 국제기구에서도 미국의 뜻을 반영함으로써 미국적 천하(天下)를 향유할 수 있게 된다. 이로써 작동하는 평화로운 질서가 미국식 조공체제, 이른바 '팍스 아메리카나'(Pax Americana)라는 것이다. Yuen Foong Khong, "The American Tributary System", *Chinese Journal of International Politics* (Spring 2013) 6-1: pp.1~47.

3   이 책에서 감당하지 못한 소재 및 주제로는 대청제국의 번부가 중화인민공화국의 자치구
     로 이행하는 과정이 있다. 더불어 조공국으로서 간접적으로 소통하던 관계에서 독립국가
     대 독립국가로 재편되어 재회하게 된 북조선과 북베트남의 관계 등도 '중화세계의 근대화'
     라는 관점에서 흥미로운 지점이다. 동구(화)와 동방(화)의 길항으로서 형성된 독특한 분열·
     분단체제로서의 외/몽골인민공화국과 내/몽골자치구 또한 중화세계의 변용으로 접근할
     수 있을 것이다. 향후 과제로 남겨둔다.

4   정민, 《18세기 한중 지식인의 문예공화국》, 문학동네, 2014 참조. 이 밖에 인하대학교한국
     학연구소 엮음, 《한국과 베트남 사진, 북경에서 만나다》, 소명출판, 2013, 임형택, 《한국학
     의 동아시아적 지평》, 창비, 2014 특히 2부 "17-19세기 동아시아세계의 상호교류" 등 참조.

5   차혜원, 〈유동하는 역사공간-근세 동아시아로의 접근〉, 《역사비평》79, 2007년 참조. 청조
     가 티베트, 신장, 몽골 영역을 번속관계로 설정한 데는 이들 집단이 본질적으로 예부 경유
     의 한문 문서와 중국적 예제를 수용하지 않았다는 점도 감안해야 하는데, 조공체제론에서
     는 이 지역이 가지는 어떠한 특수성도 반영되지 않고 있음을 지적하고 있다. 즉 번부의 설
     치야말로 중화질서 속에 포함되지 않았던 이질적인 문화권과의 소통을 위한 기구였다는
     것이다. 실제로 만주족이 건립한 청제국은 다양한 민족·종족·문화를 포괄한 연합정권의
     성격을 띠었다. 청의 황제는 한인의 천자였을 뿐 아니라 만주족의 족장이자 몽골의 대칸이
     며, 티베트불교의 후원자라는 다양한 모습으로 각각의 집단 위에 군림하는 존재였다. 그러
     나 번부와 호시를 조공체제의 외부로는 이해할 수 있지만, 중화질서의 밖으로까지 여길 수
     있는지에 대해서는 필자는 유보적이다. 중화질서의 확산과 심화 혹은 '진화'라고 하는 편이
     더 적합하지 않을까.

6   호시에 주목하여 그 반(反)조공체제적인 역동성을 강조하고 있는 이가 이와이 시게키(岩井
     茂樹)다. 조공이 군신관계를 표하는 외교의례라면, 호시는 조공과는 무관한 무역제도이다.
     광동-마카오 연결망처럼 변경에서 민간 상인 간의 무역으로 실현된 호시는 조공무역과 대
     립하면서 발전하여 18세기는 조공의 규모를 훨씬 상회하기에 이른다. 岩井茂樹, 〈朝貢と
     互市〉, 《岩波講座東アジア近現代通史1》, 岩波書店, 2010 참조. 17세기 이래 조공체제로
     만 수렴되지 않는 중화세계의 복합성이 한층 증대되어가는 현상 가운데 하나로 이해할 수
     도 있을 것이다.

7   茂木敏夫, 〈中国から見た〈朝貢体制〉: 理念と実態' そして近代における再定義〉, 《アジア
     文化交流研究》, 2006-03. 56쪽, 이념형적 조공-책봉과는 어긋나는 관계방식의 작동에 대
     해서, 상호 간 묵인을 통해 양해하는 독특한 양상을 '침묵외교'라고 표현했다.

8   임형택, 〈중국 중심 천하관과 그 극복의 과제-〈열하일기〉의 문제제기를 통해서〉, 《문명의
     식과 실학》, 돌베개, 2009.

9   古田博司, 〈東アジア中華思想共有圈の形成〉, 駒井洋編, 《脱オリエンンタリズムとして
     の社會知》, ミネルヴァ書房, 1998.

10   岡本隆司, 《世界のなかの日清韓関係史-交隣と属国, 自主と独立》講談社, 2008, 1장.

11 박훈,《메이지유신은 어떻게 가능했는가》, 민음사, 2014, 4장 〈유학의 확산과 '사대부적 정치문화'의 확산〉 및 5장 〈'사화'(士化)하는 사무라이와 메이지유신〉 참조.

12 波平恒男,《近代東アジア史のなかの琉球併合: 中華世界秩序から植民地帝国日本へ》, 岩波書店, 2014, 4장.

13 이종석,〈북한 주둔 중국인민지원군 철수에 관한 연구〉,《세종정책연구》, 2014-19, 8쪽.

1차 자료

편자 미상,《항미원조단편집》, 국립출판사, 1955

김병도,《신문기자가 본 중국》, 서울문화사, 1950

김북원,〈전우의 땅에서〉,《중국방문기》, 평양, 1956

김사량,《노마만리》, 실천문학사, 2002

김진헌,《위대한 새 중국》, 조선 로동당 출판사, 1955

김진헌,《중국 인민의 위대한 항미원조운동》, 국립출판사, 1956

김태준,《김태준전집》, 보고사, 1998

리봉건 편,《조중 친선 미담집》, 국립출판사, 1957

황건,〈6억의 목소리〉,《중국방문기》, 평양, 1956

〈關於退出國際體育組織的聲明稿〉, 中國體育檔案館, 139, 1958

〈關於在國際體育組織中反對"兩個中國"的方案〉, 中國體育檔案館, 137, 1958

〈黃中與馬拉迪聯合公報〉, 國家體育檔案館, 79, 1962

〈第一屆新興力量運動會內部簡報〉1~56, 國家體育檔案館, 136, 1963

國家體委 編,《中國體育年鑒》, 人民體育出版社, 1963

世界文學社 編,《塔什幹精神萬歲: 中國作家論亞非作家會議》, 作家出版社, 1959

亞非作家會議中國聯絡委員會,《第二屆亞非作家會議文件彙編》, 1962

_____,《郭小川全集》1~12, 廣西師範大學出版社, 2005

_____,《魏巍文集》1~10, 廣東教育出版社, 1999

_____,《茅盾全集》1~24, 人民文學出版社, 1996

任道 編,《國際體育中的新旗幟: 新興力量運動會》, 人民體育出版社, 1965

中共中央文獻研究室 編,《周恩來外交文選》, 中央文獻出版社, 1990

_____,《毛澤東文集》1~8, 人民出版社, 1999

_____,《毛澤東選集》1~4, 中央文獻出版社, 1991

_____,《毛澤東外交文選》, 中央文獻出版社, 1994

_____,《建國以來劉少奇文稿》, 中央文獻出版社, 2005

中國作家協會,《譯文》, 1953~1958

中國作家協會,《世界文學)》, 1959~

中華人民共和國外交部檔案館 編,《1954年日內瓦會議》, 世界知識出版社, 2006

中華人民共和國外交檔案選 編,《1955年 亞非會議》, 世界知識出版社, 2007

中華人民共和國外交檔案選 編,《新運會火炬永放光芒: 中國體育代表團在雅加達》, 人民體育出
版社, 1964

《堀田善衞全集》1~16, 築摩書房, 1993~1994

アジア・アフリカ作家會議日本協議會,《アジア・アフリカ作家會議東京大會》, 1961

Bo Ngoai Giao, *Dau Tranh Ngoai Giao trong Cach Mang Dan Toc Dan Chu Nhan Dan
1945~1954*, Vol.2, 1997

Vo Nguyen Giap, *Dien Bien Phu: Diem Hen Lich Su*, Hanoi: NXB Quan Doi Nhan Dan,
2001

1st GANEFO of Asia, Phnom Penh Nov.25th Dec.6th, 1966, Cambodia, Bulletin I

Afro-Asian Writers' Bureau, *Afro-Asian poems: anthology*, 1963

_____, Thi Quyên Phan, *The way he lived: the story of Nguyen-van
Trôi*, 1965

_____, Nguyên Ngọc, *The village that wouldn't die*, 1966

_____, Poems from Nepal: anthology, 1966

_____, Taking the bandits' stronghold, 1967

_____, The red lantern, 1967

_____, Raid on the White Tiger Regiment, 1967

_____, Shachiapang, 1967

_____, Prairie Fire, 1967

_____, R. D. Senanayake, *Inside story of Tibet*, 1967

_____, "The Seminar in commemoration of the 25th anniversary of
Chairman Mao's talks at the Yenan forum on literature and art", *The call*, spec. is-
sue, 1967

_____, *Indonesian People Take Mao Tse-tung's Road: anthology*,

1968

_____, Robert F. Williams, *An Afro-American in Africa*, 1969

Afro-Asian Writers' Executive Committee Meeting, Denpassar, Bali, 16th-21st July, 1963

Charter of the Federation of the Games of the New Emerging Forces-THE GANEFO(코넬 대학 소장본)

Documents of the GANEFO Preparatory Committee, Djakarta, 23-24-25 November, 1963, DITTOP AD

Documents on Culture of the Struggling Afro-Asian Peoples, Indonesia National Committee for the Afro-Asian Writers' Conference, 1963

Ewa T. Pauker, "GANEFO I: Sports and Politics in Djakarta", *Rand Paper*, Rand Collection, 1964

Ganefo Congress, Djakarta, 1963, "Keynote Address by Soekarno at the Opening of GANEFO Congress in Jakrta", *Documents of the First GANEFO Congress, Djakarta, 24-25 November, 1963*.

Ganefo Federation·Permanent Secretariat, *Ekawarsa GANEFO: GANEFO's First Anniversary All over the World*, Jakrta: The Permanent Secretariat of the GANEFO Federation, 1965

Ganefo Federation·Permanent Secretariat, *GANEFO(Games of the New Emerging Forces): Its Principles, Purposes, and Organization*, Jakrta: The Permanent Secretariat of the GANEFO Federation, 1965

GANEFO Preparatory Conference, *Indonesia Sport Revolution*, (Jakarta: Department of Sport), 1963

GANEFO: Its Birth and Development, Jakarta: Komite Nasional GANEFO, 1963

Ministry of Foreign Affairs, *The Truth Concerning Vietnamese-Chinese Relations over the Past 30Years*, 1979

Norodom Sihanouk, *My War with the CIA: The Memoirs of Prince Norodom Sihanouk*, Pantheon Books, 1973

Pa Chin, *Living Amongst Heroes*, Peking: Foreign Languges Press, 1954

The Fourth ASIAN GAMES, Djakarta: the Department of Information, 1962

The Struggle Between The Two Lines in the Afro-Asian Writers' Movement, Afro-Asian colombo: Writers' Bureau, 1968

Valentin Kotkin, *Path of Struggle and Victories: 25th anniversary of the Afro-Asian Writers' Movement*, Moscow: Novosti Press Agency Publishing House, 1983

2차 자료

강진아, 〈중국의 부상과 세계사의 재조명: 캘리포니아학파에서 글로벌 헤게모니론까지〉,《역사와
　　경제》80, 2011

개번 매코맥,《종속국가 일본》, 창비, 2008

고야스 노부쿠니,《동아, 대동아, 동아시아》, 역사비평사, 2005

고은 외, 〈아시아·아프리카 작가운동 연혁: 20년〉,《문학과 예술의 실천논리》, 실천문학사, 1983

기시 도시히코·쓰치야 유카 편,《문화냉전과 아시아: 냉전 연구를 탈중심화하기》, 소명출판, 2012

김석수, 〈동경올림픽의 정치경제학적 의의〉,《2008 건국 60주년 기념 공동학술회의》, 전남대학교
　　세계한상문화연구단, 2008

김소현, 〈중국현대시 속의 한국전쟁〉,《중국어문논총》41, 2009

김정인, 〈동아시아사 연구를 위한 성찰과 모색의 디딤돌: 유용태·박진우·박태균,《함께 읽는 동아
　　시아근현대사》(창비, 2010)〉,《역사와현실》79, 2011

김진공, 〈문화대혁명 시기 '양판'의 형성과정〉,《중국문학》34, 2000

김하림, 〈1930년대 중국 지식인의 아시아론과 민족주의〉,《중국근현대사연구》35, 2007

나리타 류이치, 〈'고향'이라는 이야기·재설: 20세기 후반의 '고향'과 관련하여〉,《한국문학연구》30,
　　2006

노관범, 〈1910년대 한국 유교지식인의 중국 인식〉,《민족문화》40, 2012

도미엔, 〈1975년 베트남전 종전과 북한정부의 대응: 베트남자료를 중심으로〉,《이화사학연구》48,
　　2014

마루카와 데쓰시저,《냉전문화론》, 너머북스, 2010

마틴 자크,《중국이 세계를 지배하면》, 부키, 2010

문정희, 〈중국 문혁기 모범극의 시각이미지: '홍등기'의 혁명영웅상을 중심으로〉,《미술이론과 현
　　장》5-5, 2007

미야지마 히로시, 〈유교적 근대로서의 동아시아 근세〉,《나의 한국사 공부》, 너머북스, 2013

박걸순, 〈신채호의 아나키즘 수용과 동방피압박민족연대론〉,《한국독립운동사연구》38, 2011

박란영, 〈바진과 한국전쟁: 국가 이데올로기와 작가의식 사이에서〉,《중국어문논총》40, 2009

＿＿＿, 〈신중국 수립 후 파금 의식의 변모과정 연구〉,《중국어문논총》28, 2006

박인숙, 〈존 루이스 개디스의 '탈수정주의'적 냉전 해석에 대한 비판적 고찰〉,《대구사학》70, 2003

박태균, 〈미국의 기대보다 더 잘하고 있는 한국〉,《역사비평》83, 2008

박태균·박진우·유용태,《함께 읽는 동아시아 근현대사》1·2, 창비, 2011

박훈,《메이지유신은 어떻게 가능했는가》, 민음사, 2014

배경한,《쑨원과 한국: 중화주의와 사대주의의 교차》, 도서출판 한울, 2007

백영서, 〈한국에서의 중국현대사 연구의 의미: 동아시아적 시각의 모색을 위한 성찰〉,《중국현대
　　사연구회회보》1, 1993

_____, 〈제국을 넘어 동아시아공동체로〉,《동아시아의 지역질서: 제국을 넘어 공동체로》, 창비, 2005

_____, 〈변하는 것과 변하지 않는 것: 한중관계의 과거·현재·미래〉,《역사비평》101, 2012

_____, 〈주변에서 동아시아를 본다는 것〉,《주변에서 본 동아시아》, 문학과지성사, 2004

백원담, 〈냉전기 아시아에서 아시아주의의 형성과 재편〉,《냉전 아시아의 문화풍경》1, 현실문화연구, 2008

_____, 〈아시아에서 1960~70년대 비동맹/제3세계운동과 민족·민중 개념의 창신〉,《냉전 아시아의 문화풍경》2, 현실문화연구, 2009

서동만, 〈북한 사회주의에서 근대와 전통〉,《북조선 연구: 서동만 저작집》, 창비, 2010

_____,《북조선 사회주의 체제 성립사 1945~1961》, 선인, 2005

성공회대 동아시아연구소 편,《냉전 아시아의 문화풍경》1·2, 현실문화연구, 2008·2009

손해룡, 〈1950년대 항미원조운동 중 나타난 한반도 인식〉,《중국현대문학》제59호

심승구·김미숙, 〈안티-올림픽 세계가네포대회의 역사적 의미〉,《한국여성체육학회지》22-2, 2008

쑨원, 〈대아시아주의〉,《동아시아인의 '동양'인식: 19~20세기》, 문학과지성사, 1997

양태은, 〈서극 영화에서의 "중국" 또는 "동방"〉,《중국어문학논집》30, 2005

양회석, 〈문화대혁명의 상징: 양판희〉,《중국인문과학》35, 2007

요네타니 마사후미 저, 조은미 옮김,《아시아/일본》, 그린비출판사, 2010

왕후이,《아시아는 세계다》, 글항아리, 2011

윌리엄 듀이커,《호치민 평전》, 푸른숲, 2000

유용태, 〈동아시아의 베트남전쟁, 남북 3각 동맹의 대응〉,《환호 속의 경종》, 휴머니스트, 2006

_____, 〈중국의 지연된 근대외교와 한중관계: 동아시아 지역사의 시각〉,《한중인문학연구》37, 2012

_____, 〈중국인의 '남조선 한청', 20세기 중화주의〉,《환호 속의 경종》, 휴머니스트, 2006

유인선,《베트남과 그 이웃 중국: 양국관계의 어제와 오늘》, 창비, 2012

이근석, 〈까오리빵즈, 한국인의 부정적 타자화의 기원과 재맥락화에 대하여〉,《중국현대문학》, 58

이병한, 〈'두 개의 중국'과 화교정책의 분기: 반둥회의(1955) 전후를 중심으로〉,《중국근현대사연구》45, 2010

_____, 〈Look South: 아시아관계회의의 부활〉,《플랫폼》33, 2012

이보고, 〈오사시기《東方雜誌》적 초월민족국가상상〉,《중국어문학논집》73, 2012

이삼성, 〈동아시아 국제질서의 성격에 관한 일고: '대분단체제'로 본 동아시아〉,《한국과 국제정치》22-4, 2006

이영구, 〈파금과 한국전쟁 문학〉,《외국문학연구》25, 2007

이영미, 〈북한의 문학장르 오체르크 연구〉,《한국문학이론과 비평》24, 2004

이종민, 〈한국은 동북아 '중심'국가인가: 현실 중국과 우리 안의 중국에 대하여〉,《중국학논총》17,

2004

이종석,《북한-중국관계 1945~2000》, 중심, 2000

──,〈북한 주둔 중국인민지원군 철수에 관한 연구〉,《세종정책연구》, 2014

인하대학교한국학연구소 엮음,《한국과 베트남 사진, 북경에서 만나다》, 소명출판, 2013

임성모,〈대동아공영권 구상에서의 '지역'과 '세계'〉,《세계정치》, Vol.26, No.2, 2005, 임성모,〈동
　　아협동체론과 '신질서'의 임계〉,《동아시아의 지역질서》, 창비,

임우경,〈한국전쟁 시기 중국의 애국공약운동과 여성의 국민되기〉,《중국현대문학》, 9-2, 2009

──,〈한국전쟁시기 중국의 반미대중운동과 아시아 냉전〉,《사이間SAI》, 10, 2011

임형택,《한국학의 동아시아적 지평》, 창비, 2014

──,〈중국 중심 천하관과 그 극복의 과제:《열하일기》의 문제제기를 통해서〉,《문명의식과 실
　　학》, 돌베개, 2009

자오팅양,《천하체계》, 길, 2010

──,〈동방이란 허구 개념인가〉,《동아시아 문화와 사상》12, 2005

장세진,《상상된 아메리카: 1945년 8월 이후 한국의 네이션 서사는 어떻게 만들어졌는가》, 푸른역
　　사, 2012

──,《슬픈 아시아: 한국 지식인들의 아시아 기행(1945~1966)》, 푸른역사, 2012

전영선·김지니,〈북한의 대외문화교류 정책과 북중 문화교류〉,《중소연구》118호, 2008

정문상,〈냉전기 북한의 중국인식: 한국전쟁 후 중국 방문기를 중심으로〉,《우리어문연구》40,
　　2011

정민,《18세기 한중 지식인의 문예공화국》, 문학동네, 2014

조득창,〈문혁시기 '양판희' 영웅형상의 신격화 경향 연구〉,《중국어문논역총간》16-S, 2005

존 루이스 개디스,《냉전의 역사》, 에코리브르, 2010

차혜원,〈유동적 역사공간: 근세 동아시아로의 접근〉,《역사비평》79호, 2007

찰스 암스트롱,《북조선 탄생》, 서해문집, 2006

첸리췬,〈중국 국내문제의 냉전시대적 배경〉,《창작과비평》151, 2011

최명해,《중국·북한 동맹관계: 불편한 동거의 역사》, 오름, 2009

최병욱,〈19세기 전반 베트남 제국의 국제질서〉,《동남아시아연구》21권 1호, 2011

──,《베트남 근현대사》, 창비, 2008

최원식,〈탈냉전 시대와 동아시아적 시각의 모색〉,《창작과비평》21-1, 1993

──,〈다시 살아난 불씨: 제2회 인천AALA문학포럼에 부쳐〉, 제2회 인천AALA문학포럼, 2011

──,〈동아시아 국제주의의 복원을 위하여〉, 2010년 인하대 동아시아한국학 국제학술회의 기
　　조 발제문

최원식·백영서 편《동아시아인의 '동양' 인식》, 문학과지성사, 1997

케빈 맥더모트·제레미 애그뉴,《코민테른: 레닌에서 스탈린까지, 국제공산주의운동의 역사》, 서해
　　문집, 2009

필립 쇼트,《폴 포트 평전》, 실천문학사, 2004

하영선, 〈동아시아 질서 개념의 역사적 변환〉,《근대한국의 사회과학 개념 형성형성사》2, 창비, 2012

한기형, 〈"백랑"의 잠행 혹은 만유: 중국에서의 심훈〉,《민족문학사연구》35, 2007

_____, 〈서사의 로컬리니, 소실된 동아시아: 심훈의 중국체험과《동방의 애인》〉,《대동문화연구》63, 2008

한상도, 〈조선의용군의 위상과 동방각민족 반파시스트대동맹의 관계〉,《역사와현실》44, 2002

한중일3국공동역사편찬위원회,《미래를 여는 역사: 한중일이 함께 만든 동아시아 3국의 근현대사》, 한겨레출판, 2012

_____,《한중일이 함께 쓴 동아시아 근현대사》1·2, 휴머니스트, 2012

허은,《미국의 헤게모니와 한국 민족주의: 냉전시대(1945~1965) 문화적 경계의 구축과 균열의 동반》, 高麗大學校 民族文化研究院, 2008

호따 요시에, 〈25년의 세월과 함께〉, 일본 아시아·아프리카 작가회의 편,《민중문화와 제3세계: AALA 문화회의 기록》, 창작과비평사, 1983

홍석률, 〈닉슨 독트린과 박정희 유신체제〉,《내일을 여는 역사》26, 2006

_____, 〈한국의 동아시아사 서술 속의 근현대 중국〉, 동아시아 문화 속의 중국 학술회의 발제문, 2012

_____,《분단의 히스테리: 공개문서로 보는 미중관계와 한반도》, 창비, 2010

후루타 모토오,《베트남의 세계사: 중화세계에서 동남아세계로》, 개신, 2008

〈中共中央關於中美聯合公報的通知〉,《新中國外交風雲》, 1972

《我與中共和柬共 赤色華人解秘:柬共如何興亡》, 田園書屋, 2007

幹春松,《重回王道: 儒家與世界秩序》, 華東師範大學出版社

薑豔秀, 〈論魏巍抗美援朝作品中的朝鮮形象〉, 延邊大學校, 2009, 碩士論文

郭春林, 〈民族主義與國際主義─關於張承志及亞非作家會議的思考〉,《南方文壇》, 2012, 第1期

曠晨, 潘良 編輯,《我們的五十年代》, 中國友誼出版社, 2005

戴超武, 〈肯尼迪: 約翰遜時期的外交與第三世界〉,《美國研究》, 2006, 第2期

_____, 〈新冷戰史與當代美國外交史學思潮〉,《美國研究》, 1999, 第1期

鄧峰, 〈近十餘年朝鮮戰爭研究綜述〉,《中共黨史研究》, 2010, 9期

黎躍進, 〈亞非作家會議的民族主義審視〉,《湖南大學學報》(社會科學版), 2010, 第1期

劉蓮芬, 〈論1950~1970年代的美泰關系〉,《世界歷史》, 2006, 第3期

劉雄·于新華, 〈20世紀五六十年代的東南亞華僑問題與美國對華遏制政策〉,《當代中國史研究》, 2006, 第4期

劉洪濤, 〈世界文學觀念在20世紀50~60年代中國的兩次實踐〉,《中國比較文學》, 2010, 第3期

_____, 〈世界文學觀念在世紀:60年代中國的兩次實踐〉,《中國比較文學》, 2010, 第3期

李丹慧,〈20世紀60年代美國中央情報局對中蘇關系的評估〉,《南開學報》, 2005, 第3期

_____,〈毛澤東"三個世界劃分"戰略和策略思想的歷史考察〉,《世界歷史》, 1994, 第1期

李偉光,〈論楊朔抗美援朝文學作品中的朝鮮形象〉, 延邊大學校 2009年 碩士論文

李輝,〈"新興力量運動會"的發起, 終結及其歷史意義〉,《體育與科學》19, 1998

林偉京,《〈人民日報〉與抗美援朝戰爭中的政治動員〉,《江西師範大學學報: 哲社版》(南昌), 2007, 第3期

馬駿,〈1958~1960年艾森豪威爾政府對印度尼西亞的雙軌政策〉,《世界歷史》, 2005, 第6期

毛澤東,〈關於目前國際形勢的幾點估計〉(1946年 4月),《毛澤東選集》4, 人民出版社, 2001

_____,〈和美國記者安哪路易斯阿姆斯特朗的談話〉(1946年 8月 6日),《毛澤東選集》4, 人民出版社, 2001

白建才,〈近年來美國的冷戰史研究〉,《歷史研究》, 2002, 第1期

白國良,〈我參與報道第一屆新興力量運動會〉,《縱橫》, 2002, 第5期

樊吉社,〈美國分離西藏: 從策劃到失敗(1949~1951)〉,《國際論壇》, 2000, 第6期

傅涯 主編,《陳賡大將圖傳》, 中國人民解放軍出版社, 2013

師哲,《在歷史巨人身邊: 師哲回憶錄》, 中央文獻出版社, 1991

常彬,〈百年中國文學的朝鮮敘事〉,《中國社會科學》, 2010, 第2期

____,〈複合視覺, 女性鏡像, 道德偏向: 論抗美援朝文學中的"朝鮮敘事"〉,《人文雜志》, 2007, 第4期

____,〈異國錦繡河山與人文之美的故園情結〉,《河北大學學抱》(哲學社會科學版), 2010, 第6期

____,〈抗美援朝文學敘事中的政治與人性〉,《文學評論》2007, 第2期

____,〈抗美援朝文學中的域外風情敘事〉,《文學評論》, 2009, 第4期

徐藍,〈國家大戰略與對外政策調整: 20世紀40~60年代冷戰態勢的演變〉,《浙江學刊》, 2003, 第6期

____,〈試論冷戰的爆發與兩極格局的形成〉,《首都師範大學學報》, 2002, 第2期

____,〈從兩極格居到多極化的發展: 20世紀70~90年代冷戰態勢的演變〉,《浙江學刊》, 2005, 第2期

____,〈中國戰後國際關係史研究30年〉,《冷戰國際史研究》8, 2009

徐友珍,〈1950年英美向聯大提交的台灣問題提案〉,《世界歷史》, 2005, 第4期

_____,〈論美英在承認新中國問題上個行其是的深層原因〉,《世界歷史》2006, 第1期

孫建社, 石斌 編,《從"中間地帶"到"世界多極化"》, 人民出版社, 2003

孫寶莉,〈萬維生回憶錄 18: 第一屆亞洲新興力量運動會〉,《郵壇縱橫》, 2003, 第3期

_____,〈新興力量運動會〉,《體育文史》2, 1990

_____,〈亞洲新興力量運動會〉,《體育文史》5, 1990

時殷弘,《美蘇從合作到冷戰》, 華夏出版社, 1988

楊奎松,〈中美和解過程中的中方變奏: "三個世界"理論提出的背景探析〉,《冷戰國際史》4, 2007

_____, 《"中間地帶"的革命》, 山西人民出版社, 2010

_____ · 沈志華 · 李丹慧, 《中國與印度支那戰爭》, 天地圖書有限公司, 2000

餘偉民, 〈國際頭爭與本土頭爭: 冷戰邏輯的解讀: 從《冷戰與革命》看冷戰史研究的範式的創新〉,
　　　《華東師範大學學報》, 2005, 第2期

_____, 〈國際性與本土性:冷戰的雙重邏輯〉,《冷戰國際史研究》, 2006, 第2期

歷史研究 編輯部, 《《歷史研究》五十年論文選: 冷戰史》, 北京: 社會科學文獻出版社, 2005

吳冷西, 《十年論戰: 中蘇關系回憶錄(1956~1966)》, 中央文獻出版社, 1999

溫強, 《肯尼迪政府與中國: x制但不孤立政策的起源》, 天津古籍出版社, 2005

王立新, 〈意識形態與美國對華政策: 以奇孫和承認問題爲中心的再研究〉,《中國社會科學》2005,
　　　第3期

王帆, 〈從二次台海危機看美台軍事合作困境〉,《歷史教學》, 2006, 第10期

王朝元, 《《冷戰年代的中國與世界》叢書出版〉,《廣西師範大學學報(哲學社會科學版)》, 2002, 2期

王中忱, 〈漫長的跨國作家會議: 亞非作家會議史的追蹤〉,《走讀記》, 中央編譯出版社, 2007

_____, 〈亞非作家會議與戰後中日作家的世界認識〉,《日本學論壇》, 2002, 第1期

_____, 〈亞非作家會議與中國作家的世界認識〉,《中國現代文學研究叢刊》, 2003, 第2期

_____, 〈亞非作家會議與中國作家的世界認識〉,《中國現代文學研究叢刊》, 2003, 第2期

牛軍, 〈三次台灣海峽軍事鬪爭決策研究〉,《中國社會科學》, 2005, 第5期

____, 〈重建"中間地帶": 中國亞洲政策的緣起(1949~1955年)〉,《國際政治研究》, 2012, 第2期

____, 《從延安走向世界: 中國共產黨對外關系的起源》, 中共黨史出版社, 2008

牛大勇 · 沈志華, 《冷戰與中國的周邊關系》, 世界知識出版社, 2004

魏史言, 〈基辛格第二次訪華〉, 外交部外交史編輯室 編,《新中國外交風雲》2, 世界知識出版社,
　　　1994

尹均生, 〈新中國揚我軍威第一人: 魏巍及其報告文學〉,《廣播電視大學學報》(哲學社會科學版),
　　　2009, 第3期

章百家, 〈改變自己, 影響世界: 20世紀中國外交基本線索芻議〉,《中國社會科學》第1期, 2001

_____, 〈序言〉,《歷史研究》五十年論文選: 冷戰史, 社會科學文獻出版社, 2004

章百家 · 牛軍 編, 《冷戰與中國》, 世界知識出版社, 2002

張盛發, 《斯大林與冷戰(1945~1953)》, 中國社會科學出版社, 2000

張小明, 《冷戰及其遺產》, 上海人民出版社, 1995

張瓅, 〈短篇報告文學經典重讀〉,《廣播電視大學學報》(哲学社会科学版), 2010, 第1期

張雲帆, 《美國國家安全委員會與對華西藏政策的制定(1953~1961)》, 國際論壇, 2007, 第4期

錢江, 《周恩來與日內瓦會議》, 中共黨史出版社, 2005

錢理群, 〈我們這一代人的世界想像〉,《臺灣社會研究季刊》, 2005, 第57期

鄭培燕, 〈形象學視野下中國現代小說中的朝鮮人: 以巴金小說爲例〉,《汕頭大學學報(人文社會科
　　　學版)》27

鄭昭賢,《馬共奇女子陳田夫人: 李明口述曆史》, 策略資訊研究中心, 2007

鄭永虛, 〈美國國會與中美關係中的"西藏問題"新探: 基爲'國會記錄'的文本分析〉,《西藏民族學院學報》, 2000, 第1期

程映虹, 〈毛主義和中國模式如何影響東歐和北越: 對'雙百方針'和'反右'運動的在考察〉,《毛主義革命: 二十世紀的中國與世界》, 香港: 田園書屋出版, 2008

_____, 〈向世界輸出革命: "文革"在亞非拉的影響初探〉,《當代中國研究》, 2006 秋季號

趙偉明,《中東問題與美國中東政策》, 北京: 時事出版社, 2006

中共中央文獻研究室 編,《毛澤東傳》(套裝共6冊), 中央文獻出版社 第2版, 2011

中國外交部黨案館 編,《1954年日內瓦會議》, 世界知識出版, 2006

陳兼, 〈留美中國學者對於中美關系的研究〉,《架起理解的橋梁: 中美關系史研究回顧與展望》, 安徽大學出版社, 1996

____, 〈將"革命"與"非殖民化"相連接: 中國對外政策中"萬隆話語"的興起與全球冷戰的主題變奏〉,《冷戰國際史研究》9, 2010

陳國樑, 〈冷戰期間新興力量與印度尼西亞的建築(1945~1965)〉,《冷戰國際史研究》, 2008, 第1期

沈志華, 〈毛澤東與一九五七年莫斯科會議〉,《曆史研究》, 2007年第6期

_____, 〈試論中蘇同盟破裂的根本原因: 兼談社會主義陣營國家關系的結構性弊病〉,《國際觀察》, 2005, 第5期

_____, 〈一九五六年十月危機: 中國的角色與影響〉,《曆史研究》, 2005, 第2期

_____, 〈朝鮮戰後重建與中國的經濟援助(1954~1960)〉,《中共黨史研究》, 2011, 第3期

_____, 〈中蘇同盟, 朝鮮戰爭與對日和約: 東亞冷戰格局形成的三步曲及其互動關系〉,《中國社會科學》, 2005, 第5期

_____,《毛澤東, 斯大林與朝鮮戰爭》, 廣州: 廣東人民出版社, 2007

_____,《蘇聯專家在中國(1948~1960)》, 中國國際廣播出版社, 2003(《蘇聯專家在中國》, 新華出版社, 2009, 증보판)

_____,《中蘇關系史綱(1917~1991)》, 北京: 新華出版社, 2007

沈志華·李丹慧,《戰後中蘇關系若幹問題研究: 來自中俄雙方的檔案文獻》, 北京: 人民出版社, 2006

湯季芳,《冷戰的起源與戰後歐洲》, 蘭州大學出版社, 1987

夏亞峰, 〈冷戰國際史研究在中國: 對過去20年研究的述評〉,《冷戰國際史研究》8, 2009

_____, 〈重評1961~1968年的中美大使級會議〉,《冷戰國際史研究》, 2007, 第4輯

何惠, 〈美國對1969年中蘇邊界沖突的反應〉,《當代中國史研究》, 2005, 第3期

黃錚,《胡志明與中國》, 解放軍出版社, 1987

ジョン·ルイス ギャディス 著, 赤木完爾·斉藤祐介 翻訳,《歷史としての冷戰: 力と平和の追求》, 慶應義塾大學出版會, 2004

タイン チイン,《ベトナム革命の内幕》, めこん, 1999

岡本隆司,《屬國と自主のあいだ: 近代淸韓関係と東アジアの命運》, 名古屋大學出版會, 2004

古田元夫,《ドイモイの誕生: ベトナムにおける改革路線の形成過程》, 靑木書店, 2009

權學俊,〈戰時期日本における'幻の東京オリンピック'の祝祭性と政治性に関する考察〉,《日本學研究》28, 2009

桃木至朗,《中世大越國家の成立と変容》, 大阪大學出版會, 2011

渡辺昭夫,〈冷戰とその後·序論〉,《國際政治》100號 記念號, 1992

道上知弘,〈朝鮮戰爭と中國の作家たち: 巴金と50年代〉,《情況》8(7), 1997

_____,〈巴金の朝鮮戰爭戰地訪問とその作品について〉, Journal of art and letters 85, 2003

鈴木眞,〈周邊諸國にとってのベトナム戰爭〉,《ベトナム戰爭の'戰後'》

馬場公彦,《戰後日本人の中國像》, 新曜社, 2010

茂木敏夫,〈近代中國における傳統的國際秩序の語り方〉,《19世紀東アジアにおける國際秩序觀の比較研究》, 財團法人國際高等教育研究所, 2010

_____,〈中國から見た〈朝貢體制〉: 理念と実態, そして近代における再定義〉,《アジア文化交流研究》3, 2006

_____,〈中國的世界像の變容と再編〉,《シリーズ20世紀中國史 1: 中華世界と近代》, 東京大學出版會, 2009

_____,〈中國的世界像の変容と再編〉,《シリーズ20世紀中國史1, 中華世界近代》, 東京大學出版會, 2009

_____,〈中華世界の再編と20世紀ナショナリズム: 抵抗抑圧の表裏一體性〉,《現代中國研究》(21), 2007

民主カンボジア外務省 編, 日本カンボジア友好協會監 譯,《ベトナムを告發する: 〈黑書〉全譯》, 社會思想社, 1979

柄穀行人,〈世界史の構造のなかの中國: 帝國主義と帝國〉,《atプラス》11, 2012

福田忠弘,《ベトナム北緯17度線の斷層: 南北分斷と南ベトナムにおける革命運動(1954~60)》, 成文堂, 2006

上原專祿,〈非同盟主義の倫理と論理〉,《思想》11·12月, 1961

石井明,〈冷戰と中國_進む中國の冷戰研究〉,《アジア研究》52(2), 2006

石井知章, 米穀匡史, 小林英夫,《一九三〇年代のアジア社會論: 〈東亜協同體〉論を中心とする言説空間の諸相》, 社會評論社, 2010

松本三之介,《近代日本の中國認識　德川期儒學から東亜協同體論まで》, 以文社, 2011

岩井茂樹,〈朝貢と互市〉,《岩波講座東アジア近現代通史1》, 岩波書店, 2010

野村浩一, 小林弘二 編,《中國革命の展開と動態》, アジア經濟研究所, 1972

與那覇潤,〈世界史からみた琉球処分: 〈近代〉の定義をまじめに考える〉村井章介, 三穀博(編集),《琉球からみた世界史》, 山川出版社, 2011

_____,《翻訳の政治學: 近代東アジアの形成と日琉関係の変容》, 岩波書店, 2009

_____,《中國化する日本日中〈文明の衝突〉一千年史》, 文藝春秋, 2011

李東俊,《未完の平和: 米中和解と朝鮮問題の變容》, 法政大學出版局, 2010

紫田純志,〈非同盟の起源〉,《國際教養學論集》3·4, 1994

張鈴,〈orient, 東洋と東方: orientという語の訳語から日中両國の自己のあり方を探る〉,《漢字文化研究》3, 2012

赤木完爾,〈訳者後記〉,《歴史としての冷戰: 力と平和の追求》, 慶應義塾大學出版會, 2004

朱建榮,《毛澤東のベトナム戰爭》, 東京大學出版會, 2001

中野亜里,〈ベトナム革命戰爭と中國〉

増田弘 編,《ニクソン訪中と冷戰構造の變容—美中接近の衝撃と周邊諸國》, 慶應義塾大學出版會, 2006

池端雪浦 編,《代わる東南アジア史像》, 山川出版社, 1994

_____,《日本·ベトナム関係を學ぶ人のために》, 世界思想社, 2000

川島眞,〈東アジア國際關係の再編〉, 三穀博 編,《大人のための近現代史》, 東京大學出版會, 2009

_____,〈中國外交の歴史: 中華世界秩序とウェストファリア的理解の狭間で〉,《中國の外交: 自己認識と課題》, 山川出版社, 2007

川島眞·毛裏和子,《グローバル中國への道程: 外交150年》, 岩波書店, 2009

秋田茂·桃木至朗 編集,《グローバルヒストリーと帝國》, 大阪大學出版會, 2013

土佐弘之,〈クロノトポスの政治的變容 四〇〇〇年文明國家と百年國恥地図〉,《現代思想》12月號, 2012

坂本義和,《相対化の時代》, 岩波書店, 1997

坂上康博·高岡裕之,《幻の東京オリンピックとその時代: 戰時期のスポーツ·都市·身體》, 青弓社, 2009

和田正名,《ベトナム戰爭と〈有事〉體制: 実証·先行したアメリカのテロ》, 光陽出版社, 2002

和田春樹·後藤乾一·木畑洋一·山室信一·趙景達·中野聡·川島眞 編集,《岩波講座 東アジア近現代通史》1~10, 岩波書店, 2011

Adam Cathcart, "Japanese Devils and American Wolves: Chinese Communist Songs from the War of Liberation and the Korean War", *Popular Music and Society*, Vol.33, No.2, 2010

Adam Cathcart and Charles Kraus, "Internationalist Culture in North Korea, 1945~1950", *The Review of Korean Studies*, Vol.11, No.3, 2008

_____, "The Bonds of Brotherhood: New Evidence on Sino-North Korean Exchanges, 1950~1954", *Journal of Cold War Studies*, Vol.13, No.3,

2011

Alfred Erich Senn, *Power, Politics and the Olympic Games, Champaign*, IL: Human Kinetics, 1999

Allen Hunter ed., *Rethinking the Cold War*, Philadelphia: Temple University Press, 1998

Ang Cheng Guan, *Singapore, ASEAN and the Cambodian Conflict, 1978~1991*, NUS Press, 2013

_____, *Southeast Asia and the Vietnam War*, Routledge, 2009

_____, Vietnamese Communist's Relations with China and the Second Indochina Conflict, 1956~1962, McFarland & Company, 1997

Brantly Womack, "Asymmetry and China's Tributary System", *The Chinese Journal of International Politics*, Vol.5, 2012

_____, *China Among Unequals: Asymmetric Foreign Relations in Asia*, World Scientific Publishing Company, 2010

_____, *China and Vietnam: The Politics of Asymmetry*, Cambridge University Press, 2006

Bruce M. Lockhart, "Narrationg 1945 in Lao Historiography", Christopher E. Goscha and Soren Ivarsson eds., *Contesting Visions of the Lao Past*, NIAS Press, 2003

Charles K. Armstrong, "'Fraternal Socialism': The International Reconstruction of North Korea, 1953~1962", *Cold War History*, Vol.5, No.2, 2005

Chen Jian, "China and the Indochina Settlement of the Geeva Conference of 1954", Mark Lawrence and Fredrik Logvall eds., *The First Vietnam War: Colonial Conflict and Cold War Crisis*, Harvard University Press, 2007

_____, "China, the Vietnam War, and Sino-American rapprochement, 1968~1973", *The Third Indochina War: Conflict between China, Vietnam and Cambodia, 1972~1979*, Routledge, 2006

_____, "China, Vietnam and Sino-American rapprochement", *The Third Indochina War: Conflict between China, Vietnam and Cambodia, 1972~1979*, Routledge, 2006

_____, "China's involvement in the vietnam, 1964~1965", *China Quarterly*, 1995

_____, China's Road to the Korean War: The Making of the Sino-American Confrontation, Columbia University Press, 1994.

_____, Mao's China and The Cold War, The University Press of North Carolina, 2001

Chih-yu Shih, *Sinicizing International Relations: Self, Civilization, and Intellectual Politics in Subaltern East Asia*, Palgrave Macmillan, 2013

Chris A. Connolly, "The politics of the Games of the New Emergin Forces(GANEFO)", *The international Journal of the History and Sport*, Vol.209, No.9, 2012

Christopher CONNERY, "The Asian Sixties: an unfinished project", *Inter-Asia Cultural Studies*, Vol.7, No.4, 2006

Christopher E. Goscha, "Revolutionizing the Indochinese Past: Communist Vietnam's 'Special' Historiography on Laos", *Contesting Visions of the Lao Past*, NIAS Press, 2003

_____, "Vietnam, the Third Indochina War and the meltdown of Asian internationalism", *The Third Indochina War: Conflict between China, Vietnam and Cambodia, 1972~1979*, Routledge, 2006

_____, Going Indochinese: Contesting Concepts of Space and Place in French Indochina, NIAS Press, 2012

_____, Thailand and the Southeast Asian Networks of The Vietnamese Revolution, 1885~1954, Routledge, 1998

Christopher Goscha, Christian Ostermann eds., *Connecting Histories: Decolonization and the Cold War in Southeast Asia, 1945~1962*, Stanford University Press, 2009

D. N. Aidit, "Set A Fire the "Banteng" Spirit!", *Ever Forward, No Retreat*, Peking: Foreign Language Press, 1964

David Easter, "'Keep the Indonesian Pot Boiling': Western Covert Intervention in Indonesia, October 1965~March 1966", *Cold War History*, Vol.5, No.1, 2005

David Painteg, "A partial History of the Cold War", *Cold War History*, Vol.6, No.4, 2006

Dong-Soub Oh, 〈GANEFO and the Olympic Movement〉, 《체육과학연구지》 2, 1986

Edgar Snow, *Red Star over China: The Classic Account of the Birth of Chinese Communism*, Grove Press, 1994

Edward H. Judge and John W. Langan, *A Hard and Bitter Peace: A Global History of the Cold War, Upper Saddle*, NJ: Prentice Hall, 1995

Eero Palmujoki, *Vietnam and the World: Marxist-Leninist Doctrine and the Changes in International Relations*, 1975~93, Macillan, 1997

Fan Hong, "Prologue: The Origin of the Asian Games: Power and Politics", *Sport, Nationalism and Orientalism: The Asian Games*, Routledge, 2007

_____, "The Olympic Movement in China: Ideals, Realities and Ambitions", *Culture, Sport, Society*, 1, 1998

Fan Hong ed., *Sport, Nationalism and Orietalism: Asian Games*, Routledge, 2007

Fan Hong and Xiong Xiaozheng, "Communist China: Sport, Politics and Diplomay", *Sport in Asian Society: Past and Present*, FRANK CASS, 2003

G. H. Jansen, *Afro-Asia and Non-Alignment*, London: Faber, 1966

Gavan McCormack, "Japan's Client State (Zokkoku) Problem"(日本の屬國問題), *The Asia-*

Pacific Journal, Vol.11, Issue 25, No.2, June 24, 2013

Geir Lundestad, "The cold war according to John Lewis Gaddis", *Cold War History*, Vol.104, No.2, 1999

_____, "The United States and Western Europe, 1945~1952", *Journal of Peace Research*, Vol.23, No.3. 1986

Heonik Kwon, *The Other Cold War*, Columbia University Press, 2010

Hong Liu, *China and the Shaping of Indonesia*, 1949~1965, Singapore: National University of Singapore Press, 2010

Ilya V. Gaiduk, *Confronting Vietnam: Soviet policy toward the Indochina Conflict, 1954~1963*, Woodrow Wilson Center Press, 2003

Immanuel Wallerstein, "What Cold War in Asia: An Interpretative Essay", Zheng Yangwen, Hong Liu, Michael Szonyi eds., *The Cold War in Asia: The battle for Hearts and Minds*, BRILL, 2010

J. A. Mangan, Sandra Collins, Gwang Ok, *The Triple Asian Olympics –Asia Rising: The Pursuit of National Identity*, International Recognition and Global Esteem, Routledge, 2012

J. D. Legge, *SUKARNO –A Political Biography*, Archipelago Press, 2003

James E. Dougherty and Robert L. Pfaltzgraff Jr., *Contending Theories of International Relations: A Comprehensive Survive* (5th Edition), Longman, 2001

Jeffrey T. Checkel, "The Constructive Turn in International Relations", *World Politics*, 50, 1998

Jeremy Issacs, *Cold War: An Illustrated History, 1945~1991*, Boston: Little Brown, 1998

Jiang An, "Mao Zedong's "Three Worlds" Theory: Political Considerations and Value for he Times", *Social Sciences in China*, Vol.34, No.1, 2013

Jilly Tragnou, "Tokyo's 1964 Olympic design as a 'realm of ⟨design⟩ memory'", *Sport in Society*, Vol.14, No.4, 2011

John Lewis Gaddis, "International Relations Theory and the End of the Cold War", *International Security*, Vol.17, No.3, 1993

_____, "New Conceptual Approaches to the Studies of American Foreign Relations: Interdisciplinary Perspectives", *Diplomatic History*, Vol.14, No.3, 1990

_____, "On Starting All over Again: A Naive Approach to the Study of the Cold War", *Reviewing the Cold War: Approaches, Interpretations, Theory*, Frank Cass Publishers, 2000

_____, The Cold War: A New History, Penguin, 2006

_____, We Now Know: Rethinking Cold War History, New York: Oxford University Press, 1997

John Lewis and Xue Litai, *China Build the Bomb*, Stanford University Press, 1987

_____, *China's Strategic Sea Power: The Politics of Force Modernization in the Nuclear Age*, Stanford University Press, 1996

Jonathan Kolatch, *Sports, Politics and Ideology in China*, New York: Jonathan David Publishers, 1972

Leslie Wolf-Phillips, "Why 'Third World'?: Origin Definition and Usage", *Third World Quarterly*, No.1, 1979

Lien-Hang T. Nguyen, *Hanoi's War: An International History of the War for Peace in Vietnam*, UNC Press, 2012

M.L. Kamlesh, *Foundations of Physical Education*, New Delhi: Metropolitan Publishers, 2002

Mark Mazower, *Governing the World: The History of an Idea*, Penguin Press HC, 2012

Martin Hollis and Steve Smith, *Explaining and Understanding International Relations*, Oxford University Press, 1990

Martin Walker, The Cold War: A History, New York: Herry Holt, 1994

Melvyn Leffler, "New Approaches, Old Interpretations and Prospective Reconfiguration", *Diplomatic History*, Vol.19, No.2, 1995

_____, "The Cold War: What Do We Know?", *American Historical Review*, 104, No.2, 1999

Melvyn Leffler, Odd Arne Westad eds., *The Cambridge History of the Cold War I·II·III*, Cambridge University Press, 2012

Michael H. Hunt and Odd Arne Westad, "The Chinese Communist Party and International Affairs: A Field Report on New Historical Sources and Old Research Problems", *The China Quarterly*, No.122, 1990

Michael Szonyi and Hong Liu, "New Approaches to the study of the Cold War in Asia", *The Cold War in Asia*, BRILL, 2010

Mithlesh K. Singh Sisodia, "India and the Asian Games: From Infancy to Maturity", *Sport, Nationalism and Orientalism: The Asian Games*, Routledge, 2007

Moerdiono, "An Ideological Reflection on Indonesian National Revolution", *The Pulse Rate of Indonesian Revolution*, Jakarta: PT Gramedia, 1997

Nicolas Guilhot ed., *The Invention of International Relations Theory: Realism, the Rockefeller Foundation, and the 1954 Conference on Theory*, Columbia University Press, 2011

Odd Arne Westad and Sophie Quinn-Judge ed, *Third Indochina War: Conflict between*

China, Vietnam and Cambodia, 1972~79, Routledge, 2006

Odd Arne Westad et al. eds., *77 Conversations between Chinese and Foreign Leaders on the Wars in Indochina, 1964~1977*, Cold War International History Project Working Paper, No.22, 1998

Odd Arne Westad, "Introduction: From war to peace to war in Indochina", Odd Arne Westad and Sophie Quinn-Judge ed., *The Third Indochina War: Conflict between China, Vietnam and Cambodia, 1972~1979*, Routledge, 2006

_____, "Introduction: Reviewing the Cold War", *Reviewing the Cold War: Approaches, Interpretations, Theory*, Frank Cass Publishers, 2000

_____, *Cold War and Revolution: Soviet-American Rivalry and the Origins of the Chinese Civil War*, Columbia University Press, 1993

_____, *Decisive Encounters: The Chinese Civil War, 1946~1950*, Stanford University Press, 2003

_____, *The Global Cold War*, Cambridge University Press, 2007

P. W. Willetts, *The Non-Aligned Movement: The Origins of a Third World Alliance*, London: Frances Printer, 1978

Paul F. Langer·Joseph J. Zasloff, *North Vietnam and the Pathet Lao: Partners in the Struggle for Laos*, Harvard University Press, 1970

Peng Chin, *My side of history*, Singapore: Media Masters, 2003

Peter H. Wilson, *The Thirty Years War: Europe's Tragedy*, Belknap Press of Harvard University Press, 2011

Peter J. Katzenstein ed., *Sinicization and the Rise of China: Civilizational Processes Beyond East and West*, Routledge, 2012

Pierre Asselin, *Hanoi's Road to the Vietnam War, 1954~1965*, University of California Press, 2013

Priscilla Roberts ed., *Behind the Bamboo Curtain: China, Vietnam and the World beyond Asia*, Stanford University Press, 2006

Qiang Zhai, *China and the Vietnam Wars*, Chapel Hill: The University Press of North Carolina, 2000

_____, *China and Vietnam Wars: 1950~1975*, University of North Carolina Press, 2000

_____, *The Dragon, the Lion and the Eagle: Chinese-British-American Relations 1949~1958*, The Kent State University Press, 1994

R. M. Smith, *Communist Indochina*, Routledge, 2009

Ragna Boden, "Cold War Economics: Soviet Aid to Indonesia", *Journal of Cold War Stud-*

ies, Vol.10, No.3, 2008

Richard Espy, *The Politics of the Olympic Games*, University of California Press, 1981

Richard N. Lebow, "We Still Do not Know!", *Diplomatic History*, Vol.22, No.4, 1998

Richard Wolin, *The wind from the east: French intellectuals, the cultural revolution, and the legacy of the 1960s*, Princeton University Press, 2010

Robert J. Alexander, *International Maoism in the developing world*, Praeger, 1999

_____. Alexander, *Maoism in the developed world*, Praeger, 2001

Robert S. Ross and Alastair Iain Johnston, *New Directions in the Study of China's foreign policy*, Stanford, 2006

Sandra Collins, "1940 Tokyo and Asian Olympics in the Olympic Movement", *The International Journal of the History of Sport*, Vol.24, No.8, 2007

_____, *1940 TOKYO GAMES-COLLINS: Japan, the Asian Olympics and the Olympic Movement*, Routledge, 2014

Seldon W. Simon, *The Broken Triangle: Peking, Djakarta, and the PKI*, The Johns Hopkins Press, 1969

Sergei Goncharov, John Lewis and Xue Litai, *Uncertain Partners: Stalin, Mao and the Korean War*, Stanford University Press, 1993

Shen Zhihua and Li Danhui eds., *After Leaning to One Side: China and Its Allies in the Cold War*, Cold War International History Project Series, Stanford University Press, 2011

Shu Guang Zhang, *Deterrence and Strategic Culture: Chinese-American Confrontations, 1949~1958*, Cornell University Press, 1992

_____, *Economic Cold War: America's Embargo against China and the Sino-Soviet Alliance, 1949~1963*, Stanford University Press, 2001

_____, *Mao's Military Romanticism: China and the Korean War*, University Press of Kansas, 1995

Simei Qing, *From Allies to Enemies: Visions of Modernity, Identity, and U.S.-China Diplomacy, 1945~1960*, Harvard University Press, 2007

Sinderpal Singh, "From Delhi to Bandung: Nehru, 'Idian-ness' and 'Pan-Asian-ness'", *Journal of South Asia Studies*, Vol.XXXIV, No.1, 2011

Sophie Quinn-Judge, "Victory on the battlefield, isolation in Asia: Vietnam's Cambodia decade, 1979~1989", *The Third Indochina War: Conflict between China, Vietnam and Cambodia, 1972~1979*, Routledge, 2006

Sophie Richardson, *China, Cambodia, and the Five Principles of Peaceful Coexistence*, Columbia University Press, 2010

Stein Tonnesson and Christopher E. Goscha, "Le Duan and the Break with China", Priscilla Roberts ed., *Behind the Bamboo Curtain*, Stanford University Press, 2006

Stephen J. Morris, *Why vietnam invaded cambodia: Political Culture and the Causes of War*, Stanford University Press, 1999

Steven M. Goldstein and He Di, "New Chinese Sources on the History of the Cold War", *Cold War International History Project Bulletin*, No.1, 1991

Terry Vaios Gitersos, "The Sporting Scramble for Africa: GANEFO, the IOC and the 1965 African Games", *Sport in Society*, Vol.14, No.5, 2011

Thomas W. Robinson, David Shambaugh eds., *Chinese Foreign Policy: Theory and Pratice*, Oxford, 2006

Troung Nhu Tang, *A Viet Cong Memoir: An Inside Account of the Vietnam War and the Aftermath*, Vinatage Books, 1986

Tsuyoshi Hasegawa ed., *Cold War in East Asia, 1945~1991*, Stanford University Press, 2011

Tuong Vu, Wasana Wongsurawat eds., *Dynamics of the Cold War in Asia: Ideology, Identity, and Culture*, 2009

Walt Whitman Rostow, "The Stages of Economic Growth: A Non-Communist Manifesto", *The American Economic Review*, Vol.50, No.5, 1960

Wang Gungwu, *Renewal: The Chinese State and the New Global History*, The Chinese University Press, 2012

_____, Zheng Yongnian eds., *China and the New International Order*, Routledge, 2008

William A Callahan, "Tradition, Modernity and Foreign Policy in China", William A Callahan and Elena Barabantseva eds., *China Orders the World: Normative Soft Power and Foreign Policy*, The Johns Hopkins University Press, 2012

William A Callahan, Elena Barabantseva, *China Orders the World: Normative Soft Power and Foreign Policy*, Washington, D.C: Woodrow Wilson Center Press, 2011

William C, Wohlforth, "Reality Chenk: Revising Theories of International Politics in Response to the End of the Cold War", *World Politics*, 50, 1998

Xiaobing Li, *China and the United States: A New Cold War History*, University Press of America, 1997

_____, *Mao's Generals Remember Korea*, University Press of Kansas, 2001

Xiaoming Zhang, *Red Wing over the Yalu: China, the Soviet Union and the Air Warin Korea*, Texas A & M University Press, 2002

Xiaoyuan Liu, *A Partnership for Disorder: China, the United States and their Policies for the Postwar Disposition of the Japanese Empire*. Cambridge University Press, 1994

Yafeng Xia, "New Scholarship and Direction in the Study of the Diplomatic History of the People's Republic of China", *Chinese Historical Review*, Vol.14, No.1, 2007

Yang Kuisong, "Changes in Mao Zhedong's Attitude toward the Indochina War, 1949~1973", *Working Paper* No.34, Woodrow Wilson International Center for Scholars, 2002

Yufan Hao, *Dilemma and Decision: An Organizational Perspective on American China Policy Making*, Berkeley: East Asian Institute at the University of California, 1997

Yunling Zhang, *Rising China and world order, Hackensack*, NJ: World Scientific, 2010

Zheng Yangwen, Hong Liu and Michael Szonyi eds., *Cold War in Asia: The battle for Hearts and Minds*, BRILL, 2010

Zheng Yongnian ed., *China and International Relations: The Chinese View and the Contribution of Wang Gungwu*, Routledge, 2010

찾아보기